中国指数研究院简介

中国指数研究院是整合中国房地产指数系统、中国房地产TOP10研究组等众多资源，由国内外几十位专家和数家学术机构共建的全方位服务于中国商业经济的研究机构。下属华北、华东、华中、华南、西南五大分院，是目前中国最大的房地产专业研究院。

中国指数研究院运营的中国房地产指数系统（China Real Estate Index System,简称CREIS）是一套以价格指数形式来反映全国各主要城市房地产市场的指标体系和分析方法。它由国务院发展研究中心、中国房地产业协会、中国房地产开发集团等于1994年发起，分别在1995年和2005年两次通过由国务院发展研究中心、建设部、国土资源部、中国银监会、清华大学和北京大学等单位的著名专家学者组成的鉴定委员会的学术鉴定。中国房地产指数系统每月发布百城价格指数（住宅）、写字楼指数、商铺指数、别墅指数、二手房销售和租赁价格指数等一系列指数，是目前中国覆盖范围最广、城市最多的房屋价格指数系统。

2002年，中国指数研究院与国务院发展研究中心企业研究所、清华大学房地产研究所三家研究机构共同发起"中国房地产TOP10研究组"，并于2003年1月10日正式成立，致力于对中国规模大、效益佳、品牌优的房地产企业群体进行研究。中国房地产TOP10研究组本着客观、公正、准确、全面的基本原则，开展TOP10系列研究工作，已经形成中国房地产百强企业研究、中国房地产品牌价值研究、中国房地产上市公司10强研究、中国物业服务百强企业研究以及中国房地产策划代理百强企业研究、中国房地产策划代理品牌价值研究等，研究成果成为评判企业经营实力和行业地位的重要标准。

中国指数研究院与国家住房与城乡建设部政策研究中心于2009年共同发起成立"中国房地产动态政策设计研究组"，独立研究和评估政府房地产政策，并为推动中国房地产业健康发展提出合理政策建议。

中国指数研究院总院
地址：北京市西城区西外大街1号院1号楼西环广场T3座8层
邮编：100044
电话：010-59306933
传真：010-59306960

2010中国房地产优秀企业展示

- 万科 建筑无限生活
- 中海地产 CHINA OVERSEAS PROPERTY
- 保利地产 和谐生活 自然舒适
- 绿地集团 中国驰名商标
- 恒大地产集团 EVERGRANDE REAL ESTATE GROUP
- 绿城集团 GREENTOWN
- 合生创展 HOPSON
- Gemdale
- 上海证大房地产有限公司
- 首开集团 BCDH
- 龙湖地产
- 远洋地产 SINO-OCEAN
- 中信地产 CITIC REAL ESTATE
- 首创置业 BEIJING CAPITAL LAND
- 招商地产
- 仁恒置地 YANLORD LAND
- 北辰实业 BEIJING NORTH STAR
- 珠江地产 汇聚力量 创新价值
- JINKE 金科地产
- 新城地产
- 金融街控股股份有限公司 FINANCIAL STREET HOLDING CO.,LTD.
- 阳光100 sunshine
- 苏宁环球集团 SUNING UNIVERSAL GROUP
- 卓越集团
- 农工商房产 NGS Real Estate
- 北京住总集团
- 北京城建地产
- KUANY 光耀地产
- 福晟集团 FUSHENG GROUP
- 融侨集团 RONG QIAO GROUP
- 北京金隅嘉业房地产开发有限公司 BEIJING GEM REAL ESTATE DEVELOPMENT CO.,LTD.
- 宁波银亿房产
- 恒盛地产
- KWG PROPERTY 合景泰富地产
- SPG LAND 盛高置地
- 建业住宅集团 根植中原 造福百姓
- Kaisa 佳兆业
- 滨江集团 BINJIANG REAL ESTATE 创造生活 建筑家
- 蓝光地产 用心建筑生活
- 深业集团 SHUM YIP HOLDINGS
- 鑫苑(中国)置业 XINYUAN(CHINA)REAL ESTATE
- COASTAL 沿海
- 天房集团 TIANFANG GROUP
- POWERLONG 宝龙集团
- 福星惠誉
- 新元房产 NEW CENTURY REAL ESTATE
- 中国宝安集团 CHINA BAOAN GROUP 高新技术 / 地产 / 医药
- 上海城开 URBAN DEVELOPMENT
- YELLAND 亿城
- 浙江广厦
- Haier 海尔地产 用心营造幸福生活
- SUNAC 融创 至臻，致远
- LONCIN 隆鑫地产
- 方圆
- SINCE 协信 让建筑具有生命力
- 泛海建设 OCEANWIDE ESTATE
- 居易国际
- 建发房产 打造钻石人生
- 三盛宏业
- 中大地产
- 禹洲集团 YUZHOU GROUP
- 武汉地产集团
- 花样年 FANTASIA
- 正荣集团 ZHENRO
- 上海爱家 SHANGHAI AIJIA
- 富通地产 FUTONG REAL ESTATE
- 上海中房置业股份有限公司
- 永泰地产 EONTIME
- 百步亭 Baibuting
- 香江地产
- ZENSUN 正商地产 正商地产 品质体验
- CIFI GROUP 旭辉集团
- KUNLUN PROPERTIES 昆仑置业
- 颐和集团
- 东原 生活梦想家
- 航天地产 SPACE ESTATE
- 上投房产 SITICO Real Estate
- Jiayuan 佳源总部 浙江佳源房地产集团
- 俊发地产 JUNFA REAL ESTATE 品质筑就生活 CREATE QUALITY LIVING
- 广西东方航洋实业集团 GUANGXI ORIENTAL HANGYANG INVESTMENT GROUP
- 贻成实业 YESHINE INDUSTRY INC.
- AILIANG 海亮
- GOVA 光华集团
- 上海三湘
- 海伦堡地产
- WDR 伟东置业 WEIDONG REAL ESTATE
- AUTREN 奥宸地产
- 联发房产
- 天津津滨发展股份有限公司
- 宋都集团 SUNDYGROUP
- 利海集团 L'SEA GROUP 营造中国绿色地产
- 合正集团 HAZENS REAL ESTATE
- 百嘉信集团
- REDCO 力高
- ChiwayLand 中锐地产
- 景瑞地产
- 众安房产 ZHONG'AN REAL ESTATE
- 中骏置业 构筑传世家园
- 长安地产
- AUX 奥克斯地产
- 来富鹏源 TOPSPRING
- 兴茂集团 XING MAO
- 祥生房产 XIANGSHENG REAL ESTATE
- 恒茂地产 HENGMAO REAL ESTATE
- 凯迪集团 KAIDI GROUP
- 莱茵置业 LANDER REAL ESTATE
- 保集集团 BOILL GROUP
- ZK 中凯开发管理 ZK DEVELOPMENT
- 长江三峡实业有限公司 THE THREE GORGES INDUSTRIAL CO.,LTD
- 世联地产 WORLDUNION
- SYS·WIN 思源经纪
- TOSPUR 同策咨询
- 伟业顾问 B.A. Consulting
- 上海新联康
- 策源 RESOURCE
- KINVO 金网络置业
- 新景祥 NEW VISUAL ANGLE
- 保利代理
- HUAYAN LIMITED 华燕
- 金丰易居 普润地产
- Sunstars 星辰
- 同舟济
- SENOX
- RE 锐丰销代
- 百脑会房地产策划 BNH REAL ESTATE STRATEGY CO.,LTD

2010

中国房地产统计年鉴

CHINA REAL ESTATE STATISTICS YEARBOOK

国 家 统 计 局
中国指数研究院 编

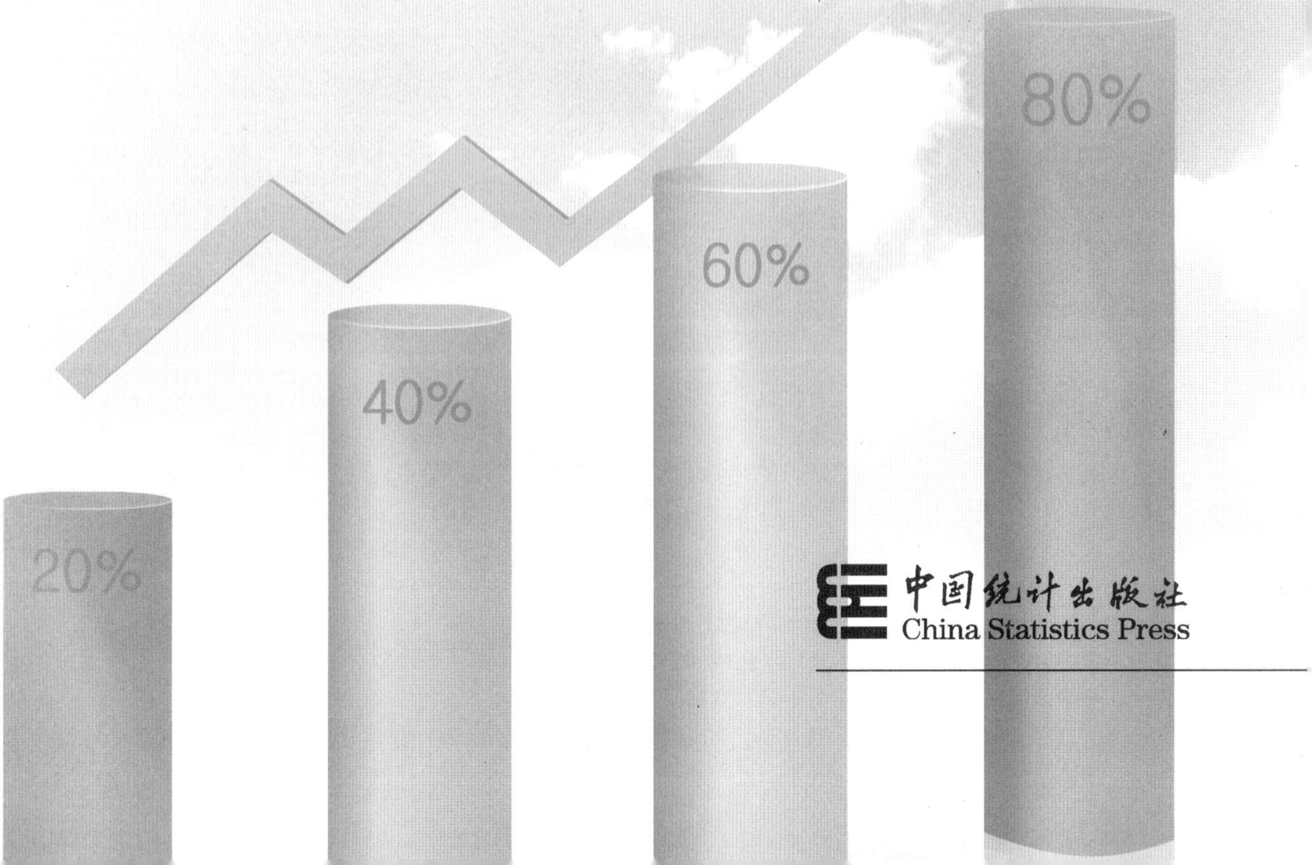

中国统计出版社
China Statistics Press

（京）新登字 041 号

图书在版编目（CIP）数据

中国房地产统计年鉴. 2010/ 国家统计局，中国指数研究院编.
—北京：中国统计出版社，
2011.1
ISBN 978-7-5037-6188-1

Ⅰ. ①中… Ⅱ. ①国… ②中… Ⅲ. ①房地产业—统计资料—中国—2010—年鉴 Ⅳ. ① F299.233-54

中国版本图书馆 CIP 数据核字（2011）第 005192 号

中国房地产统计年鉴— 2010

作　　者 / 国家统计局　中国指数研究院
责任编辑 / 佘竞雄
封面设计 / 李雪燕
出版发行 / 中国统计出版社
通信地址 / 北京市西城区月坛南街 57 号
邮政编码 /100826
办公地址 / 北京市丰台区西三环南路甲 6 号
网　　址 /www.stats.gov.cn/tjshujia
电　　话 / 邮购（010）63376907　书店（010）68783172
印　　刷 / 河北天普润印刷厂
经　　销 / 新华书店
开　　本 /880 × 1230 毫米　1/16
字　　数 /940 千字
印　　张 /29.25　4 彩页
版　　别 /2011 年 2 月第 1 版
版　　次 /2011 年 2 月第 1 次印刷
书　　号 /ISBN 978-7-5037-6188-1/F · 2999
定　　价 /500. 00 元

编委会名单

前　言

2010 年，中国房地产市场经历了严厉的调控，全国及主要城市房地产市场步入调整阶段，全年呈现由“高歌猛进”到“大幅调整”，再到“分化加剧”的波动起伏。在宏观经济形势向好、通胀压力加大的背景下，宏观调控的效果是一个不断累积和逐渐显现的过程，未来中国房地产市场发展还存在诸多不确定因素。如何使房地产市场健康稳定发展，与整个国民经济合拍协调，是我们需要持续关注和冷静思考的问题。为了及时准确地反映中国房地产市场的发展状况，给行业内提供一个全面客观研究房地产市场的辅助工具，帮助大家有效透析房地产投资、开发、交易等运作过程，也为了便于房地产行业相关人士对房地产市场进行深入的量化分析，从 1999 年到 2010 年，国家统计局与中国指数研究院共同编辑出版了《中国房地产统计年鉴》系列。

《中国房地产统计年鉴》以客观数字真实地反映与记载中国房地产市场发展状况，是房地产业权威的综合性资料年刊。她创刊于 1999 年，至今已经连续出版 9 年。由中国指数研究院和国家统计局合作出版的《中国房地产统计年鉴（1999）》，是当时国内第一部全方位汇集我国房地产业发展状况的统计资料工具书，出版后得到了行业内的普遍好评。此后又陆续出版了《中国房地产统计年鉴（2000）》、《中国房地产统计年鉴（2001）》、《中国房地产统计年鉴（2002 — 2003）》、《中国房地产统计年鉴（2004）》、《中国房地产统计年鉴（2005-2006）》、《中国房地产统计年鉴（2007）》、《中国房地产统计年鉴（2008）》和《中国房地产统计年鉴（2009）》。

《中国房地产统计年鉴（2010）》是中国指数研究院在长期对房地产市场跟踪调查的基础上，与国家统计局固定资产投资统计司共同合作，通过扎实而细致的准备工作，反复核对计算、认真编排后推出的。《中国房地产统计年鉴(2010)》收录了 2009 年全国各地区及 35 个大中城市的房地产经济统计数据。全书内容共分四个部分：第一部分全国及地区篇，收录了 2009 年全国及各地区房地产行业各项指标综合统计数据，以便读者按地区分类来了解中国及各地房地产行业的发展及状况。第二部分大中城市篇，收录 2009 年 35 个大中城市房地产综合统计数据，对 2009 年各城市的房地产发展进行了深度整理，方便查阅及各城市的对比。第三部分省与城市篇，囊括了 2009 年各省及 35 个大中城市的房地产数据，在数据上实现了年度同比，有利于观察全国各省及城市的房地产发展变化。为了使读者全面了解 2010 年房地产行业及上下游企业最新的研究状况，我们在第四部分附录收录：《2010 中国房地产百强企业研究报告》、《2010 中国房地产策划代理百强企业研究报告》、《2010 中国房地产上市公司 TOP10 研究报告》、《2010 中国房地产品牌价值研究报告》、《2010 中国房地产策划代理品牌价值研究报告》、《2010 中国物业服务百强企业研究报告》、《2010 中国家居产业百强企业研究报告》，同时为了便于读者了解项目的最新情况还收录了《2010 中国重要城市部分典型地产指数系统样本楼盘》等内容。

中国指数研究院是目前中国最大的房地产专业研究机构，它整合了中国房地产指数系统、中国房地产 TOP10 研究组等众多资源，由国内外几十位专家和数家学术机构共建，全方位服务于中国商业经济。中国指数研究院运营的中国房地产指数系统，被誉为中国房地产市场的“晴雨表”和引导投资置业的“风向标”；中国指数研究院与国务院发展研究中心企业研究所、清华大学房地产研究所共同发起成立的“中国房地产 TOP10 研究组”连续发布中国房地产百强企业研究、中国房地产品牌价值研究等系列研究成果，已成为评判房地产企业经营实力及行业地位的重要标准。

《中国房地产统计年鉴（2010）》的成功出版，首先要感谢我们的合作单位棗国家统计局固定资产投资统计司的领导：魏贵祥、赵培亚、李皎、陈淑清、李洪侠、杲海青等。在《中国房地产统计年鉴（2010）》出版过程中，他们不仅是基础资料的提供者，同时作为我们的顾问和学术指导，提出了许多非常有帮助的意见和建议，使我们的工作得以不断完善。

同时也要感谢中国指数研究院年鉴编辑部的全体成员，他们对庞大的房地产统计数据进行收集、整理、计算、分类，没有他们辛苦细致的工作就不可能有如今比较完备的房地产数据库和中国房地产指数系统资料库，也就不可能编辑完成本书的很多章节。他们查阅、汇总了大量的专业资料和行业数据，并进行了细致的整理、编辑。正是他们严谨、周密的工作态度促使本书得以更新和完善，满足不断发展的行业研究需求。

还要感谢兄弟单位搜房网全国 106 个城市的分支机构，在我们进行数据采集、整理和分析当中给予大力的支持。正是因为有了搜房网全国机构作为后盾，本年鉴的数据完整性才得到保障。

最后，感谢一直支持中国指数研究院和搜房网体系的房地产企业（附鸣谢企业列表），他们为本书资料收集工作提供了许多帮助，让我们能更加完善各类信息和数据。

我们力求本年鉴中所有的数据翔实、客观，但鉴于所载内容涉及面广、数据量浩大，且各省、市、自治区采集的样本资料及其内容特点各异，结构体系也不尽相同，因此，书中难免出现遗漏及不足，敬请读者及业内人士谅解，并提出宝贵意见，以便在编写下一年度《中国房地产统计年鉴》时予以修正。

中国指数研究院　院长

莫天全

2010 年 12 月

特别鸣谢以下企业：

万科企业股份有限公司	中国海外发展有限公司	保利房地产（集团）股份有限公司
绿地集团	恒大地产集团有限公司	绿城房地产集团有限公司
合生创展集团有限公司	金地（集团）股份有限公司	上海证大置业有限公司
北京首都开发控股（集团）有限公司	龙湖地产有限公司	远洋地产控股有限公司
中信房地产股份有限公司	首创置业股份有限公司	招商局地产控股有限公司
仁恒置地集团有限公司	北京北辰实业股份有限公司	广东珠江投资股份有限公司
重庆市金科实业（集团）有限公司	江苏新城地产股份有限公司	金融街控股股份有限公司
阳光 100 置业集团有限公司	江苏苏宁环球集团有限公司	卓越置业集团有限公司
上置集团有限公司	农工商房地产（集团）股份有限公司	北京住总集团有限责任公司
京汉置业集团股份有限公司	深圳市光耀地产集团有限公司	福晟集团有限公司
融侨集团股份有限公司	北京金隅嘉业房地产开发有限公司	宁波银亿集团有限公司
恒盛地产控股有限公司	合景泰富地产控股有限公司	盛高置地（控股）有限公司
建业地产股份有限公司	佳兆业集团控股有限公司	杭州滨江房产集团股份有限公司
四川蓝光和骏实业股份有限公司	深业集团有限公司	鑫苑（中国）置业有限公司
沿海绿色家园集团	天津市房地产开发经营集团有限公司	宝龙地产控股有限公司
福星惠誉房地产有限公司	杭州开元房地产集团有限公司	中国宝安集团股份有限公司
上海城开（集团）有限公司	北京城建投资发展股份有限公司	上海城建置业发展有限公司
亿城集团股份有限公司	浙江广厦股份有限公司	青岛海尔地产集团有限公司
融创中国控股有限公司	重庆隆鑫地产（集团）有限公司	方圆地产(控股)有限公司
重庆协信控股(集团)有限公司	泛海建设集团股份有限公司	居易国际集团控股有限公司
建发房地产集团有限公司	上海三盛宏业投资（集团）有限责任公司	中大房地产集团有限公司
厦门禹洲集团股份有限公司	武汉地产开发投资集团有限公司	花样年集团股份有限公司
福建正荣集团有限公司	上海爱家豪庭房地产集团发展有限公司	深圳市富通房地产集团有限公司
上海中房置业股份有限公司	永泰房地产（集团）有限公司	百步亭集团有限公司
深圳香江控股股份有限公司	河南正商置业有限公司	旭辉集团股份有限公司
浙江昆仑置业集团有限公司	广州颐和集团有限公司	重庆东原房地产开发有限公司
武汉三江航天房地产开发有限公司	上海市上投房地产有限公司	浙江佳源房地产集团有限公司
云南俊发房地产有限责任公司	广西东方航洋实业集团有限公司	天津塘沽贻成实业有限公司
海亮地产控股集团有限公司	重庆光华控股（集团）有限公司	上海三湘股份有限公司
广东海伦堡地产集团有限公司	青岛伟东置业有限公司	奥宸地产集团有限公司
联发集团有限公司	天津津滨发展股份有限公司	杭州宋都房地产集团有限公司
广东利海集团有限公司	深圳市合正房地产集团有限公司	广州百嘉信集团有限公司
力高（中国）地产有限公司	上海中锐地产集团有限公司	中骏置业控股有限公司
上海景瑞地产（集团）股份有限公司	众安房产有限公司	重庆长安房地产开发有限公司
宁波奥克斯置业有限公司	莱蒙国际集团有限公司	重庆市兴茂产业发展（集团）有限公司
浙江祥生房地产开发有限公司	江西恒茂房地产开发有限公司	上海凯迪企业（集团）有限公司
莱茵达置业股份有限公司	上海保集(集团)有限公司	上海中凯房地产开发管理有限公司
湖南新金鸿置业集团股份有限公司	天津正信集团有限公司	金大元集团
华夏幸福基业股份有限公司	深圳世联地产顾问股份有限公司	北京思源兴业房地产经纪有限公司
上海同策房产咨询股份有限公司	北京伟业联合房地产顾问有限公司	上海新联康投资顾问有限公司
上海策源置业顾问有限公司	北京金网络房地产经纪有限公司	新景祥投资控股有限公司
广州保利地产代理有限公司	上海华燕置业发展有限公司	上海普润房地产顾问有限公司
深圳市星彦地产顾问有限公司	厦门同舟济置业顾问有限公司	信立怡高房地产顾问机构
大汉隆城企业机构	珠海百脑会房地产策划有限公司	深圳市万科物业管理有限公司
中海物业管理有限公司	长城物业集团股份有限公司	中航物业管理有限公司
深圳市金地物业管理有限公司	深圳市卓越物业管理有限公司	江苏新城物业服务有限公司
深圳市赛格物业管理有限公司	佳兆业物业管理（深圳）有限公司	深圳市花样年彩生活科技集团
建业物业管理有限公司	鑫苑物业服务有限公司	港联物业（中国）有限公司
长江三峡实业有限公司	吉林亚泰物业管理有限公司	河北卓达物业服务有限公司
武汉嘉禾装饰集团有限公司	美颂雅庭集团	北京特普丽装饰装帧材料有限公司
瑞宝（北京）装饰设计有限公司		

目 录

第一部分　全国及地区篇

第三章　房地产开发开竣工面积(2009)

第四章　房地产市场(2009)

第三部分　省与城市篇

第八章　各省、自治区、直辖市房地产开发投资综合统计(2009)

第九章　35个大中城市分城市房地产开发投资综合统计(2009)

第四部分　附　录

第一部分

全国及地区篇

第一章　房地产开发综合（2009）

1-1　房地产开发企业主要指标完成情况

指　标	2007	2008	2009
一、企业个数(个)	**62518**	**87562**	**80407**
内资	56964	81282	74674
#国有	3616	3941	3835
集体	1430	1520	1361
港、澳、台投资	3524	3916	3633
外商投资	2029	2364	2100
二、本年完成投资额(亿元)	**25288.84**	**31203.19**	**36241.81**
1、按构成分			
建筑安装工程	17205.54	21637.70	25839.33
设备工器具购置	340.49	454.08	454.12
其他费用	7742.81	9111.41	9948.35
#土地购置费	4873.25	5995.62	6023.71
2、按工程用途分			
住宅	18005.42	22440.87	25613.69
#经济适用房	820.93	970.91	1134.08
办公楼	1035.04	1167.17	1377.21
商业营业用房	2785.65	3354.48	4180.66
其他	3462.73	4240.67	5070.25
三、本年新增固定资产(亿元)	**12618.65**	**15482.21**	**18630.72**
四、土地开发及其购置(万平方米)			
本年土地开发面积	27566.2	28709.8	23037.4
本年土地购置面积	40245.8	39353.4	31909.5
五、房屋建筑面积(万平方米)			
施工面积	236318.2	283266.2	320368.2
#住宅	186788.4	222891.8	251328.8
竣工面积	60606.7	66544.8	72677.4
#住宅	49831.3	54334.1	59628.7
六、商品房销售			
商品房销售面积(万平方米)	77354.7	65969.8	94755.0
#住宅	70135.9	59280.4	86184.9
#别墅、高档公寓	4581.3	2865.2	4626.0
经济适用房	3507.5	3627.3	3058.8
商品房销售价格(元/平方米)	3864	3800	4681
#住宅	3645	3576	4459
#别墅、高档公寓	7471	7801	9662
经济适用房	1754	1929	2134
七、利润总额(亿元)	**2899.83**	**3619.59**	**4944.89**

注：1.商品房平均销售价格由报告期内新建商品房销售额除以销售面积计算而成。不同时期的商品房平均销售价格可能会受到商品房区域、房屋类型等各种因素影响。
2.表中“#”表示为其中的主要项。

1-2 各地区按登记注册类型分的房地产开发企业个数

单位：个

地区	总计	内资	国有	集体	股份合作	国有联营	集体联营
全国总计	**80407**	**74674**	**3835**	**1361**	**455**	**48**	**35**
北京	3172	2874	107	23	6	1	
天津	1178	1070	258	20	4	3	1
河北	2710	2642	56	5	14		1
山西	1899	1873	122	25	9		1
内蒙古	1893	1883	32	4	6		
辽宁	3920	3491	114	30	29	1	
吉林	1370	1333	27	7	3		
黑龙江	1576	1534	101	7	4		
上海	3306	2834	390	199	8	14	10
江苏	5809	5215	202	105	20	2	2
浙江	5335	5052	162	54	15	5	1
安徽	3097	2966	125	28	15	2	
福建	3316	2594	223	51	13	5	4
江西	2050	1899	139	21	25		2
山东	5483	5218	232	146	43	4	3
河南	3798	3661	130	37	21	1	
湖北	3460	3299	175	48	26	1	1
湖南	3227	3056	170	32	53	1	1
广东	6079	5107	271	339	30	4	1
广西	3016	2833	176	47	31		
海南	405	369	13	2	8		
重庆	2358	2234	124	10	4		
四川	3769	3625	132	35	18	2	3
贵州	1840	1792	73	21	6		
云南	2121	2080	83	12	12	1	1
西藏	53	53	10		1		
陕西	1194	1165	85	18	13		1
甘肃	1110	1083	57	31	14		1
青海	383	369	14	1	4	1	
宁夏	321	319	3	2			1
新疆	1159	1151	29	1			

1-2　续表1　　　　单位：个

地　区	内资						
	国有与集体联营	其他联营	国有独资公司	其他有限责任公司	股份有限公司	私营独资	私营合伙
全国总计	**34**	**42**	**615**	**28948**	**3933**	**1548**	**439**
北　京			57	1853	109		
天　津	2		11	362	33	13	
河　北	1	1	8	1081	177	60	17
山　西			4	553	66	27	5
内蒙古	1		8	1017	94	70	5
辽　宁			15	1000	123	143	10
吉　林			11	627	103	29	5
黑龙江			11	716	133	14	11
上　海	7	4	58	650	27	38	12
江　苏	3	1	24	1439	239	152	36
浙　江	4	2	58	1906	114	37	19
安　徽	2	2	32	1411	188	49	23
福　建	1	4	38	827	91	30	27
江　西	1		10	850	231	51	28
山　东			23	2061	389	91	34
河　南		2	12	1916	363	72	31
湖　北	3	1	15	1222	245	143	22
湖　南	2	4	42	1113	226	81	38
广　东	1	13	38	2161	154	104	27
广　西	1	4	10	675	162	87	21
海　南	1		3	189	35	5	5
重　庆		1	39	607	52	17	10
四　川		1	28	1461	260	47	8
贵　州			11	775	55	30	8
云　南	2		11	749	99	60	13
西　藏				17	5	4	1
陕　西	1	2	9	572	69	42	7
甘　肃			2	513	63	25	7
青　海	1		6	124	18	12	5
宁　夏			12	80	2	4	1
新　疆			9	421	8	11	3

1-2 续表2

单位：个

地　区	内资			港澳台商投资		
	私营有限责任公司	私营股份有限公司	其他内资企业		合资经营	合作经营
全国总计	**30137**	**2466**	**778**	**3633**	**1382**	**484**
北　京	687	31		174	65	84
天　津	339	10	14	53	26	2
河　北	1058	130	33	37	22	
山　西	965	77	19	20	12	1
内 蒙 古	599	40	7	6	6	
辽　宁	1860	125	41	226	101	12
吉　林	484	32	5	25	15	2
黑 龙 江	469	63	5	25	14	1
上　海	1341	63	13	296	119	18
江　苏	2729	184	77	335	145	17
浙　江	2573	69	33	155	76	5
安　徽	948	102	39	74	36	3
福　建	1177	94	9	527	114	25
江　西	424	85	32	108	49	2
山　东	1883	152	157	154	85	16
河　南	911	102	63	67	34	3
湖　北	1261	114	22	109	56	2
湖　南	1030	229	34	103	58	4
广　东	1836	83	45	737	138	268
广　西	1459	146	14	106	54	8
海　南	91	5	12	23	7	
重　庆	1248	105	17	84	43	2
四　川	1463	134	33	74	31	4
贵　州	707	101	5	31	15	
云　南	940	69	28	35	26	2
西　藏	13	1	1			
陕　西	313	26	7	18	8	3
甘　肃	334	29	7	16	14	
青　海	148	32	3	10	9	
宁　夏	206	8				
新　疆	641	25	3	5	4	

1-2 续表 3　　　　单位：个

地　区	港澳台商投资		外商投资				
	独　资	股份有限		合资经营	合作经营	独　资	股份有限
全国总计	**1676**	**91**	**2100**	**891**	**206**	**948**	**55**
北　京	24	1	124	49	53	19	3
天　津	23	2	55	33	5	15	2
河　北	15		31	15	2	12	2
山　西	7		6	4		2	
内蒙古			4	2		2	
辽　宁	103	10	203	99	14	90	
吉　林	7	1	12	8	1	3	
黑龙江	8	2	17	8	2	7	
上　海	148	11	176	60	11	98	7
江　苏	165	8	259	110	12	134	3
浙　江	66	8	128	64	1	58	5
安　徽	33	2	57	25		28	4
福　建	375	13	195	53	9	129	4
江　西	55	2	43	23		15	5
山　东	49	4	111	62	11	37	1
河　南	30		70	36		31	3
湖　北	45	6	52	19	2	29	2
湖　南	39	2	68	38	3	24	3
广　东	322	9	235	56	61	110	8
广　西	41	3	77	39	7	31	
海　南	12	4	13	6		5	2
重　庆	38	1	40	20	2	18	
四　川	38	1	70	30	5	34	1
贵　州	15	1	17	5	3	9	
云　南	7		6	5		1	
西　藏							
陕　西	7		11	6	2	3	
甘　肃	2		11	9		2	
青　海	1		4	3		1	
宁　夏			2	1		1	
新　疆	1		3	3			

1-3 各地区按资质等级分的房地产开发企业个数

单位：个

地区	总计	一级	二级	三级	四级	暂定	其他
全国总计	**80407**	**1026**	**7353**	**22550**	**16075**	**26328**	**7075**
北京	3172	125	251	347	1063	705	681
天津	1178	17	94	170	506	352	39
河北	2710	19	147	458	1108	840	138
山西	1899	9	110	353	890	520	17
内蒙古	1893	17	136	357	853	450	80
辽宁	3920	53	231	1221	119	1646	650
吉林	1370	8	96	360	465	408	33
黑龙江	1576	15	234	958	135	199	35
上海	3306	73	298	403	9	1814	709
江苏	5809	81	1399	2076	202	1664	387
浙江	5335	117	549	1670	774	1601	624
安徽	3097	23	239	917	416	1451	51
福建	3316	29	153	826	723	1309	276
江西	2050	4	236	800	410	502	98
山东	5483	74	247	1038	1382	1966	776
河南	3798	33	321	810	489	2018	127
湖北	3460	31	378	998	774	1080	199
湖南	3227	14	152	1642	418	874	127
广东	6079	90	312	1322	1547	1566	1242
广西	3016	11	98	683	492	1533	199
海南	405	1	15	53	55	249	32
重庆	2358	37	431	907	128	837	18
四川	3769	41	550	2258	321	422	177
贵州	1840	3	78	353	674	620	112
云南	2121	15	145	300	799	728	134
西藏	53	2	7	21	12	9	2
陕西	1194	47	143	366	468	137	33
甘肃	1110	2	84	369	313	310	32
青海	383	5	74	120	84	90	10
宁夏	321	11	62	82	87	72	7
新疆	1159	19	83	312	359	356	30

1-4　各地区按隶属关系分的房地产开发企业个数

单位：个

地　区	合　计	中央属	地方属	省　属	地市属	县　属	其 他
全国总计	**80407**	**676**	**79731**	**2033**	**9016**	**6421**	**62261**
北　京	3172	125	3047	306	309		2432
天　津	1178	150	1028	135	137	26	730
河　北	2710	8	2702	30	300	264	2108
山　西	1899	7	1892	42	223	143	1484
内蒙古	1893	7	1886	14	183	222	1467
辽　宁	3920	21	3899	39	293	169	3398
吉　林	1370	4	1366	3	143	121	1099
黑龙江	1576	11	1565	82	318	194	971
上　海	3306	48	3258	286	1060	5	1907
江　苏	5809	10	5799	42	195	326	5236
浙　江	5335	10	5325	75	265	350	4635
安　徽	3097	8	3089	62	382	246	2399
福　建	3316	13	3303	52	331	288	2632
江　西	2050	5	2045	46	181	262	1556
山　东	5483	25	5458	100	528	729	4101
河　南	3798	14	3784	48	530	418	2788
湖　北	3460	24	3436	53	580	249	2554
湖　南	3227	15	3212	103	453	322	2334
广　东	6079	26	6053	62	831	493	4667
广　西	3016	3	3013	46	349	201	2417
海　南	405	2	403	40	53	9	301
重　庆	2358	22	2336	44	326	113	1853
四　川	3769	36	3733	57	335	428	2913
贵　州	1840	15	1825	44	92	116	1573
云　南	2121	8	2113	81	132	238	1662
西　藏	53		53	7	8	1	37
陕　西	1194	10	1184	40	208	138	798
甘　肃	1110	2	1108	44	139	130	795
青　海	383	1	382	24	56	24	278
宁　夏	321	3	318	14	13	7	284
新　疆	1159	43	1116	12	63	189	852

1-5 各地区按登记注册类型分的房地产开发企业从业人数

单位：人

地 区	总 计	内 资	国 有	集 体	股份合作	国有联营	集体联营
全国总计	**1949295**	**1763867**	**123866**	**29049**	**12083**	**1285**	**533**
北 京	86417	70820	3675	581	227	10	
天 津	31283	27155	7300	411	30	40	30
河 北	63189	61160	1561	174	278		
山 西	43802	42536	3897	519	109		35
内 蒙 古	58262	57939	827	51	105		
辽 宁	65554	57484	1496	350	393	8	
吉 林	29524	28484	479	174	40		
黑 龙 江	39763	39029	2913	446	213		
上 海	93216	65623	9201	3562	114	392	152
江 苏	120494	106097	5393	1533	298	52	27
浙 江	90517	84118	3532	895	241	407	10
安 徽	68443	64023	4631	448	328	74	
福 建	60180	46455	6010	640	115	82	100
江 西	51426	45077	3875	451	614		18
山 东	152903	144608	11343	4102	2666	54	39
河 南	94406	89723	4283	1546	974	13	
湖 北	89344	84609	10617	759	519		35
湖 南	79816	75203	4225	1182	1270		21
广 东	185500	150804	8072	8368	1596	74	15
广 西	53146	49578	2646	355	344		
海 南	14773	12733	627	43	251		
重 庆	80979	77156	8214	130	84		
四 川	105570	100386	6508	549	471	39	7
贵 州	35390	34440	1798	214	91		
云 南	42288	38437	1572	278	138	19	
西 藏	2809	2809	520		46		
陕 西	44326	42916	5881	612	297		29
甘 肃	27394	26392	1692	626	147		
青 海	6605	6288	296	22	84	21	
宁 夏	10366	10281	61	23			15
新 疆	21610	21504	721	5			

1-5 续表1　　　　单位：人

地　区	内　资						
	国有与集体联营	其他联营	国有独资公司	其他有限责任公司	股份有限公司	私营独资	私营合伙
全国总计	**792**	**1018**	**28677**	**705680**	**115251**	**37841**	**8499**
北　京			2139	49540	3272		
天　津	13		709	10628	1035	256	
河　北		24	210	25399	6138	1384	243
山　西			107	12838	2563	623	98
内蒙古	8		104	25170	4786	3926	880
辽　宁			1487	21289	2143	1717	158
吉　林			206	15449	1499	849	75
黑龙江			302	18658	4815	296	403
上　海	333	74	5361	14338	1380	741	206
江　苏	40	12	704	31781	5083	2497	876
浙　江	100	11	1377	32849	2865	431	101
安　徽	57	18	943	30216	3858	955	322
福　建	14	137	1218	14910	1266	402	254
江　西	29		323	18409	6498	996	653
山　东			769	55458	11762	2030	755
河　南		81	431	44970	7285	3317	428
湖　北	71	12	402	33982	7669	2583	331
湖　南	38	154	1140	28796	5959	1992	834
广　东	16	307	4149	60504	13725	2227	459
广　西		60	791	13371	2094	1566	140
海　南	32		351	6894	1359	198	99
重　庆		5	1843	25724	2035	434	445
四　川		7	737	37400	8255	1100	114
贵　州			182	14746	1919	650	90
云　南	6		306	16056	1969	947	158
西　藏				1261	141	176	3
陕　西	16	116	896	19326	1805	4463	55
甘　肃			58	13349	1518	661	53
青　海	19		284	2323	274	204	50
宁　夏			722	2292	36	99	8
新　疆			426	7754	245	121	208

1-5 续表 2 单位：人

地区	内资			港澳台商投资		
	私营有限责任公司	私营股份有限公司	其他内资企业		合资经营	合作经营
全国总计	**626766**	**55192**	**17335**	**109965**	**48992**	**13690**
北京	10812	564		8971	3067	4033
天津	6358	201	144	2291	1154	109
河北	21839	3350	560	833	465	
山西	18976	2074	697	1098	911	54
内蒙古	19710	2144	228	231	231	
辽宁	26597	1367	479	3948	1783	101
吉林	8895	440	378	805	289	15
黑龙江	9597	1263	123	339	133	13
上海	28452	1167	150	14127	7906	790
江苏	52636	3492	1673	7927	3306	256
浙江	39571	1200	528	3364	1916	101
安徽	18664	2156	1353	2537	1213	48
福建	19792	1366	149	10021	2384	346
江西	10726	1677	808	5294	3438	67
山东	47050	4879	3701	4848	3317	294
河南	22339	2739	1317	1833	789	239
湖北	24841	2330	458	3219	1770	48
湖南	22778	6193	621	2649	1704	161
广东	47145	3384	763	20591	4249	6388
广西	25970	1995	246	1943	926	184
海南	2394	128	357	1554	199	
重庆	34422	3165	655	2764	1742	53
四川	41931	2601	667	2857	1727	78
贵州	12809	1859	82	543	338	
云南	15461	897	630	3617	2863	234
西藏	380	32	250			
陕西	8345	930	145	808	285	78
甘肃	7587	619	82	726	675	
青海	2322	346	43	138	125	
宁夏	6867	158				
新疆	11500	476	48	89	87	

1-5 续表 3　　　　单位：人

地　区	港澳台商投资		外商投资				
	独　资	股份有限		合资经营	合作经营	独　资	股份有限
全国总计	**43745**	**3538**	**75463**	**24675**	**7886**	**40974**	**1928**
北　京	1871		6626	1892	3255	1115	364
天　津	928	100	1837	1212	186	425	14
河　北	368		1196	346		821	29
山　西	133		168	113		55	
内蒙古			92	54		38	
辽　宁	1991	73	4122	1772	274	2076	
吉　林	241	260	235	121	70	44	
黑龙江	170	23	395	166	50	179	
上　海	4776	655	13466	2959	798	9557	152
江　苏	4160	205	6470	2638	314	3437	81
浙　江	1181	166	3035	1308	41	1611	75
安　徽	1267	9	1883	809		1006	68
福　建	7104	187	3704	1143	110	2425	26
江　西	1770	19	1055	571		383	101
山　东	1179	58	3447	2221	289	925	12
河　南	805		2850	1148		1173	529
湖　北	1339	62	1516	488	163	811	54
湖　南	741	43	1964	873	9	1037	45
广　东	9521	433	14105	1529	1917	10402	257
广　西	792	41	1625	814	146	665	
海　南	185	1170	486	275		135	76
重　庆	957	12	1059	514	3	542	
四　川	1041	11	2327	692	43	1547	45
贵　州	194	11	407	100	61	246	
云　南	520		234	118		116	
西　藏							
陕　西	445		602	312	157	133	
甘　肃	51		276	255		21	
青　海	13		179	165		14	
宁　夏			85	50		35	
新　疆	2		17	17			

1-6 各地区按资质等级分的房地产开发企业从业人数

单位：人

地　区	总　计	一　级	二　级	三　级	四　级	暂　定	其　他
全国总计	**1949295**	**107657**	**324778**	**573433**	**328052**	**509986**	**105389**
北　京	86417	10967	16437	11546	27113	12434	7920
天　津	31283	1570	6444	5831	9719	7120	599
河　北	63189	4941	10190	14563	20604	11684	1207
山　西	43802	708	6586	10216	18219	7893	180
内蒙古	58262	1342	8092	14610	22406	10503	1309
辽　宁	65554	3789	6967	21338	1491	26995	4974
吉　林	29524	417	3544	9754	7519	7855	435
黑龙江	39763	794	8018	21123	5095	4037	696
上　海	93216	6262	15572	10542	343	42251	18246
江　苏	120494	5492	39046	35094	2456	33694	4712
浙　江	90517	6292	17550	29439	8951	22271	6014
安　徽	68443	1482	9076	21436	7444	27699	1306
福　建	60180	1463	6509	19777	12212	17982	2237
江　西	51426	760	9244	21831	7082	11094	1415
山　东	152903	6792	16754	38652	36604	43413	10688
河　南	94406	1688	13489	20759	9914	46795	1761
湖　北	89344	4600	18139	26687	16748	21122	2048
湖　南	79816	1664	8300	40398	7699	18318	3437
广　东	185500	24290	17719	47040	35091	35756	25604
广　西	53146	479	3116	14684	7532	25935	1400
海　南	14773	23	717	3051	2370	7637	975
重　庆	80979	6043	27729	25067	2698	19020	422
四　川	105570	4873	24325	57846	5113	9584	3829
贵　州	35390	859	3305	8748	12451	9226	801
云　南	42288	1293	8133	7748	13877	9864	1373
西　藏	2809	84	397	1758	328	194	48
陕　西	44326	6088	7348	11354	13524	5019	993
甘　肃	27394	170	4379	11084	5571	5855	335
青　海	6605	294	2135	1859	1034	1243	40
宁　夏	10366	870	2678	3411	1710	1574	123
新　疆	21610	1268	2840	6187	5134	5919	262

1-7　各地区按隶属关系分的房地产开发企业从业人数

单位：人

地　区	合　计	中央属	地方属				
				省　属	地市属	县　属	其 他
全国总计	**1949295**	**23542**	**1925753**	**65640**	**269460**	**186763**	**1403890**
北　京	86417	3602	82815	11955	10161		60699
天　津	31283	3178	28105	4524	3797	562	19222
河　北	63189	194	62995	789	7548	6237	48421
山　西	43802	112	43690	1357	6037	4625	31671
内蒙古	58262	336	57926	379	4218	5979	47350
辽　宁	65554	610	64944	431	6529	4241	53743
吉　林	29524	134	29390	86	2681	4706	21917
黑龙江	39763	377	39386	1623	9601	7776	20386
上　海	93216	1629	91587	8819	33818	64	48886
江　苏	120494	198	120296	1259	4941	7471	106625
浙　江	90517	247	90270	1782	7159	6111	75218
安　徽	68443	212	68231	2326	10483	5004	50418
福　建	60180	250	59930	816	6923	5542	46649
江　西	51426	418	51008	1027	5771	6920	37290
山　东	152903	588	152315	5578	17358	23087	106292
河　南	94406	497	93909	1437	11433	12643	68396
湖　北	89344	1105	88239	1644	17080	12805	56710
湖　南	79816	719	79097	2420	12008	9711	54958
广　东	185500	1069	184431	3238	42443	14002	124748
广　西	53146	52	53094	1083	6000	4492	41519
海　南	14773	1216	13557	1224	2886	853	8594
重　庆	80979	1012	79967	1998	9410	7968	60591
四　川	105570	3557	102013	1572	10693	14353	75395
贵　州	35390	377	35013	1028	1945	2423	29617
云　南	42288	379	41909	2107	2755	4628	32419
西　藏	2809		2809	425	964	46	1374
陕　西	44326	251	44075	2167	8725	6550	26633
甘　肃	27394	133	27261	1110	2910	3872	19369
青　海	6605	29	6576	581	1226	361	4408
宁　夏	10366	245	10121	597	367	161	8996
新　疆	21610	816	20794	258	1590	3570	15376

第二章

房地产开发投资与资金状况（2009）

2-1　各地区房地产开发企业投资规模与完成情况

单位：万元

地　区	计划总投资	自开始建设至本年底累计完成投资	本年完成投资	#土地开发投资	#配套工程投资
全国总计	**1673481775**	**993284835**	**362418080**	**16797579**	**10372654**
北　京	174829996	96757492	23377124	286833	1280662
天　津	39951995	26108557	7351836	1054929	755680
河　北	43850110	25050692	15200387	607912	196576
山　西	18488451	9879137	4772748	268254	126573
内蒙古	22674858	14743365	8154562	655383	75701
辽　宁	91859648	55564174	26405639	1316844	709545
吉　林	17819924	11429447	7566737	166425	118199
黑龙江	15162888	10451311	5639170	258323	123955
上　海	97211682	66424660	14620724	895120	524578
江　苏	167581340	100656423	33384976	948944	838088
浙　江	101148289	66530251	22542664	389052	686561
安　徽	64543242	40400408	16698263	1191770	289791
福　建	68941131	37698503	11363495	170014	191981
江　西	24717793	16791631	6345238	282800	102987
山　东	94509748	55259369	24287324	1469960	497426
河　南	52635799	29565543	15537595	40896	109146
湖　北	51246146	29002262	12004443	1788109	789920
湖　南	52618580	27129087	10845775	682182	205569
广　东	168403799	102417257	29613189	1610504	1023917
广　西	38289037	20405216	8136811	248999	158149
海　南	11139627	6540288	2879573	176794	204730
重　庆	66813048	36361662	12389125	469958	301980
四　川	70943142	46234603	15883709	568821	283301
贵　州	20496468	10264924	3712507	54609	57210
云　南	30247589	16758991	7374566	501120	327587
西　藏	361785	301899	157480	10337	7578
陕　西	42852613	21143456	9416321	449572	229258
甘　肃	9619852	4958747	2041378	79027	70843
青　海	3174497	1417017	728499	23086	6183
宁　夏	4210836	2515369	1627417	18052	16288
新　疆	7137862	4523094	2358805	112950	62692

2-2 各地区按登记注册类型分的房地产开发企业计划总投资

单位：万元

地区	总计	内资					
			国有	集体	股份合作	国有联营	集体联营
全国总计	**1673481775**	**1408768189**	**121545630**	**14572965**	**6615974**	**2495841**	**258732**
北京	174829996	159903378	31828786	469454	405000		
天津	39951995	33606261	9137256	260616		8900	
河北	43850110	41840502	1167069	185000	138308		
山西	18488451	17939532	1003685	54144	9566		54000
内蒙古	22674858	22470041	264828	12226	24092		
辽宁	91859648	59612269	2433855	177551	153203		
吉林	17819924	16225372	94077	15800	9031		
黑龙江	15162888	13516790	1274884	23306	11322		
上海	97211682	73853799	11972275	2955427	161976	887336	35751
江苏	167581340	139410204	8804405	1328897	768213	138000	13900
浙江	101148289	92067890	3055254	326841	417325	315757	
安徽	64543242	58283582	3384754	80999	164381	214400	
福建	68941131	53120962	10430447	640316	99390	110000	70470
江西	24717793	21600417	1196222	82812	207360		7300
山东	94509748	84965828	6376087	1725815	582917		10000
河南	52635799	48703402	1647246	587553	380337		
湖北	51246146	43718964	5402404	306147	356922		40000
湖南	52618580	49282313	1829336	155115	733279	640000	6000
广东	168403799	119301397	4221000	3649214	452121	60000	8906
广西	38289037	34717047	2259326	97521	120717		
海南	11139627	8365542	67229	10500	239500		
重庆	66813048	54225107	4409474	37758	9138		
四川	70943142	52621902	3020374	364204	268386	120000	
贵州	20496468	19672435	467858	67985	37520		
云南	30247589	28148979	1512966	325411	73989	1448	
西藏	361785	361785	23176		41600		
陕西	42852613	38243513	2602710	605516	383022		12405
甘肃	9619852	8703305	943997	20493	11459		
青海	3174497	3067337	269131		355900		
宁夏	4210836	4111972	60348	5804			
新疆	7137862	7106362	385171	540			

2-2 续表 1

单位：万元

地区	内资						
	国有与集体联营	其他联营	国有独资公司	其他有限责任公司	股份有限公司	私营独资	私营合伙
全国总计	**442299**	**883247**	**28913169**	**673697126**	**72013423**	**17728870**	**4539069**
北京			4574635	103747133	6961088		
天津	39000		740395	14454718	1312820	539530	
河北			427150	20103498	3444683	448762	56196
山西			123433	5687026	607248	193747	32195
内蒙古			72257	14063528	996507	283367	8118
辽宁			1681715	23432140	2687151	1839416	142911
吉林			407600	9934152	723922	210536	25144
黑龙江			321968	5649176	1288275	117527	14525
上海	63000	236317	1278070	26493708	694912	1049618	187476
江苏	60000	8500	2276202	55503016	4837551	2684808	643161
浙江	1500		1842987	49536891	3681207	615400	22332
安徽	68806	80000	1987416	34356025	2866646	653195	199992
福建		20000	2765632	19423053	986662	192035	141591
江西	80000		76263	10947033	2411743	308591	258345
山东			888580	39339560	6282935	895817	310626
河南		66521	167144	25646869	4765886	662065	326616
湖北	84033	1750	263136	18807950	4558702	1765873	61852
湖南		24500	458609	26853496	2304237	456156	579345
广东	5260	357500	2961903	54421283	8353646	1335562	150127
广西		15997	1568322	11113593	2981267	626431	139742
海南	5700		231000	5125670	924126	13090	50220
重庆			828093	19360161	633559	338810	419734
四川			881517	23225221	3793021	586793	61683
贵州			264850	11397453	1053200	159251	28988
云南			436749	12898170	1162782	241422	129133
西藏				124320	14652	53062	
陕西	35000	72162	682186	23139165	1099461	1165521	147000
甘肃			142900	4493505	406419	185358	46959
青海			166580	775499	70327	35145	7000
宁夏			277447	925552	11060	31352	
新疆			118430	2718562	97728	40630	348058

2-2 续表 2

单位：万元

地区	内资			港澳台商投资		
	私营有限责任公司	私营股份有限公司	其他内资企业		合资经营	合作经营
全国总计	**420096078**	**32789050**	**12176716**	**156690321**	**54936856**	**20100157**
北　京	11654047	263235		8593650	2146596	2914487
天　津	6726785	148607	237634	2707396	1184354	61111
河　北	13664905	1795917	409014	746490	361133	
山　西	9530707	555156	88625	208040	182140	20000
内蒙古	6491412	198551	55155	117770	117770	
辽　宁	24767933	1730674	565720	16126866	7913367	482500
吉　林	4480488	279797	44825	1399552	776411	
黑龙江	4163186	348418	304203	101360		
上　海	26353103	1025866	458964	12064495	6030539	626043
江　苏	57069283	3451775	1822493	15726368	5199749	986868
浙　江	30787063	740592	724741	4614764	1974294	511388
安　徽	12135812	1424690	666466	3750013	1414286	82000
福　建	17165702	961264	114400	12184805	3203975	772300
江　西	4953220	885858	185670	2253296	887255	
山　东	23895365	2601055	2057071	5645189	3804127	538349
河　南	11977166	1260862	1215137	1265637	598953	120200
湖　北	10780634	1217361	72200	5072146	2362276	30000
湖　南	13238100	1794882	209258	2083527	1492371	26661
广　东	36483152	6186168	655555	36213889	7450531	11936481
广　西	14521218	1047367	225546	1929366	883141	41000
海　南	1484157	69677	144673	2128344	247965	
重　庆	25897264	1738065	553051	8240905	3773488	466311
四　川	18519798	781512	999393	8854579	1052837	75889
贵　州	5349727	836103	9500	237092	219092	
云　南	10656959	479084	230866	1736765	724258	
西　藏	96975		8000			
陕　西	7914379	329292	55694	2307789	605720	408569
甘　肃	2268664	163451	20100	322568	272568	
青　海	1120705	254050	13000	26160	26160	
宁　夏	2700205	100204				
新　疆	3247964	119517	29762	31500	31500	

2-2 续表3　　单位：万元

地　区	港澳台商投资		外商投资				
	独　资	股份有限		合资经营	合作经营	独　资	股份有限
全国总计	**75812059**	**5841249**	**108023265**	**36345533**	**11508149**	**57419381**	**2750202**
北　京	2780967	751600	6332968	2696381	2232372	1124215	280000
天　津	1315931	146000	3638338	2302518	384984	950836	
河　北	385357		1263118	294522		968596	
山　西	5900		340879	139879		201000	
内蒙古			87047	29347		57700	
辽　宁	7620999	110000	16120513	4080080	1090940	10949493	
吉　林	473141	150000	195000	79000	100000	16000	
黑龙江	40660	60700	1544738	336828	30000	1177910	
上　海	4977936	429977	11293388	3516741	745593	6156541	874513
江　苏	8649336	890415	12444768	4775279	1534025	5958477	176987
浙　江	1928559	200523	4465635	1855064	6258	2494922	109391
安　徽	2253727		2509647	1030063		1448084	31500
福　建	7875741	332789	3635364	735051		2893113	7200
江　西	1317399	48642	864080	656748		138652	68680
山　东	1270083	32630	3898731	2905314	139200	814217	40000
河　南	546484		2666760	702946		1668674	295140
湖　北	2319870	360000	2455036	796116	709358	949562	
湖　南	558495	6000	1252740	690191		562549	
广　东	16226013	600864	12888513	1933473	2452517	7945732	556791
广　西	983725	21500	1642624	501325	251884	889415	
海　南	424908	1455471	645741	415241		120500	110000
重　庆	3756968	244138	4347036	1520333	628086	2198617	
四　川	7725853		9466661	1911703	652932	6702026	200000
贵　州	18000		586941	74371	120000	392570	
云　南	1012507		361845	81845		280000	
西　藏							
陕　西	1293500		2301311	1578031	430000	293280	
甘　肃	50000		593979	589962		4017	
青　海			81000	81000			
宁　夏			98864	36181		62683	
新　疆							

2-3 各地区按资质等级分的房地产开发企业计划总投资

单位：万元

地区	总计	一级	二级	三级	四级	暂定	其他
全国总计	**1673481775**	**127360985**	**323561778**	**382064522**	**185091986**	**558493223**	**96909281**
北京	174829996	27643443	28825988	15162966	48274488	25385929	29537182
天津	39951995	1655564	6699947	4470479	11035267	15642375	448363
河北	43850110	3578666	6184049	11175436	10693767	10971278	1246914
山西	18488451	1791731	2548309	4309989	5610626	4075656	152140
内蒙古	22674858	1228170	5509422	4597829	6470626	4463779	405032
辽宁	91859648	4038684	8137674	20895049	584142	51941075	6263024
吉林	17819924	357705	2198278	5426073	3572853	6121085	143930
黑龙江	15162888	736171	5382063	6078259	385273	2254885	326237
上海	97211682	4318172	13728090	9421398	171714	64253038	5319270
江苏	167581340	8639225	64202816	29599349	905932	58099357	6134661
浙江	101148289	8230135	20253341	28588056	4962566	30637296	8476895
安徽	64543242	1289879	10118511	13906000	2512429	34668270	2048153
福建	68941131	2585680	11533867	20190198	11743053	20816907	2071426
江西	24717793	633136	6349033	9182225	1876824	6326771	349804
山东	94509748	4923064	10636236	21927318	11430472	41612658	3980000
河南	52635799	1661695	10251218	8908039	3252730	27756925	805192
湖北	51246146	7458980	16447371	11380614	3328879	11900875	729427
湖南	52618580	483302	5161486	23511916	1986147	20473281	1002448
广东	168403799	17780472	18693648	49675539	26141533	37838936	18273671
广西	38289037	744800	3851272	9292131	3695957	18342058	2362819
海南	11139627	28000	650385	1877593	1822280	6160940	600429
重庆	66813048	8137893	23553798	8953169	552516	25533603	82069
四川	70943142	4148643	20765568	35136896	1090157	6777256	3024622
贵州	20496468	371707	2690518	4562806	4691012	7076619	1103806
云南	30247589	2310821	7496574	5659580	6185581	7479604	1115429
西藏	361785	16215	67280	178894	16600	37796	45000
陕西	42852613	9929520	6201287	11650404	9509310	5115450	446642
甘肃	9619852	568277	1490881	2904240	1031235	3474741	150478
青海	3174497	525800	1356142	443424	209664	639467	
宁夏	4210836	572154	1331562	871921	464469	805946	164784
新疆	7137862	973281	1245164	2126732	883884	1809367	99434

2-4　各地区按登记注册类型分的房地产开发企业完成投资

单位：万元

地　区	总　计	内　资					
			国　有	集　体	股份合作	国有联营	集体联营
全国总计	**362418080**	**322016027**	**25959571**	**3990878**	**1749090**	**293979**	**58130**
北　京	23377124	21674851	4198137	59769	38549		
天　津	7351836	6474724	2150216	58615		78	
河　北	15200387	14790216	367528	48692	33309		
山　西	4772748	4641151	370694	24257	6500		4000
内蒙古	8154562	8084976	131957	5810	16092		
辽　宁	26405639	19811732	899709	132865	48927		
吉　林	7566737	7128448	90293	7100	7096		
黑龙江	5639170	5451364	609609	19533	7272		
上　海	14620724	12026030	1849450	580362	14840	38954	14381
江　苏	33384976	29419809	2515474	419296	96850	45635	3014
浙　江	22542664	20521843	660546	101154	90698	56245	
安　徽	16698263	15244855	951897	26862	80857	28075	
福　建	11363495	9333859	1482418	269025	8703	11822	5666
江　西	6345238	5734556	369975	24336	67904		2315
山　东	24287324	22414345	1660718	647407	225525		5970
河　南	15537595	14757783	609361	253898	195163		
湖　北	12004443	10952079	1410097	144795	115748		16434
湖　南	10845775	10274874	502416	57251	234242	13432	2441
广　东	29613189	23205160	890463	710318	55447	5272	917
广　西	8136811	7576107	476613	31784	29039		
海　南	2879573	2251022	23325	3385	91976		
重　庆	12389125	10532944	1151871	11685	4368		
四　川	15883709	13849072	825892	67706	54519	94200	
贵　州	3712507	3602726	115767	17554	15272		
云　南	7374566	6876769	583903	98335	38648	266	
西　藏	157480	157480	16140		9893		
陕　西	9416321	8694037	610834	153837	105351		2992
甘　肃	2041378	1895041	183621	12384	8655		
青　海	728499	702301	69432		47647		
宁　夏	1627417	1584372	33990	2633			
新　疆	2358805	2351501	147225	230			

2-4 续表 1

单位：万元

地　　区	内			资			
	国有与集体联营	其他联营	国有独资公司	其他有限责任公司	股份有限公司	私营独资	私营合伙
全国总计	**54358**	**211855**	**6875954**	**145133507**	**18027425**	**5055002**	**1368339**
北　京			811036	13968286	862133		
天　津	2000		410396	2605200	176499	56149	
河　北			79152	7157627	1162495	200045	49095
山　西			28880	1861523	229470	38432	14458
内蒙古			31312	4927607	362972	152347	6564
辽　宁			550124	7221888	885902	791985	57221
吉　林			99373	4126694	310087	110688	21354
黑龙江			256055	2266954	591698	30888	4488
上　海	8303	27644	208507	4457247	97033	201189	9909
江　苏	1322	844	463663	10396006	1189653	646553	130509
浙　江	379		424239	9674632	1039728	118027	13893
安　徽	18425	15000	453796	8778631	812358	153813	67388
福　建		2345	570354	2936699	408554	31571	54165
江　西	7773		13667	2725478	670758	127946	107689
山　东			294349	9804168	1765643	216698	102277
河　南		26875	28021	8011665	1470824	297760	75511
湖　北	10850	1004	75972	4350927	920989	402887	46270
湖　南		12913	95431	4692676	666544	162366	175184
广　东	2825	88161	514218	10488358	1630331	341189	50449
广　西		8755	380616	2145744	412054	184043	47104
海　南	481		12155	1288301	201719	8455	12564
重　庆			244742	3750526	194487	98131	67723
四　川			261184	6081548	1008893	110718	20235
贵　州			76673	1860532	152967	44815	10191
云　南			68009	2838316	296196	114838	52557
西　藏				61891	2215	20900	
陕　西	2000	28314	129210	4362175	355517	294852	69212
甘　肃			69291	997021	77548	48300	7108
青　海			40258	186791	13616	12109	3702
宁　夏			139764	314676	9138	14287	
新　疆			45507	793720	49404	23021	91519

2-4 续表2

单位：万元

地 区	内资			港澳台商投资		
	私营有限责任公司	私营股份有限公司	其他内资企业		合资经营	合作经营
全国总计	**101369294**	**8608185**	**3260460**	**24156539**	**9283331**	**2160443**
北 京	1705761	31180		1123470	297977	330546
天 津	962892	11080	41599	461143	220581	16057
河 北	4971167	546879	174227	158717	95449	
山 西	1873406	154279	35252	29643	20216	3527
内蒙古	2279628	115739	54948	48316	48316	
辽 宁	8497588	646227	79296	3748587	2066904	40800
吉 林	2254824	86647	14292	359289	160746	
黑龙江	1429748	172388	62731	31873	443	
上 海	4242413	166889	108909	1507995	634878	175225
江 苏	12248607	765169	497214	2289537	937376	111620
浙 江	7906738	249059	186505	1064832	360891	132315
安 徽	3322176	346774	188803	931471	375980	23290
福 建	3317218	199104	36215	1445915	440891	17934
江 西	1280156	273172	63387	498275	208177	
山 东	6345550	754238	591802	1188171	643664	134880
河 南	2992972	390013	405720	302756	130639	32390
湖 北	3077105	329405	49596	718924	153726	14549
湖 南	2970208	591164	98606	358076	212873	16152
广 东	7262806	1067366	97040	4246121	888583	1034037
广 西	3554894	265683	39778	310073	177732	12736
海 南	506105	38001	64555	353141	78373	
重 庆	4563933	371381	74097	1285178	496474	19244
四 川	4884018	275930	164229	808674	275753	6550
贵 州	1072245	234799	1911	20292	19080	
云 南	2561757	143631	80313	445657	150271	
西 藏	43261		3180			
陕 西	2397980	151735	30028	350500	119815	38591
甘 肃	446866	40014	4233	62115	59725	
青 海	248188	78658	1900	494	494	
宁 夏	993683	76201				
新 疆	1155401	35380	10094	7304	7304	

2-4 续表3 单位：万元

地区	港澳台商投资		外商投资				
	独资	股份有限		合资经营	合作经营	独资	股份有限
全国总计	**11678324**	**1034441**	**16245514**	**5758687**	**1431016**	**8655267**	**400544**
北京	407597	87350	578803	214326	145028	194504	24945
天津	173744	50761	415969	267894	38543	109532	
河北	63268		251454	100079		151375	
山西	5900		101954	38954		63000	
内蒙古			21270	420		20850	
辽宁	1591983	48900	2845320	877811	389846	1577663	
吉林	168543	30000	79000	23000	40000	16000	
黑龙江	24780	6650	155933	52115	10050	93768	
上海	666770	31122	1086699	226830	23719	787247	48903
江苏	1073494	167047	1675630	676716	211575	782172	5167
浙江	532799	38827	955989	371106	1503	531792	51588
安徽	532201		521937	135617		373622	12698
福建	957262	29828	583721	206714		374145	2862
江西	278533	11565	112407	79285		19184	13938
山东	402637	6990	684808	442338	14899	227477	94
河南	139727		477056	170105		255940	51011
湖北	416187	134462	333440	130459	66780	136201	
湖南	126051	3000	212825	107604		105221	
广东	2196225	127276	2161908	196104	190905	1669328	105571
广西	110105	9500	250631	136505	19112	95014	
海南	45105	229663	275410	202459		27079	45872
重庆	747960	21500	571003	309662	94745	166596	
四川	526371		1225963	432371	84478	671219	37895
贵州	1212		89489	10936	6310	72243	
云南	295386		52140	140		52000	
西藏							
陕西	192094		371784	230306	93523	47955	
甘肃	2390		84222	84222			
青海			25704	25704			
宁夏			43045	8905		34140	
新疆							

2-5 各地区按资质等级分的房地产开发企业完成投资

单位：万元

地区	总计	一级	二级	三级	四级	暂定	其他
全国总计	**362418080**	**23174611**	**62326239**	**87882796**	**43228645**	**126650249**	**19155540**
北京	23377124	3564003	3644351	2013534	5968961	4572872	3613403
天津	7351836	299546	1183269	656986	2078595	3038641	94799
河北	15200387	1346420	2176627	3745218	3988496	3444319	499307
山西	4772748	205217	534097	1234235	1470643	1276352	52204
内蒙古	8154562	378324	1460745	1917462	2507646	1720238	170147
辽宁	26405639	970059	2126942	6625719	257309	14900579	1525031
吉林	7566737	147254	1001855	2230649	1477968	2642961	66050
黑龙江	5639170	198324	1443099	2796441	270781	742182	188343
上海	14620724	805097	1832346	1367382	54286	9806877	754736
江苏	33384976	1995863	11861938	6937714	313236	10665686	1610539
浙江	22542664	1807354	4211184	5895887	1045554	7650824	1931861
安徽	16698263	282448	2345696	3675618	816818	9150717	426966
福建	11363495	389544	1913521	3377374	1779346	3549233	354477
江西	6345238	101507	1386364	2145383	699254	1847471	165259
山东	24287324	938515	2141079	5232662	3937926	10719308	1317834
河南	15537595	319690	2371111	2885892	1262882	8453491	244529
湖北	12004443	1233525	3711165	3146599	1030144	2776748	106262
湖南	10845775	118092	894994	4922730	765912	3735895	408152
广东	29613189	3111216	2634574	7734616	4902072	7427232	3803479
广西	8136811	155834	598763	1871065	854658	4274519	381972
海南	2879573	6600	308735	425043	522238	1492479	124478
重庆	12389125	1433980	3843622	2092568	108931	4891023	19001
四川	15883709	1051267	4215971	8025879	413727	1542363	634502
贵州	3712507	56080	424412	832412	969693	1336107	93803
云南	7374566	545598	1412000	1276614	1829063	2116976	194315
西藏	157480	2920	26306	59987	8022	17495	42750
陕西	9416321	924992	1129014	3040136	2963819	1183960	174400
甘肃	2041378	84019	322750	623387	340308	632717	38197
青海	728499	133698	260026	130467	45293	159015	
宁夏	1627417	285041	502687	324998	222840	216092	75759
新疆	2358805	282584	406996	638139	322224	665877	42985

2-6 各地区按隶属关系分的房地产开发企业完成投资

单位：万元

地 区	合 计	中央属	地方属				
				省 属	地市属	县 属	其他
全国总计	**362418080**	**6529490**	**355888590**	**18672290**	**49310594**	**25158965**	**262746741**
北 京	23377124	737672	22639452	6436091	4126244		12077117
天 津	7351836	962566	6389270	1542343	1511540	128005	3207382
河 北	15200387	74595	15125792	418233	1706916	1747212	11253431
山 西	4772748	3740	4769008	310904	1000383	203960	3253761
内蒙古	8154562	27843	8126719	33639	1102261	761016	6229803
辽 宁	26405639	280881	26124758	70392	2425799	1044527	22584040
吉 林	7566737	102903	7463834	8200	399109	509160	6547365
黑龙江	5639170	50854	5588316	487508	1350721	637401	3112686
上 海	14620724	237073	14383651	1836126	5521641	6043	7019841
江 苏	33384976	246643	33138333	282480	1866029	2590738	28399086
浙 江	22542664	45304	22497360	315963	2006549	1647882	18526966
安 徽	16698263	179410	16518853	1142282	2703572	1174904	11498095
福 建	11363495	56849	11306646	131090	2005535	917443	8252578
江 西	6345238	31422	6313816	431446	610388	675190	4596792
山 东	24287324	297951	23989373	777500	3308595	3100245	16803033
河 南	15537595	153771	15383824	574089	1651922	1895325	11262488
湖 北	12004443	236612	11767831	475884	2505384	920081	7866482
湖 南	10845775	152145	10693630	642176	1731788	914847	7404819
广 东	29613189	897749	28715440	220298	3704145	1528686	23262311
广 西	8136811		8136811	42700	1417111	516161	6160839
海 南	2879573	90280	2789293	194320	555313	215456	1824204
重 庆	12389125	594489	11794636	584851	1149834	339637	9720314
四 川	15883709	430781	15452928	255776	1555155	1491051	12150946
贵 州	3712507	109777	3602730	57249	408757	173924	2962800
云 南	7374566	224324	7150242	593382	450868	770234	5335758
西 藏	157480		157480	4500	23323	9893	119764
陕 西	9416321	57632	9358689	491521	1731001	680021	6456146
甘 肃	2041378	15416	2025962	147459	279064	237621	1361818
青 海	728499	4500	723999	20168	221800	20466	461565
宁 夏	1627417	62896	1564521	52458	101876	36707	1373480
新 疆	2358805	163412	2195393	91262	177971	265129	1661031

2-7　各地区按构成分的房地产开发企业完成投资

单位：万元

地　区	本年完成投资额	建筑工程	安装工程	设备工器具购置	其他费用	#土地购置费
全国总计	**362418080**	**238296376**	**20096928**	**4541234**	**99483542**	**60237138**
北　京	23377124	8277894	137633	457246	14504351	5877068
天　津	7351836	4322987	529262	53831	2445756	883652
河　北	15200387	10742156	870771	171274	3416186	2178079
山　西	4772748	3313629	343587	41691	1073841	756625
内蒙古	8154562	6435175	152568	97968	1468851	1088787
辽　宁	26405639	18662694	2186153	358489	5198303	3606763
吉　林	7566737	6078786	100460	36572	1350919	712958
黑龙江	5639170	4189455	83081	63859	1302775	743112
上　海	14620724	9333730	993461	224792	4068741	2139245
江　苏	33384976	22184739	2540431	341374	8318432	5605290
浙　江	22542664	12078762	1203992	253561	9006349	6971415
安　徽	16698263	11052885	1197792	256639	4190947	2919765
福　建	11363495	6931117	383122	70820	3978436	3326875
江　西	6345238	4774615	368774	73628	1128221	664315
山　东	24287324	16503090	1850137	285320	5648777	3855494
河　南	15537595	12443997	34508	170198	2888892	1980154
湖　北	12004443	7476082	810162	185050	3533149	1614571
湖　南	10845775	7631747	605738	204115	2404175	1191598
广　东	29613189	19369718	2280916	394463	7568092	4682300
广　西	8136811	5609414	224340	91999	2211058	1164661
海　南	2879573	2096971	304195	55755	422652	272222
重　庆	12389125	7629430	700835	150970	3907890	2381140
四　川	15883709	11102736	563595	187299	4030079	2438252
贵　州	3712507	2656008	169290	43161	844048	323784
云　南	7374566	4983287	314714	69937	2006628	1324850
西　藏	157480	123838	11738	4645	17259	2860
陕　西	9416321	7163819	851520	159653	1241329	731608
甘　肃	2041378	1376422	141778	10754	512424	245873
青　海	728499	499379	15593	2505	211022	181112
宁　夏	1627417	1361544	24147	5735	235991	170665
新　疆	2358805	1890270	102635	17931	347969	202045

2-8 各地区按用途分的房地产开发企业完成投资

单位：万元

地区	本年完成投资额	住宅	#经济适用房	#别墅、高档公寓	办公楼	商业营业用房	其他
全国总计	**362418080**	**256136938**	**11340755**	**20733449**	**13772061**	**41806621**	**50702460**
北京	23377124	9066168	677612	1632269	1667239	2007351	10636366
天津	7351836	4948563	1118927	440182	328289	973219	1101765
河北	15200387	12192376	243713	239016	301054	1502535	1204422
山西	4772748	3778904	131324	23413	106264	437877	449703
内蒙古	8154562	5737815	538418	380931	384229	1482151	550367
辽宁	26405639	19339201	637407	1528912	867569	4321470	1877399
吉林	7566737	6053047	434696	543449	153008	962807	397875
黑龙江	5639170	4425157	302376	93742	91569	699868	422576
上海	14620724	9186847	391773	2465076	1879260	1846133	1708484
江苏	33384976	24237737	1111615	2712718	1309243	5107783	2730213
浙江	22542664	15813232	556000	1373868	1472648	2509853	2746931
安徽	16698263	11755778	241184	475665	721124	2362832	1858529
福建	11363495	7432742	185799	436449	378436	872995	2679322
江西	6345238	5091670	154825	154728	115995	631837	505736
山东	24287324	18605150	574851	527445	610612	3276591	1794971
河南	15537595	12352117	598515	239825	331346	1509643	1344489
湖北	12004443	8041595	743710	381296	228892	1419912	2314044
湖南	10845775	8378977	378300	421593	154802	1098890	1213106
广东	29613189	20900933	158206	2679275	1276287	2794723	4641246
广西	8136811	5771730	115901	225943	92636	631026	1641419
海南	2879573	2618750	4801	1132619	15038	115693	130092
重庆	12389125	7890183	655887	894443	220840	1167561	3110541
四川	15883709	11500278	93914	646700	369672	1280258	2733501
贵州	3712507	2494624	202165	43723	67326	384770	765787
云南	7374566	5529587	196293	629218	189107	805186	850686
西藏	157480	113798	5240	4240	3211	14391	26080
陕西	9416321	7808278	413138	224320	273401	824776	509866
甘肃	2041378	1382630	208430	5417	29022	215014	414712
青海	728499	545720	6144	1162	7221	40297	135261
宁夏	1627417	1260821	98751	26896	44795	227233	94568
新疆	2358805	1882530	160840	148916	81926	281946	112403

2-9　各地区按控股情况分的房地产开发企业完成投资

单位：万元

地　区	总　计	国有控股	集体控股	私人控股	港澳台控股	外商控股
全国总计	**362418080**	**57012382**	**16803682**	**215674889**	**24660675**	**17189496**
北　京	23377124	8416336	878374	6141400	957669	792878
天　津	7351836	3561750	141068	1476017	518216	415969
河　北	15200387	820584	476299	11363581	158717	251454
山　西	4772748	954753	296545	3201143	14080	96984
内蒙古	8154562	269675	431532	7059356	48316	38900
辽　宁	26405639	2505785	991323	15424560	3857351	2684487
吉　林	7566737	540403	19496	6283963	359289	88890
黑龙江	5639170	1056332	221851	3873193	31873	162594
上　海	14620724	4692716	1023119	5121224	1507995	1152546
江　苏	33384976	5110614	1348678	19773537	2314490	1709343
浙　江	22542664	2738794	1062158	14519621	1134828	1032320
安　徽	16698263	2868127	657188	10180340	936603	570340
福　建	11363495	2524832	453425	6165405	1581114	638719
江　西	6345238	640080	385566	4238952	500675	114024
山　东	24287324	2717217	2500486	14645005	1210073	687808
河　南	15537595	1041082	1164945	11752606	297518	403406
湖　北	12004443	2114271	709207	6820374	718924	414507
湖　南	10845775	1072088	628492	7978187	438955	347330
广　东	29613189	4196357	1275346	14693904	4371801	2460288
广　西	8136811	1069158	117679	5900077	314280	273031
海　南	2879573	282325	149551	1553225	353141	284720
重　庆	12389125	2042782	126345	7878503	1285178	666197
四　川	15883709	1876163	339328	10195050	848678	1225963
贵　州	3712507	461947	103095	2795359	20292	89489
云　南	7374566	1160648	324494	4992211	458346	52140
西　藏	157480	16140	52643	80045		
陕　西	9416321	1233304	631490	6677550	350500	371784
甘　肃	2041378	292858	105582	1346730	62115	84222
青　海	728499	115222	75308	502575	494	25704
宁　夏	1627417	195418	61086	1264715		51488
新　疆	2358805	424621	51983	1776481	9164	1971

2-10 各地区按投资规模分房地产开发企业完成投资

单位：万元

地　区	500万元以下	500-1000万元	1000-3000万元	3000-5000万元	5000万-1亿元	1-5亿元	5-10亿元	10亿元及以上
全国总计	**1574886**	**3811450**	**24079940**	**28511753**	**63803507**	**175010761**	**40336556**	**25289227**
北　京	34093	51252	324703	532769	1656142	10868451	5311750	4597964
天　津	21435	17665	163313	265637	741360	3848622	863643	1430161
河　北	33591	108521	848901	1015482	2499252	7210656	2300594	1183390
山　西	36216	98303	559569	562964	933317	1768965	487816	325598
内蒙古	29599	97398	674736	653374	1719489	3912262	744696	323008
辽　宁	39492	97757	674605	1012373	3011368	13735809	4281848	3552387
吉　林	4227	12414	158515	242709	813420	5307869	1027583	
黑龙江	33091	81102	458057	523727	973675	2412898	730625	425995
上　海	18975	47335	331221	498208	1799976	8117715	2695216	1112078
江　苏	99623	210763	1933125	2585286	7101119	17364626	2959272	1131162
浙　江	76579	202103	1314751	1824401	4165814	11590980	1873789	1494247
安　徽	73162	185346	1310152	1550735	3115112	8155356	1389930	918470
福　建	75664	161862	978527	1077864	2196046	5187578	1327975	357979
江　西	46523	113098	856869	974629	1601804	2369383	262932	120000
山　东	88987	244729	1717548	2217536	5075656	12142705	1636611	1163552
河　南	59352	157904	1246237	1771699	4111192	6981753	719576	489882
湖　北	91216	187663	1101439	1027436	1874717	5369287	1576934	775751
湖　南	81342	214754	1291238	1523490	3096122	4088127	268853	281849
广　东	124984	254904	1549225	1924355	4355813	15512173	3559280	2332455
广　西	53498	178475	1019828	1075179	2141691	3257636	294475	116029
海　南	6644	21018	220902	283842	574843	1142096	156708	473520
重　庆	74090	128984	792628	848950	1960165	5136979	2014742	1432587
四　川	112259	274679	1384088	1580870	3084024	7599207	1610288	238294
贵　州	71120	140845	695888	502946	694614	1030224	320253	256617
云　南	50197	143457	643004	781901	1615558	2901420	924313	314716
西　藏	400	3013	9514	23970	56833	63750		
陕　西	35736	98201	493418	600569	1311722	5596227	838912	441536
甘　肃	32187	77287	399795	292520	461105	689392	89092	
青　海	7785	19757	122567	79356	165369	264815	68850	
宁　夏	7403	43671	257724	251756	354301	712562		
新　疆	55416	137190	547853	405220	541888	671238		

2-11　各地区按登记注册类型分的房地产开发企业住宅完成投资

单位：万元

地　区	总　计	内　资					
			国　有	集　体	股份合作	国有联营	集体联营
全国总计	**256136938**	**229645416**	**16537894**	**3204408**	**1363556**	**182643**	**48587**
北　京	9066168	8292889	357862	13637	34704		
天　津	4948563	4558528	1603501	57199		65	
河　北	12192376	11898947	316263	38692	23747		
山　西	3778904	3742291	322318	19508	4900		1400
内蒙古	5737815	5672998	117939	4395	12583		
辽　宁	19339201	14738207	519167	115464	42380		
吉　林	6053047	5686499	76237	5170	5526		
黑龙江	4425157	4299867	511274	17883	7272		
上　海	9186847	7964548	1215771	438155	10632	22844	11300
江　苏	24237737	21427806	2098169	324567	83271	32440	3014
浙　江	15813232	14532997	524506	81992	80536	8653	
安　徽	11755778	10878524	785532	22014	73233	22775	
福　建	7432742	6082595	977241	203318	4998	9622	4243
江　西	5091670	4575247	314441	22015	57720		2315
山　东	18605150	17382486	1228607	557808	146545		4970
河　南	12352117	11775898	528273	239322	185213		
湖　北	8041595	7304796	810588	101316	49975		16434
湖　南	8378977	7936229	402675	35729	187333	13432	1741
广　东	20900933	16403059	679766	599635	41677		900
广　西	5771730	5357928	377036	21093	20842		
海　南	2618750	2074559	17340	3315	88170		
重　庆	7890183	7017206	765498	9404	3283		
四　川	11500278	10173324	575876	39493	36633	72556	
贵　州	2494624	2413013	82011	14358	10761		
云　南	5529587	5165802	451865	85624	29564	256	
西　藏	113798	113798	14100		7763		
陕　西	7808278	7228173	523925	120841	100925		2270
甘　肃	1382630	1324550	133211	9745	6150		
青　海	545720	522122	50539		7220		
宁　夏	1260821	1222835	32491	2486			
新　疆	1882530	1877695	123872	230			

2-11 续表1

单位：万元

地区	内资						
	国有与集体联营	其他联营	国有独资公司	其他有限责任公司	股份有限公司	私营独资	私营合伙
全国总计	**48848**	**157935**	**4423632**	**102968883**	**13006596**	**3827825**	**1035469**
北京			320010	6195674	399375		
天津	1900		84266	1892308	116791	37134	
河北			64103	5897394	925108	184948	45853
山西			15588	1545529	199830	23882	13126
内蒙古			26155	3374658	259912	120153	4300
辽宁			453580	5506055	635386	603263	38747
吉林			98846	3265778	257076	67950	17764
黑龙江			232780	1768966	479526	25365	3701
上海	8303	20943	84044	2984397	69306	157429	9809
江苏		794	311357	7503792	873686	455834	103809
浙江	249		325143	6935335	634341	89719	12958
安徽	17875	12900	411089	6078371	596122	113927	41708
福建		2026	400471	1927530	215423	19119	16568
江西	7174		13353	2090926	568480	93941	79800
山东			216620	7538854	1409414	180732	90205
河南		22800	22681	6356499	1125845	268635	65061
湖北	9220	776	53798	2993835	718272	250907	37648
湖南		11686	75006	3592907	486152	113595	157164
广东	1944	52479	339344	7505516	880647	287645	44793
广西		7928	65345	1478382	287702	131225	42614
海南	481		7600	1195822	188410	8255	12049
重庆			180796	2470753	136592	67629	35004
四川			145576	4310206	822103	89982	17326
贵州			68008	1191792	123119	32473	7197
云南			35808	2127285	207574	56492	33401
西藏				36669	2215	15685	
陕西	1702	25603	115852	3581553	269122	246549	54252
甘肃			65297	630506	58862	41733	4438
青海			30588	135222	12336	9958	3238
宁夏			116034	223797	8838	10920	
新疆			44494	632572	39031	22746	42936

2-11 续表2

单位：万元

地　区	内资			港澳台商投资		
	私营有限责任公司	私营股份有限公司	其他内资企业		合资经营	合作经营
全国总计	**74029920**	**6296826**	**2512394**	**15622853**	**5880943**	**1340902**
北　京	953507	18120		563964	185322	154388
天　津	723147	9352	32865	199053	55055	16057
河　北	3860186	388334	154319	115893	71542	
山　西	1439964	127518	28728	13355	10253	3102
内蒙古	1602874	101606	48423	43854	43854	
辽　宁	6234692	533672	55801	2494642	1508544	12387
吉　林	1816934	65929	9289	320908	138647	
黑龙江	1053506	143997	55597	13564		
上　海	2750602	123807	57206	694368	242260	119414
江　苏	8698932	571439	366702	1581891	608181	65688
浙　江	5503082	180775	155708	681100	273542	52565
安　徽	2293054	256884	153040	531651	198320	12320
福　建	2135716	151979	14341	981508	256223	10582
江　西	1040760	233158	51164	412850	184003	
山　东	4902637	643999	462095	774800	395306	89605
河　南	2336415	315665	309489	238669	80762	30594
湖　北	1991253	242348	28426	488508	130906	14549
湖　南	2288759	489321	80729	270725	165528	12877
广　东	5438769	458507	71437	2968297	508387	714490
广　西	2678291	216404	31066	225793	151557	12736
海　南	457437	34487	61193	275207	66954	
重　庆	3077887	219715	50645	560446	210228	6370
四　川	3693367	234113	136093	550045	133149	6350
贵　州	724603	157901	790	9109	7909	
云　南	1992975	90200	54758	317913	116082	
西　藏	34186		3180			
陕　西	2066899	93641	25039	255897	101975	6828
甘　肃	344130	27245	3233	33824	31435	
青　海	202620	68861	1540	184	184	
宁　夏	759158	69111				
新　疆	933578	28738	9498	4835	4835	

2-11 续表3

单位：万元

地　　区	港澳台商投资		外商投资				
	独　　资	股份有限		合资经营	合作经营	独　　资	股份有限
全国总计	**7597284**	**803724**	**10868669**	**3965025**	**1033848**	**5584956**	**284840**
北　　京	177350	46904	209315	95531	65146	34669	13969
天　　津	79380	48561	190982	158722	13955	18305	
河　　北	44351		177536	77615		99921	
山　　西			23258	23258			
内 蒙 古			20963	223		20740	
辽　　宁	973711		2106352	701699	315133	1089520	
吉　　林	162261	20000	45640		33500	12140	
黑 龙 江	9864	3700	111726	13650	8051	90025	
上　　海	305461	27233	527931	173727	23681	285784	44739
江　　苏	766827	141195	1228040	460833	164733	599787	2687
浙　　江	333666	21327	599135	221295	878	341107	35855
安　　徽	321011		345603	94196		242228	9179
福　　建	688072	26631	368639	87186		279753	1700
江　　西	217282	11565	103573	71844		17791	13938
山　　东	284476	5413	447864	331902	13182	102745	35
河　　南	127313		337550	109414		180125	48011
湖　　北	208591	134462	248291	118293	50629	79369	
湖　　南	90620	1700	172023	76944		95079	
广　　东	1638850	106570	1529577	143988	131947	1198486	55156
广　　西	57000	4500	188009	106132	11854	70023	
海　　南	22290	185963	268984	200564		26151	42269
重　　庆	325848	18000	312531	115101	72591	124839	
四　　川	410546		776909	297842	68271	393494	17302
贵　　州	1200		72502	6414	4750	61338	
云　　南	201831		45872			45872	
西　　藏							
陕　　西	147094		324208	223406	55547	45255	
甘　　肃	2389		24256	24256			
青　　海			23414	23414			
宁　　夏			37986	7576		30410	
新　　疆							

2-12　各地区按资质等级分的房地产开发企业住宅完成投资

单位：万元

地　区	总　计	一　级	二　级	三　级	四　级	暂　定	其　他
全国总计	**256136938**	**16080643**	**44850342**	**65970429**	**32028574**	**86675642**	**10531308**
北　京	9066168	1695090	1568002	900000	2843169	1805700	254207
天　津	4948563	240029	585991	582198	1583321	1886902	70122
河　北	12192376	1191653	1737670	3089086	3282405	2511734	379828
山　西	3778904	162450	418037	993423	1121236	1051248	32510
内蒙古	5737815	225708	1054973	1314018	1802247	1240483	100386
辽　宁	19339201	705572	1692078	4735402	210051	10930526	1065572
吉　林	6053047	120843	796474	1815823	1234277	2030470	55160
黑龙江	4425157	150233	1169613	2161531	200061	589234	154485
上　海	9186847	603376	1334928	1074248	45493	5778145	350657
江　苏	24237737	1563469	8611141	5172137	264710	7515954	1110326
浙　江	15813232	1235544	3013152	4243682	768697	5155333	1396824
安　徽	11755778	196909	1789042	2769321	543584	6197406	259516
福　建	7432742	324060	1455986	2209931	1250223	2030061	162481
江　西	5091670	71963	1167919	1777031	527463	1408430	138864
山　东	18605150	752986	1665090	4263677	3143350	7728133	1051914
河　南	12352117	251139	1889815	2431943	975586	6643785	159849
湖　北	8041595	973899	2265892	2426558	789789	1508581	76876
湖　南	8378977	91987	699452	3782184	583732	2890162	331460
广　东	20900933	1872710	1899545	5444849	3942279	5375487	2366063
广　西	5771730	101744	442984	1420485	703758	2921497	181262
海　南	2618750	5950	294575	404818	498006	1317139	98262
重　庆	7890183	940454	2621793	1611728	84306	2627270	4632
四　川	11500278	808185	3159775	5995430	326597	907952	302339
贵　州	2494624	52313	292245	568341	695680	870059	15986
云　南	5529587	392870	1108196	994802	1305210	1603363	125146
西　藏	113798	2660	20351	55034	920	12853	21980
陕　西	7808278	790455	945174	2408272	2550487	975696	138194
甘　肃	1382630	24246	252796	446326	269227	352523	37512
青　海	545720	116578	164191	106543	33818	124590	
宁　夏	1260821	208869	402677	247842	188306	149202	63925
新　疆	1882530	206699	330785	523766	260586	535724	24970

2-13 各地区按资质等级分的房地产开发企业90平方米以下住宅完成投资

单位：万元

地区	总计	一级	二级	三级	四级	暂定	其他
全国总计	**83717133**	**6278507**	**13948202**	**21784372**	**10301435**	**27221559**	**4183058**
北京	3091759	798092	488379	275453	867544	582763	79528
天津	2360806	123464	351205	255332	783781	805369	41655
河北	5442246	799131	665788	1259051	1425446	1174783	118047
山西	1426270	75622	143951	313390	330320	549337	13650
内蒙古	2286275	74500	331086	501369	855039	475896	48385
辽宁	9736441	417533	822601	2581339	165137	5147016	602815
吉林	3119212	52920	396606	899031	805621	939884	25150
黑龙江	2201468	86479	478218	1123333	171474	219518	122446
上海	3160917	317940	416983	334487	2146	1914881	174480
江苏	6002076	481565	2061590	1362814	91726	1633915	370466
浙江	4799835	304575	912495	1258425	166312	1475656	682372
安徽	3602568	63598	518385	1041392	125263	1785202	68728
福建	2134441	53218	423631	737899	310357	579966	29370
江西	1157821	12863	302155	416383	89684	317361	19375
山东	5011747	205906	373505	1307075	1003551	1863542	258168
河南	3334145	71614	660119	585895	224353	1752768	39396
湖北	2541901	496949	724981	783608	157587	376861	1915
湖南	1496304	22565	134308	675177	81545	525614	57095
广东	5496993	676842	469694	1292590	773702	1230556	1053609
广西	1386641	35109	94622	351256	122600	709418	73636
海南	1182608	5038	29537	118613	317924	678143	33353
重庆	3063246	314027	1015236	603380	29376	1099765	1462
四川	4262808	386288	1139201	2182194	110986	353377	90762
贵州	289795	6901	28823	64551	96789	89912	2819
云南	974315	50531	242254	197311	247987	207589	28643
西藏	40549	920	8132	22266	620	3506	5105
陕西	2326500	184980	325378	780938	660667	295883	78654
甘肃	434472	15425	84665	143169	78222	105980	7011
青海	46611	3039	7270	20997	4086	11219	
宁夏	508448	63972	139427	115027	92315	58723	38984
新疆	797915	76901	157977	180627	109275	257156	15979

2-14 各地区按资质等级分的房地产开发企业经济适用房完成投资

单位：万元

地　区	总　计	一　级	二　级	三　级	四　级	暂　定	其　他
全国总计	**11340755**	**1035858**	**2078418**	**3021008**	**1882233**	**2627206**	**696032**
北　京	677612	265082	104607	19391	143600	144932	
天　津	1118927	14755	159908	27312	689423	225629	1900
河　北	243713		37245	88598	94141	23729	
山　西	131324	18474	25397	39046	26850	21557	
内蒙古	538418	2800	75773	164161	113729	155500	26455
辽　宁	637407	65592	27796	301773	455	168228	73563
吉　林	434696		149766	82024	39884	163022	
黑龙江	302376		5014	116723	10537	64822	105280
上　海	391773	228593		18695		144485	
江　苏	1111615	131626	289698	378052	15650	151487	145102
浙　江	556000	21749	92383	230395	37337	106307	67829
安　徽	241184	1000	25815	145941	9520	58908	
福　建	185799	17666	51320	39170	19187	54229	4227
江　西	154825		56010	49471	17757	14518	17069
山　东	574851	31782	64052	119299	143681	212761	3276
河　南	598515	12223	211974	139482	61124	164698	9014
湖　北	743710	108868	226186	301447	50759	47895	8555
湖　南	378300	11249	35765	177042	30228	75372	48644
广　东	158206		9581	5146	40757	36933	65789
广　西	115901	12897	4026	32787	4419	30281	31491
海　南	4801	150	150			4501	
重　庆	655887	4901	215310	123629	252	311795	
四　川	93914	15310	17454	45375	6724	5221	3830
贵　州	202165		4537	102112	34416	58873	2227
云　南	196293	35270	43315	30421	30440	36056	20791
西　藏	5240		762	900		2728	850
陕　西	413138	10935	28399	137429	175599	19843	40933
甘　肃	208430		64113	30531	28010	78490	7286
青　海	6144		5144	1000			
宁　夏	98751	3757	18977	22334	42248	164	11271
新　疆	160840	21179	27941	51322	15506	44242	650

2-15 各地区按资质等级分的房地产开发企业别墅、高档公寓完成投资

单位：万元

地 区	总 计	一 级	二 级	三 级	四 级	暂 定	其 他
全国总计	**20733449**	**1118092**	**3283294**	**4317426**	**2450196**	**8855155**	**709286**
北 京	1632269	128764	137638	212295	804777	282605	66190
天 津	440182	22340	10745	61249	213970	120648	11230
河 北	239016	7100	38268	47566	103065	43017	
山 西	23413		1693	10313	3270	8137	
内 蒙 古	380931	4806	96946	120718	110698	47763	
辽 宁	1528912	46282	104050	231578	450	1074080	72472
吉 林	543449		105923	183874	21173	232479	
黑 龙 江	93742	309	59613	15952		17868	
上 海	2465076	81823	213741	333554	31700	1718048	86210
江 苏	2712718	89376	874951	562973	9745	1055435	120238
浙 江	1373868	114145	133928	337048	78221	644889	65637
安 徽	475665	100	18082	49968	7617	368287	31611
福 建	436449	50419	80449	130886	47523	115620	11552
江 西	154728	4750	33111	44331	2054	69305	1177
山 东	527445	18795	19184	71083	35602	335623	47158
河 南	239825	4650	90262	22549	23025	99339	
湖 北	381296	9714	210281	76268	12276	72757	
湖 南	421593		38871	127679	9587	241220	4236
广 东	2679275	136271	145285	692525	434600	1120688	149906
广 西	225943		50352	77544	15018	83029	
海 南	1132619	100	203142	195989	161216	535534	36638
重 庆	894443	213359	207372	173298		300414	
四 川	646700	7660	124963	339098	76959	98020	
贵 州	43723	6703	11570	4980	7152	13318	
云 南	629218	27211	225159	116347	167461	88769	4271
西 藏	4240			3480			760
陕 西	224320	134156	19268	17234	43942	9720	
甘 肃	5417		3816	1		1600	
青 海	1162		772	390			
宁 夏	26896	4484	600	6795	1250	13767	
新 疆	148916	4775	23259	49861	27845	43176	

2-16　各地区按登记注册类型分的房地产开发企业办公楼完成投资

单位：万元

地区	总计	内资					
			国有	集体	股份合作	国有联营	集体联营
全国总计	**13772061**	**11468559**	**843703**	**112444**	**28714**	**8253**	**1041**
北京	1667239	1442648	20467	31808	1123		
天津	328289	281988	67701				
河北	301054	296101	260		210		
山西	106264	104385	8818				
内蒙古	384229	384019	360	1415			
辽宁	867569	619087	6673				
吉林	153008	129008	660				
黑龙江	91569	91370	20749				
上海	1879260	1203795	246682	41018	1960	1625	1041
江苏	1309243	1185344	28883	13256	1021	2625	
浙江	1472648	1320314	15242	6495	408		
安徽	721124	620233	18594	1229			
福建	378436	335196	144511	7217	20		
江西	115995	111371	2426	15	530		
山东	610612	530969	149822	3379	1551		
河南	331346	311125	13632	350	2335		
湖北	228892	218091	14420	200	10100		
湖南	154802	151536	5075	200	3590		
广东	1276287	945765	36469	5332		4003	
广西	92636	78177	1646				
海南	15038	11875	15				
重庆	220840	174026	18872	130	80		
四川	369672	306573	8111	45	4812		
贵州	67326	66204	771	72			
云南	189107	138561	4247	45			
西藏	3211	3211	500		480		
陕西	273401	248730	7207		494		
甘肃	29022	28912	261	238			
青海	7221	7131	400				
宁夏	44795	42580					
新疆	81926	80234	229				

2-16 续表 1

单位：万元

地区	内资						
	国有与集体联营	其他联营	国有独资公司	其他有限责任公司	股份有限公司	私营独资	私营合伙
全国总计	**1038**	**403**	**375102**	**5962922**	**592770**	**98578**	**41917**
北京			14297	1198930	41452		
天津			58666	77855	3683	4050	
河北				103871	68316	2400	120
山西				53521	2645	3042	312
内蒙古			49	310266	320	20	
辽宁			2633	236498	37141	9549	8067
吉林				97393	2839		
黑龙江			15614	38709	1499	50	
上海			61911	390810	19993	12421	
江苏	925		35258	545565	28588	19787	1005
浙江			15344	723201	124150	3065	
安徽		400	741	478472	14216	1330	6261
福建			102423	37890	585	537	264
江西				90201	1429	2924	
山东			10058	177798	35120	6088	842
河南			3635	195307	18588	269	
湖北			200	93898	6081	18158	
湖南			28	79957	10212	3137	331
广东		3	20785	373952	136235	2028	50
广西			5050	28767	1492	200	25
海南			2355	8280	62	50	
重庆			200	122936	3339	805	583
四川			14712	159583	10857	116	
贵州			100	44857	425	314	
云南			8172	55789	11540	5580	
西藏				1570		461	
陕西	113			179332	10922	2168	
甘肃				24970	433		
青海				1935		9	
宁夏			2571	8594	136		
新疆			300	22215	472	20	24057

2-16 续表 2

单位：万元

地　区	内资			港澳台商投资		
	私营有限责任公司	私营股份有限公司	其他内资企业		合资经营	合作经营
全国总计	**3058623**	**309180**	**33871**	**1454359**	**600898**	**190981**
北　京	130518	4053		149940	55032	50738
天　津	66117	216	3700	36108	20494	
河　北	104361	13621	2942	4554	4554	
山　西	31299	4748		413	413	
内蒙古	70350	1239				
辽　宁	315243	3083	200	154218	28563	8474
吉　林	24938	2000	1178	1000	1000	
黑龙江	13981	647	121	199	199	
上　海	424184	2150		387671	217012	17182
江　苏	485327	10105	12999	60422	33602	1401
浙　江	410434	21406	569	67560	4315	21275
安　徽	88588	9266	1136	90208	22429	9570
福　建	41729	10	10	31940	16664	
江　西	7619	228	5999	4624	1102	
山　东	140970	4663	678	53672	43470	
河　南	66943	10066		1348	1348	
湖　北	56181	18853		10801	10801	
湖　南	43797	4709	500	2566	2416	
广　东	215450	150876	582	261656	100462	73638
广　西	40847	150		6203	1703	
海　南	1093		20	3083	1474	
重　庆	24767	2314		35769	30702	
四　川	101547	6190	600	15484		
贵　州	17743	1892	30	11	11	
云　南	36722	16466		50546	1350	
西　藏	200					
陕　西	27045	18852	2597	22671	90	8703
甘　肃	3010					
青　海	4622	165				
宁　夏	31279					
新　疆	31719	1212	10	1692	1692	

2-16 续表 3

单位：万元

地　区	港澳台商投资		外商投资				
	独　资	股份有限		合资经营	合作经营	独　资	股份有限
全国总计	**634857**	**27623**	**849143**	**252038**	**80974**	**512333**	**3798**
北　京	35137	9033	74651	22831	30885	17443	3492
天　津	15614		10193	832	8901	460	
河　北			399			399	
山　西			1466	1466			
内蒙古			210	100		110	
辽　宁	117181		94264	447		93817	
吉　林			23000	23000			
黑龙江							
上　海	153477		287794	3628		284166	
江　苏	14247	11172	63477	35428	4068	23981	
浙　江	36272	5698	84774	50728		33783	263
安　徽	58209		10683	10630		53	
福　建	15276		11300	5072		6228	
江　西	3522						
山　东	10202		25971	23505		2423	43
河　南			18873	17927		946	
湖　北							
湖　南	150		700	700			
广　东	85836	1720	68866	9523	37120	22223	
广　西	4500		8256	4897		3359	
海　南	1609		80			80	
重　庆	5067		11045	2720		8325	
四　川	15484		47615	35298		12317	
贵　州			1111	1106		5	
云　南	49196						
西　藏							
陕　西	13878		2000	2000			
甘　肃			110	110			
青　海			90	90			
宁　夏			2215			2215	
新　疆							

2-17　各地区按资质等级分的房地产开发企业办公楼完成投资

单位：万元

地　　区	总　　计	一　　级	二　　级	三　级	四　级	暂　定	其　他
全国总计	**13772061**	**1085502**	**2234639**	**2233865**	**1521727**	**5894037**	**802291**
北　　京	1667239	188296	218758	107445	704195	428452	20093
天　　津	328289	3124	114428	10846	88411	109230	2250
河　　北	301054	4349	83324	56608	95783	56923	4067
山　　西	106264	8127	13889	38675	23371	12308	9894
内 蒙 古	384229	27230	55060	120183	89425	91979	352
辽　　宁	867569	24486	73470	164712	514	533850	70537
吉　　林	153008		7320	48909	6444	89610	725
黑 龙 江	91569		7585	71218	2580	10186	
上　　海	1879260	63642	193797	9711		1445605	166505
江　　苏	1309243	116818	443467	173497	9455	521772	44234
浙　　江	1472648	166749	267347	275857	30574	613417	118704
安　　徽	721124	20327	71020	84580	5660	467067	72470
福　　建	378436	3307	37306	47019	85032	124846	80926
江　　西	115995	3000	10839	39112	2556	54467	6021
山　　东	610612	4320	70027	87851	82624	339218	26572
河　　南	331346	7016	77503	33891	10947	201590	399
湖　　北	228892	3000	85726	70867	9050	60249	
湖　　南	154802	155	6706	58575	10833	77917	616
广　　东	1276287	328133	99141	329454	105328	259696	154535
广　　西	92636	4114	6151	12412	11174	53575	5210
海　　南	15038		810	2	358	12238	1630
重　　庆	220840	10986	64876	17701	577	126700	
四　　川	369672	4357	139531	188192	11278	22522	3792
贵　　州	67326	543	4588	11449	10996	31184	8566
云　　南	189107	43179	33136	24951	29538	56010	2293
西　　藏	3211	100	961	680		800	670
陕　　西	273401	18231	29596	114177	80941	30036	420
甘　　肃	29022	1	1122	5202	1501	21196	
青　　海	7221	1164	1021	3753	1183	100	
宁　　夏	44795	6017	11408	13612	3935	9823	
新　　疆	81926	24731	4726	12724	7464	31471	810

2-18 各地区按登记注册类型分的房地产开发企业商业营业用房完成投资

单位：万元

地区	总计	内资					
			国有	集体	股份合作	国有联营	集体联营
全国总计	**41806621**	**36006054**	**1685564**	**227826**	**157860**	**65869**	**2883**
北京	2007351	1695075	76785	5884	1872		
天津	973219	863319	298585	1064		8	
河北	1502535	1420598	20067		6504		
山西	437877	419607	22299		1600		
内蒙古	1482151	1478669	7678		2450		
辽宁	4321470	2995925	66298	12941	2143		
吉林	962807	937957	8139	1130	1570		
黑龙江	699868	642243	30645	1360			
上海	1846133	1416569	171503	40334	453	10771	950
江苏	5107783	4408841	170492	33669	5771	9290	
浙江	2509853	2165484	50079	4488	4239	36000	
安徽	2362832	2063517	51786	2060	691	4800	
福建	872995	677937	95623	11296	554	381	820
江西	631837	568263	30145	893	4413		
山东	3276591	2849878	164325	34775	50521		
河南	1509643	1382226	15177	9689	6986		
湖北	1419912	1351172	91535	15776	26753		
湖南	1098890	1028723	41480	1501	13133		500
广东	2794723	2253570	68763	30929	6509	1269	
广西	631026	586790	16181	535	684		
海南	115693	91125	1453	70	3016		
重庆	1167561	1014100	41239	365	864		
四川	1280258	1059979	44460	1919	3971	3340	
贵州	384770	373122	12222	2486	2955		
云南	805186	752792	22467	8615	2272	10	
西藏	14391	14391	1410		1270		
陕西	824776	745426	42623	3742	3361		613
甘肃	215014	201017	6982	2261	2505		
青海	40297	39847	3617		800		
宁夏	227233	226550	1499	44			
新疆	281946	281342	10007				

2-18 续表 1

单位：万元

地 区	内资						
	国有与集体联营	其他联营	国有独资公司	其他有限责任公司	股份有限公司	私营独资	私营合伙
全国总计	**2608**	**33209**	**598305**	**15990551**	**2204094**	**677597**	**140860**
北 京			19487	1227606	150759		
天 津	50		260633	146870	14036	3200	
河 北			6539	581517	118725	8405	2872
山 西			1621	155848	16897	3077	997
内蒙古			2064	948338	61282	20499	1655
辽 宁			52973	1059951	151857	136361	7101
吉 林			300	546172	33655	40182	3590
黑龙江			6097	280382	70858	3834	
上 海		3349	21181	478752	4775	26435	
江 苏	397		45489	1528451	247916	144066	18011
浙 江	130		20313	875847	108470	16196	604
安 徽	180	1140	8096	1218485	117593	22817	10624
福 建			23144	166702	17878	3526	1907
江 西			200	278176	65126	15657	7703
山 东			18915	1362728	205495	22251	6270
河 南		975	860	847327	134633	9178	4100
湖 北	1550		5308	630072	92923	55360	8082
湖 南		1227	6049	426999	99303	18857	13551
广 东	200	26351	25924	947121	264605	18202	1930
广 西		167	6714	202729	25852	11785	1679
海 南			1000	46406	7986	55	435
重 庆			7863	403735	23649	16210	26992
四 川			21419	445725	73649	11589	1538
贵 州			5683	161805	11806	3792	2277
云 南			4505	319083	36971	36878	4690
西 藏				2242		894	
陕 西	101		8547	403167	31247	22603	1686
甘 肃			3994	117712	8539	1927	220
青 海			1920	10890	1280	448	404
宁 夏			11217	69044	126	3058	
新 疆			250	100669	6203	255	11942

2-18 续表2

单位：万元

地区	内资			港澳台商投资		
	私营有限责任公司	私营股份有限公司	其他内资企业		合资经营	合作经营
全国总计	**12841578**	**996603**	**380647**	**3522350**	**1394771**	**281935**
北京	206634	6048		130913	30926	31061
天津	133288	1512	4073	25403	8361	
河北	614056	47460	14453	30390	13740	
山西	201529	11845	3894	14100	8200	
内蒙古	424871	8932	900	3392	3392	
辽宁	1415481	85197	5622	873822	375573	16913
吉林	288926	12157	2136	17990	9491	
黑龙江	228281	15371	5415	16690	232	
上海	599097	19229	39740	253877	109038	16694
江苏	2013900	128268	63121	476396	178376	35416
浙江	1019225	20865	9028	195378	41870	32782
安徽	557566	48646	19033	230059	110751	
福建	342689	9215	4202	149372	37003	3050
江西	129694	31160	5096	61269	11844	
山东	831687	64796	88115	254801	159279	36625
河南	278574	36133	38594	37366	26471	1403
湖北	380171	39543	4099	29634	3831	
湖南	331564	61776	12783	47654	30634	3275
广东	690556	156866	14345	348347	86605	93238
广西	293884	25653	927	17302	11980	
海南	24723	3097	2884	21522	9272	
重庆	433264	41397	18522	121927	56519	2140
四川	414515	23785	14069	65388	23959	
贵州	148201	21615	280	8334	8322	
云南	279859	29857	7585	46391	22253	
西藏	8575					
陕西	200537	25921	1278	34729	6945	9338
甘肃	50682	6195		9300	9300	
青海	15156	5232	100			
宁夏	136302	5260				
新疆	148091	3572	353	604	604	

2-18 续表 3　　　　单位：万元

地　区	港澳台商投资		外商投资				
	独　资	股份有限		合资经营	合作经营	独　资	股份有限
全国总计	**1739800**	**105844**	**2278217**	**672242**	**173367**	**1383337**	**49271**
北　京	62198	6728	181363	55515	26340	98759	749
天　津	17042		84497	10810	7579	66108	
河　北	16650		51547	709		50838	
山　西	5900		4170	4170			
内蒙古			90	90			
辽　宁	432436	48900	451723	121479	25783	304461	
吉　林	1699	6800	6860		3000	3860	
黑龙江	14108	2350	40935	38295	534	2106	
上　海	126745	1400	175687	35895	37	135750	4005
江　苏	250215	12389	222546	111691	31187	77188	2480
浙　江	114773	5953	148991	41429	239	104457	2866
安　徽	119308		69256	14780		52873	1603
福　建	107092	2227	45686	14616		30570	500
江　西	49425		2305	1162		1143	
山　东	58537	360	171912	64036	1000	106861	15
河　南	9492		90051	40884		48817	350
湖　北	25803		39106	9084	6867	23155	
湖　南	13255	490	22513	17719		4794	
广　东	158372	10132	192806	28582	13849	115775	34600
广　西	4472	850	26934	12209	6608	8117	
海　南	4985	7265	3046	95		848	2103
重　庆	63268		31534	9034	4084	18416	
四　川	41429		154891	26686	8284	119921	
贵　州	12		3314	2432		882	
云　南	24138		6003	140		5863	
西　藏							
陕　西	18446		44621	4900	37976	1745	
甘　肃			4697	4697			
青　海			450	450			
宁　夏			683	653		30	
新　疆							

2-19 各地区按资质等级分的房地产开发企业商业营业用房完成投资

单位：万元

地区	总计	一级	二级	三级	四级	暂定	其他
全国总计	**41806621**	**1910703**	**6970011**	**10051404**	**4680853**	**16121376**	**2072274**
北京	2007351	243660	218500	227093	695149	518834	104115
天津	973219	18588	401957	32622	172246	335166	12640
河北	1502535	70210	229207	286658	384175	445109	87176
山西	437877	13931	55069	130444	166329	62304	9800
内蒙古	1482151	90630	260776	355384	465667	244964	64730
辽宁	4321470	191005	230161	1147234	33906	2513877	205287
吉林	962807	12429	164133	233321	176505	370434	5985
黑龙江	699868	18373	152679	366998	50351	96684	14783
上海	1846133	36452	175719	183719	3872	1268799	177572
江苏	5107783	156377	1808140	1140098	29656	1699018	274494
浙江	2509853	155473	355319	656348	161832	971389	209492
安徽	2362832	45124	271583	482404	147471	1381892	34358
福建	872995	39008	116146	283473	165529	255804	13035
江西	631837	26009	123670	176507	76259	218232	11160
山东	3276591	51467	252285	579527	422684	1805920	164708
河南	1509643	28240	193473	248124	189149	814025	36632
湖北	1419912	63246	390196	337631	124108	495630	9101
湖南	1098890	11869	95898	515850	105692	340878	28703
广东	2794723	342211	231019	787622	278777	676222	478872
广西	631026	11424	58655	158481	49360	347381	5725
海南	115693	380	7957	9442	19604	72334	5976
重庆	1167561	89058	481067	176143	8251	412436	606
四川	1280258	38560	321508	729338	48019	129972	12861
贵州	384770	1387	30896	95062	126110	114486	16829
云南	805186	25509	140605	112306	267283	219800	39683
西藏	14391	60	1134	3413	7102	2682	
陕西	824776	50779	64768	387688	195881	102904	22756
甘肃	215014	4613	26951	63175	43823	76217	235
青海	40297	3752	10825	12010	2892	10818	
宁夏	227233	41412	53143	51001	24670	45243	11764
新疆	281946	29467	46572	82288	38501	71922	13196

2-20　各地区按资质等级分的房地产开发企业本年新增固定资产

单位：万元

地　区	总　计	一　级	二　级	三　级	四　级	暂　定	其　他
全国总计	**186307248**	**14401246**	**38577972**	**53487869**	**24766050**	**48370994**	**6703117**
北　京	11545368	1973909	2041385	1266569	3698052	1666419	899034
天　津	6219763	642094	1169820	785536	2369453	1120767	132093
河　北	5536032	631814	771775	1430443	1910772	692473	98755
山　西	1805474	28546	449857	593098	544006	189967	
内蒙古	4592340	37263	794088	912374	1559991	1193227	95397
辽　宁	10547777	740877	1324311	3217688	221536	4135589	907776
吉　林	3220217	34859	431664	1190871	720229	834594	8000
黑龙江	3657239	47603	992015	1737979	195693	555081	128868
上　海	9322443	407956	1027232	1845166	29982	5791058	221049
江　苏	24051092	1581992	9580595	5749671	175806	6488179	474849
浙　江	10069785	754409	1944189	3692289	759568	2513492	405838
安　徽	6689861	162208	929247	2115104	504184	2906670	72448
福　建	4376527	329719	494058	1784298	587784	1076841	103827
江　西	2836786	27107	553782	1324971	332446	571335	27145
山　东	12354089	504291	1611525	3115160	2471844	4103758	547511
河　南	6460458	170711	1432782	1465973	632895	2672269	85828
湖　北	7029473	765471	2393266	2258324	682602	895556	34254
湖　南	6431485	70665	650694	3413892	380429	1774257	141548
广　东	16624549	2282691	1346160	5319315	2907875	2830274	1938234
广　西	2688235	96962	252889	892224	388816	1021237	36107
海　南	1150023		113226	290154	165011	548618	33014
重　庆	6871780	916763	2295625	1532632	81687	2037928	7145
四　川	8920883	821591	2835863	4405992	199634	523550	134253
贵　州	2156576	46440	197552	425168	695035	780717	11664
云　南	4206198	140209	1552055	766040	992208	700629	55057
西　藏	83747	12000	27466	43049	1232		
陕　西	2703112	619482	435842	639250	871571	113861	23106
甘　肃	987174	8277	162786	444916	206356	146201	18638
青　海	287015	28064	156415	53836	32243	16457	
宁　夏	1137205	167058	325584	259840	159478	171103	54142
新　疆	1744542	350215	284224	516047	287632	298887	7537

2-21 各地区房地产开发企业资金来源情况

单位：万元

地　　区	本年资金来源合计	上年末结余资金	本年资金来源小计	国内贷款	#银行贷款
全国总计	**665455418**	**87465053**	**577990365**	**113645111**	**103712537**
北　京	70658013	9360346	61297667	23677680	19826030
天　津	18498739	4368084	14130655	3631766	3386381
河　北	21212498	2664871	18547627	2651700	2551677
山　西	6572670	861521	5711149	887945	769535
内 蒙 古	8835991	310134	8525857	836524	713689
辽　宁	35899758	3215309	32684449	4737260	4369660
吉　林	8313573	362121	7951452	547640	525140
黑 龙 江	7271208	480773	6790435	737899	626592
上　海	36066966	6818526	29248440	6371383	6218999
江　苏	74441054	10026343	64414711	12103881	11298623
浙　江	52430976	7147900	45283076	8641190	8017682
安　徽	25161043	2544912	22616131	2968570	2748616
福　建	22533043	3156114	19376929	3946450	3785091
江　西	10064845	1298132	8766713	1239645	1192863
山　东	39341505	5587091	33754414	6355216	5667468
河　南	21093683	1823527	19270156	1995030	1817997
湖　北	19018159	1870586	17147573	3884484	3606059
湖　南	16146746	1848860	14297886	2328329	2196265
广　东	60883937	10101171	50782766	10102854	9582914
广　西	12399411	1126809	11272602	2291380	2143582
海　南	4948599	635584	4313015	912855	902388
重　庆	22026661	3543613	18483048	3322374	3103004
四　川	26929592	2778088	24151504	3323837	2937757
贵　州	7734720	1027077	6707643	1331075	1264984
云　南	11988999	1983083	10005916	1395190	1284951
西　藏	328654	18236	310418	18600	18600
陕　西	14686937	1544765	13142172	2134055	1958636
甘　肃	2828994	373568	2455426	397174	378112
青　海	1006760	119372	887388	131286	116962
宁　夏	2089555	110203	1979352	288147	273502
新　疆	4042129	358334	3683795	453692	428778

2-21 续表1

单位：万元

地　区	#非银行金融机构贷款	利用外资	#外商直接投资	自筹资金	#自有资金
全国总计	**9932574**	**4793940**	**4033203**	**179491191**	**98588794**
北　京	3851650	298168	249948	10267966	5586607
天　津	245385	114892	90496	3321040	1864765
河　北	100023			8873571	5048871
山　西	118410			2470618	1386073
内蒙古	122835			6424626	2966841
辽　宁	367600	1149245	903704	15800648	9978130
吉　林	22500	9112	4112	5314512	2367680
黑龙江	111307	25877	25877	3605959	1850219
上　海	152384	249044	227053	6201648	3871177
江　苏	805258	555366	547165	13730609	8154591
浙　江	623508	154644	144212	7829873	3744784
安　徽	219954	158549	154549	9301533	4538552
福　建	161359	138556	135880	4581714	2728624
江　西	46782	44553	37003	3148617	1544569
山　东	687748	128802	101732	12722698	6074952
河　南	177033	27503	23132	9701354	3842513
湖　北	278425	158329	151501	5777614	3117686
湖　南	132064	49988	19047	5320515	2918227
广　东	519940	652250	444222	13344876	8291473
广　西	147798	28735	24067	3657864	2338200
海　南	10467	302023	241994	1080550	768474
重　庆	219370	370174	359155	5403130	3485976
四　川	386080	119268	90601	8118720	4985687
贵　州	66091	2559	1500	1682427	917080
云　南	110239	3977	3977	2967894	1673428
西　藏				118125	49066
陕　西	175419	52276	52276	5854803	2682588
甘　肃	19062			936462	455788
青　海	14324			470715	290877
宁　夏	14645			545291	347309
新　疆	24914	50		915219	717987

2-21 续表2

单位：万元

地　区	其他资金来源	#定金及预收款	#个人按揭贷款	本年各项应付款合计	#工程款
全国总计	**280060123**	**162174850**	**85616500**	**63564120**	**32969360**
北　京	27053853	16635843	6492598	450148	296422
天　津	7062957	5288998	760478	2382445	1033597
河　北	7022356	4305034	1873821	2121353	1010744
山　西	2352586	1572168	292296	1280862	598865
内蒙古	1264707	786428	328391	908190	435704
辽　宁	10997296	7506860	2208639	3748047	1833128
吉　林	2080188	1228476	584565	556173	486430
黑龙江	2420700	1581163	528896	586326	338353
上　海	16426365	11012807	4202258	4553072	2648882
江　苏	38024855	20798944	14065670	10901556	5779086
浙　江	28657369	16479450	10158231	4443463	2379958
安　徽	10187479	5241689	3534338	2894090	1445597
福　建	10710209	4981427	4606722	720211	366497
江　西	4333898	2551787	1179611	910531	551106
山　东	14547698	9252089	3466396	4415765	2210770
河　南	7546269	3816629	2078056	1691819	778353
湖　北	7327146	4192993	2285043	2584173	1262657
湖　南	6599054	3789719	1941588	2577788	1357935
广　东	26682786	13662634	9319117	4612260	2429912
广　西	5294623	2616996	2179404	1053181	578379
海　南	2017587	1601806	258983	363249	191175
重　庆	9387370	5217226	3418734	3014942	1147580
四　川	12589679	6708532	3660716	2472698	1282944
贵　州	3691582	1992569	1420718	656893	425310
云　南	5638855	3104729	2056139	1682196	806940
西　藏	173693	45115	21533	14253	7827
陕　西	5101038	3134856	1349395	787500	528140
甘　肃	1121790	721864	252293	480551	273267
青　海	285387	197447	55330	48968	35917
宁　夏	1145914	757134	311310	231785	165750
新　疆	2314834	1391438	725231	419632	282135

2-22　各地区按登记注册类型分的房地产开发企业本年资金来源小计

单位：万元

地　区	总　计	内　资					
			国　有	集　体	股份合作	国有联营	集体联营
全国总计	**577990365**	**505465632**	**42362501**	**5021852**	**2386590**	**433919**	**67129**
北　京	61297667	56288571	11892098	117654	56130		
天　津	14130655	12584081	3202881	160102		28080	
河　北	18547627	18022110	480247	104724	46091		
山　西	5711149	5557825	322491	25596	6020		3680
内蒙古	8525857	8460487	132307	5810	16092		
辽　宁	32684449	24654809	1078234	150853	52657		
吉　林	7951452	7457955	91717	7100	4441		
黑龙江	6790435	6488575	655074	19714	7280		
上　海	29248440	22838945	2793811	959515	40776	108679	11141
江　苏	64414711	55563819	3994250	588818	209457	32823	1400
浙　江	45283076	41702215	947350	166911	131586	61787	
安　徽	22616131	20689983	1071414	43845	92909	43000	
福　建	19376929	14914818	2225390	294152	17137	54273	13374
江　西	8766713	7749334	614563	31092	71624		5007
山　东	33754414	30977882	2318065	685312	295064		7200
河　南	19270156	18075610	701877	254309	188130		
湖　北	17147573	15470547	2407525	117056	142713		19195
湖　南	14297886	13479154	630448	61052	262829	15973	1122
广　东	50782766	37960457	1507870	816840	55625	29181	33
广　西	11272834	10389495	597122	32145	51659		
海　南	4313015	3347467	52929	4778	98869		
重　庆	18482816	15625788	1340653	30783	17141		
四　川	24151504	20496672	1073038	93444	74784	60000	
贵　州	6707643	6553351	164984	20057	15146		
云　南	10005916	9175813	643534	50961	233032	123	
西　藏	310418	310418	30072		25813		
陕　西	13142172	11866534	871845	162014	107307		1977
甘　肃	2455426	2319320	219120	13892	9611		
青　海	887388	862404	70601		56667		
宁　夏	1979352	1905617	34414	3273			3000
新　疆	3683795	3675576	196577	50			

2-22 续表1

单位：万元

地　区	内			资			
	国有与集体联　营	其他联营	国有独资公　司	其他有限责任公司	股份有限公　司	私营独资	私营合伙
全国总计	**131861**	**268621**	**10799248**	**236310469**	**27306576**	**7532357**	**1845789**
北　京			2253686	34903608	2888622		
天　津	2000		449756	5064293	737214	109259	
河　北			93908	8217366	1748557	328483	47617
山　西			30887	1860495	293835	46451	13839
内蒙古			44071	4976893	413564	152047	6654
辽　宁			625917	9334356	1147258	873036	54840
吉　林			99730	4355823	372845	111736	20416
黑龙江			255597	2590930	651799	35723	7235
上　海		82733	671765	7848033	113463	358406	38336
江　苏		1861	936355	22286951	1949614	1498833	176614
浙　江	2065		357352	22739636	2061433	262781	14649
安　徽	15894	29894	594320	12111231	1065111	207645	86763
福　建	9	2713	646791	5123799	465216	49109	67259
江　西	22733		66034	3492894	938943	145932	163214
山　东			305850	13508596	2298971	266829	125967
河　南		26056	63287	9800603	1645462	314478	80099
湖　北	48860	1004	81862	6540392	1182263	493370	33933
湖　南		11914	110655	6787405	780147	210562	194250
广　东	4800	70332	748542	17779065	2686142	615277	48001
广　西		18114	706975	2739509	512677	215768	54439
海　南	500		18375	1968971	291229	15936	30831
重　庆			401332	5484889	367648	185663	79091
四　川			611440	9101306	1446028	163849	31848
贵　州			57549	3999923	256767	71705	18743
云　南			74167	4089295	344749	136022	45720
西　藏				162794	6827	33905	
陕　西	35000	24000	226036	6467255	474234	538033	71350
甘　肃			39071	1191550	87436	35475	8448
青　海			39708	291634	19713	13593	2970
宁　夏			135049	390916	2122	12610	911
新　疆			53181	1100058	56687	29841	321752

2-22 续表 2

单位：万元

地　区	内资 私营有限责任公司	内资 私营股份有限公司	内资 其他内资企业	港澳台商投资	合资经营	合作经营
全国总计	**152624714**	**13467329**	**4906677**	**40254428**	**16059237**	**3907553**
北　京	3786359	390414		2692460	758866	1027476
天　津	2731598	38347	60551	556117	321017	11520
河　北	5953411	797055	204651	193690	130659	
山　西	2732730	183969	37832	51830	42679	3813
内蒙古	2552720	105381	54948	44800	44800	
辽　宁	10434943	724836	177879	4524778	2724946	22161
吉　林	2314591	67051	12505	423497	224339	
黑龙江	1984370	200367	80486	44327	9141	
上　海	9288022	395482	128783	3426779	1889497	245678
江　苏	21656541	1371816	858486	4279722	1543768	253393
浙　江	14084022	420379	452264	2113273	999838	140527
安　徽	4616905	467093	243959	1046255	477326	23090
福　建	5668724	247774	39098	3303337	1000745	32624
江　西	1683668	449727	63903	724696	249794	
山　东	8756761	1601061	808206	1732042	996146	220271
河　南	4124395	469667	407247	453082	209992	49445
湖　北	3919609	420354	62411	976448	197673	27476
湖　南	3669117	639495	104185	425953	273288	15857
广　东	11127095	2298120	173534	7910495	1921020	1705135
广　西	5071639	340789	48659	489805	270515	13000
海　南	725364	36152	103533	434749	94133	
重　庆	7045054	510591	162943	1789033	671707	74069
四　川	7056727	313967	470241	1204308	303153	15097
贵　州	1661737	279259	7481	48325	45677	
云　南	3269249	202646	86315	691222	421872	
西　藏	45007		6000			
陕　西	2714906	147330	25247	588106	154389	26921
甘　肃	635708	75506	3503	74216	72447	
青　海	281464	84334	1720	3180	3180	
宁　夏	1256396	66926				
新　疆	1775882	121441	20107	7903	6630	

2-22 续表3

单位：万元

地　　区	港澳台商投资		外商投资				
	独　　资	股份有限		合资经营	合作经营	独　　资	股份有限
全国总计	**18618805**	**1668833**	**32270305**	**10571447**	**3019388**	**17159504**	**1519966**
北　　京	612708	293410	2316636	1028434	494290	294572	499340
天　　津	182427	41153	990457	678168	9791	302404	94
河　　北	63031		331827	77193		254634	
山　　西	5338		101494	35836		65658	
内 蒙 古			20570	420		20150	
辽　　宁	1726626	51045	3504862	1000385	386303	2118174	
吉　　林	169158	30000	70000	21000	33000	16000	
黑 龙 江	26709	8477	257533	102419	3000	152114	
上　　海	1110846	180758	2982716	755972	130711	1831821	264212
江　　苏	2231300	251261	4571170	1618168	469412	2478066	5524
浙　　江	919921	52987	1467588	525188	3120	861988	77292
安　　徽	545839		879893	205074		653171	21648
福　　建	2229755	40213	1158774	340862		815050	2862
江　　西	452311	22591	292683	181455		97220	14008
山　　东	506439	9186	1044490	778704	36728	227063	1995
河　　南	193645		741464	258895		438483	44086
湖　　北	565844	185455	700578	240277	221752	238549	
湖　　南	134105	2703	392779	194198		198532	49
广　　东	4100025	184315	4911814	276104	444290	3673732	517688
广　　西	196690	9600	393534	211727	12113	169694	
海　　南	54987	285629	530799	461583		35943	33273
重　　庆	1023207	20050	1067995	425312	330848	311835	
四　　川	886058		2450524	509113	317112	1586404	37895
贵　　州	2648		105967	26123	6320	73524	
云　　南	269350		138881	10381		128500	
西　　藏							
陕　　西	406796		687532	503872	120598	63062	
甘　　肃	1769		61890	61890			
青　　海			21804	21804			
宁　　夏			73735	20574		53161	
新　　疆	1273		316	316			

2-23 各地区按资质等级分的房地产开发企业本年资金来源小计

单位：万元

地区	总计	一级	二级	三级	四级	暂定	其他
全国总计	**577990365**	**46935362**	**107555197**	**132256568**	**66797868**	**187698487**	**36746883**
北京	61297667	10001448	9517886	5664451	15497496	8964934	11651452
天津	14130655	789180	2109341	1658751	4253341	5146705	173337
河北	18547627	2012440	2636745	4467504	4773069	4186656	471213
山西	5711149	336017	680363	1738856	1652773	1247325	55815
内蒙古	8525857	661918	1618272	1839698	2534956	1694602	176411
辽宁	32684449	1542140	2995916	8143752	297522	17830961	1874158
吉林	7951452	146556	1039135	2408995	1363407	2927309	66050
黑龙江	6790435	211839	2193275	2974495	295257	918048	197521
上海	29248440	1821844	3199402	3767375	61131	18799082	1599606
江苏	64414711	5100866	23983531	11720509	510524	20791367	2307914
浙江	45283076	4130730	8731067	11795749	2091237	14078783	4455510
安徽	22616131	390389	3032452	5038305	968213	12536517	650255
福建	19376929	757858	3546610	5501839	3360811	5850268	359543
江西	8766713	169834	2090283	2829572	857603	2454148	365273
山东	33754414	1363611	3933005	7218644	4912444	14547779	1778931
河南	19270156	525921	3624054	3571631	1382241	9919215	247094
湖北	17147573	3060297	4722364	4251738	1283226	3730297	99651
湖南	14297886	219690	1425008	6428684	835611	4969039	419854
广东	50782766	6080587	4655615	13208180	8810984	10757577	7269823
广西	11272834	154146	1099137	2627230	983856	5915983	492482
海南	4313015	2825	602004	640310	677290	2197312	193274
重庆	18482816	2176620	5908844	3146158	170168	7046700	34326
四川	24151504	1434294	6913923	12065892	525797	2448144	763454
贵州	6707643	176446	796430	1253673	1561479	2658916	260699
云南	10005916	538231	2404088	1784768	2625339	2403120	250370
西藏	310418	1460	45601	89449	12242	31666	130000
陕西	13142172	1881774	1898603	4054182	3375673	1719589	212351
甘肃	2455426	58734	474620	790227	395007	670103	66735
青海	887388	97474	383063	150307	59918	196626	
宁夏	1979352	360919	626010	383480	254857	281160	72926
新疆	3683795	729274	668550	1042164	414396	778556	50855

2-24 各地区按登记注册类型分的房地产开发企业国内贷款

单位：万元

地区	总计	内资	国有	集体	股份合作	国有联营	集体联营
全国总计	**113645111**	**99739590**	**18312130**	**580119**	**339714**	**95837**	**19000**
北京	23677680	22512633	10167851		4800		
天津	3631766	3208690	987747	16890			
河北	2651700	2605205	209893	21000	5250		
山西	887945	875745	11606	315	300		
内蒙古	836524	833524	22527		1440		
辽宁	4737260	3359925	241457	5670	2159		
吉林	547640	498890	1000		300		
黑龙江	737899	732699	179290				
上海	6371383	4669588	791629	194680	11000	10837	4000
江苏	12103881	10622895	1058720	75578	54437	15000	
浙江	8641190	7964153	454869	7757	45380	10000	
安徽	2968570	2754787	167330	12715	4000		
福建	3946450	3321681	742946	16000	500	20000	10000
江西	1239645	1050860	67096	1471	14048		
山东	6355216	5764024	667708	72242	63191		
河南	1995030	1851328	94850	7916			
湖北	3884484	3453504	1182713	34220	61750		5000
湖南	2328329	2165746	64625	8220	24469	10000	
广东	10102854	7580537	292014	77409	3405		
广西	2291380	2109015	70159	1000	10146		
海南	912855	667250			6700		
重庆	3322374	2554176	283869	3500			
四川	3323837	2780962	182934	211	600	30000	
贵州	1331075	1299715	13090	185	6900		
云南	1395190	1249332	72355	1740	800		
西藏	18600	18600			5000		
陕西	2134055	1991877	200461	20300	8019		
甘肃	397174	380874	36526	1100	120		
青海	131286	124686	14985		5000		
宁夏	288147	283147	7000				
新疆	453692	453542	24880				

2-24 续表 1

单位：万元

地　区	内资						
	国有与集体联营	其他联营	国有独资公司	其他有限责任公司	股份有限公司	私营独资	私营合伙
全国总计	**9700**	**99561**	**3631855**	**41790168**	**5617530**	**1010314**	**365094**
北　京			627600	9484247	1272569		
天　津			260939	1105189	188132	32400	
河　北			180	1010516	366987	79005	1550
山　西			3700	351058	58575	2777	1350
内蒙古			1500	267050	39710	1700	90
辽　宁			164176	1086409	133425	55948	4500
吉　林				367116	29750	910	3800
黑龙江			62282	279282	9546		
上　海		76400	55901	1357812	31450	71000	9000
江　苏			452129	4315186	315194	264850	23795
浙　江			108061	4247710	498583	1312	5000
安　徽	5000	11500	113005	1675398	140543	22326	11130
福　建		301	298850	1014264	180586	2330	900
江　西			39800	490209	124772	15571	15031
山　东			75150	2296891	524141	34863	21080
河　南		8000	2500	953670	159099	32075	9700
湖　北	3900	30	27280	1085002	281988	73691	400
湖　南		1330	23527	1100304	107613	16934	78933
广　东	800		202507	3241096	624031	100444	14000
广　西		2000	514760	413002	44898	47246	20
海　南			9900	475019	41196	150	
重　庆			119772	1027705	115046	35627	34815
四　川			343350	1236729	128928	7990	5000
贵　州			1900	705046	72057	14456	200
云　南			6500	610240	76963	11589	1700
西　藏				13600			
陕　西			75500	1142642	36846	75890	10000
甘　肃				196228	10154	400	1000
青　海			7186	33577	630	4830	
宁　夏			27900	53601	118		
新　疆			6000	154370	4000	4000	112100

2-24 续表 2

单位：万元

地 区	内资			港澳台商投资		
	私营有限责任公司	私营股份有限公司	其他内资企业		合资经营	合作经营
全国总计	**24944515**	**2363745**	**560308**	**8019229**	**3612287**	**952760**
北 京	947456	8110		513944	148143	257801
天 津	602393	1200	13800	121632	96632	
河 北	673159	220792	16873	22645	20745	
山 西	415172	17892	13000	11400	11400	
内 蒙 古	497967	540	1000	3000	3000	
辽 宁	1547145	67950	51086	870231	623429	10000
吉 林	86317	3650	6047	48750	3750	
黑 龙 江	180184	4115	18000	1000		
上 海	1977903	59626	18350	914795	369795	64865
江 苏	3677731	283315	86960	742868	309388	66600
浙 江	2445631	93500	46350	483292	258242	90600
安 徽	531031	38989	21820	134590	50490	
福 建	960869	60635	13500	536974	200635	13000
江 西	230817	51178	867	124825	57940	
山 东	1656343	313710	38705	378043	297250	51000
河 南	515291	39127	29100	56650	20150	
湖 北	577068	99812	20650	301580	24740	16500
湖 南	612305	109660	7826	64814	45900	3200
广 东	2387750	605129	31952	1724418	640988	305512
广 西	951977	45013	8794	63014	44800	
海 南	105723	562	28000	10967		
重 庆	854032	70960	8850	558647	275660	65000
四 川	753505	26715	65000	118782	30000	2682
贵 州	422580	62301	1000	6360	6360	
云 南	423550	32995	10900	145158	46000	
西 藏						
陕 西	400542	20919	758	55400	21400	6000
甘 肃	126052	8950	344	5300	5300	
青 海	57478	1000				
宁 夏	184928	9600				
新 疆	141616	5800	776	150	150	

2-24 续表3

单位：万元

地　区	港澳台商投资		外商投资				
	独　资	股份有限		合资经营	合作经营	独　资	股份有限
全国总计	**3200802**	**253380**	**5886292**	**1818893**	**720995**	**2851106**	**495298**
北　京	108000		651103	106000	184880	33223	327000
天　津	25000		301444	159621	6000	135823	
河　北	1900		23850	1500		22350	
山　西			800	800			
内蒙古							
辽　宁	197802	39000	507104	58684	99620	348800	
吉　林	45000						
黑龙江		1000	4200	3000	1200		
上　海	453235	26900	787000	229500	25000	451000	81500
江　苏	311580	55300	738118	297862	19025	421231	
浙　江	129950	4500	193745	48745		117500	27500
安　徽	84100		79193	24803		54390	
福　建	309939	13400	87795	28815		58980	
江　西	66885		63960	27760		30200	6000
山　东	29793		213149	153811	13100	46180	58
河　南	36500		87052	27150		59902	
湖　北	154340	106000	129400	7900	81500	40000	
湖　南	15714		97769	71969		25800	
广　东	772638	5280	797899	55597	135072	553990	53240
广　西	16214	2000	119351	70702	950	47699	
海　南	10967		234638	230000		4638	
重　庆	217987		209551	83551	66000	60000	
四　川	86100		424093	55545	61648	306900	
贵　州			25000			25000	
云　南	99158		700	700			
西　藏							
陕　西	28000		86778	52278	27000	7500	
甘　肃			11000	11000			
青　海			6600	6600			
宁　夏			5000	5000			
新　疆							

2-25 各地区按资质等级分的房地产开发企业国内贷款

单位：万元

地 区	总 计	一 级	二 级	三 级	四 级	暂 定	其 他
全国总计	**113645111**	**11701611**	**21902843**	**21009962**	**9886505**	**33563929**	**15580261**
北 京	23677680	3493345	2976069	1269240	3650980	2324782	9963264
天 津	3631766	142134	667139	367551	519191	1913691	22060
河 北	2651700	251407	389371	678926	583155	706016	42825
山 西	887945	105220	87533	219491	302800	172901	
内蒙古	836524	187581	185053	297845	95656	50512	19877
辽 宁	4737260	166694	598199	1125098	7527	2543623	296119
吉 林	547640		95175	141864	15716	279885	15000
黑龙江	737899	48820	223983	224346	9810	147040	83900
上 海	6371383	260837	589230	548578	43200	4495394	434144
江 苏	12103881	1328442	4662007	2018234	47218	3594295	453685
浙 江	8641190	846839	1612003	2050990	364713	2629862	1136783
安 徽	2968570	90689	444874	607211	57697	1534239	233860
福 建	3946450	239191	780534	903456	729570	1176055	117644
江 西	1239645	48500	354795	397685	84510	315858	38297
山 东	6355216	340311	991301	1385756	487961	2884390	265497
河 南	1995030	70167	618732	351007	128715	810509	15900
湖 北	3884484	1288578	913681	756053	163549	729099	33524
湖 南	2328329	28477	267680	1067140	95914	783946	85172
广 东	10102854	1226444	916402	2639894	1240310	2130824	1948980
广 西	2291380	36897	307640	485903	94317	1225543	141080
海 南	912855		268000	183344	86805	326300	48406
重 庆	3322374	356353	1481083	316614	7477	1158847	2000
四 川	3323837	198389	1220996	1325185	48031	460413	70823
贵 州	1331075	62900	189540	336677	258320	434533	49105
云 南	1395190	171051	321117	264261	321040	294817	22904
西 藏	18600			6500		2100	10000
陕 西	2134055	428369	423351	719689	338362	206244	18040
甘 肃	397174	8000	81386	153488	59620	94680	
青 海	131286	35000	38789	26617	3700	27180	
宁 夏	288147	91800	104220	46105	20004	15768	10250
新 疆	453692	149176	92960	95214	20637	94583	1122

2-26　各地区按登记注册类型分的房地产开发企业利用外资

单位：万元

地　区	总　计	内　资					
			国　有	集　体	股份合作	国有联营	集体联营
全国总计	**4793940**	**463178**	**6282**	**2000**			
北　京	298168	17892					
天　津	114892						
河　北							
山　西							
内蒙古							
辽　宁	1149245	75466					
吉　林	9112	4112					
黑龙江	25877	9247					
上　海	249044						
江　苏	555366	34919	3000				
浙　江	154644	4662					
安　徽	158549	55135					
福　建	138556	4948					
江　西	44553	15250					
山　东	128802	31064					
河　南	27503	700					
湖　北	158329	5298	2300				
湖　南	49988	20443					
广　东	652250	52839					
广　西	28735	7768					
海　南	302023						
重　庆	370174	117938	982				
四　川	119268						
贵　州	2559	1500					
云　南	3977						
西　藏							
陕　西	52276	3947		2000			
甘　肃							
青　海							
宁　夏							
新　疆	50	50					

2-26 续表 1

单位：万元

地　区	内资						
	国有与集体联营	其他联营	国有独资公司	其他有限责任公司	股份有限公司	私营独资	私营合伙
全国总计			**5911**	**218214**	**4900**	**9200**	
北　京				17892			
天　津							
河　北							
山　西							
内蒙古							
辽　宁				28966		4000	
吉　林				4112			
黑龙江				9247			
上　海							
江　苏				25431		5000	
浙　江				4362			
安　徽				55000			
福　建				48	4900		
江　西				9150			
山　东				20614			
河　南							
湖　北				2798			
湖　南				8478			
广　东			5911	24070		200	
广　西				2200			
海　南							
重　庆				2399			
四　川							
贵　州				1500			
云　南							
西　藏							
陕　西				1947			
甘　肃							
青　海							
宁　夏							
新　疆							

2-26 续表2　　　　　　　　　　　　　　　　　　　　　　　　　单位：万元

地　　区	内　　资			港澳台商投　　资		
	私营有限责任公司	私营股份有限公司	其他内资企　　业		合资经营	合作经营
全国总计	**211568**	**2335**	**2768**	**2611488**	**652893**	**86396**
北　　京				189545	55000	47136
天　　津				31502	31000	
河　　北						
山　　西						
内 蒙 古						
辽　　宁	42500			729135	183395	
吉　　林				5000		
黑 龙 江				13330		
上　　海				188541	30864	13363
江　　苏	1488			264601	60943	
浙　　江	300			69708	21122	
安　　徽		135		13268	12202	
福　　建				124539	37759	
江　　西	3400		2700	19303	1900	
山　　东	10450			68853	25143	752
河　　南	700			10772	10772	
湖　　北		200		153031	3846	5000
湖　　南	11915		50	14905	6200	
广　　东	22640		18	279065	87741	20145
广　　西	3568	2000		17284		
海　　南				277653	44193	
重　　庆	114557			105375	15777	
四　　川				31042	20000	
贵　　州				1059	1059	
云　　南				3977	3977	
西　　藏						
陕　　西						
甘　　肃						
青　　海						
宁　　夏						
新　　疆	50					

2-26 续表3 单位：万元

地区	港澳台商投资		外商投资				
	独资	股份有限		合资经营	合作经营	独资	股份有限
全国总计	**1571424**	**300775**	**1719274**	**228306**	**131157**	**1359611**	**200**
北京	51096	36313	90731	3030	17760	69941	
天津	502		83390	37717		45673	
河北							
山西							
内蒙古							
辽宁	544060	1680	344644	66583		278061	
吉林		5000					
黑龙江	13330		3300		1800	1500	
上海	144314		60503	3211	9000	48292	
江苏	191006	12652	255846	15492		240354	
浙江	48586		80274			80274	
安徽	1066		90146	12400		77546	200
福建	82860	3920	9069			9069	
江西	17403		10000	10000			
山东	41348	1610	28885	3500		25385	
河南			16031			16031	
湖北	144185						
湖南	8705		14640	5360		9280	
广东	171179		320346	4517	8069	307760	
广西	9684	7600	3683	1200	1	2482	
海南	1460	232000	24370	20029		4341	
重庆	89598		146861	29999	71541	45321	
四川	11042		88226	868		87358	
贵州							
云南							
西藏							
陕西			48329	14400	22986	10943	
甘肃							
青海							
宁夏							
新疆							

2-27 各地区按资质等级分的房地产开发企业利用外资

单位：万元

地　区	总　计	一　级	二　级	三　级	四　级	暂　定	其　他
全国总计	**4793940**	**134504**	**235124**	**447629**	**528484**	**3116656**	**331543**
北　京	298168	36313			140818	121037	
天　津	114892				70083	44196	613
河　北							
山　西							
内蒙古							
辽　宁	1149245		30000	47755		960187	111303
吉　林	9112			4112	5000		
黑龙江	25877			20877		5000	
上　海	249044		1895			225074	22075
江　苏	555366		115755	58314	3000	327809	50488
浙　江	154644	8560		8557		129473	8054
安　徽	158549		1326	1235	100	153288	2600
福　建	138556	2053	1682	28478	3760	102539	44
江　西	44553		8000	6243	5300	18810	6200
山　东	128802			13469	13763	87905	13665
河　南	27503			5911		10820	10772
湖　北	158329		9089	6456	2688	140096	
湖　南	49988			31323	50	15805	2810
广　东	652250		39999	140430	236905	178787	56129
广　西	28735			8970	4081	12484	3200
海　南	302023			6729	4000	291294	
重　庆	370174	87578	22789	19754		240053	
四　川	119268			26738		51999	40531
贵　州	2559				1500		1059
云　南	3977		3977				
西　藏							
陕　西	52276		612	12278	37386		2000
甘　肃							
青　海							
宁　夏							
新　疆	50				50		

2-28 各地区按资质等级分的房地产开发企业自筹资金

单位：万元

地　区	总　计	一　级	二　级	三　级	四　级	暂　定	其　他
全国总计	**179491191**	**10049026**	**25219897**	**42700244**	**24278662**	**67813823**	**9429539**
北　京	10267966	1344250	1701160	1065384	2886483	2632723	637966
天　津	3321040	51639	587089	292418	1284373	1060137	45384
河　北	8873571	926392	991666	1900936	2484420	2339073	231084
山　西	2470618	133095	242819	581477	730471	745356	37400
内蒙古	6424626	413813	1003408	1307383	2118069	1436123	145830
辽　宁	15800648	578653	1089939	3771560	201641	9224670	934185
吉　林	5314512	90881	619450	1587413	1162511	1807207	47050
黑龙江	3605959	146019	906184	1760982	237848	502434	52492
上　海	6201648	444520	803740	690062	4200	3893654	365472
江　苏	13730609	538967	4174078	3148078	113035	5065022	691429
浙　江	7829873	963506	1027181	1767266	348019	2756002	967899
安　徽	9301533	52864	977451	1992654	424625	5472395	381544
福　建	4581714	211852	414906	1235325	920941	1690715	107975
江　西	3148617	9234	599400	1009360	415562	1012086	102975
山　东	12722698	268913	792903	2222426	2231802	6113786	1092868
河　南	9701354	139116	1190543	1887697	788939	5538841	156218
湖　北	5777614	700221	1547277	1413268	651188	1405893	59767
湖　南	5320515	41247	510196	2208936	449722	1874712	235702
广　东	13344876	1512117	1024584	3000273	2424787	3657847	1725268
广　西	3658096	29391	258418	673144	431744	1970380	295019
海　南	1080550		116682	195008	254685	443487	70688
重　庆	5402898	475995	1281062	1115442	69072	2445332	15995
四　川	8118720	248585	1652996	4583057	252988	854431	526663
贵　州	1682427	57090	112986	217695	508537	637651	148468
云　南	2967894	22489	386125	437940	832162	1183324	105854
西　藏	118125	1330	17544	33323	8022	15156	42750
陕　西	5854803	462282	635097	1887284	1582681	1147253	140206
甘　肃	936462		106210	253104	196232	362468	18448
青　海	470715	37802	197080	68049	32581	135203	
宁　夏	545291	42756	154154	96850	76375	144819	30337
新　疆	915219	104007	97569	296450	154947	245643	16603

2-29　各地区按资质等级分的房地产开发企业定金及预付款

单位：万元

地　区	总　计	一　级	二　级	三　级	四　级	暂　定	其　他
全国总计	**162174850**	**15149944**	**34202199**	**40051741**	**19356391**	**47412873**	**6001702**
北　京	16635843	3381535	2831983	2092757	5596541	2402757	330270
天　津	5288998	303039	757158	811112	1914635	1437208	65846
河　北	4305034	412655	794609	1278537	1066153	639179	113901
山　西	1572168	52245	287314	699490	397504	122200	13415
内蒙古	786428	16080	321188	133615	204735	104822	5988
辽　宁	7506860	637963	808287	2131336	74225	3489848	365201
吉　林	1228476	27139	228931	398544	133389	436473	4000
黑龙江	1581163	1800	663828	686814	26734	177810	24177
上　海	11012807	849925	1340551	1723413		6428977	669941
江　苏	20798944	1946806	8318456	3599539	223515	6222943	487685
浙　江	16479450	1381387	3232040	4686009	788412	5103597	1288005
安　徽	5241689	100860	855377	1259383	290846	2723327	11896
福　建	4981427	134295	1145820	1614693	813248	1242470	30901
江　西	2551787	102601	687895	739114	164858	670652	186667
山　东	9252089	439772	1438116	2319567	1376880	3426756	250998
河　南	3816629	172731	1012855	637223	224734	1731404	37682
湖　北	4192993	711568	1201762	1203653	259939	813021	3050
湖　南	3789719	75880	371393	1841587	198712	1250708	51439
广　东	13662634	1754087	1388017	4046508	2524574	2249136	1700312
广　西	2616996	29107	259638	697178	210224	1396289	24560
海　南	1601806	2825	203327	195808	273754	869656	56436
重　庆	5217226	657129	1665852	945971	65340	1874703	8231
四　川	6708532	528977	1782640	3525199	125362	679671	66683
贵　州	1992569	48906	289774	387105	422054	815989	28741
云　南	3104729	205705	950557	628234	771753	450460	98020
西　藏	45115		8920	24070	2125	10000	
陕　西	3134856	685539	521469	865825	851331	182302	28390
甘　肃	721864	29596	184928	273737	94406	131810	7387
青　海	197447	23594	115845	30782	9984	17242	
宁　夏	757134	154447	241961	181714	99233	62432	17347
新　疆	1391438	281751	291708	393224	151191	249031	24533

2-30 各地区按资质等级分的房地产开发企业个人按揭贷款

单位：万元

地区	总计	一级	二级	三级	四级	暂定	其他
全国总计	**85616500**	**7975572**	**18922597**	**20243887**	**8827402**	**26132719**	**3514323**
北京	6492598	1326544	1340880	922778	2050242	707641	144513
天津	760478	155812	35376	146664	171284	211908	39434
河北	1873821	416216	335946	436597	433686	216262	35114
山西	292296	10010	23888	119431	110674	28293	
内蒙古	328391	44444	100415	52905	89305	36986	4336
辽宁	2208639	129055	294268	556185	10707	1091791	126633
吉林	584565	28536	94378	107035	34332	320284	
黑龙江	528896	15000	270117	167795	1859	60908	13217
上海	4202258	240511	171723	613219		3074024	102781
江苏	14065670	1021137	5659049	2371163	112490	4642424	259407
浙江	10158231	857622	2205410	2692633	487578	2913473	1001515
安徽	3534338	103763	391134	841401	150854	2037476	9710
福建	4606722	163302	1124117	1370181	590752	1271618	86752
江西	1179611	9499	287580	506920	100065	253405	22142
山东	3466396	194632	442024	800979	530620	1407907	90234
河南	2078056	123138	558758	331263	86390	964452	14055
湖北	2285043	242799	772164	665144	162338	440218	2380
湖南	1941588	37917	200851	870773	63846	748554	19647
广东	9319117	1425641	756762	2078798	1961293	1686789	1409834
广西	2179404	50751	211287	598058	209265	1091995	18048
海南	258983		8006	45172	47135	150148	8522
重庆	3418734	561199	1175494	572067	18057	1083917	8000
四川	3660716	176330	1044148	1984462	84853	322917	48006
贵州	1420718	7550	141370	253043	301717	712602	4436
云南	2056139	136911	727908	410572	493322	271913	15513
西藏	21533		3792	12236	2095	3410	
陕西	1349395	257164	208552	345089	390940	135350	12300
甘肃	252293	21138	62210	98226	21226	49493	
青海	55330	1078	18258	13426	7617	14951	
宁夏	311310	47767	115078	49815	43297	43582	11771
新疆	725231	170106	141654	209857	59563	138028	6023

2-31　各地区按资质等级分的房地产开发企业各项应付款合计

单位：万元

地　区	总　计	一　级	二　级	三　级	四　级	暂　定	其　他
全国总计	**63564120**	**2265050**	**12662337**	**16453621**	**6757617**	**22478296**	**2947199**
北　京	450148	12761	80996	51005	206199	80656	18531
天　津	2382445	119445	401719	420648	669657	739337	31639
河　北	2121353	158697	460359	403653	612937	410009	75698
山　西	1280862	8530	174603	385979	364691	318902	28157
内蒙古	908190	2389	62098	373703	270407	148156	51437
辽　宁	3748047	157428	308876	984839	71564	2074546	150794
吉　林	556173	24317	80321	146328	79354	225853	
黑龙江	586326	10554	200716	243108	11804	66484	53660
上　海	4553072	153360	486938	643480	13432	2878740	377122
江　苏	10901556	251167	4211061	2357191	114973	3482808	484356
浙　江	4443463	227416	546327	1257819	356509	1672292	383100
安　徽	2894090	44460	315796	810949	173412	1485655	63818
福　建	720211	47976	86733	217551	125656	215995	26300
江　西	910531	3321	156107	363383	113443	256111	18166
山　东	4415765	126716	713259	1041338	737335	1608711	188406
河　南	1691819	19183	386639	306856	79697	852808	46636
湖　北	2584173	134077	610507	824505	235208	743969	35907
湖　南	2577788	73672	204829	1315625	139370	763198	81094
广　东	4612260	133604	279013	1164919	888872	1576041	569811
广　西	1053181	19117	89765	262239	151372	503520	27168
海　南	363249	12000	2034	24442	39556	228662	56555
重　庆	3014942	208028	1260214	626190	36327	876764	7419
四　川	2472698	100827	740391	1227469	87026	265548	51437
贵　州	656893	6492	55586	151644	221406	218326	3439
云　南	1682196	54503	357626	319306	467157	406843	76761
西　藏	14253	1000		11953		1300	
陕　西	787500	82118	113565	165785	315979	103244	6809
甘　肃	480551	20760	122031	126249	79812	129092	2607
青　海	48968	7013	14534	18311	3556	5554	
宁　夏	231785	26565	50911	59222	38235	41564	15288
新　疆	419632	17554	88783	147932	52671	97608	15084

第三章

房地产开发开竣工面积（2009）

3-1　各地区按用途分的房地产开发企业房屋施工面积

单位：平方米

地　　区	房屋施工面　　积	住宅	#经济适用房	#别　墅、高档公寓	办公楼	商业营业用房	其他
全国总计	**3203681596**	**2513287829**	**129459996**	**143139341**	**99961938**	**345437237**	**244994592**
北　　京	97190830	55518813	5854413	8408948	11321911	13233772	17116334
天　　津	60521584	45178262	11299352	2120554	3484568	6823512	5035242
河　　北	127529745	108721184	3507285	2229804	1979773	10398181	6430607
山　　西	54867456	46220379	2712436	332047	1112100	4935065	2599912
内 蒙 古	82883634	63072165	5502313	3962053	2815572	12774728	4221169
辽　　宁	185790553	145269008	6210652	5390884	4286106	26537654	9697785
吉　　林	53694369	44390103	2872860	1779868	972208	5753849	2578209
黑 龙 江	45213490	36926884	2183697	924073	586070	5078374	2622162
上　　海	99494536	65507311	2459816	13020394	9544505	11068900	13373820
江　　苏	299538863	227943110	9689153	18044544	9220934	40801915	21572904
浙　　江	199326869	139459813	8198244	10788007	11788549	21137630	26940877
安　　徽	141655175	112855124	3718625	4090385	4331840	18207526	6260685
福　　建	116681714	88457537	3570799	4616536	3146738	10126386	14951053
江　　西	67555972	57685636	2606068	1523717	652367	6550947	2667022
山　　东	221251663	181331099	6295121	3831197	4444265	24552054	10924245
河　　南	160714759	134602373	7648874	2622301	3703983	15075633	7332770
湖　　北	95465290	77374558	6596965	3215448	2095504	10153463	5841765
湖　　南	137276917	113013600	4225799	5039041	1940324	12659875	9663118
广　　东	248146884	189941474	1416108	20387437	8405416	22847219	26952775
广　　西	83460650	67190765	1761176	2068565	1332463	8556186	6381236
海　　南	19899111	17590473	111237	4822469	199328	1257038	852272
重　　庆	130525976	103381204	9740023	6724656	2102887	13444880	11597005
四　　川	177313079	147631201	2340813	5787232	3385171	13328209	12968498
贵　　州	61010489	47152213	4610178	650198	1238889	7063269	5556118
云　　南	68378788	55355203	2081201	6983885	1050757	8007516	3965312
西　　藏	1406221	1220489	160535	61280	69165	103662	12905
陕　　西	82355559	70880677	4756660	1112848	2606217	5799435	3069230
甘　　肃	25363238	21082662	3489317	42898	509636	2601636	1169304
青　　海	9003879	7659948	89935	113032	80782	912897	350252
宁　　夏	19520169	15067906	1432690	279279	710841	2587774	1153648
新　　疆	30644134	25606655	2317651	2165761	843069	3058052	1136358

3-2 各地区按资质等级分的房地产开发企业房屋施工面积

单位：平方米

地 区	总 计	一 级	二 级	三 级	四 级	暂 定	其 他
全国总计	**3203681596**	**177996032**	**596042545**	**909748993**	**414525049**	**992210614**	**113016107**
北 京	97190830	19082143	14938840	10530718	35337022	14922749	2379358
天 津	60521584	3663340	9844148	7420536	19462802	19551482	579276
河 北	127529745	10936318	18481372	34352886	37136838	23181518	3440813
山 西	54867456	2257030	7896125	15519650	17341008	11443630	410013
内蒙古	82883634	4089860	15329875	17961742	25696927	17827413	1977817
辽 宁	185790553	8174453	15992392	49213712	2125658	97035779	13248559
吉 林	53694369	705543	6191750	15646138	12070864	18454976	625098
黑龙江	45213490	977607	10819620	23227492	2555582	6458763	1174426
上 海	99494536	4645745	12995241	12998343	378076	63492101	4985030
江 苏	299538863	17020187	112194738	66072196	2558457	90832629	10860656
浙 江	199326869	13561193	37476710	63823673	13712685	58050678	12701930
安 徽	141655175	2365737	21024078	38245610	8799301	68742869	2477580
福 建	116681714	4436671	18860944	42954803	16590943	30317489	3520864
江 西	67555972	633294	13646166	28183588	8073310	15604362	1415252
山 东	221251663	8229089	23979698	55849235	38204247	87180314	7666824
河 南	160714759	3777194	31312890	33053894	12073836	78295543	2201402
湖 北	95465290	7210566	26116659	26829217	13735391	21117096	456361
湖 南	137276917	1547099	12875180	63826684	9630212	44569293	4828449
广 东	248146884	18595954	21350682	69386124	49559370	61236732	28018022
广 西	83460650	1948149	8084520	22489403	9190417	40295877	1452284
海 南	19899111	53483	1147726	3601045	3220477	10929607	946773
重 庆	130525976	10942212	44053215	36304694	2516440	36449524	259891
四 川	177313079	10508703	53344879	92146143	4482001	14274339	2557014
贵 州	61010489	1301834	8626440	15082535	17269050	18310754	419876
云 南	68378788	3309894	16089669	14994912	17898144	14901010	1185159
西 藏	1406221	59304	299287	712855	36184	168591	130000
陕 西	82355559	9739315	14616036	24795548	22654593	9096610	1453457
甘 肃	25363238	285999	4576676	8841917	4459965	6834648	364033
青 海	9003879	1303090	3141875	1621452	622524	2314938	
宁 夏	19520169	2846952	5942119	4443680	2531112	2922324	833982
新 疆	30644134	3788074	4792995	9618568	4601613	7396976	445908

3-3 各地区按资质等级分的房地产开发企业住宅施工面积

单位：平方米

地 区	总 计	一 级	二 级	三 级	四 级	暂 定	其 他
全国总计	**2513287829**	**138822982**	**470803524**	**733043694**	**331423655**	**756085031**	**82969997**
北 京	55518813	13501685	8979609	6394198	17319495	7686843	1636983
天 津	45178262	3293638	6900095	5882763	15754878	12895252	451636
河 北	108721184	9438968	15727209	28986657	32498861	19214063	2855426
山 西	46220379	2059690	6507345	12958609	14561291	9846059	287385
内蒙古	63072165	2811392	11725602	13064339	19477338	14739052	1254442
辽 宁	145269008	6463247	13056236	39386060	1674486	74873869	9815110
吉 林	44390103	577331	5027631	13227877	10679839	14341370	536055
黑龙江	36926884	806695	8898342	18973024	2039309	5237841	971673
上 海	65507311	3159741	9589368	10685409	299228	39457967	2315598
江 苏	227943110	13734721	85739485	50570438	2213767	67040635	8644064
浙 江	139459813	9244253	26455352	45983797	10501232	38493850	8781329
安 徽	112855124	1879741	17053092	31774611	6905170	53152064	2090446
福 建	88457537	3625974	13830361	34453088	12383729	22734796	1429589
江 西	57685636	464392	11991285	23874290	6964370	13129183	1262116
山 东	181331099	7047434	19699208	47287519	32387437	68750297	6020258
河 南	134602373	3075994	26591627	28573034	10030150	64408152	1923416
湖 北	77374558	5941551	20812157	22349086	11701081	16177427	393256
湖 南	113013600	1186988	11061491	51619829	7851321	36862749	4431222
广 东	189941474	12889758	16677793	51732089	41693803	47499424	19448607
广 西	67190765	1546345	6424061	19098225	7553697	31310279	1258158
海 南	17590473	49135	949804	3260843	2959158	9550408	821125
重 庆	103381204	7988037	34882236	30767211	2142225	27382973	218522
四 川	147631201	8971652	44651005	76438018	3699145	11643243	2228138
贵 州	47152213	1080334	6837224	11810408	13322678	13826890	274679
云 南	55355203	2877264	12870841	12782398	14132977	11821893	869830
西 藏	1220489	54928	253881	623474	31256	136950	120000
陕 西	70880677	8584900	12373775	20483341	20158138	7984720	1295803
甘 肃	21082662	183105	3809947	7165577	3869633	5696673	357727
青 海	7659948	1188681	2631919	1411408	541858	1886082	
宁 夏	15067906	2081639	4612384	3491179	2064431	2102046	716227
新 疆	25606655	3013769	4183159	7934895	4011674	6201981	261177

3-4 各地区按用途分的房地产开发企业房屋新开工面积

单位：平方米

地　　区	新开工房屋面积	住　　宅			办公楼	商业营业用房	其　　他
			#经济适用房	#别　　墅、高档公寓			
全国总计	**1164220516**	**932984137**	**53546510**	**36497976**	**28607620**	**124150326**	**78478433**
北　　京	22466048	13802756	1658357	1293658	2559554	2284514	3819224
天　　津	25554988	19044634	7721530	318700	1796341	3151715	1562298
河　　北	67859955	57715849	1784292	747410	987730	5819455	3336921
山　　西	24440626	21032778	1307123	73054	325076	1961292	1121480
内 蒙 古	43875976	32122191	2547359	1588981	1604771	7768144	2380870
辽　　宁	83054386	66399003	2816489	1418040	1488730	11279396	3887257
吉　　林	32624532	27402844	1856504	961895	322681	3476502	1422505
黑 龙 江	29955500	24380416	1503406	422693	414912	3529808	1630364
上　　海	24830459	17210211	1274386	3294379	1623945	2017075	3979228
江　　苏	92094620	70977362	3346719	3982538	2054637	12422186	6640435
浙　　江	56064488	39477039	2092525	3055053	3035253	5894659	7657537
安　　徽	53156240	42139442	1708076	641487	1634685	6962057	2420056
福　　建	24233457	18609910	1063670	877081	774402	2481764	2367381
江　　西	23009630	19560160	726078	272517	285180	2328032	836258
山　　东	84917800	70416432	2799136	1005696	1426018	8929354	4145996
河　　南	71156322	61797767	3413677	976413	890373	5897975	2570207
湖　　北	39758418	32139205	1739450	649960	915997	4195849	2507367
湖　　南	53198172	44178820	2101043	886054	580508	4934996	3503848
广　　东	64798544	50997286	786558	5020482	1703780	5190155	6907323
广　　西	30200222	24708975	617082	514782	395735	2838755	2256757
海　　南	8072633	7284578		1539758	18987	502937	266131
重　　庆	38136817	29897218	3846643	1454117	629813	4041505	3568281
四　　川	52358811	44111280	438847	1275226	1115112	4053616	3078803
贵　　州	17552446	13529158	1033790	119729	277849	2058021	1687418
云　　南	28208360	22310676	572219	2262066	456961	3632489	1808234
西　　藏	373515	318380	59968	43680	4200	44234	6701
陕　　西	27962704	24283160	1036108	515811	432074	1986020	1261450
甘　　肃	10469205	8863347	1399967	1307	141566	1018811	445481
青　　海	5051325	4236097	10000	4200	35329	572791	207108
宁　　夏	11602640	9208535	867016	213546	367102	1295497	731506
新　　疆	17181677	14828628	1418492	1067663	308319	1580722	464008

3-5 各地区按资质等级分的房地产开发企业房屋新开工面积

单位：平方米

地区	总计	一级	二级	三级	四级	暂定	其他
全国总计	**1164220516**	**57942409**	**172705844**	**317490591**	**162836887**	**407331648**	**45796191**
北京	22466048	4842587	2784448	2098707	6924602	5363491	452213
天津	25554988	989474	2858061	1834744	8097321	11742155	33233
河北	67859955	4896123	9153037	17900432	18125563	15586679	2198121
山西	24440626	931536	2710335	5986707	6647420	7770730	393898
内蒙古	43875976	2916650	6060012	9527383	13782457	10420111	1169363
辽宁	83054386	2709506	6474582	23277808	1308777	41614200	7669513
吉林	32624532	291588	3692445	9119565	8280012	11154531	86391
黑龙江	29955500	508073	6248412	15735646	2270170	4018773	1174426
上海	24830459	1648293	3305514	2952221	4061	15835734	1084636
江苏	92094620	5210569	27498075	22958026	958649	30489386	4979915
浙江	56064488	3263739	8815541	15835619	4389817	19521397	4238375
安徽	53156240	927888	5016530	13873540	4339188	27494118	1504976
福建	24233457	752274	2931259	9317543	2867076	8164970	200335
江西	23009630	194729	3321551	8614427	3420650	6319150	1139123
山东	84917800	2223299	7004982	18206538	17250592	37300352	2815091
河南	71156322	1197360	9687939	14243506	6207371	38232267	1587879
湖北	39758418	2185490	8878572	11672304	6868348	9965371	188333
湖南	53198172	411799	4595666	21589502	5546723	17539273	3515209
广东	64798544	5847765	4813256	15549939	12424043	19698688	6464853
广西	30200222	568877	2048910	6504348	3243170	16630905	1204012
海南	8072633		454749	1011698	1924221	4113564	568401
重庆	38136817	3720456	10527926	10488563	1161601	12103996	134275
四川	52358811	2962758	12788339	27895527	1990543	6186486	535158
贵州	17552446	300314	2183286	4259445	3728351	6822944	258106
云南	28208360	1006090	6072452	5835038	6788990	8046996	458794
西藏	373515	6315	118729	26676	8426	83369	130000
陕西	27962704	3168014	3366379	9499627	7692284	3607019	629381
甘肃	10469205		1718615	2711157	2233068	3584585	221780
青海	5051325	685530	1315667	1069345	179872	1800911	
宁夏	11602640	1749038	3685701	2653194	1354093	1732788	427826
新疆	17181677	1826275	2574874	5241816	2819428	4386709	332575

3-6 各地区按资质等级分的房地产开发企业住宅新开工面积

单位：平方米

地　区	总　计	一　级	二　级	三　级	四　级	暂　定	其　他
全国总计	**932984137**	**45872790**	**137528990**	**260490801**	**136657400**	**317518702**	**34798508**
北　京	13802756	3384441	1359189	1403669	4163927	3213295	278235
天　津	19044634	925915	2000935	1406535	6964312	7746937	
河　北	57715849	4014048	7843728	15073003	15924468	13087262	1773340
山　西	21032778	836977	2386084	5356378	5543971	6638098	271270
内蒙古	32122191	2245873	4659309	6019361	10315582	8182803	699263
辽　宁	66399003	2385556	5373303	19511095	999196	32765295	5364558
吉　林	27402844	237838	3157632	7583058	7505659	8840498	78159
黑龙江	24380416	395682	4996990	13079619	1838004	3098448	971673
上　海	17210211	1219289	2237520	2426406		10667701	659295
江　苏	70977362	4484520	20925826	17826927	815252	23172542	3752295
浙　江	39477039	2173177	6136494	11750106	3567939	13240446	2608877
安　徽	42139442	738882	4168146	11610201	3447908	20816790	1357515
福　建	18609910	622640	2280162	6955640	2398901	6189215	163352
江　西	19560160	66379	3020136	7305062	2934128	5208126	1026329
山　东	70416432	1909179	5768806	15472219	15088219	29778078	2282985
河　南	61797767	917344	8605931	12553644	5623415	32687664	1409769
湖　北	32139205	1676155	6679761	10210423	6091352	7305959	175555
湖　南	44178820	293739	4033398	17524519	4506867	14514743	3305554
广　东	50997286	4352125	3639474	12254769	10915143	15354619	4481156
广　西	24708975	500184	1747997	5384227	2763180	13282374	1031013
海　南	7284578		378724	923865	1783191	3677550	521248
重　庆	29897218	2385931	8525617	9001921	1016575	8848688	118486
四　川	44111280	2493040	10230730	24229803	1579977	5117753	459977
贵　州	13529158	217194	1899994	3252587	2898004	5073990	187389
云　南	22310676	808881	4403059	5029605	5354696	6371283	343152
西　藏	318380	1939	109000	24446	5080	57915	120000
陕　西	24283160	2968243	3154616	7497058	6929093	3220624	513526
甘　肃	8863347		1491629	2231478	1958275	2961205	220760
青　海	4236097	643907	1115287	901867	147553	1427483	
宁　夏	9208535	1331579	2958280	2158014	1119192	1246096	395374
新　疆	14828628	1642133	2241233	4533296	2458341	3725222	228403

3-7　各地区按用途分的房地产开发企业房屋竣工面积

单位：平方米

地　区	房屋竣工面　积	住　宅	#经济适用房	#别　墅、高档公寓	办公楼	商业营业用房	其　他
全国总计	**726774267**	**596287066**	**34461615**	**30204693**	**16525450**	**68237177**	**45724574**
北　京	26785534	16132296	990868	2136662	3165911	3224456	4262871
天　津	19020597	15808213	3804192	673845	836675	1158521	1217188
河　北	22117153	19396999	726292	631304	133001	1572036	1015117
山　西	8611021	7436154	217077	31375	121118	672873	380876
内蒙古	23147552	19587413	1929538	601302	484961	2259942	815236
辽　宁	40317450	33947680	1591959	1349925	373574	4395082	1601114
吉　林	14696419	12935916	1030500	585853	99233	1280236	381034
黑龙江	18882802	15754595	1532751	573418	181325	1942761	1004121
上　海	21049798	15088129		2049967	1350228	2010480	2600961
江　苏	84428028	67314116	4133848	5182219	1529379	10339888	5244645
浙　江	38438207	27832306	2547569	1602621	1588012	3848801	5169088
安　徽	28612490	23505895	806583	642760	626468	3666114	814013
福　建	22402641	16908535	735318	821753	474384	2093233	2926489
江　西	16468025	14375058	771369	465057	55221	1599426	438320
山　东	50158627	43195690	1446026	577348	1197636	4256778	1508523
河　南	34009767	29917889	1435731	558852	325930	2800539	965409
湖　北	23121085	20073430	1966648	710110	297167	1839324	911164
湖　南	29651735	25005001	1272959	1909950	421381	2452375	1772978
广　东	50622474	41115959	158626	3888658	891387	3810610	4804518
广　西	14416303	12204349	184999	290319	79280	1198017	934657
海　南	4316277	4013578	8667	699791	19372	190327	93000
重　庆	29070462	23845130	1540169	604504	463647	2583994	2177691
四　川	42794606	36806101	426558	1302975	514890	2899681	2573934
贵　州	12235199	10411642	1642652	98733	183454	1083486	556617
云　南	16805586	14080280	679078	1554418	343512	1714376	667418
西　藏	459833	423757	50000	17600	10536	19336	6204
陕　西	9169696	7909396	367905	211214	277042	815023	168235
甘　肃	5405551	4617760	872228	1307	118479	541787	127525
青　海	1819827	1604032	32103		15432	178077	22286
宁　夏	7412308	6031025	591748	16411	129535	1026787	224961
新　疆	10327214	9008742	967654	414442	217280	762811	338381

3-8 各地区按资质等级分的房地产开发企业竣工面积

单位：平方米

地区	总计	一级	二级	三级	四级	暂定	其他
全国总计	**726774267**	**46687313**	**143777976**	**227042255**	**107635503**	**181057397**	**20541823**
北京	26785534	5931730	4994862	3024456	8823020	3145901	865565
天津	19020597	1666837	4167252	2418282	6717365	3586213	464648
河北	22117153	3150196	2639651	5710080	7727749	2418022	471455
山西	8611021	188462	1764754	2708507	2794408	1154890	
内蒙古	23147552	126237	3153954	4908366	8476814	5879540	602641
辽宁	40317450	1685197	5075718	13033172	1128902	16372191	3022270
吉林	14696419	112998	1272767	4853777	4388961	4015811	52105
黑龙江	18882802	232013	4204480	9982234	1446820	2395657	621598
上海	21049798	724528	2812855	4314173	184261	12498292	515689
江苏	84428028	5579885	32564004	22367543	907306	20749867	2259423
浙江	38438207	2842546	7810603	14198890	3639478	8560287	1386403
安徽	28612490	738750	4079372	9649436	2588923	11429301	126708
福建	22402641	1085201	2889944	8807961	3511521	5039302	1068712
江西	16468025	34809	3402830	7647089	2295438	2868485	219374
山东	50158627	2004202	6366181	13381126	11239314	15672255	1463549
河南	34009767	851543	5997315	8680472	4038088	14024585	417764
湖北	23121085	2107777	6041675	7576076	3930719	3354278	110560
湖南	29651735	309481	2640869	15076306	2881731	8202284	541064
广东	50622474	5277655	4315827	15692717	10052351	10707937	4575987
广西	14416303	470622	1521104	5310034	1705789	5287280	121474
海南	4316277		248729	1025811	687462	2164418	189857
重庆	29070462	3468034	9310460	8094023	594789	7540358	62798
四川	42794606	2899437	13005198	22367674	1191546	2939963	390788
贵州	12235199	195910	1095279	2349628	4317198	4240184	37000
云南	16805586	701461	4916405	3306816	4765428	2892943	222533
西藏	459833	44567	143815	264543	6908		
陕西	9169696	1154538	1653047	2763082	3046427	407322	145280
甘肃	5405551	45948	1030806	2208825	1213761	824763	81448
青海	1819827	130398	992467	332636	232850	131476	
宁夏	7412308	1134435	2145312	1708059	1114502	885295	424705
新疆	10327214	1791916	1520441	3280461	1985674	1668297	80425

3-9　各地区按资质等级分的房地产开发企业住宅竣工面积

单位：平方米

地　区	总　计	一　级	二　级	三　级	四　级	暂　定	其　他
全国总计	**596287066**	**38136114**	**119364973**	**188644059**	**89435896**	**144691148**	**15982876**
北　京	16132296	4366177	3340748	1816739	4770215	1072295	766122
天　津	15808213	1476818	3182374	1984790	5939881	2826745	397605
河　北	19396999	3083092	2306579	4919661	7012954	1744586	330127
山　西	7436154	162574	1461262	2411029	2460412	940877	
内蒙古	19587413	121740	2484609	4154479	6983217	5314344	529024
辽　宁	33947680	1273108	4506075	10926216	973989	13602367	2665925
吉　林	12935916	89030	1140851	4273147	3877689	3511326	43873
黑龙江	15754595	228713	3611128	8116103	1232479	1991022	575150
上　海	15088129	490261	2338477	3541790	153565	8431344	132692
江　苏	67314116	4738482	26702081	18189234	784390	15224097	1675832
浙　江	27832306	2055406	5843494	10468580	2766667	5760332	937827
安　徽	23505895	648943	3390214	8068877	1921269	9360333	116259
福　建	16908535	823473	2182658	7162682	2802831	3571445	365446
江　西	14375058	34809	3145772	6458305	2037121	2508037	191014
山　东	43195690	1819740	5493458	11392655	9843510	13287061	1327266
河　南	29917889	665156	5301722	7664572	3428082	12489848	368509
湖　北	20073430	1845560	5553016	6219016	3519429	2837712	98697
湖　南	25005001	276373	2284381	12670324	2384590	6902017	487316
广　东	41115959	3903409	3474439	12609997	8670827	9021643	3435644
广　西	12204349	387133	1325362	4607877	1363335	4418177	102465
海　南	4013578		242841	952497	651066	1981306	185868
重　庆	23845130	2817678	7702828	6802556	550412	5911118	60538
四　川	36806101	2479150	11085016	19411028	1023077	2452925	354905
贵　州	10411642	184210	886124	1959273	3589523	3755512	37000
云　南	14080280	641666	4035880	2937492	3904854	2393009	167379
西　藏	423757	44567	136175	237935	5080		
陕　西	7909396	941120	1475502	2193463	2805205	357106	137000
甘　肃	4617760		890552	1888346	1030921	726693	81248
青　海	1604032	115954	849409	307161	211134	120374	
宁　夏	6031025	956509	1660313	1360527	1004643	686596	362437
新　疆	9008742	1465263	1331633	2937708	1733529	1490901	49708

3-10 各地区按资质等级分的房地产开发企业经济适用房竣工面积

单位：平方米

地 区	总 计	一 级	二 级	三 级	四 级	暂 定	其 他
全国总计	**34461615**	**2392294**	**7393645**	**9967522**	**6072046**	**6084114**	**2551994**
北 京	990868	461775	266707	121990	140396		
天 津	3804192	13440	867167	213644	1710230	906511	93200
河 北	726292		252401	121504	307386	45001	
山 西	217077		58428	37000	87559	34090	
内蒙古	1929538			392594	202415	1045065	289464
辽 宁	1591959	373172	361936	583753	22000	203498	47600
吉 林	1030500		243000	152345	307828	327327	
黑龙江	1532751		31593	663117	78243	265798	494000
上 海							
江 苏	4133848	226529	1752512	1231513	85601	281776	555917
浙 江	2547569	193139	363445	1461872	37773	220171	271169
安 徽	806583	55000	138960	216609	39928	356086	
福 建	735318		266497	233210	178487	53749	3375
江 西	771369		209860	132164	79992	287209	62144
山 东	1446026		354714	563235	227061	301016	
河 南	1435731	219042	163188	574317	196821	263164	19199
湖 北	1966648	470000	323862	737541	274684	98605	61956
湖 南	1272959		16000	776381	121248	240680	118650
广 东	158626		26752	14181	45474		72219
广 西	184999	45465		18128	14782	50000	56624
海 南	8667		7837			830	
重 庆	1540169		565236	325016	39515	610402	
四 川	426558	108034	64106	203281		29433	21704
贵 州	1642652		35808	260996	1202264	106584	37000
云 南	679078		199129	135788	185030	79785	79346
西 藏	50000			50000			
陕 西	367905		120506	156083	55616	35700	
甘 肃	872228		477828	180925	12902	136573	64000
青 海	32103		22103	10000			
宁 夏	591748	21900		166233	199188		204427
新 疆	967654	204798	204070	234102	219623	105061	

3-11 各地区按资质等级分的房地产开发企业别墅、高档公寓竣工面积

单位：平方米

地区	总计	一级	二级	三级	四级	暂定	其他
全国总计	**30204693**	**2212617**	**5656533**	**9063069**	**4231476**	**8625465**	**415533**
北京	2136662	303345	369427	306653	911944	168318	76975
天津	673845	229820	27936		416089		
河北	631304	16200	40211	91629	476264	7000	
山西	31375		11090	18185		2100	
内蒙古	601302		194980	120612	219977	65733	
辽宁	1349925	60600	171979	223786		852419	41141
吉林	585853		177719	284237		123897	
黑龙江	573418		222647	215433		135338	
上海	2049967	254507	231771	243835	77714	1222929	19211
江苏	5182219	414835	1458534	1429835	2117	1796916	79982
浙江	1602621	173731	243826	444743	392061	348260	
安徽	642760	10000	13600	120382	52375	446403	
福建	821753		64670	433589	179694	138155	5645
江西	465057		34520	377265	41996	11276	
山东	577348	21725	128736	211280	90648	41474	83485
河南	558852		237789	107382	16974	196707	
湖北	710110	133000	279571	97827	1500	198212	
湖南	1909950		444412	887690	39843	534805	3200
广东	3888658	274052	125634	1386937	620141	1389999	91895
广西	290319		47136	94163	36200	112820	
海南	699791		197681	264609		237501	
重庆	604504	5885	220845	87527		290247	
四川	1302975	9461	267057	919571		106886	
贵州	98733	40290	7982	28969	20220	1272	
云南	1554418	136469	389549	349174	535150	130077	13999
西藏	17600			17600			
陕西	211214	124057		87157			
甘肃	1307		1307				
青海							
宁夏	16411	4640		7335	4436		
新疆	414442		45924	205664	96133	66721	

3-12 各地区按用途分的房地产开发企业不可销售面积

单位：平方米

地　区	不可销售面积	住　宅	#经济适用房	#别　墅、高档公寓	办公楼	商业营业用房	其　他
全国总计	**41189003**	**22925260**	**4257815**	**422095**	**1676824**	**4357647**	**12229272**
北　京	5458947	1720814	215084	36228	411079	738242	2588812
天　津	783301	435734	256932	973	25830	59633	262104
河　北	405300	160783			20766	161999	61752
山　西	569091	426013			20708	23967	98403
内蒙古	404365	150383		13536	34467	157528	61987
辽　宁	3147063	2538168	226746		63149	208656	337090
吉　林	2252633	2017384	834507		50891	112623	71735
黑龙江	2509736	1904579	805365	3148	128613	173436	303108
上　海	930287	215849		50092	47823	77926	588689
江　苏	6288495	3771438	822804	91081	55521	718979	1742557
浙　江	4677305	2353340	467543	6366	79236	257957	1986772
安　徽	1217860	911545	64805		23764	86039	196512
福　建	818526	453424	7959	165	9106	163544	192452
江　西	105978	66529	772	27	1299	9835	28315
山　东	750689	372162	1314		51847	160361	166319
河　南	1187249	773488	227011	800	21420	147113	245228
湖　北	1099033	501759	168663	388	93760	195514	308000
湖　南	519043	289651	466	10000	18521	21087	189784
广　东	1495598	275712		12269	21868	131913	1066105
广　西	255635	86872		26489	5575	23611	139577
海　南	91474	35657		11641	861	605	54351
重　庆	1414619	802300	14279	155709	84165	157713	370441
四　川	1678834	887028	3081		88825	193245	509736
贵　州	370915	131656	1479		20863	71864	146532
云　南	191427	97955	14733	1980	15481	10938	67053
西　藏	4500				4500		
陕　西	529208	219916		1203	107500	122875	78917
甘　肃	253675	57792	46347		64351	50704	80828
青　海	116876	108444			8432		
宁　夏	1137906	947640	34570		29053	53253	107960
新　疆	523435	211245	43355		67550	66487	178153

3-13 各地区按资质等级分的房地产开发企业不可销售面积

单位：平方米

地区	总计	一级	二级	三级	四级	暂定	其他
全国总计	**41189003**	**2925171**	**7644797**	**12614844**	**5171925**	**10827930**	**2004336**
北京	5458947	1208686	1033306	411405	1745840	797048	262662
天津	783301	71981	140914	13210	70246	342016	144934
河北	405300	8953	91078	105408	98738	80468	20655
山西	569091		85557	59640	46150	377744	
内蒙古	404365		65515	65220	236885	22082	14663
辽宁	3147063	96297	176237	1051265	12707	1606372	204185
吉林	2252633		286071	552087	837707	555368	21400
黑龙江	2509736		277802	875563	256386	578985	521000
上海	930287		140983	275579		513725	
江苏	6288495	271858	2015241	1900030	36020	2041547	23799
浙江	4677305	161858	774750	2227748	385784	958200	168965
安徽	1217860	48953	124178	422358	56083	566288	
福建	818526	6611	98670	324366	51841	337038	
江西	105978		19593	62011	2949	19282	2143
山东	750689	62511	128594	95358	117431	315079	31716
河南	1187249	35946	75929	575408	125362	347384	27220
湖北	1099033	86654	192576	617821	119591	82391	
湖南	519043		20059	252061	57344	189579	
广东	1495598	238831	94982	531533	121369	155491	353392
广西	255635		16604	113231	35557	90243	
海南	91474		4696	38783	7880	38450	1665
重庆	1414619	19850	691061	451791	4630	245843	1444
四川	1678834	24462	520171	807921	128027	189839	8414
贵州	370915		104704	102020	140218	23973	
云南	191427	2618	36283	29475	75007	46044	2000
西藏	4500			4500			
陕西	529208	12463	9619	295900	194094	11852	5280
甘肃	253675	45948	21940	97741	25766	62280	
青海	116876	48360	68516				
宁夏	1137906	374545	283533	131042	79104	133287	136395
新疆	523435	97786	45635	124369	103209	100032	52404

3-14 各地区按用途分的房地产开发企业住宅竣工套数

单位：套

地区	住宅	#经济适用房	#别墅、高档公寓
全国总计	**5548897**	**398441**	**143621**
北京	140934	10646	10383
天津	158315	46286	4364
河北	182511	7851	2913
山西	67771	2539	123
内蒙古	196465	24073	3180
辽宁	384159	20243	7880
吉林	151685	14321	2745
黑龙江	191503	24962	2412
上海	141330		10895
江苏	585908	49295	22620
浙江	230107	28974	5341
安徽	217388	8841	2536
福建	151456	10145	3197
江西	125249	9317	1628
山东	393249	15676	2643
河南	261673	14873	3908
湖北	187162	22021	3712
湖南	203953	12657	8826
广东	341874	1621	16552
广西	110044	2299	1696
海南	44702	82	5692
重庆	247352	18687	3006
四川	344033	4211	6438
贵州	88380	11548	406
云南	110725	6045	7039
西藏	4071	800	84
陕西	72470	3837	1020
甘肃	44261	8189	4
青海	16001	365	
宁夏	61540	6628	46
新疆	92626	11409	2332

3-15 各地区按资质等级分的房地产开发企业住宅竣工套数

单位：套

地区	总计	一级	二级	三级	四级	暂定	其他
全国总计	**5548897**	**356941**	**1104426**	**1739894**	**834312**	**1342085**	**170973**
北京	140934	38683	28540	15302	40190	9985	8234
天津	158315	14316	30076	19594	60400	29035	4894
河北	182511	33011	21405	46028	62156	16703	3208
山西	67771	1372	13151	20231	22016	11001	
内蒙古	196465	846	23007	40864	71283	52776	7689
辽宁	384159	13997	47289	121510	12573	156020	32770
吉林	151685	957	12770	48719	48816	39830	593
黑龙江	191503	1871	40290	99646	16416	21201	12079
上海	141330	3521	23631	32550	1186	79128	1314
江苏	585908	40949	237649	159396	7273	124897	15744
浙江	230107	17869	46710	88242	21646	46916	8724
安徽	217388	5868	32052	73952	17718	86789	1009
福建	151456	7210	19663	61794	28686	31014	3089
江西	125249	384	29433	53833	17982	21712	1905
山东	393249	17195	49774	103127	90359	120496	12032
河南	261673	7184	49493	65083	30588	106137	3188
湖北	187162	19077	54104	58122	30866	24191	802
湖南	203953	2087	18075	105852	19328	54615	3996
广东	341874	32330	27348	102169	74338	72288	33401
广西	110044	3490	10686	39608	11726	43431	1103
海南	44702		2049	9362	7662	23084	2545
重庆	247352	32217	82993	68477	4986	58205	474
四川	344033	24568	103576	178796	10734	22986	3373
贵州	88380	989	6814	15492	27439	37361	285
云南	110725	4893	33042	24281	30395	16819	1295
西藏	4071	240	949	2561	321		
陕西	72470	6913	14045	20486	26524	3225	1277
甘肃	44261		7299	17870	10193	8061	838
青海	16001	1169	8693	3003	1881	1255	
宁夏	61540	9551	16322	14091	10139	7303	4134
新疆	92626	14184	13498	29853	18492	15621	978

3-16 各地区按资质等级分的房地产开发企业经济适用房竣工套数

单位：套

地　区	总　计	一　级	二　级	三　级	四　级	暂　定	其　他
全国总计	**398441**	**27535**	**87034**	**112260**	**68896**	**67392**	**35324**
北　京	10646	5204	2407	1219	1816		
天　津	46286	156	11778	2680	22464	7580	1628
河　北	7851		2726	1328	3167	630	
山　西	2539		857	487	929	266	
内蒙古	24073			4473	2532	11970	5098
辽　宁	20243	4732	5034	6679	245	2899	654
吉　林	14321		2503	2350	4924	4544	
黑龙江	24962		478	9581	1122	2897	10884
上　海							
江　苏	49295	3076	22862	13706	967	2806	5878
浙　江	28974	2432	4094	16139	352	2933	3024
安　徽	8841	516	1474	2355	455	4041	
福　建	10145		3330	2232	3858	687	38
江　西	9317		2700	1629	1000	3308	680
山　东	15676		3692	5938	2887	3159	
河　南	14873	2308	1732	5915	1888	2826	204
湖　北	22021	5514	3589	8827	2684	910	497
湖　南	12657		246	8107	1219	2127	958
广　东	1621		320	184	330		787
广　西	2299	616		204	120	714	645
海　南	82		72			10	
重　庆	18687		7261	3508	420	7498	
四　川	4211	809	710	2149		376	167
贵　州	11548		207	1940	8102	1014	285
云　南	6045		1528	1318	1885	671	643
西　藏	800			800			
陕　西	3837		1148	1845	506	338	
甘　肃	8189		3445	2183	175	1746	640
青　海	365		248	117			
宁　夏	6628	192		1510	2312		2614
新　疆	11409	1980	2593	2857	2537	1442	

3-17 各地区按资质等级分的房地产开发企业别墅、高档公寓竣工套数

单位：套

地 区	总 计	一 级	二 级	三 级	四 级	暂 定	其 他
全国总计	**143621**	**10800**	**29966**	**41757**	**18936**	**39896**	**2266**
北 京	10383	861	1780	1620	4491	743	888
天 津	4364	2192	71		2101		
河 北	2913	45	158	438	2230	42	
山 西	123		34	85		4	
内蒙古	3180		1377	524	1028	251	
辽 宁	7880	182	825	1923		4742	208
吉 林	2745		1199	1027		519	
黑龙江	2412		886	1004		522	
上 海	10895	1374	1673	975	378	6435	60
江 苏	22620	2512	7110	5333	8	7421	236
浙 江	5341	553	696	1487	1376	1229	
安 徽	2536	32	60	531	186	1727	
福 建	3197		220	1465	758	740	14
江 西	1628		198	1241	144	45	
山 东	2643	71	485	912	425	385	365
河 南	3908		2370	797	77	664	
湖 北	3712	858	1358	715	7	774	
湖 南	8826		2904	3836	100	1976	10
广 东	16552	805	440	6084	2568	6206	449
广 西	1696		556	652	178	310	
海 南	5692		1593	2207		1892	
重 庆	3006	24	477	987		1518	
四 川	6438	97	632	4855		854	
贵 州	406	190	37	84	91	4	
云 南	7039	450	2633	1274	2170	476	36
西 藏	84			84			
陕 西	1020	544		476			
甘 肃	4		4				
青 海							
宁 夏	46	10		22	14		
新 疆	2332		190	1119	606	417	

3-18 各地区按用途分的房地产开发企业竣工房屋价值

单位：万元

地区	竣工房屋价值	住宅			办公楼	商业营业用房	其他
			#经济适用房	#别墅、高档公寓			
全国总计	**146893651**	**115002390**	**5511904**	**8769854**	**5233193**	**16690159**	**9967909**
北京	6445826	3515749	151318	566033	948194	908115	1073768
天津	5199962	4349083	854023	223735	199505	312333	339041
河北	4642260	3958647	143867	236216	31708	463116	188789
山西	1605422	1361641	34221	10178	35348	153418	55015
内蒙古	4083596	3309352	341289	179040	130855	488310	155079
辽宁	7524878	5982982	230016	364592	136370	1122099	283427
吉林	2119185	1791138	136300	107675	16450	247295	64302
黑龙江	3074230	2481337	241930	94746	39739	365479	187675
上海	7058034	4411108		984856	816958	783483	1046485
江苏	19261652	15035202	708375	1438474	438327	2680467	1107656
浙江	8535363	5976338	473458	459023	479839	963816	1115370
安徽	5551872	4374072	99950	153622	185803	841745	150252
福建	3585341	2708302	100536	177564	74744	394381	407914
江西	2346650	1979146	79212	83709	9440	296067	61997
山东	10198674	8356492	201093	161853	377929	1172861	291392
河南	4342957	3653840	140144	182776	50292	504593	134232
湖北	5402174	4413289	404627	252057	86617	592276	309992
湖南	5455176	4444437	170429	445918	107700	610994	292045
广东	13215342	10542801	31669	1200932	454644	982533	1235364
广西	2046298	1682306	18721	54826	16822	204419	142751
海南	1121956	1041477	1028	281315	2301	53153	25025
重庆	6137117	4840637	235695	235230	140583	702736	453161
四川	6852347	5707978	40619	301885	131353	516513	496503
贵州	1822974	1497561	202272	22107	34582	210205	80626
云南	3217061	2592195	94267	357271	106881	392924	125061
西藏	83747	77863	8000	2300	2693	2531	660
陕西	2240149	1860709	56768	113264	64376	276533	38531
甘肃	875286	723373	132961	182	22939	106818	22156
青海	285579	245084	3431		5201	31196	4098
宁夏	1032092	811205	63205	4250	26109	161579	33199
新疆	1530451	1277046	112480	74225	58891	148171	46343

3-19 各地区按资质等级分的房地产开发企业竣工房屋价值

单位：万元

地区	总计	一级	二级	三级	四级	暂定	其他
全国总计	**146893651**	**11072306**	**30352819**	**43311381**	**19530471**	**37984743**	**4637771**
北京	6445826	1197977	1106410	712992	2185148	1023887	219412
天津	5199962	513218	1027361	655621	1913200	967501	123061
河北	4642260	616101	583002	1273336	1546537	535511	87773
山西	1605422	28546	393415	536468	474519	172474	
内蒙古	4083596	28086	704425	819495	1346946	1104351	80293
辽宁	7524878	579500	1084405	2442160	183390	2629344	606079
吉林	2119185	19345	191566	729571	573146	600047	5510
黑龙江	3074230	41700	790010	1530994	188770	394188	128568
上海	7058034	330615	729420	1384703	29982	4430653	152661
江苏	19261652	1240718	7748161	4611872	150543	5084652	425706
浙江	8535363	586714	1662675	3171528	685751	2174467	254228
安徽	5551872	120057	746658	1796431	446908	2420485	21333
福建	3585341	221801	451437	1499950	492272	816285	103596
江西	2346650	5047	526492	1048120	284868	460258	21865
山东	10198674	432510	1327049	2601001	2096081	3351589	386284
河南	4342957	151317	963175	1019728	453384	1718329	37024
湖北	5402174	681572	1763796	1699324	573108	667224	17150
湖南	5455176	61011	525916	2939293	335215	1515903	77838
广东	13215342	1626868	1086757	4110826	2334179	2413612	1643100
广西	2046298	63539	198748	785122	224120	755301	19468
海南	1121956		113226	290154	167665	518278	32633
重庆	6137117	777972	1988816	1397634	73861	1891903	6931
四川	6852347	558138	2108580	3521685	153437	462662	47845
贵州	1822974	40383	176283	335123	534415	731206	5564
云南	3217061	104838	1105664	638036	760739	569470	38314
西藏	83747	12000	27466	43049	1232		
陕西	2240149	519910	375178	563720	683920	80357	17064
甘肃	875286	8277	153850	386333	187134	122666	17026
青海	285579	28064	156415	53836	31907	15357	
宁夏	1032092	166344	289802	249120	153425	119259	54142
新疆	1530451	310138	246661	464156	264669	237524	7303

3-20 各地区按资质等级分的房地产开发企业竣工住宅价值

单位：万元

地区	总计	一级	二级	三级	四级	暂定	其他
全国总计	**115002390**	**8639763**	**24556551**	**34427018**	**15466300**	**28393071**	**3515527**
北京	3515749	856271	689539	398894	1066989	305921	198135
天津	4349083	464837	811655	510074	1691011	762415	109091
河北	3958647	601493	503184	1054845	1377802	376077	45246
山西	1361641	24656	326239	456309	403652	150785	
内蒙古	3309352	26833	502542	671195	1065226	980084	63472
辽宁	5982982	361012	949685	1960140	156273	2046692	509180
吉林	1791138	14553	166989	610056	486551	509311	3678
黑龙江	2481337	41350	663031	1173406	157134	327926	118490
上海	4411108	224856	556858	1061673	25378	2495256	47087
江苏	15035202	1060277	6259823	3614629	122455	3682513	295505
浙江	5976338	404205	1228327	2260067	506399	1401264	176076
安徽	4374072	93503	594935	1459212	298441	1908932	19049
福建	2708302	162717	332755	1198810	396723	574528	42769
江西	1979146	5047	476619	847850	240558	391640	17432
山东	8356492	397156	1098998	2095964	1741368	2686746	332100
河南	3653840	107318	840493	848868	354303	1470106	32752
湖北	4413289	494594	1590379	1271867	484225	560755	11469
湖南	4444437	56079	445469	2339537	255820	1282056	65476
广东	10542801	1114905	881821	3349020	1939701	2034127	1223227
广西	1682306	53977	169740	665632	161680	617813	13464
海南	1041477		112177	269214	158130	470594	31362
重庆	4840637	611582	1636231	1099943	68223	1417999	6659
四川	5707978	484524	1709513	2974159	127334	370853	41595
贵州	1497561	37872	143072	254059	412170	644824	5564
云南	2592195	94831	848570	559101	621290	444861	23542
西藏	77863	12000	26074	38869	920		
陕西	1860709	436278	312689	417180	612140	66698	15724
甘肃	723373		130123	327347	145142	103847	16914
青海	245084	24669	130144	49109	27073	14089	
宁夏	811205	139723	215352	186680	135805	88154	45491
新疆	1277046	232645	203525	403309	226384	206205	4978

3-21　各地区房地产开发企业建造的房屋面积和造价

地　区	施工房屋面积（平方米）	竣工房屋面积（平方米）	房屋建筑面积竣工率（%）	竣工房屋价值（万元）	竣工房屋造价（元/平方米）
全国总计	**3203681596**	**726774267**	**22.7**	**146893651**	**2021**
北　京	97190830	26785534	27.6	6445826	2406
天　津	60521584	19020597	31.4	5199962	2734
河　北	127529745	22117153	17.3	4642260	2099
山　西	54867456	8611021	15.7	1605422	1864
内蒙古	82883634	23147552	27.9	4083596	1764
辽　宁	185790553	40317450	21.7	7524878	1866
吉　林	53694369	14696419	27.4	2119185	1442
黑龙江	45213490	18882802	41.8	3074230	1628
上　海	99494536	21049798	21.2	7058034	3353
江　苏	299538863	84428028	28.2	19261652	2281
浙　江	199326869	38438207	19.3	8535363	2221
安　徽	141655175	28612490	20.2	5551872	1940
福　建	116681714	22402641	19.2	3585341	1600
江　西	67555972	16468025	24.4	2346650	1425
山　东	221251663	50158627	22.7	10198674	2033
河　南	160714759	34009767	21.2	4342957	1277
湖　北	95465290	23121085	24.2	5402174	2336
湖　南	137276917	29651735	21.6	5455176	1840
广　东	248146884	50622474	20.4	13215342	2611
广　西	83460650	14416303	17.3	2046298	1419
海　南	19899111	4316277	21.7	1121956	2599
重　庆	130525976	29070462	22.3	6137117	2111
四　川	177313079	42794606	24.1	6852347	1601
贵　州	61010489	12235199	20.1	1822974	1490
云　南	68378788	16805586	24.6	3217061	1914
西　藏	1406221	459833	32.7	83747	1821
陕　西	82355559	9169696	11.1	2240149	2443
甘　肃	25363238	5405551	21.3	875286	1619
青　海	9003879	1819827	20.2	285579	1569
宁　夏	19520169	7412308	38.0	1032092	1392
新　疆	30644134	10327214	33.7	1530451	1482

3-22 各地区房地产开发企业建造的住宅面积和造价

地　区	施工住宅面积(平方米)	竣工住宅面积(平方米)	住宅建筑面积竣工率(%)	竣工住宅价值(万元)	竣工住宅造价(元/平方米)
全国总计	**2513287829**	**596287066**	**23.7**	**115002390**	**1929**
北　京	55518813	16132296	29.1	3515749	2179
天　津	45178262	15808213	35.0	4349083	2751
河　北	108721184	19396999	17.8	3958647	2041
山　西	46220379	7436154	16.1	1361641	1831
内蒙古	63072165	19587413	31.1	3309352	1690
辽　宁	145269008	33947680	23.4	5982982	1762
吉　林	44390103	12935916	29.1	1791138	1385
黑龙江	36926884	15754595	42.7	2481337	1575
上　海	65507311	15088129	23.0	4411108	2924
江　苏	227943110	67314116	29.5	15035202	2234
浙　江	139459813	27832306	20.0	5976338	2147
安　徽	112855124	23505895	20.8	4374072	1861
福　建	88457537	16908535	19.1	2708302	1602
江　西	57685636	14375058	24.9	1979146	1377
山　东	181331099	43195690	23.8	8356492	1935
河　南	134602373	29917889	22.2	3653840	1221
湖　北	77374558	20073430	25.9	4413289	2199
湖　南	113013600	25005001	22.1	4444437	1777
广　东	189941474	41115959	21.6	10542801	2564
广　西	67190765	12204349	18.2	1682306	1378
海　南	17590473	4013578	22.8	1041477	2595
重　庆	103381204	23845130	23.1	4840637	2030
四　川	147631201	36806101	24.9	5707978	1551
贵　州	47152213	10411642	22.1	1497561	1438
云　南	55355203	14080280	25.4	2592195	1841
西　藏	1220489	423757	34.7	77863	1837
陕　西	70880677	7909396	11.2	1860709	2353
甘　肃	21082662	4617760	21.9	723373	1567
青　海	7659948	1604032	20.9	245084	1528
宁　夏	15067906	6031025	40.0	811205	1345
新　疆	25606655	9008742	35.2	1277046	1418

第四章

房地产市场（2009）

4-1　各地区按用途分的房地产开发企业出租房屋面积

单位：平方米

地　　区	出租房屋面　　积	住　　宅	#经济适用房	#别　　墅、高档公寓	办公楼	商业营业用　　房	其　　他
全国总计	**47070562**	**3193865**	**74597**	**1097838**	**10342742**	**25469895**	**8064060**
北　　京	8457424	514936		281751	3210673	3767810	964005
天　　津	477262	1403			15108	424924	35827
河　　北	66542	20060			680	45802	
山　　西	245890	6135			10830	221120	7805
内 蒙 古	237800	100344	12068	1276	79870	39206	18380
辽　　宁	697229	4806		214	32459	657593	2371
吉　　林	356398	383			42483	311932	1600
黑 龙 江	281313	3773				277540	
上　　海	12229082	1026268		743635	4255513	3499060	3448241
江　　苏	2161609	116255		10561	113140	1800374	131840
浙　　江	1957134	108625			130007	1367109	351393
安　　徽	887958	6041		988	59889	731270	90758
福　　建	1283309	36100	1668		115520	811036	320653
江　　西	388584	38053	6228		11	346927	3593
山　　东	1449584	77734	3300		178233	846851	346766
河　　南	586744	12795			28560	545389	
湖　　北	803016	107704			94015	569193	32104
湖　　南	560133	40356			50735	420718	48324
广　　东	7213196	571290		57990	1254726	3636462	1750718
广　　西	250578	20064			5551	205229	19734
海　　南	29701	15645			320	13736	
重　　庆	2419270	44157	309		69145	2041975	263993
四　　川	1086649	112145	7808		84803	816791	72910
贵　　州	733877	51508	2499		45905	524204	112260
云　　南	305531	10313	4290	623	59705	227992	7521
西　　藏	72768					72768	
陕　　西	514196	116208	31417		223454	171888	2646
甘　　肃	205290	2580			72651	130019	40
青　　海	67312				10470	56842	
宁　　夏	295143	14909			36004	233795	10435
新　　疆	750040	13275	5010	800	62282	654340	20143

4-2 各地区按资质等级分的房地产开发企业出租房屋面积

单位：平方米

地区	总计	一级	二级	三级	四级	暂定	其他
全国总计	**47070562**	**5443062**	**10384505**	**10632989**	**5075779**	**8400228**	**7133999**
北京	8457424	1670309	1285305	1218684	2048361	762087	1472678
天津	477262		201973	18371	256918		
河北	66542		8235	1680	23987	32640	
山西	245890	12050	45000	83926	83106	21808	
内蒙古	237800		176760	6395	42577		12068
辽宁	697229	15467	91499	406589		149010	34664
吉林	356398		143831	113987	68541	30039	
黑龙江	281313		187337	92626	1350		
上海	12229082	1433204	2664021	953546		4004613	3173698
江苏	2161609	131095	651449	455181	5671	845112	73101
浙江	1957134	241396	604679	886466	70893	140384	13316
安徽	887958	12798	307907	334144	67742	165367	
福建	1283309	167810	81792	389202	178395	460710	5400
江西	388584	21800	97022	170782	20903	24609	53468
山东	1449584	5116	181230	206030	315765	312066	429377
河南	586744		86265	339751	109910	50818	
湖北	803016	24367	271656	211350	37590	253173	4880
湖南	560133	11000	107492	303326	75565	62750	
广东	7213196	707145	1007918	2311665	867382	522811	1796275
广西	250578		40903	91115	75063	42958	539
海南	29701			29081		300	320
重庆	2419270	552003	1135486	562280	9896	159605	
四川	1086649	165954	292540	479154	41420	84336	23245
贵州	733877	23220	79986	203836	324022	86339	16474
云南	305531		167594	73452	55073	9412	
西藏	72768			72768			
陕西	514196	52786	66413	306675	80695	7147	480
甘肃	205290		112177	38209	30962	23942	
青海	67312	17506	48606	1200			
宁夏	295143	51396	105139	66326	24777	47505	
新疆	750040	126640	134290	205192	159215	100687	24016

4-3 各地区按资质等级分的房地产开发企业出租住宅面积

单位：平方米

地 区	总 计	一 级	二 级	三 级	四 级	暂 定	其 他
全国总计	**3193865**	**413624**	**685989**	**641604**	**324181**	**492871**	**635596**
北 京	514936	128841	26319	31784	62851	80189	184952
天 津	1403			1403			
河 北	20060				60	20000	
山 西	6135			640	5495		
内蒙古	100344		83276		5000		12068
辽 宁	4806			3849		957	
吉 林	383				383		
黑龙江	3773		2423		1350		
上 海	1026268	137438	315643	71941		229161	272085
江 苏	116255	1148	55284	28231	458	25187	5947
浙 江	108625	4296	80938	17296	4291	1760	44
安 徽	6041		1683	3941	417		
福 建	36100		220	18157	13482	4241	
江 西	38053		8604	2379	1180	7678	18212
山 东	77734	308	2000	10626	20300		44500
河 南	12795			355	12440		
湖 北	107704		6700	88020	440	12544	
湖 南	40356		464	33126	2950	3816	
广 东	571290	83773	19226	170785	113428	86290	97788
广 西	20064		5379		6749	7936	
海 南	15645			15645			
重 庆	44157	721	31091	1457	76	10812	
四 川	112145	4000	16146	91699	300		
贵 州	51508	3520		5548	40140	2300	
云 南	10313		3451	6283	579		
西 藏							
陕 西	116208	34670	23592	33147	24799		
甘 肃	2580			2580			
青 海							
宁 夏	14909	14909					
新 疆	13275		3550	2712	7013		

4-4 各地区房地产开发企业90平方米以下住房开发规模及竣工情况

地　　区	施工面积(平方米)	新开工面积(平方米)	竣工面积(平方米)	不可销售面积(平方米)	竣工套数(套)	出租面积(平方米)
全国总计	**761663746**	**304891705**	**177032555**	**11913618**	**2340142**	**807655**
北　京	24278793	6749837	5259208	868057	69022	32241
天　津	17983502	8483650	6273607	306137	82186	
河　北	44998516	22746529	7272762	49980	88588	60
山　西	14111811	7975274	1948292	365816	26812	
内蒙古	23058205	11176072	8737371	96891	108601	12465
辽　宁	75016563	38026610	19551535	2186574	264967	2957
吉　林	25157455	17341007	8948767	1823002	119587	383
黑龙江	19275296	13463782	9775955	1502546	143371	1350
上　海	25547450	8199071	5492344	22125	69420	189885
江　苏	54623185	17534454	15107282	962855	195537	24793
浙　江	35816572	11677743	5715491	796289	78425	95385
安　徽	32783115	13099378	6117333	416273	76247	1314
福　建	26252141	6439028	3953370	92782	59171	11138
江　西	11799751	4350769	2611455	31030	32782	12000
山　东	46575282	17282549	11091431	185877	137745	3300
河　南	35112480	14925196	5413028	171285	71898	5195
湖　北	20314456	8417563	5834403	246504	73548	7140
湖　南	20147957	7803214	3536731	163324	47666	32901
广　东	44788600	11683190	8279264	87528	112721	216279
广　西	16236219	6347578	2277650	19257	32562	10196
海　南	8480932	3620448	1933215	12322	27835	
重　庆	39773802	11144529	9214025	233276	129131	40060
四　川	47162301	14117209	10444381	259204	131900	32915
贵　州	4800575	1639088	826961	29298	10252	9138
云　南	8475841	2971112	2036001	34748	29563	4712
西　藏	277319	31926	137790		1475	
陕　西	17194008	5804395	1559300	75769	20875	56642
甘　肃	5082405	2110909	1272459	47120	15812	
青　海	704556	226948	117158		1501	
宁　夏	6073578	3532838	2400482	668623	30639	
新　疆	9761080	5969809	3893504	159126	50303	5206

4-5 各地区按用途分的房地产开发企业商品房销售面积

单位：平方米

地区	商品房销售面积	住宅	#经济适用房	#别墅、高档公寓	办公楼	商业营业用房	其他
全国总计	**947550018**	**861848915**	**30588457**	**46260466**	**15444328**	**53280311**	**16976464**
北京	23622539	18804537	821530	3398406	2557681	1570670	689651
天津	15900246	14614657	640206	884167	295464	608468	381657
河北	29666099	28197731	998004	560844	190507	885026	392835
山西	10342028	9640489	385200	42333	83498	532083	85958
内蒙古	25816781	22539754	2413290	997405	276135	2427217	573675
辽宁	53755176	48642478	1383279	1269797	301379	3939630	871689
吉林	19442978	17583736	302127	689718	97054	1391315	370873
黑龙江	20169765	17512157	692975	575101	194221	1922128	541259
上海	33724485	29280400	1913	4504199	2030010	1264855	1149220
江苏	102481985	90346880	3206697	6886804	1908116	8679878	1547111
浙江	55381334	47601161	1261584	3563227	2006463	3608779	2164931
安徽	40309238	36464362	732124	775160	495441	2990221	359214
福建	27232303	24208299	549376	1169913	329408	1212617	1481979
江西	22809083	21080658	896057	475889	92108	1207009	429308
山东	70163516	64782755	2453453	857057	622105	3841228	917428
河南	43350868	40174514	1570238	852698	659415	2181431	335508
湖北	27180473	25763213	1769881	774252	141038	1066073	210149
湖南	35137170	32623431	1361241	1320986	235896	1811806	466037
广东	70600279	65674272	402081	6922631	943186	2495000	1487821
广西	23837614	22497027	643730	390308	124459	837543	378585
海南	5613612	5459075	61837	1431358	39470	109173	5894
重庆	40028921	37712236	1865042	2712030	291466	1571541	453678
四川	59676937	55531254	314154	1666139	629512	2563274	952897
贵州	16530471	15419063	708339	229574	201213	750382	159813
云南	22299516	20403292	990369	2184877	229709	1320865	345650
西藏	632568	614180	43535	130895		18388	
陕西	20869165	19956743	1471129	241179	197172	653732	61518
甘肃	6988232	6593847	1051672	4399	64801	308209	21375
青海	2168212	2080154	68000	50153	13820	66348	7890
宁夏	7752888	6779837	181077	135098	117963	787341	67747
新疆	14065536	13266723	1348317	563869	75618	658081	65114

4-6 各地区按资质等级分的房地产开发企业商品房销售面积

单位：平方米

地区	总计	一级	二级	三级	四级	暂定	其他
全国总计	**947550018**	**53920479**	**180528374**	**284042856**	**131335087**	**271688862**	**25997360**
北京	23622539	5280202	4308533	3027645	7310719	3346257	349183
天津	15900246	1508614	1913982	2630234	5749912	3867606	229898
河北	29666099	3577848	4201697	7999939	9438731	3766436	681448
山西	10342028	449235	1392437	3428470	4032202	961564	78120
内蒙古	25816781	590895	3903128	5558669	8937744	6337915	488430
辽宁	53755176	1774485	6261628	18156671	1236027	22938253	3388112
吉林	19442978	285448	2418224	6257355	5126238	5303248	52465
黑龙江	20169765	658429	5860954	10062473	1228600	2207046	152263
上海	33724485	1331095	5983217	5612436	89724	19443467	1264546
江苏	102481985	6567912	37895823	23902192	1509741	29545640	3060677
浙江	55381334	3609073	9989495	17421319	4415485	16777390	3168572
安徽	40309238	949632	5354694	10653583	3036976	20131969	182384
福建	27232303	626300	4457242	10787896	4157971	7021395	181499
江西	22809083	322271	5200326	8730125	3468972	4599474	487915
山东	70163516	2772009	6818545	17755112	14724142	25822001	2234707
河南	43350868	890884	8116272	9149997	4073437	20607321	512957
湖北	27180473	1933840	6400133	8946524	4604287	5253710	41979
湖南	35137170	506598	3234090	17861792	3055719	9649734	829237
广东	70600279	5052749	6693421	19501581	16762225	16221248	6369055
广西	23837614	446837	1990709	6733488	2901068	11534054	231458
海南	5613612	10410	286263	978210	1002609	3121001	215119
重庆	40028921	4302846	12917536	11591218	885151	10263024	69146
四川	59676937	3432066	17027644	32254690	1560274	4805847	596416
贵州	16530471	447617	2217315	3618392	4414581	5737294	95272
云南	22299516	1000138	5037666	5164884	6017454	4643832	435542
西藏	632568	8776	79317	409403	98583	36489	
陕西	20869165	2200209	3033664	6383528	6538190	2528523	185051
甘肃	6988232	111828	1940422	2330775	1437264	1035246	132697
青海	2168212	277619	693946	556414	306205	334028	
宁夏	7752888	1089990	2556815	1800969	1051140	1094148	159826
新疆	14065536	1904624	2343236	4776872	2163716	2753702	123386

4-7　各地区按用途分的房地产开发企业商品房现房销售面积

单位：平方米

地　区	现房销售面积	住　宅	#经济适用房	#别　墅、高档公寓	办公楼	商业营业用　房	其　他
全国总计	**275640594**	**237441967**	**11118599**	**11637638**	**5245365**	**25247801**	**7705461**
北　京	6140674	4100353	169169	1151797	830445	796261	413615
天　津	4680908	3727182	128088	399312	260151	391403	302172
河　北	6092297	5675602	301502	208332	52930	271204	92561
山　西	3892701	3502347	217598	18216	77328	250606	62420
内蒙古	12330699	10476625	953121	121618	131126	1320790	402158
辽　宁	20655809	17862855	699601	397233	141487	2260786	390681
吉　林	8224596	7184221	117990	155113	52813	791373	196189
黑龙江	8607396	7070421	384427	287042	129609	1120908	286458
上　海	8249593	6545203	1913	906389	574581	667386	462423
江　苏	25658651	21112125	1611481	2086851	545717	3472559	528250
浙　江	8592634	5821515	233025	387584	527829	1459315	783975
安　徽	8281594	6966870	462098	148341	173627	1039914	101183
福　建	4093757	3003237	34177	252611	123504	482682	484334
江　西	8474164	7688123	466877	244021	70750	535577	179714
山　东	26230636	23760806	1179232	201649	230253	1927865	311712
河　南	16221587	14831636	407457	464391	65550	1131880	192521
湖　北	10760885	9895615	955309	156333	48642	691727	124901
湖　南	12394311	11256872	571618	309389	126988	766456	243995
广　东	26618526	23650515	309173	2201801	563447	1390545	1014019
广　西	4407168	3888130	57268	118368	12212	367674	139152
海　南	1239502	1179552		247999	343	55647	3960
重　庆	7451015	6308409	386443	215218	133288	750191	259127
四　川	12988717	11124962	136287	177408	119710	1301564	442481
贵　州	4255634	3899091	96254	28793	31885	258629	66029
云　南	4368761	3728226	87105	391795	56627	475021	108887
西　藏	337297	327012	43535	109911		10285	
陕　西	3653723	3336601	360277	46254	48222	246105	22795
甘　肃	2833400	2636952	337500	3580	22137	167579	6732
青　海	562546	518413	68000	31481	4217	34335	5581
宁　夏	3137718	2566731	74789	53742	54363	474337	42287
新　疆	4203695	3795765	267285	115066	35584	337197	35149

4-8 各地区按资质等级分的房地产开发企业商品房现房销售面积

单位：平方米

地　区	总　计	一　级	二　级	三　级	四　级	暂　定	其　他
全国总计	**275640594**	**13689100**	**46312587**	**91282222**	**51757404**	**64237085**	**8330196**
北　京	6140674	1723982	1190079	876134	1942777	267518	140184
天　津	4680908	212111	590285	885045	2426399	426131	140937
河　北	6092297	299196	1082763	1673027	2499254	438316	99741
山　西	3892701	93349	538239	1200560	1680823	379730	
内蒙古	12330699	282410	1328269	2980492	4892793	2378809	467926
辽　宁	20655809	905347	3051977	7825036	891943	6872753	1108753
吉　林	8224596	134790	1067351	2483261	3034048	1458681	46465
黑龙江	8607396	160391	2210460	4954880	748613	471999	61053
上　海	8249593	220422	1565031	1383216	30431	4813323	237170
江　苏	25658651	2309275	8425539	8007768	780439	5238103	897527
浙　江	8592634	544355	1985125	2986788	1002290	1766911	307165
安　徽	8281594	139606	1314179	3260990	1112113	2437196	17510
福　建	4093757	71111	261617	1757415	867890	1041160	94564
江　西	8474164	64918	1404744	3860520	1486104	1480880	176998
山　东	26230636	975927	1780028	6801699	7269511	8657221	714250
河　南	16221587	172630	2161294	3841182	2358540	7468879	219062
湖　北	10760885	324647	2507401	4085033	2380858	1420967	41979
湖　南	12394311	182342	828358	6180597	1458346	3396127	348541
广　东	26618526	1968761	2629859	7006945	7439751	4941738	2631472
广　西	4407168	77378	204037	1458044	834961	1793973	38775
海　南	1239502		49662	271159	315164	532402	71115
重　庆	7451015	1145111	2263764	2728235	234313	1075933	3659
四　川	12988717	419335	3255481	8011189	549314	623560	129838
贵　州	4255634	35010	326601	910427	868107	2097534	17955
云　南	4368761	120157	980380	932796	1382786	818247	134395
西　藏	337297		57192	186829	77599	15677	
陕　西	3653723	337990	727251	1101336	957401	462428	67317
甘　肃	2833400	8810	360933	1130557	771705	489785	71610
青　海	562546	57036	267233	151608	64160	22509	
宁　夏	3137718	361084	1037418	881048	430249	389233	38686
新　疆	4203695	341619	860037	1468406	968722	559362	5549

4-9 各地区按用途分的房地产开发企业商品房期房销售面积

单位：平方米

地区	期房销售面积	住宅	#经济适用房	#别墅、高档公寓	办公楼	商业营业用房	其他
全国总计	**671909424**	**624406948**	**19469858**	**34622828**	**10198963**	**28032510**	**9271003**
北京	17481865	14704184	652361	2246609	1727236	774409	276036
天津	11219338	10887475	512118	484855	35313	217065	79485
河北	23573802	22522129	696502	352512	137577	613822	300274
山西	6449327	6138142	167602	24117	6170	281477	23538
内蒙古	13486082	12063129	1460169	875787	145009	1106427	171517
辽宁	33099367	30779623	683678	872564	159892	1678844	481008
吉林	11218382	10399515	184137	534605	44241	599942	174684
黑龙江	11562369	10441736	308548	288059	64612	801220	254801
上海	25474892	22735197		3597810	1455429	597469	686797
江苏	76823334	69234755	1595216	4799953	1362399	5207319	1018861
浙江	46788700	41779646	1028559	3175643	1478634	2149464	1380956
安徽	32027644	29497492	270026	626819	321814	1950307	258031
福建	23138546	21205062	515199	917302	205904	729935	997645
江西	14334919	13392535	429180	231868	21358	671432	249594
山东	43932880	41021949	1274221	655408	391852	1913363	605716
河南	27129281	25342878	1162781	388307	593865	1049551	142987
湖北	16419588	15867598	814572	617919	92396	374346	85248
湖南	22742859	21366559	789623	1011597	108908	1045350	222042
广东	43981753	42023757	92908	4720830	379739	1104455	473802
广西	19430446	18608897	586462	271940	112247	469869	239433
海南	4374110	4279523	61837	1183359	39127	53526	1934
重庆	32577906	31403827	1478599	2496812	158178	821350	194551
四川	46688220	44406292	177867	1488731	509802	1261710	510416
贵州	12274837	11519972	612085	200781	169328	491753	93784
云南	17930755	16675066	903264	1793082	173082	845844	236763
西藏	295271	287168		20984		8103	
陕西	17215442	16620142	1110852	194925	148950	407627	38723
甘肃	4154832	3956895	714172	819	42664	140630	14643
青海	1605666	1561741		18672	9603	32013	2309
宁夏	4615170	4213106	106288	81356	63600	313004	25460
新疆	9861841	9470958	1081032	448803	40034	320884	29965

4-10 各地区按资质等级分的房地产开发企业商品房期房销售面积

单位：平方米

地区	总计	一级	二级	三级	四级	暂定	其他
全国总计	**671909424**	**40231379**	**134215787**	**192760634**	**79577683**	**207451777**	**17667164**
北京	17481865	3556220	3118454	2151511	5367942	3078739	208999
天津	11219338	1296503	1323697	1745189	3323513	3441475	88961
河北	23573802	3278652	3118934	6326912	6939477	3328120	581707
山西	6449327	355886	854198	2227910	2351379	581834	78120
内蒙古	13486082	308485	2574859	2578177	4044951	3959106	20504
辽宁	33099367	869138	3209651	10331635	344084	16065500	2279359
吉林	11218382	150658	1350873	3774094	2092190	3844567	6000
黑龙江	11562369	498038	3650494	5107593	479987	1735047	91210
上海	25474892	1110673	4418186	4229220	59293	14630144	1027376
江苏	76823334	4258637	29470284	15894424	729302	24307537	2163150
浙江	46788700	3064718	8004370	14434531	3413195	15010479	2861407
安徽	32027644	810026	4040515	7392593	1924863	17694773	164874
福建	23138546	555189	4195625	9030481	3290081	5980235	86935
江西	14334919	257353	3795582	4869605	1982868	3118594	310917
山东	43932880	1796082	5038517	10953413	7454631	17164780	1520457
河南	27129281	718254	5954978	5308815	1714897	13138442	293895
湖北	16419588	1609193	3892732	4861491	2223429	3832743	
湖南	22742859	324256	2405732	11681195	1597373	6253607	480696
广东	43981753	3083988	4063562	12494636	9322474	11279510	3737583
广西	19430446	369459	1786672	5275444	2066107	9740081	192683
海南	4374110	10410	236601	707051	687445	2588599	144004
重庆	32577906	3157735	10653772	8862983	650838	9187091	65487
四川	46688220	3012731	13772163	24243501	1010960	4182287	466578
贵州	12274837	412607	1890714	2707965	3546474	3639760	77317
云南	17930755	879981	4057286	4232088	4634668	3825585	301147
西藏	295271	8776	22125	222574	20984	20812	
陕西	17215442	1862219	2306413	5282192	5580789	2066095	117734
甘肃	4154832	103018	1579489	1200218	665559	545461	61087
青海	1605666	220583	426713	404806	242045	311519	
宁夏	4615170	728906	1519397	919921	620891	704915	121140
新疆	9861841	1563005	1483199	3308466	1194994	2194340	117837

4-11　各地区按资质等级分的房地产开发企业商品住宅销售面积

单位：平方米

地　区	总　计	一　级	二　级	三　级	四　级	暂　定	其　他
全国总计	**861848915**	**49811492**	**164535162**	**258794482**	**118342783**	**246853278**	**23474718**
北　京	18804537	4670029	3511202	2593231	5355780	2355625	318670
天　津	14614657	1476078	1755384	2506624	5142070	3514987	219514
河　北	28197731	3501894	3883665	7601299	8885316	3674685	650872
山　西	9640489	435575	1270709	3178693	3742813	934579	78120
内蒙古	22539754	506085	3400663	4832195	7668711	5673724	458376
辽　宁	48642478	1626509	5597699	16311618	911079	21000959	3194614
吉　林	17583736	261430	2127288	5638418	4608342	4907656	40602
黑龙江	17512157	561704	5220109	8574330	1023141	2008640	124233
上　海	29280400	1101707	5581463	5044250	89724	16746006	717250
江　苏	90346880	6252198	33811148	20365311	1355465	25814807	2747951
浙　江	47601161	3095274	8526250	14822362	3736944	14533507	2886824
安　徽	36464362	857056	4927989	9512958	2572054	18424411	169894
福　建	24208299	573817	3899683	9928346	3370025	6324295	112133
江　西	21080658	295451	4964146	8044702	3141051	4205199	430109
山　东	64782755	2526486	6525419	16432919	13672791	23492768	2095372
河　南	40174514	827209	7499298	8536904	3759328	19064041	487734
湖　北	25763213	1885954	6033590	8400640	4366899	5048838	27292
湖　南	32623431	470631	3085615	16512770	2738476	9022218	793721
广　东	65674272	4601635	6035191	18282367	15596364	15266736	5891979
广　西	22497027	430495	1842490	6410146	2717963	10876499	219434
海　南	5459075	10410	278084	970746	972859	3013623	213353
重　庆	37712236	4027101	12302530	10802172	827868	9688270	64295
四　川	55531254	3239927	15683667	30076871	1419199	4531708	579882
贵　州	15419063	433396	2161820	3373531	4166278	5235261	48777
云　南	20403292	966079	4589724	4891172	5468426	4143192	344699
西　藏	614180	4789	78065	403051	92433	35842	
陕　西	19956743	2060699	2906158	5999888	6356837	2452409	180752
甘　肃	6593847	111828	1884587	2174129	1341998	948808	132497
青　海	2080154	261767	660749	541303	296258	320077	
宁　夏	6779837	986479	2225597	1520351	926364	961220	159826
新　疆	13266723	1751800	2265180	4511185	2019927	2632688	85943

4-12 各地区按资质等级分的房地产开发企业 90平方米以下住宅销售面积

单位：平方米

地　区	总　计	一　级	二　级	三　级	四　级	暂　定	其 他
全国总计	**251350778**	**15705907**	**44560522**	**76733395**	**34406003**	**71071386**	**8870065**
北　京	6060426	1921160	786445	631319	1516878	1122201	82423
天　津	5771818	724700	802578	901084	2112045	1085207	146204
河　北	11200556	1494308	1351772	3475711	3268314	1442927	167524
山　西	2023247	116276	455335	646833	559392	237653	7758
内蒙古	9136685	112895	1006487	1846349	3429337	2432357	309260
辽　宁	26412325	1035114	2726087	9046584	731041	10858142	2015357
吉　林	10608907	104014	1197238	3214354	3400362	2681383	11556
黑龙江	9534951	176758	2113570	5386943	946940	814939	95801
上　海	7713347	166811	1383431	1610454		4318957	233694
江　苏	17331488	1607184	5896473	4108416	366327	4807205	545883
浙　江	12428869	811348	2332324	3357048	832020	4004567	1091562
安　徽	9686697	176681	1350048	2249337	439886	5427687	43058
福　建	6168066	99215	873139	2497757	973737	1679862	44356
江　西	4047508	44219	1021618	1677779	410055	836460	57377
山　东	16686742	585308	1291444	4453691	4104614	5848209	399976
河　南	9644921	223919	2260159	1791559	807752	4405227	156305
湖　北	6214098	832356	1813853	2004764	659191	903847	87
湖　南	4773794	81326	604998	2525641	203820	1277849	80160
广　东	16108624	1389775	1271387	3890870	3148963	3779433	2628196
广　西	5017597	56684	495778	1344844	425619	2545063	149609
海　南	2706711	8255	97526	423819	556743	1528665	91703
重　庆	14690891	1433380	5099684	3552783	282114	4311233	11697
四　川	18073501	1109848	4701009	10051677	533809	1466984	210174
贵　州	1256658	32228	139733	254298	508156	322243	
云　南	3361898	293798	801342	783063	716457	726903	40335
西　藏	134860	4789	3210	122311		4550	
陕　西	5429606	309802	809384	1925918	1865055	457613	61834
甘　肃	1451677	18176	262687	568065	326785	225593	50371
青　海	339237	19106	137437	94085	47308	41301	
宁　夏	1895314	151047	519370	532126	279114	293573	120084
新　疆	5439759	565427	954976	1763913	954169	1183553	17721

4-13　各地区按资质等级分的房地产开发企业经济适用房销售面积

单位：平方米

地　区	总　计	一　级	二　级	三　级	四　级	暂　定	其　他
全国总计	**30588457**	**2193712**	**5533481**	**9406650**	**5181863**	**5677990**	**2594761**
北　京	821530	371640	15792	12681	409263		12154
天　津	640206	56765	190736	22596	288265	16736	65108
河　北	998004		68711	293658	499512	136123	
山　西	385200		30563	181100	106147	67390	
内蒙古	2413290		148631	418862	670968	897433	277396
辽　宁	1383279	400601	195873	645194		137667	3944
吉　林	302127	1703	73752	115798	74874	36000	
黑龙江	692975	995	67907	540114	44288	14516	25155
上　海	1913		554			1359	
江　苏	3206697	210859	674468	806860	88018	481708	944784
浙　江	1261584	193638	216233	220113	81865	319495	230240
安　徽	732124	30090	131177	242054	26621	302182	
福　建	549376	66262	191691	136141	26867	110613	17802
江　西	896057		179840	356844	105135	131558	122680
山　东	2453453	69117	226753	448214	882257	718946	108166
河　南	1570238	62664	592329	387256	177342	267931	82716
湖　北	1769881	99288	281731	898286	328104	143371	19101
湖　南	1361241	47877	95676	854199	124214	132105	107170
广　东	402081		30056	15448	273577	3754	79246
广　西	643730		141964	179172		220990	101604
海　南	61837		7837			54000	
重　庆	1865042	2376	492974	573142	33182	763368	
四　川	314154		10106	195500	5070	91487	11991
贵　州	708339		22793	215757	282208	149704	37877
云　南	990369	166355	245405	201909	134573	75285	166842
西　藏	43535		28436	3669		11430	
陕　西	1471129	281117	190384	711744	252184	35700	
甘　肃	1051672		636948	160629	56077	134018	64000
青　海	68000		58000	10000			
宁　夏	181077	6699	12043	40978	4572		116785
新　疆	1348317	125666	274118	518732	206680	223121	

4-14 各地区按资质等级分的房地产开发企业别墅、高档公寓销售面积

单位：平方米

地 区	总 计	一 级	二 级	三 级	四 级	暂 定	其 他
全国总计	**46260466**	**3354678**	**8635506**	**11386133**	**6031270**	**15948389**	**904490**
北 京	3398406	602142	374119	675939	1380745	171733	193728
天 津	884167	92468	12872	71970	522003	167618	17236
河 北	560844	163628	79431	97894	199557	20334	
山 西	42333		3184	25976	4038	9135	
内蒙古	997405	24240	161247	297811	401031	113076	
辽 宁	1269797	113586	103411	198747	7735	838095	8223
吉 林	689718		222144	152175	14652	300747	
黑龙江	575101	67608	311240	149351		46902	
上 海	4504199	264044	461617	612321	30431	3015150	120636
江 苏	6886804	405123	2430646	1790102	39188	2089658	132087
浙 江	3563227	206054	537438	978429	349192	1360576	131538
安 徽	775160	900	29678	120133	86016	538433	
福 建	1169913	1215	289698	414105	157228	291255	16412
江 西	475889		60853	311660	23332	78594	1450
山 东	857057	52022	93979	276496	141680	272791	20089
河 南	852698	35558	222134	172698	74476	347832	
湖 北	774252	81360	227814	105795	36631	322652	
湖 南	1320986		260711	558411	19400	474416	8048
广 东	6922631	324071	855725	1751508	1128363	2652654	210310
广 西	390308	1360	115182	116686	46811	110269	
海 南	1431358		111459	325827	207045	757958	29069
重 庆	2712030	642143	738365	479470		852052	
四 川	1666139	62666	260060	794370	225581	323462	
贵 州	229574	95868	60444	27180	11370	34712	
云 南	2184877	23251	496364	511584	653285	484729	15664
西 藏	130895		10110	36333	84452		
陕 西	241179	34196	19814	67521	59943	59705	
甘 肃	4399		1307	819	213	2060	
青 海	50153		31180	18973			
宁 夏	135098	10517	14316	13378	3426	93461	
新 疆	563869	50658	38964	232471	123446	118330	

4-15　各地区按资质等级分的房地产开发企业办公楼销售面积

单位：平方米

地　区	总　计	一　级	二　级	三　级	四　级	暂　定	其　他
全国总计	**15444328**	**996834**	**3051713**	**3117095**	**1908337**	**5643862**	**726487**
北　京	2557681	285085	399348	165447	1052054	655709	38
天　津	295464	8759	65113	34462	112963	74167	
河　北	190507		70958	45628	59172	14749	
山　西	83498		28870	1065	53563		
内蒙古	276135	16170	64083	80473	64736	50673	
辽　宁	301379		96310	62971	1712	101496	38890
吉　林	97054		33567	30560	19392	6335	7200
黑龙江	194221		92247	89838	8797	3339	
上　海	2030010	47573	35636	125729		1414575	406497
江　苏	1908116	93360	651410	395182	20857	742733	4574
浙　江	2006463	132459	420519	691646	95704	625397	40738
安　徽	495441	42270	51800	113497	1100	286774	
福　建	329408		104800	38190	26670	141480	18268
江　西	92108	11674	5858	18880	742	17358	37596
山　东	622105	20464	23699	108787	143655	321627	3873
河　南	659415	4457	219350	76181	3388	356039	
湖　北	141038		56207	42830	8179	33822	
湖　南	235896		1400	138238	350	95908	
广　东	943186	243987	77191	192901	86062	207758	135287
广　西	124459		1815	3331	10290	109023	
海　南	39470				177	39293	
重　庆	291466	29826	100811	98336	4698	55654	2141
四　川	629512	4817	239054	313449	1613	68874	1705
贵　州	201213		14864	16627	21794	118248	29680
云　南	229709	4288	102456	34682	42127	46156	
西　藏							
陕　西	197172	18725	61116	81812	35519		
甘　肃	64801		7499	45720		11582	
青　海	13820		9746	4074			
宁　夏	117963	12674	14392	45162	23841	21894	
新　疆	75618	20246	1594	21397	9182	23199	

4-16 各地区按资质等级分的房地产开发企业商业营业用房销售面积

单位：平方米

地区	总计	一级	二级	三级	四级	暂定	其他
全国总计	**53280311**	**2014765**	**9486545**	**17081218**	**8123003**	**15270244**	**1304536**
北京	1570670	256779	211853	181039	642527	272952	5520
天津	608468	22057	79381	89148	338999	68499	10384
河北	885026	47668	179191	215638	349674	63649	29206
山西	532083	13660	82823	210510	200635	24455	
内蒙古	2427217	67160	353831	471541	955730	558632	20323
辽宁	3939630	141432	464834	1520631	217323	1486326	109084
吉林	1391315	12265	243143	435398	378602	318000	3907
黑龙江	1922128	84218	400410	1095258	159632	159660	22950
上海	1264855	19840	113914	222211		789495	119395
江苏	8679878	146698	2936234	2662205	121474	2624306	188961
浙江	3608779	181403	577673	1130141	454102	1100507	164953
安徽	2990221	41072	332972	956849	432169	1215679	11480
福建	1212617	14139	171837	518185	182471	322883	3102
江西	1207009	11223	170959	457994	240214	311311	15308
山东	3841228	89575	180920	986049	736354	1727742	120588
河南	2181431	31614	330535	490507	229643	1080920	18212
湖北	1066073	44520	262211	405779	206320	146136	1107
湖南	1811806	35662	134094	949198	241231	423505	28116
广东	2495000	146257	280991	653280	636111	520534	257827
广西	837543	4081	81447	236596	114586	388809	12024
海南	109173		8179	6364	29273	63591	1766
重庆	1571541	170365	388674	572514	44156	393122	2710
四川	2563274	93658	766579	1397589	129572	163505	12371
贵州	750382	14221	32496	206703	211287	269574	16101
云南	1320865	7442	227328	177058	402162	419676	87199
西藏	18388	3987	1252	6352	6150	647	
陕西	653732	118866	47059	279050	135206	69252	4299
甘肃	308209		46948	94620	91607	74834	200
青海	66348	13086	21911	11037	9947	10367	
宁夏	787341	87621	286183	211307	91931	110299	
新疆	658081	94196	70683	230467	133915	91377	37443

4-17 各地区按用途分的房地产开发企业商品房销售额

单位：万元

地区	商品房销售额	住宅	#经济适用房	#别墅、高档公寓	办公楼	商业营业用房	其他
全国总计	**443551695**	**384328951**	**6527538**	**44697602**	**16384053**	**36606695**	**6231996**
北京	32596624	24867669	344524	6927786	4311395	2998566	418994
天津	10948460	9653564	280804	802367	328966	544880	421050
河北	9680476	9051453	205595	329453	78974	459339	90710
山西	2799896	2459822	63485	19171	42355	282116	15603
内蒙古	7672360	5970070	516581	510392	156903	1390973	154414
辽宁	21685950	18834702	300723	1140188	187058	2356123	308067
吉林	5671879	4902250	57919	448657	29886	623580	116163
黑龙江	6536890	5370482	131450	323094	80446	875396	210566
上海	43302240	36202282	659	9968034	4384327	1927263	788368
江苏	51063696	43410260	713565	5748805	1315641	5929104	408691
浙江	43339772	37555286	377052	3669608	1740487	3265700	778299
安徽	13783861	11796852	121348	335226	214381	1677182	95446
福建	14778299	12990871	148507	925369	206633	1182149	398646
江西	6028009	5305604	115257	130726	42056	564459	115890
山东	24591016	21958458	528660	753092	459025	1966221	207312
河南	11558968	10048884	263391	296675	297454	1134834	77796
湖北	9600307	8792284	394039	545520	62320	684692	61011
湖南	9415971	8260738	223335	640152	97683	941610	115940
广东	45985280	41766505	120219	5115042	1282883	2256271	679621
广西	7771721	7047622	128169	239590	78670	533495	111934
海南	3514587	3434396	9585	1541644	19539	57184	3468
重庆	13777615	12317053	375546	1659772	150847	1122808	186907
四川	20940511	19068845	54545	1315877	351892	1284854	234920
贵州	4750718	4073089	147964	127877	92664	538472	46493
云南	6535287	5555833	191863	749261	125694	730722	123038
西藏	155127	146887	10751	50366		8240	
陕西	6727127	6212775	306759	129476	101012	394490	18850
甘肃	1735339	1579952	157203	1471	29494	121718	4175
青海	545761	508048	8000	12729	4949	31882	882
宁夏	2395310	1914733	34835	49393	60275	405062	15240
新疆	3662638	3271682	195205	190789	50144	317310	23502

4-18 各地区按资质等级分的房地产开发企业商品房销售额

单位：万元

地 区	总 计	一 级	二 级	三 级	四 级	暂 定	其 他
全国总计	**443551695**	**35763973**	**89213070**	**113360370**	**51491084**	**135478011**	**18237620**
北 京	32596624	6213685	5620890	4019309	11478538	4699121	565081
天 津	10948460	932010	1321842	1675105	3940744	2953445	125314
河 北	9680476	1706482	1501077	2597727	2491298	1123673	260219
山 西	2799896	168205	410310	893489	1056451	243995	27446
内蒙古	7672360	273564	1286135	1730238	2442224	1872375	67824
辽 宁	21685950	879378	2436067	6887706	313816	9874144	1294839
吉 林	5671879	113672	802435	1891044	1101167	1747815	15746
黑龙江	6536890	207286	2355936	2855811	257264	830642	29951
上 海	43302240	1971277	6242208	5852116	125828	26286375	2824436
江 苏	51063696	3968800	19873279	9764762	424268	15832520	1200067
浙 江	43339772	3687074	8612844	12846982	2227317	12935084	3030471
安 徽	13783861	401314	1974111	3307747	756407	7281613	62669
福 建	14778299	490195	2936857	5294086	2506835	3426268	124058
江 西	6028009	141897	1680015	2063247	739290	1300263	103297
山 东	24591016	1041401	2562762	6105846	4177216	9857682	838542
河 南	11558968	308874	2503600	2345351	821107	5479445	100591
湖 北	9600307	1182759	2986989	2807922	947313	1664343	10981
湖 南	9415971	164599	942142	4793971	497757	2864304	153198
广 东	45985280	5508952	5738657	12372259	7590059	8122876	6652477
广 西	7771721	157492	853883	2075792	726396	3907574	50584
海 南	3514587	3518	328894	630298	545890	1911588	94399
重 庆	13777615	2099421	4428830	2895939	170163	4166907	16355
四 川	20940511	1325318	6068944	10912365	487881	1872617	273386
贵 州	4750718	195002	658438	852631	1050563	1952163	41921
云 南	6535287	403871	1893384	1352724	1586798	1191028	107482
西 藏	155127	1465	29939	82155	34994	6574	
陕 西	6727127	1006109	1010832	2025776	1935755	698726	49929
甘 肃	1735339	67205	496423	645536	260846	235365	29964
青 海	545761	96954	182295	125523	69058	71931	
宁 夏	2395310	454496	827384	500531	252317	320073	40509
新 疆	3662638	591698	645668	1156382	475524	747482	45884

4-19 各地区按用途分的房地产开发企业商品房现房销售额

单位：万元

地区	现房销售额	住宅	#经济适用房	#别墅、高档公寓	办公楼	商业营业用房	其他
全国总计	**110209342**	**87110187**	**2208745**	**10915818**	**5209482**	**15058669**	**2831004**
北京	8291752	5541195	68177	2456393	1286143	1281305	183109
天津	3522750	2512616	58519	318328	289319	338600	382215
河北	1700956	1557346	70119	106505	15770	110149	17691
山西	938780	765300	36632	7835	39937	123019	10524
内蒙古	3252214	2422053	157514	38227	54594	667499	108068
辽宁	7560954	6099313	150317	247402	93403	1223655	144583
吉林	2060960	1668805	25662	96964	20029	315037	57089
黑龙江	2583997	1909648	76251	179857	59223	504666	110460
上海	10470199	8058384	659	2293834	1247585	861909	302321
江苏	11283956	8843587	372896	1613048	368010	1943143	129216
浙江	4763085	2975479	57063	393445	366065	1156111	265430
安徽	2398519	1776448	71866	55943	52405	546939	22727
福建	2247832	1655929	7859	251788	51284	395935	144684
江西	1905316	1630364	57278	72986	34271	212078	28603
山东	8357372	7227321	232928	138979	159241	904999	65811
河南	3213336	2698450	53170	106749	26640	441182	47064
湖北	3320502	2894232	218579	142117	15200	378192	32878
湖南	3173801	2675161	75332	176032	52905	388521	57214
广东	15154960	12886665	98908	1312291	745334	1075650	447311
广西	1252636	1042590	6408	63472	5296	165828	38922
海南	646767	622119		261452	120	21963	2565
重庆	2419929	1780509	75174	116542	61772	527283	50365
四川	3496979	2835025	15924	158866	59356	506697	95901
贵州	1204282	1010871	22045	15752	12321	163390	17700
云南	1178509	885394	12237	137573	18986	235383	38746
西藏	97955	92107	10751	42802		5848	
陕西	1007846	829322	55024	21445	22371	149216	6937
甘肃	672962	587045	61341	1181	10594	74243	1080
青海	134101	117972	8000	9226	1937	13750	442
宁夏	851815	616037	12115	27486	24321	200224	11233
新疆	1044320	892900	39997	51298	15050	126255	10115

4-20 各地区按资质等级分的房地产开发企业商品房现房销售额

单位：万元

地区	总计	一级	二级	三级	四级	暂定	其他
全国总计	**110209342**	**9242754**	**20719874**	**31561460**	**17146467**	**26662624**	**4869763**
北京	8291752	1970052	1612754	1266984	2913577	345065	183320
天津	3522750	185566	423440	539050	1821771	476580	76343
河北	1700956	148733	347509	482755	599538	104128	18293
山西	938780	25149	161105	295346	385138	72042	
内蒙古	3252214	93947	427657	791525	1251416	623124	64545
辽宁	7560954	381008	1159451	2685848	235448	2664884	434315
吉林	2060960	61962	359783	662951	575565	385901	14798
黑龙江	2583997	45067	858231	1403180	147527	115875	14117
上海	10470199	485518	1878999	1601272	49414	6077678	377318
江苏	11283956	1356763	3991086	3019258	183277	2470779	262793
浙江	4763085	330659	1258381	1577134	433723	866336	296852
安徽	2398519	40492	441070	919897	285905	706520	4635
福建	2247832	59444	186765	838278	489835	612497	61013
江西	1905316	34885	337278	864610	295076	328346	45121
山东	8357372	341924	585292	2327263	1978102	2828967	289424
河南	3213336	53310	480755	794825	428502	1420762	35182
湖北	3320502	190247	1037532	1252146	456415	373181	10981
湖南	3173801	52915	246529	1633720	219527	951769	69341
广东	15154960	2147525	1774246	3532605	2705577	2540128	2454879
广西	1252636	35971	84160	435584	164779	521489	10653
海南	646767		60356	173475	118597	269149	25190
重庆	2419929	643315	728286	628270	42635	377072	351
四川	3496979	132795	964142	2111586	122792	131738	33926
贵州	1204282	14667	92402	194337	167337	731666	3873
云南	1178509	32052	263821	282101	325308	238007	37220
西藏	97955		21264	46834	27430	2427	
陕西	1007846	149183	205860	304893	246486	82717	18707
甘肃	672962	4887	106521	290027	147968	105595	17964
青海	134101	18953	65041	36007	9965	4135	
宁夏	851815	113892	322910	216231	99403	91863	7516
新疆	1044320	91873	237248	353468	218434	142204	1093

4-21 各地区按用途分的房地产开发企业商品房期房销售额

单位：万元

地区	期房销售额	住宅	#经济适用房	#别墅、高档公寓	办公楼	商业营业用房	其他
全国总计	**333342353**	**297218764**	**4318793**	**33781784**	**11174571**	**21548026**	**3400992**
北京	24304872	19326474	276347	4471393	3025252	1717261	235885
天津	7425710	7140948	222285	484039	39647	206280	38835
河北	7979520	7494107	135476	222948	63204	349190	73019
山西	1861116	1694522	26853	11336	2418	159097	5079
内蒙古	4420146	3548017	359067	472165	102309	723474	46346
辽宁	14124996	12735389	150406	892786	93655	1132468	163484
吉林	3610919	3233445	32257	351693	9857	308543	59074
黑龙江	3952893	3460834	55199	143237	21223	370730	100106
上海	32832041	28143898		7674200	3136742	1065354	486047
江苏	39779740	34566673	340669	4135757	947631	3985961	279475
浙江	38576687	34579807	319989	3276163	1374422	2109589	512869
安徽	11385342	10020404	49482	279283	161976	1130243	72719
福建	12530467	11334942	140648	673581	155349	786214	253962
江西	4122693	3675240	57979	57740	7785	352381	87287
山东	16233644	14731137	295732	614113	299784	1061222	141501
河南	8345632	7350434	210221	189926	270814	693652	30732
湖北	6279805	5898052	175460	403403	47120	306500	28133
湖南	6242170	5585577	148003	464120	44778	553089	58726
广东	30830320	28879840	21311	3802751	537549	1180621	232310
广西	6519085	6005032	121761	176118	73374	367667	73012
海南	2867820	2812277	9585	1280192	19419	35221	903
重庆	11357686	10536544	300372	1543230	89075	595525	136542
四川	17443532	16233820	38621	1157011	292536	778157	139019
贵州	3546436	3062218	125919	112125	80343	375082	28793
云南	5356778	4670439	179626	611688	106708	495339	84292
西藏	57172	54780		7564		2392	
陕西	5719281	5383453	251735	108031	78641	245274	11913
甘肃	1062377	992907	95862	290	18900	47475	3095
青海	411660	390076		3503	3012	18132	440
宁夏	1543495	1298696	22720	21907	35954	204838	4007
新疆	2618318	2378782	155208	139491	35094	191055	13387

4-22 各地区按资质等级分的房地产开发企业商品房期房销售额

单位：万元

地　　区	总　　计	一　级	二　级	三　　级	四　　级	暂　定	其　他
全国总计	**333342353**	**26521219**	**68493196**	**81798910**	**34344617**	**108815387**	**13367857**
北　　京	24304872	4243633	4008136	2752325	8564961	4354056	381761
天　　津	7425710	746444	898402	1136055	2118973	2476865	48971
河　　北	7979520	1557749	1153568	2114972	1891760	1019545	241926
山　　西	1861116	143056	249205	598143	671313	171953	27446
内 蒙 古	4420146	179617	858478	938713	1190808	1249251	3279
辽　　宁	14124996	498370	1276616	4201858	78368	7209260	860524
吉　　林	3610919	51710	442652	1228093	525602	1361914	948
黑 龙 江	3952893	162219	1497705	1452631	109737	714767	15834
上　　海	32832041	1485759	4363209	4250844	76414	20208697	2447118
江　　苏	39779740	2612037	15882193	6745504	240991	13361741	937274
浙　　江	38576687	3356415	7354463	11269848	1793594	12068748	2733619
安　　徽	11385342	360822	1533041	2387850	470502	6575093	58034
福　　建	12530467	430751	2750092	4455808	2017000	2813771	63045
江　　西	4122693	107012	1342737	1198637	444214	971917	58176
山　　东	16233644	699477	1977470	3778583	2199114	7028715	549118
河　　南	8345632	255564	2022845	1550526	392605	4058683	65409
湖　　北	6279805	992512	1949457	1555776	490898	1291162	
湖　　南	6242170	111684	695613	3160251	278230	1912535	83857
广　　东	30830320	3361427	3964411	8839654	4884482	5582748	4197598
广　　西	6519085	121521	769723	1640208	561617	3386085	39931
海　　南	2867820	3518	268538	456823	427293	1642439	69209
重　　庆	11357686	1456106	3700544	2267669	127528	3789835	16004
四　　川	17443532	1192523	5104802	8800779	365089	1740879	239460
贵　　州	3546436	180335	566036	658294	883226	1220497	38048
云　　南	5356778	371819	1629563	1070623	1261490	953021	70262
西　　藏	57172	1465	8675	35321	7564	4147	
陕　　西	5719281	856926	804972	1720883	1689269	616009	31222
甘　　肃	1062377	62318	389902	355509	112878	129770	12000
青　　海	411660	78001	117254	89516	59093	67796	
宁　　夏	1543495	340604	504474	284300	152914	228210	32993
新　　疆	2618318	499825	408420	802914	257090	605278	44791

4-23 各地区按资质等级分的房地产开发企业商品住宅销售额

单位：万元

地 区	总 计	一 级	二 级	三 级	四 级	暂 定	其 他
全国总计	**384328951**	**31894384**	**78307250**	**99536531**	**42882810**	**116688523**	**15011886**
北 京	24867669	5412748	4651304	3295261	7954496	3011517	542343
天 津	9653564	892988	1159418	1560135	3410876	2518731	111416
河 北	9051453	1660088	1352268	2421373	2281580	1093003	243141
山 西	2459822	159881	334096	789298	915235	233866	27446
内蒙古	5970070	194780	970397	1382697	1848602	1516110	57484
辽 宁	18834702	754463	2132620	5919882	220736	8590591	1216410
吉 林	4902250	99095	655778	1648918	919445	1566516	12498
黑龙江	5370482	171736	2000051	2262070	181103	734189	21333
上 海	36202282	1763301	5824633	5255441	125828	22243327	989752
江 苏	43410260	3663218	17034473	7924010	364168	13365534	1058857
浙 江	37555286	3223376	7589048	11015250	1826667	11104441	2796504
安 徽	11796852	351796	1659603	2724438	570906	6431039	59070
福 建	12990871	450546	2517363	4785268	2208252	2952960	76482
江 西	5305604	115037	1566594	1797763	597433	1154230	74547
山 东	21958458	949123	2375967	5489941	3713473	8640133	782254
河 南	10048884	279412	2168427	2071825	716426	4718811	93983
湖 北	8792284	1108015	2734469	2542290	844596	1556873	6041
湖 南	8260738	147468	836657	4163389	397598	2584277	131349
广 东	41766505	4775503	5099277	11429108	6929652	7469242	6063723
广 西	7047622	153016	788919	1908303	659866	3489748	47770
海 南	3434396	3518	323798	624326	533822	1857732	91200
重 庆	12317053	1787845	4070239	2589430	153470	3700772	15297
四 川	19068845	1249318	5397758	10019658	428641	1709383	264087
贵 州	4073089	185050	626272	720914	924018	1604266	12569
云 南	5555833	387024	1576245	1230380	1329803	962245	70136
西 藏	146887	898	28902	79519	31317	6251	
陕 西	6212775	920376	938374	1762840	1867797	674978	48410
甘 肃	1579952	67205	455147	587121	233261	207324	29894
青 海	508048	87136	168509	119609	63852	68942	
宁 夏	1914733	368724	663762	387871	207864	246003	40509
新 疆	3271682	511700	606882	1028203	422027	675489	27381

4-24 各地区按资质等级分的房地产开发企业90平方米以下住宅销售额

单位：万元

地 区	总 计	一 级	二 级	三 级	四 级	暂 定	其 他
全国总计	**105646050**	**8945874**	**20085581**	**28371708**	**11626097**	**31065952**	**5550021**
北 京	6066674	1713518	849691	690145	1642389	1062057	108874
天 津	3423479	370567	499823	566471	1108967	800259	77392
河 北	3771574	684525	467156	1149560	932467	481343	56523
山 西	550739	49304	116266	208412	123673	49993	3091
内蒙古	2033044	36092	235969	426185	722208	576632	35958
辽 宁	9173183	454862	932745	2960433	169497	3889598	766048
吉 林	2381553	37429	278681	716867	627608	719021	1947
黑龙江	2303477	69201	662126	1170980	166418	218448	16304
上 海	6836467	130388	1068534	1221681		4140099	275765
江 苏	7519994	677835	2750819	1561966	91967	2230044	207363
浙 江	9825152	743776	2280984	2500621	403415	2949385	946971
安 徽	3267161	100291	457854	679304	97434	1913120	19158
福 建	2922258	78290	501564	1099547	507197	706208	29452
江 西	1055803	17703	349985	391655	77292	211908	7260
山 东	5638728	251054	439275	1412625	1148625	2255530	130802
河 南	3020640	92447	769901	595195	171491	1361013	30593
湖 北	2471254	548060	867701	622391	133417	299669	16
湖 南	1411126	32062	193513	752960	34829	383730	14032
广 东	11179619	1289436	1277740	2688999	1556323	1791940	2575181
广 西	1697542	14326	190054	430644	117745	909765	35008
海 南	1553705	802	75775	227513	267675	952185	29755
重 庆	4999828	601305	1784228	904920	55032	1644241	10102
四 川	6942345	483533	1864161	3690749	187294	610049	106559
贵 州	305062	13963	32397	50436	103161	105105	
云 南	1126061	103461	301488	292869	197627	223229	7387
西 藏	28184	898	945	25557		784	
陕 西	1921853	107033	333538	656346	649209	158133	17594
甘 肃	325518	10681	59416	139423	59399	47389	9210
青 海	69696	7849	25015	19076	11757	5999	
宁 夏	506287	58093	159149	128196	56671	77790	26388
新 疆	1318044	167090	259088	389982	205310	291286	5288

4-25 各地区按资质等级分的房地产开发企业经济适用房销售额

单位：万元

地 区	总 计	一 级	二 级	三 级	四 级	暂 定	其 他
全国总计	**6527538**	**595028**	**1101231**	**1893432**	**1152450**	**1172308**	**613089**
北 京	344524	154919	4106	4640	175625		5234
天 津	280804	23308	64995	12904	140543	10175	28879
河 北	205595		14621	60452	96573	33949	
山 西	63485		5533	28135	16506	13311	
内 蒙 古	516581		30445	100679	143926	209973	31558
辽 宁	300723	96843	33842	137725		30777	1536
吉 林	57919	469	14466	20864	15720	6400	
黑 龙 江	131450	82	8938	108068	7904	3342	3116
上 海	659		250			409	
江 苏	713565	53187	138339	173954	12197	119806	216082
浙 江	377052	48620	64034	65592	22000	87419	89387
安 徽	121348	7206	24604	44475	2884	42179	
福 建	148507	18553	62351	31401	6891	24492	4819
江 西	115257		21283	44977	9039	25150	14808
山 东	528660	28000	40719	99820	154327	144294	61500
河 南	263391	14451	105567	60029	27704	42838	12802
湖 北	394039	28962	60133	230430	44067	26853	3594
湖 南	223335	14677	22115	140567	13606	17293	15077
广 东	120219		9017	2870	93068	421	14843
广 西	128169		29312	39833		36342	22682
海 南	9585		945			8640	
重 庆	375546	401	109150	101114	5307	159574	
四 川	54545		854	28797	590	22353	1951
贵 州	147964		4484	43021	57847	31732	10880
云 南	191863	42345	54895	30175	20652	11159	32637
西 藏	10751		8541	610		1600	
陕 西	306759	44643	29953	178624	47776	5763	
甘 肃	157203		84748	26174	6967	22902	16412
青 海	8000		6800	1200			
宁 夏	34835	1010	1900	5918	715		25292
新 疆	195205	17352	44291	70384	30016	33162	

4-26 各地区按资质等级分的房地产开发企业别墅、高档公寓销售额

单位：万元

地区	总计	一级	二级	三级	四级	暂定	其他
全国总计	**44697602**	**3690621**	**7534634**	**9503422**	**6016674**	**16544410**	**1407841**
北京	6927786	982796	800298	1139360	3127593	477331	400408
天津	802367	69312	18586	63421	517120	115610	18318
河北	329453	97970	49397	45563	127626	8897	
山西	19171		1592	13600	1208	2771	
内蒙古	510392	16581	61969	141838	245226	44778	
辽宁	1140188	80742	50622	181048	5599	817071	5106
吉林	448657		134820	132498	5322	176017	
黑龙江	323094	18254	166747	104932		33161	
上海	9968034	805643	930475	1141229	49414	6771920	269353
江苏	5748805	358466	2034613	1377256	22288	1847438	108744
浙江	3669608	196750	588276	1139944	272257	1321681	150700
安徽	335226	150	22637	39119	27346	245974	
福建	925369	3216	218701	289443	155783	248135	10091
江西	130726		26601	81403	3884	18388	450
山东	753092	27036	59254	202627	79808	322203	62164
河南	296675	21737	125505	39320	9947	100166	
湖北	545520	63078	214288	112779	14724	140651	
湖南	640152		99199	301698	4180	232444	2631
广东	5115042	334618	574500	1385597	657571	1809482	353274
广西	239590	2039	87283	73464	19777	57027	
海南	1541644		195872	276569	238938	808628	21637
重庆	1659772	438747	458432	307003		455590	
四川	1315877	72114	274471	628755	101763	238774	
贵州	127877	43489	41654	16358	5893	20483	
云南	749261	22111	249282	122614	225715	124574	4965
西藏	50366		8040	11943	30383		
陕西	129476	18315	7037	29464	37191	37469	
甘肃	1471		744	290	25	412	
青海	12729		9437	3292			
宁夏	49393	5846	8571	8846	1170	24960	
新疆	190789	11611	15731	92149	28923	42375	

4-27 各地区按资质等级分的房地产开发企业办公楼销售额

单位：万元

地区	总计	一级	二级	三级	四级	暂定	其他
全国总计	**16384053**	**1315738**	**2492417**	**2390364**	**2463155**	**5768138**	**1954241**
北京	4311395	410779	574938	333496	1907591	1084551	40
天津	328966	12352	60732	39119	126062	90701	
河北	78974		31807	23494	19754	3919	
山西	42355		9072	500	32783		
内蒙古	156903	16170	28542	52817	31070	28304	
辽宁	187058		54197	48593	1042	79246	3980
吉林	29886		12948	7745	5418	2731	1044
黑龙江	80446		42009	36066	1826	545	
上海	4384327	79686	86846	339444		2253316	1625035
江苏	1315641	113512	438044	234577	6680	519981	2847
浙江	1740487	108486	384936	533018	49650	619873	44524
安徽	214381	25833	29090	35263	120	124075	
福建	206633		91380	17363	17673	63564	16653
江西	42056	9340	4040	6691	297	3081	18607
山东	459025	9594	11566	78408	104440	251857	3160
河南	297454	2221	118727	26148	1017	149341	
湖北	62320		25084	25706	2338	9192	
湖南	97683		500	63031	42	34110	
广东	1282883	468398	89407	208165	91369	198670	226874
广西	78670		667	1181	4765	72057	
海南	19539				60	19479	
重庆	150847	16228	69775	43887	1243	19532	182
四川	351892	3584	189217	122906	253	34172	1760
贵州	92664		10087	4719	10455	57868	9535
云南	125694	2580	82031	11113	18488	11482	
西藏							
陕西	101012	6990	34005	43121	16896		
甘肃	29494		3215	18198		8081	
青海	4949		3055	1894			
宁夏	60275	7519	5703	20996	9820	16237	
新疆	50144	22466	797	12705	2003	12173	

4-28 各地区按资质等级分的房地产开发企业商业营业用房销售额

单位：万元

地　区	总　计	一　级	二　级	三　级	四　级	暂　定	其　他
全国总计	**36606695**	**2131259**	**7109509**	**9914378**	**5133127**	**11218933**	**1099489**
北　京	2998566	361613	300609	340886	1432652	548254	14552
天　津	544880	26106	96523	75851	237079	95423	13898
河　北	459339	36688	100275	125119	155222	25321	16714
山　西	282116	8324	63419	98159	102554	9660	
内蒙古	1390973	62170	262288	247963	495565	316155	6832
辽　宁	2356123	121654	212977	824708	79929	1063202	53653
吉　林	623580	9076	129279	187000	140169	156041	2015
黑龙江	875396	30684	244353	448070	64478	80418	7393
上　海	1927263	42501	153642	200682		1332074	198364
江　苏	5929104	165279	2261733	1480716	50390	1844363	126623
浙　江	3265700	244128	479436	1023416	313161	1046350	159209
安　徽	1677182	20960	272683	529890	180432	669818	3399
福　建	1182149	24076	242234	405512	173558	333689	3080
江　西	564459	16596	99760	206822	102598	129412	9271
山　东	1966221	61229	141578	489148	325906	899046	49314
河　南	1134834	18761	205830	237493	90848	576372	5530
湖　北	684692	73554	204031	215735	96294	94212	866
湖　南	941610	17072	100856	494690	89568	220095	19329
广　东	2256271	229663	374715	562646	394706	375319	319222
广　西	533495	1685	41935	145689	44391	296981	2814
海　南	57184		5096	5525	11948	31416	3199
重　庆	1122808	281365	258344	238700	13142	330381	876
四　川	1284854	51498	386169	663371	56791	119907	7118
贵　州	538472	9952	18954	120897	111831	257328	19510
云　南	730722	6504	188318	92899	200520	205865	36616
西　藏	8240	567	1037	2636	3677	323	
陕　西	394490	78085	32888	211144	48379	22475	1519
甘　肃	121718		37903	36731	27059	19955	70
青　海	31882	9399	10491	4020	5206	2766	
宁　夏	405062	77454	148479	87707	33724	57698	
新　疆	317310	44616	33674	110553	51350	58614	18503

4-29　各地区按用途分的房地产开发企业商品住宅销售套数

单位：套

地　区	住　宅	#90平方米以下住宅	#经济适用房	#别墅、高档公寓
全国总计	**8040470**	**3313375**	**347840**	**240129**
北　京	165000	79577	10777	19206
天　津	146994	71134	9321	5748
河　北	277645	138078	10678	3525
山　西	85957	26122	4615	247
内蒙古	221407	114496	31276	5591
辽　宁	539760	355724	18966	9369
吉　林	195739	141196	3942	4284
黑龙江	199004	135204	9009	2869
上　海	237087	98900	20	24986
江　苏	788222	223791	36138	27513
浙　江	397907	162817	15183	13757
安　徽	351367	121934	8532	3949
福　建	224223	88506	6247	4950
江　西	183493	51983	11075	1766
山　东	603650	210948	25704	5292
河　南	368062	129092	16647	5286
湖　北	236067	79809	19806	3849
湖　南	271530	64685	13271	6565
广　东	574224	224986	5165	32596
广　西	207861	69868	7388	1487
海　南	61978	39828	522	13836
重　庆	393417	202614	20078	17158
四　川	536567	229935	3425	8244
贵　州	129170	16142	6090	1175
云　南	165680	47792	10654	9391
西　藏	5404	2087	355	778
陕　西	192099	71364	15431	1827
甘　肃	61003	18071	9491	17
青　海	19309	4361	993	336
宁　夏	65217	24088	2318	508
新　疆	135427	68243	14723	4024

4-30 各地区按资质等级分的房地产开发企业商品住宅销售套数

单位：套

地　区	总　计	一　级	二　级	三　级	四　级	暂　定	其　他
全国总计	**8040470**	**472799**	**1519137**	**2424209**	**1099647**	**2291293**	**233060**
北　京	165000	43439	30209	20676	45320	22592	2764
天　津	146994	15862	18773	24570	50155	34603	3031
河　北	277645	36627	37218	76376	85183	36134	6107
山　西	85957	3788	12119	29155	32133	8099	663
内蒙古	221407	4352	30219	46093	79485	54636	6622
辽　宁	539760	17950	60239	181481	11581	231944	36565
吉　林	195739	2738	23526	59765	55420	53889	401
黑龙江	199004	5814	54695	101924	13916	20967	1688
上　海	237087	8443	47137	42339	653	133499	5016
江　苏	788222	56083	292680	180585	12745	221348	24781
浙　江	397907	26711	71720	121079	32469	120018	25910
安　徽	351367	8278	47829	90275	24000	179120	1865
福　建	224223	6157	33987	91643	31364	59916	1156
江　西	183493	2661	43289	70261	26664	36947	3671
山　东	603650	23145	58840	153870	128301	219271	19898
河　南	368062	8377	72723	76045	33881	172235	4801
湖　北	236067	20282	56320	75674	38325	45248	218
湖　南	271530	4164	26685	138763	22241	73367	6310
广　东	574224	41634	49765	156186	133719	132659	60261
广　西	207861	3287	16891	59337	23593	102454	2299
海　南	61978	146	2603	10641	11821	33967	2800
重　庆	393417	41292	130619	109722	8277	102931	576
四　川	536567	31942	150318	291959	13513	42679	6156
贵　州	129170	3299	17194	27149	34405	46756	367
云　南	165680	8784	38705	38168	43149	33894	2980
西　藏	5404	113	597	3668	654	372	
陕　西	192099	18245	27472	60578	60074	23762	1968
甘　肃	61003	1146	15898	20619	13186	8752	1402
青　海	19309	2119	6378	4968	2696	3148	
宁　夏	65217	8741	21092	15353	9244	8811	1976
新　疆	135427	17180	23397	45287	21480	27275	808

4-31　各地区按用途分的房地产开发企业商品住宅现房销售套数

单位：套

地　区	住　宅	#90平方米以下住宅	#经济适用房	#别墅、高档公寓
全国总计	**2190736**	**862896**	**126453**	**56426**
北　京	30332	9056	2033	6353
天　津	35996	13090	1965	2307
河　北	54965	24864	3429	1059
山　西	31682	11135	2721	91
内蒙古	104451	54503	12992	825
辽　宁	201156	137354	8812	2789
吉　林	82400	63051	1512	736
黑龙江	83331	60080	4543	1423
上　海	59590	22631	20	3737
江　苏	178047	53508	17331	8035
浙　江	45134	11688	2628	1600
安　徽	63418	17820	5129	601
福　建	25260	7451	407	999
江　西	67675	21763	5989	840
山　东	218446	71834	12065	839
河　南	124800	30612	4152	2049
湖　北	89683	29143	10622	773
湖　南	90017	14919	5053	1183
广　东	201494	69392	4131	11424
广　西	34206	9348	794	414
海　南	13586	8540		2278
重　庆	63792	29421	4119	1829
四　川	101048	32388	1701	734
贵　州	34454	1957	829	101
云　南	28838	7527	895	1520
西　藏	2657	981	355	627
陕　西	29430	6723	3472	179
甘　肃	25557	9126	3662	15
青　海	4789	1418	993	185
宁　夏	24980	9217	954	209
新　疆	39522	22356	3145	672

4-32 各地区按用途分的房地产开发企业商品住宅期房销售套数

单位：套

地　区	住　宅	#90平方米以下住宅	#经济适用房	#别墅、高档公寓
全国总计	**5849734**	**2450479**	**221387**	**183703**
北　京	134668	70521	8744	12853
天　津	110998	58044	7356	3441
河　北	222680	113214	7249	2466
山　西	54275	14987	1894	156
内蒙古	116956	59993	18284	4766
辽　宁	338604	218370	10154	6580
吉　林	113339	78145	2430	3548
黑龙江	115673	75124	4466	1446
上　海	177497	76269		21249
江　苏	610175	170283	18807	19478
浙　江	352773	151129	12555	12157
安　徽	287949	104114	3403	3348
福　建	198963	81055	5840	3951
江　西	115818	30220	5086	926
山　东	385204	139114	13639	4453
河　南	243262	98480	12495	3237
湖　北	146384	50666	9184	3076
湖　南	181513	49766	8218	5382
广　东	372730	155594	1034	21172
广　西	173655	60520	6594	1073
海　南	48392	31288	522	11558
重　庆	329625	173193	15959	15329
四　川	435519	197547	1724	7510
贵　州	94716	14185	5261	1074
云　南	136842	40265	9759	7871
西　藏	2747	1106		151
陕　西	162669	64641	11959	1648
甘　肃	35446	8945	5829	2
青　海	14520	2943		151
宁　夏	40237	14871	1364	299
新　疆	95905	45887	11578	3352

4-33 各地区按资质等级分的房地产开发企业90平方米以下住宅销售套数

单位：套

地区	总计	一级	二级	三级	四级	暂定	其他
全国总计	**3313375**	**205043**	**591873**	**1009645**	**446647**	**939641**	**120484**
北京	79577	24053	11174	8408	20954	13714	1274
天津	71134	9097	10432	10907	25036	13351	2311
河北	138078	18734	17381	42546	39616	17749	2052
山西	26122	1316	5718	9135	7006	2858	89
内蒙古	114496	1370	12025	22772	44575	28485	5269
辽宁	355724	12973	36829	120389	10106	148420	27007
吉林	141196	1435	16597	41145	45548	36320	151
黑龙江	135204	2677	30363	75832	13147	11764	1421
上海	98900	2152	17817	20379		55696	2856
江苏	223791	20486	77657	53034	4634	61371	6609
浙江	162817	10748	30186	44187	12018	52192	13486
安徽	121934	2218	17236	28822	5231	67735	692
福建	88506	1584	12016	35888	13648	24792	578
江西	51983	582	13374	21621	5167	10494	745
山东	210948	7251	16841	57285	50860	73820	4849
河南	129092	3580	30675	23815	9918	59047	2057
湖北	79809	11723	22967	25176	8257	11685	1
湖南	64685	1044	8888	34324	2499	16902	1028
广东	224986	19060	16574	55056	43373	53628	37295
广西	69868	785	6474	19308	6022	35522	1757
海南	39828	127	1145	6158	8448	22193	1757
重庆	202614	20201	70569	47525	3633	60545	141
四川	229935	13462	60527	127157	6947	18699	3143
贵州	16142	376	2011	3123	6518	4114	
云南	47792	3312	12276	10739	10049	10922	494
西藏	2087	113	41	1862		71	
陕西	71364	4668	10555	25948	23523	5798	872
甘肃	18071	240	3310	7206	3975	2719	621
青海	4361	288	1816	1120	591	546	
宁夏	24088	2171	6532	6751	3466	3519	1649
新疆	68243	7217	11867	22027	11882	14970	280

4-34 各地区按资质等级分的房地产开发企业经济适用房销售套数

单位：套

地　区	总　计	一　级	二　级	三　级	四　级	暂　定	其　他
全国总计	**347840**	**26033**	**61662**	**108804**	**60211**	**62213**	**28917**
北　京	10777	4828	139	135	5537		138
天　津	9321	803	2629	204	4369	238	1078
河　北	10678		943	3249	5195	1291	
山　西	4615		466	2126	1257	766	
内蒙古	31276		1630	5674	9094	10050	4828
辽　宁	18966	5082	2784	9210		1861	29
吉　林	3942	24	730	1732	952	504	
黑龙江	9009	13	825	7022	602	180	367
上　海	20		5			15	
江　苏	36138	2827	8244	8854	977	5812	9424
浙　江	15183	2465	2700	2464	884	3970	2700
安　徽	8532	322	1487	2931	305	3487	
福　建	6247	695	2056	1652	291	1354	199
江　西	11075		2274	4763	1185	1716	1137
山　东	25704	801	2301	5277	9491	6969	865
河　南	16647	673	6532	3928	1774	2758	982
湖　北	19806	1379	2815	10449	3405	1610	148
湖　南	13271	532	701	8728	1239	1223	848
广　东	5165		335	232	3665	49	884
广　西	7388		1670	2280		2275	1163
海　南	522		72			450	
重　庆	20078	12	5429	6418	362	7857	
四　川	3425		110	2158	61	999	97
贵　州	6090		219	1791	2452	1343	285
云　南	10654	1853	3478	1790	1313	724	1496
西　藏	355		197	31		127	
陕　西	15431	2539	1847	7953	2754	338	
甘　肃	9491		5069	1908	549	1325	640
青　海	993		876	117			
宁　夏	2318	60	109	480	60		1609
新　疆	14723	1125	2990	5248	2438	2922	

4-35 各地区按资质等级分的房地产开发企业别墅、高档公寓销售套数

单位：套

地区	总计	一级	二级	三级	四级	暂定	其他
全国总计	**240129**	**22116**	**46198**	**53256**	**31473**	**82486**	**4600**
北京	19206	4979	2139	2659	7307	651	1471
天津	5748	794	51	353	3235	958	357
河北	3525	1106	499	347	1440	133	
山西	247		12	179	33	23	
内蒙古	5591	258	1194	1842	1790	507	
辽宁	9369	829	683	1660	30	6119	48
吉林	4284		1638	576	110	1960	
黑龙江	2869	446	1582	662		179	
上海	24986	1711	3071	2879	200	16692	433
江苏	27513	1752	9879	7290	154	7941	497
浙江	13757	1773	1934	3633	1217	4746	454
安徽	3949	3	154	527	368	2897	
福建	4950	3	1364	1577	644	1274	88
江西	1766		292	1108	72	285	9
山东	5292	373	435	1177	964	2259	84
河南	5286	567	2051	926	338	1404	
湖北	3849	437	1235	531	130	1516	
湖南	6565		1761	2911	49	1823	21
广东	32596	1846	4643	7216	5016	12968	907
广西	1487	4	410	505	177	391	
海南	13836		921	3110	2274	7349	182
重庆	17158	3661	5267	2909		5321	
四川	8244	316	1097	4121	1115	1595	
贵州	1175	568	339	86	47	135	
云南	9391	82	2883	1922	2624	1831	49
西藏	778		30	125	623		
陕西	1827	94	112	877	457	287	
甘肃	17		4	2	1	10	
青海	336		177	159			
宁夏	508	39	49	34	8	378	
新疆	4024	475	292	1353	1050	854	

4-36 各地区按用途分的房地产开发企业商品房销售价格

单位：元/平方米

地区	商品房销售价格	住宅	#经济适用房	#别墅、高档公寓	办公楼	商业营业用房	其他
全国总计	**4681**	**4459**	**2134**	**9662**	**10608**	**6871**	**3671**
北京	13799	13224	4194	20385	16857	19091	6075
天津	6886	6605	4386	9075	11134	8955	11032
河北	3263	3210	2060	5874	4145	5190	2309
山西	2707	2552	1648	4529	5073	5302	1815
内蒙古	2972	2649	2141	5117	5682	5731	2692
辽宁	4034	3872	2174	8979	6207	5981	3534
吉林	2917	2788	1917	6505	3079	4482	3132
黑龙江	3241	3067	1897	5618	4142	4554	3890
上海	12840	12364	3445	22131	21598	15237	6860
江苏	4983	4805	2225	8348	6895	6831	2642
浙江	7826	7890	2989	10299	8674	9049	3595
安徽	3420	3235	1657	4325	4327	5609	2657
福建	5427	5366	2703	7910	6273	9749	2690
江西	2643	2517	1286	2747	4566	4677	2699
山东	3505	3390	2155	8787	7379	5119	2260
河南	2666	2501	1677	3479	4511	5202	2319
湖北	3532	3413	2226	7046	4419	6423	2903
湖南	2680	2532	1641	4846	4141	5197	2488
广东	6513	6360	2990	7389	13602	9043	4568
广西	3260	3133	1991	6138	6321	6370	2957
海南	6261	6291	1550	10770	4950	5238	5884
重庆	3442	3266	2014	6120	5175	7145	4120
四川	3509	3434	1736	7898	5590	5013	2465
贵州	2874	2642	2089	5570	4605	7176	2909
云南	2931	2723	1937	3429	5472	5532	3560
西藏	2452	2392	2470	3848		4481	
陕西	3223	3113	2085	5368	5123	6034	3064
甘肃	2483	2396	1495	3344	4551	3949	1953
青海	2517	2442	1176	2538	3581	4805	1118
宁夏	3090	2824	1924	3656	5110	5145	2250
新疆	2604	2466	1448	3384	6631	4822	3609

4-37 各地区按资质等级分的房地产开发企业商品房销售价格

单位：元/平方米

地 区	总 计	一 级	二 级	三 级	四 级	暂 定	其 他
全国总计	**4681**	**6633**	**4942**	**3991**	**3921**	**4987**	**7015**
北 京	13799	11768	13046	13275	15701	14043	16183
天 津	6886	6178	6906	6369	6854	7636	5451
河 北	3263	4770	3573	3247	2639	2983	3819
山 西	2707	3744	2947	2606	2620	2537	3513
内蒙古	2972	4630	3295	3113	2732	2954	1389
辽 宁	4034	4956	3890	3793	2539	4305	3822
吉 林	2917	3982	3318	3022	2148	3296	3001
黑龙江	3241	3148	4020	2838	2094	3764	1967
上 海	12840	14809	10433	10427	14024	13519	22336
江 苏	4983	6043	5244	4085	2810	5359	3921
浙 江	7826	10216	8622	7374	5044	7710	9564
安 徽	3420	4226	3687	3105	2491	3617	3436
福 建	5427	7827	6589	4907	6029	4880	6835
江 西	2643	4403	3231	2363	2131	2827	2117
山 东	3505	3757	3759	3439	2837	3818	3752
河 南	2666	3467	3085	2563	2016	2659	1961
湖 北	3532	6116	4667	3139	2057	3168	2616
湖 南	2680	3249	2913	2684	1629	2968	1847
广 东	6513	10903	8574	6344	4528	5008	10445
广 西	3260	3525	4289	3083	2504	3388	2185
海 南	6261	3379	11489	6443	5445	6125	4388
重 庆	3442	4879	3429	2498	1922	4060	2365
四 川	3509	3862	3564	3383	3127	3897	4584
贵 州	2874	4356	2970	2356	2380	3403	4400
云 南	2931	4038	3758	2619	2637	2565	2468
西 藏	2452	1669	3775	2007	3550	1802	
陕 西	3223	4573	3332	3173	2961	2763	2698
甘 肃	2483	6010	2558	2770	1815	2274	2258
青 海	2517	3492	2627	2256	2255	2153	
宁 夏	3090	4170	3236	2779	2400	2925	2535
新 疆	2604	3107	2755	2421	2198	2714	3719

4-38 各地区按资质等级分的房地产开发企业90平方米以下住宅销售价格

单位：元/平方米

地　区	总　计	一　级	二　级	三　级	四　级	暂　定	其　他
全国总计	**4203**	**5696**	**4507**	**3697**	**3379**	**4371**	**6257**
北　京	10010	8919	10804	10932	10827	9464	13209
天　津	5931	5113	6228	6287	5251	7374	5293
河　北	3367	4581	3456	3307	2853	3336	3374
山　西	2722	4240	2553	3222	2211	2104	3984
内蒙古	2225	3197	2344	2308	2106	2371	1163
辽　宁	3473	4394	3422	3272	2319	3582	3801
吉　林	2245	3598	2328	2230	1846	2682	1685
黑龙江	2416	3915	3133	2174	1757	2681	1702
上　海	8863	7817	7724	7586		9586	11800
江　苏	4339	4218	4665	3802	2511	4639	3799
浙　江	7905	9167	9780	7449	4849	7365	8675
安　徽	3373	5676	3391	3020	2215	3525	4449
福　建	4738	7891	5744	4402	5209	4204	6640
江　西	2609	4003	3426	2334	1885	2533	1265
山　东	3379	4289	3401	3172	2798	3857	3270
河　南	3132	4129	3406	3322	2123	3090	1957
湖　北	3977	6584	4784	3105	2024	3315	1839
湖　南	2956	3942	3199	2981	1709	3003	1750
广　东	6940	9278	10050	6911	4942	4741	9798
广　西	3383	2527	3833	3202	2766	3575	2340
海　南	5740	972	7770	5368	4808	6229	3245
重　庆	3403	4195	3499	2547	1951	3814	8636
四　川	3841	4357	3965	3672	3509	4159	5070
贵　州	2428	4333	2318	1983	2030	3262	
云　南	3349	3522	3762	3740	2758	3071	1831
西　藏	2090	1875	2944	2090		1723	
陕　西	3540	3455	4121	3408	3481	3456	2845
甘　肃	2242	5876	2262	2454	1818	2101	1828
青　海	2054	4108	1820	2028	2485	1453	
宁　夏	2671	3846	3064	2409	2030	2650	2197
新　疆	2423	2955	2713	2211	2152	2461	2984

4-39　各地区按资质等级分的房地产开发企业经济适用房销售价格

单位：元/平方米

地　区	总　计	一　级	二　级	三　级	四　级	暂　定	其　他
全国总计	**2134**	**2712**	**1990**	**2013**	**2224**	**2065**	**2363**
北　京	4194	4169	2600	3659	4291		4306
天　津	4386	4106	3408	5711	4875	6080	4436
河　北	2060		2128	2059	1933	2494	
山　西	1648		1810	1554	1555	1975	
内蒙古	2141		2048	2404	2145	2340	1138
辽　宁	2174	2417	1728	2135		2236	3895
吉　林	1917	2754	1961	1802	2100	1778	
黑龙江	1897	824	1316	2001	1785	2302	1239
上　海	3445		4513			3010	
江　苏	2225	2522	2051	2156	1386	2487	2287
浙　江	2989	2511	2961	2980	2687	2736	3882
安　徽	1657	2395	1876	1837	1083	1396	
福　建	2703	2800	3253	2307	2565	2214	2707
江　西	1286		1183	1260	860	1912	1207
山　东	2155	4051	1796	2227	1749	2007	5686
河　南	1677	2306	1782	1550	1562	1599	1548
湖　北	2226	2917	2134	2565	1343	1873	1882
湖　南	1641	3066	2311	1646	1095	1309	1407
广　东	2990		3000	1858	3402	1121	1873
广　西	1991		2065	2223		1645	2232
海　南	1550		1206			1600	
重　庆	2014	1688	2214	1764	1599	2090	
四　川	1736		845	1473	1164	2443	1627
贵　州	2089		1967	1994	2050	2120	2872
云　南	1937	2545	2237	1494	1535	1482	1956
西　藏	2470		3004	1663		1400	
陕　西	2085	1588	1573	2510	1894	1614	
甘　肃	1495		1331	1629	1242	1709	2564
青　海	1176		1172	1200			
宁　夏	1924	1508	1578	1444	1564		2166
新　疆	1448	1381	1616	1357	1452	1486	

4-40 各地区按资质等级分的房地产开发企业别墅、高档公寓销售价格

单位：元/平方米

地区	总计	一级	二级	三级	四级	暂定	其他
全国总计	**9662**	**11001**	**8725**	**8346**	**9976**	**10374**	**15565**
北京	20385	16322	21392	16856	22651	27795	20669
天津	9075	7496	14439	8812	9906	6897	10628
河北	5874	5987	6219	4654	6395	4375	
山西	4529		5000	5236	2992	3033	
内蒙古	5117	6840	3843	4763	6115	3960	
辽宁	8979	7108	4895	9109	7239	9749	6209
吉林	6505		6069	8707	3632	5853	
黑龙江	5618	2700	5358	7026		7070	
上海	22131	30512	20157	18638	16238	22460	22328
江苏	8348	8848	8371	7694	5687	8841	8233
浙江	10299	9548	10946	11651	7797	9714	11457
安徽	4325	1667	7628	3256	3179	4568	
福建	7910	26469	7549	6990	9908	8520	6149
江西	2747		4371	2612	1665	2340	3103
山东	8787	5197	6305	7328	5633	11811	30944
河南	3479	6113	5650	2277	1336	2880	
湖北	7046	7753	9406	10660	4020	4359	
湖南	4846		3805	5403	2155	4900	3269
广东	7389	10325	6714	7911	5828	6821	16798
广西	6138	14993	7578	6296	4225	5172	
海南	10770		17573	8488	11540	10669	7443
重庆	6120	6833	6209	6403		5347	
四川	7898	11508	10554	7915	4511	7382	
贵州	5570	4536	6891	6018	5183	5901	
云南	3429	9510	5022	2397	3455	2570	3170
西藏	3848		7953	3287	3598		
陕西	5368	5356	3552	4364	6204	6276	
甘肃	3344		5692	3541	1174	2000	
青海	2538		3027	1735			
宁夏	3656	5559	5987	6612	3415	2671	
新疆	3384	2292	4037	3964	2343	3581	

4-41　各地区按用途分的房地产开发企业商品房待售面积

单位：平方米

地　区	商品房待售面积	住　宅	#经济适用房	#别　墅、高档公寓	办公楼	商业营业用　房	其　他
全国总计	**199470336**	**114940907**	**3851908**	**10876867**	**10910691**	**50263940**	**23354798**
北　京	13510888	4267249	377560	1536280	2465457	3538505	3239677
天　津	1720788	908430	82689	292801	142960	498382	171016
河　北	4171744	3325897	58400	277380	39509	606686	199652
山　西	4496728	3452737	158329	45155	68704	746758	228529
内蒙古	4932404	3841206	309043	103529	202728	664342	224128
辽　宁	16989768	11551346	238781	487736	506521	3896201	1035700
吉　林	6520447	4528374	231462	281675	122653	1460860	408560
黑龙江	8643018	5291054	414494	302660	103217	2497074	751673
上　海	11348032	4607384	54092	1272759	1909503	2301839	2529306
江　苏	16441972	8807026	190091	1534057	779085	5764085	1091776
浙　江	10906128	4103073	196889	359653	739290	3816074	2247691
安　徽	4919168	3033436	38330	99654	155630	1428660	301442
福　建	5436944	2217517	50741	290762	472149	1540041	1207237
江　西	3270084	2402568	33497	148129	15356	724320	127840
山　东	10508004	7548999	229301	275850	479423	1959404	520178
河　南	7775317	6171226	209338	114838	156831	1178291	268969
湖　北	7555275	5385035	202562	389739	115912	1499144	555184
湖　南	4587091	3021904	106371	318952	116531	1035740	412916
广　东	20154601	12059233	500	1527039	872398	4065599	3157371
广　西	2593133	1465002	16450	44784	24248	720137	383746
海　南	741644	607068		122237	26855	81554	26167
重　庆	6623874	1646030	103283	149353	415593	2860230	1702021
四　川	9267489	4693928	78004	399288	497129	2454362	1622070
贵　州	2230008	1164141	19475	105106	52974	815548	197345
云　南	1994800	1260525	17363	139003	33268	523917	177090
西　藏	279005	249491	8860			29514	
陕　西	1180186	868536	53259	43018	22612	256125	32913
甘　肃	2201060	1491266	43651	4197	78790	537278	93726
青　海	640389	426939		5956	15230	149899	48321
宁　夏	3632090	2000703	163191	33778	101668	1399222	130497
新　疆	4198257	2543584	165902	171499	178467	1214149	262057

4-42 各地区按资质等级分的房地产开发企业商品房待售面积

单位：平方米

地 区	总 计	一 级	二 级	三 级	四 级	暂 定	其 他
全国总计	**199470336**	**11404463**	**36617550**	**67518914**	**31505986**	**45083220**	**7339923**
北 京	13510888	2360383	2741978	2358267	4312623	823458	914179
天 津	1720788	92765	304770	238624	895984	164763	23882
河 北	4171744	226265	597305	860710	1895262	563678	28524
山 西	4496728	87960	572994	1946675	1367497	521602	
内蒙古	4932404	200826	696245	1236472	1809170	926269	63422
辽 宁	16989768	785568	1754846	6227510	502753	6581587	1137504
吉 林	6520447	148679	699030	2388808	1896533	1361912	25485
黑龙江	8643018	194378	2054953	5300800	304205	734136	54546
上 海	11348032	761965	2295227	1480821	1463	5729099	1079457
江 苏	16441972	1349727	5482235	4959428	219221	4143389	287972
浙 江	10906128	746836	2079968	4174128	1411349	2265580	228267
安 徽	4919168	169906	834010	1617621	647723	1626280	23628
福 建	5436944	148531	451237	2288630	901302	1619163	28081
江 西	3270084	2721	731370	1699216	487168	327374	22235
山 东	10508004	268357	888075	3481618	2288655	3243066	337953
河 南	7775317	76690	1291899	1832753	807393	3653103	113479
湖 北	7555275	161799	1891573	2526450	1473347	1447549	54557
湖 南	4587091	7243	499887	2669073	330743	977850	102295
广 东	20154601	977816	1562990	6958497	4810215	3654435	2190648
广 西	2593133	103597	131317	868011	476415	984482	29311
海 南	741644		27770	189872	83632	388964	51406
重 庆	6623874	962499	2757134	1681095	426326	788448	8372
四 川	9267489	311313	2482447	5499392	293001	551497	129839
贵 州	2230008	27164	239870	588777	798309	536109	39779
云 南	1994800	45186	363772	488753	757772	291521	47796
西 藏	279005	14000	29743	182215	40270	12777	
陕 西	1180186	57683	409660	413804	277145	16954	4940
甘 肃	2201060	17157	425823	882706	478642	236726	160006
青 海	640389	75681	371781	138214	30185	24528	
宁 夏	3632090	485742	1125915	963298	655473	280548	121114
新 疆	4198257	536026	821726	1376676	826210	606373	31246

4-43　各地区按用途分的房地产开发企业商品房待售1-3年面积

单位：平方米

地　区	待售1-3年面　积	住　宅	#经济适用房	#别　墅、高档公寓	办公楼	商业营业用　房	其　他
全国总计	**97624302**	**55839402**	**1740046**	**5570132**	**4921809**	**25411765**	**11451326**
北　京	3532251	789287	22644	185819	729574	998142	1015248
天　津	1166200	631792	76184	262837	119361	327345	87702
河　北	2297604	1836792	55650	246493	21776	326137	112899
山　西	2285681	1720821	66383	39992	31372	405793	127695
内蒙古	2240481	1702201	114708	64688	77948	320658	139674
辽　宁	10219768	7301013	207399	351138	279465	2040887	598403
吉　林	1915221	1173877	64411	56115	32495	563165	145684
黑龙江	4990562	3153980	211024	214382	89501	1290373	456708
上　海	3932595	1300829	44833	381915	716671	1001608	913487
江　苏	10208946	5621242	126432	969235	521307	3343849	722548
浙　江	6216487	2298380	132633	200212	339179	2184438	1394490
安　徽	2755732	1703928	33630	47876	78963	754706	218135
福　建	2464888	1043305	17259	211254	355492	584231	481860
江　西	1716342	1294462	6157	103581	4815	347424	69641
山　东	5603520	4116517	134959	176323	275198	911716	300089
河　南	2750086	1831086	11712	81795	128375	635899	154726
湖　北	3642841	2305718	157927	221053	56163	868113	412847
湖　南	2889914	1772591	79720	157603	81168	773715	262440
广　东	11601593	7364215	500	933374	495254	2129246	1612878
广　西	1286056	549447		31405	18429	453408	264772
海　南	454258	358775		81297	15377	56555	23551
重　庆	3245745	692164	23514	105605	203003	1475634	874944
四　川	3131129	1423480	38485	166543	37570	1064607	605472
贵　州	1123531	482874	2384	87239	34993	496180	109484
云　南	1038227	627784	2997	89656	31304	266427	112712
西　藏	91946	62432	8860			29514	
陕　西	623967	430307	6106	5435	10242	172417	11001
甘　肃	1103231	733768	31363		26480	292726	50257
青　海	228376	167581		2010	3757	57038	
宁　夏	1164907	440580	257	22255	45422	646149	32756
新　疆	1702217	908174	61915	73002	61155	593665	139223

4-44 各地区按资质等级分的房地产开发企业商品房待售1-3年面积

单位：平方米

地区	总计	一级	二级	三级	四级	暂定	其他
全国总计	**97624302**	**5887317**	**19094807**	**35064874**	**14824795**	**19824468**	**2928041**
北京	3532251	802409	623194	615640	1281313	140344	69351
天津	1166200	45699	94457	213076	624923	164763	23282
河北	2297604	170732	469341	430004	1029100	192740	5687
山西	2285681	87960	467531	1021480	579733	128977	
内蒙古	2240481	200826	281657	780663	737767	210785	28783
辽宁	10219768	387772	1244053	4042441	335725	3712479	497298
吉林	1915221	49779	301668	618126	777680	158567	9401
黑龙江	4990562	128413	1118526	3160831	164378	418414	
上海	3932595	192656	707133	490784	1463	2231299	309260
江苏	10208946	1088562	3440698	2934901	147692	2433071	164022
浙江	6216487	524846	1213221	2326292	926774	1110128	115226
安徽	2755732	130116	443381	919739	367433	876795	18268
福建	2464888	86957	225243	1014054	363924	750306	24404
江西	1716342	2721	264638	964292	320951	155945	7795
山东	5603520	102340	633382	1971566	1222520	1411983	261729
河南	2750086	46788	780316	783377	133518	1003587	2500
湖北	3642841	115980	1311030	1187029	574247	430478	24077
湖南	2889914		316476	1661827	153873	669074	88664
广东	11601593	692406	1005773	4326858	2790049	1692362	1094145
广西	1286056	71606	95785	495581	245492	374392	3200
海南	454258			118691	62562	258907	14098
重庆	3245745	303960	1447318	1097175	69451	327841	
四川	3131129	169019	930020	1661879	109698	153605	106908
贵州	1123531	27164	180505	283720	419022	192758	20362
云南	1038227	45186	170504	304869	369266	132238	16164
西藏	91946	14000		37676	40270		
陕西	623967	12993	228400	205676	162916	11782	2200
甘肃	1103231	17157	346005	401052	188969	129410	20638
青海	228376	51588	114254	61549	485	500	
宁夏	1164907	115615	392367	337520	216028	103377	
新疆	1702217	202067	247931	596506	407573	247561	579

4-45 各地区按用途分的房地产开发企业商品房待售3年以上面积

单位：平方米

地区	待售3年以上面积	住宅			办公楼	商业营业用房	其他
			#经济适用房	#别墅、高档公寓			
全国总计	**17195558**	**5075242**	**142729**	**1161482**	**1245910**	**7631504**	**3242902**
北京	2298760	808191	2223	460293	194283	800390	495896
天津	162688	69435	6505	26828	1993	72961	18299
河北	42070	23182		10953	330	18558	
山西	69211	38067	1800		1034	29460	650
内蒙古	74284	26498	13944	4170	3040	44397	349
辽宁	1107364	633021	3889	64784	34339	382921	57083
吉林	378271	100722	34869	1715	58147	153630	65772
黑龙江	955854	263614	36730	27885	8972	613308	69960
上海	1568005	516693	9259	136445	120412	405782	525118
江苏	870242	232353		88041	44271	499926	93692
浙江	990540	207604	3532	20423	50669	549737	182530
安徽	258761	102047		8074	48291	91709	16714
福建	754978	144257		4191	79014	391255	140452
江西	203100	39288		6797	2000	157701	4111
山东	516028	125346		5625	47256	257718	85708
河南	117451	45059		10931	6536	56595	9261
湖北	311661	126134	2105	47896	19398	139403	26726
湖南	214869	57280		9695	5124	89664	62801
广东	3449911	1080941		162134	304590	1198497	865883
广西	88771	21298			1314	29788	36371
海南	1284	137					1147
重庆	1103699	138638	10183	15810	97858	590519	276684
四川	541309	65595		17708	42364	346466	86884
贵州	194527	49783		483	15360	109139	20245
云南	69888	16895	10668	566	87	42230	10676
西藏							
陕西	16444	4261	430			12141	42
甘肃	235638	50883	433	3967	29951	146799	8005
青海	39500	4705		127	2973	8747	23075
宁夏	151133	17281		1094	18631	114100	1121
新疆	409317	66034	6159	24847	7673	277963	57647

4-46 各地区按资质等级分的房地产开发企业商品房待售3年以上面积

单位：平方米

地区	总计	一级	二级	三级	四级	暂定	其他
全国总计	**17195558**	**1401905**	**3988627**	**6020651**	**2502787**	**1726873**	**1554715**
北京	2298760	371191	365460	493856	635736	154898	277619
天津	162688	47066	30748	17152	67722		
河北	42070		17694	330	24046		
山西	69211		3696	26814	38701		
内蒙古	74284		81	12296	13854	48053	
辽宁	1107364	49910	147354	697075	2020	98059	112946
吉林	378271	83900	56411	99671	124725	13564	
黑龙江	955854	61615	327292	463102	2514	51428	49903
上海	1568005	174060	571376	172585		443752	206232
江苏	870242	2980	312960	460613	8170	64861	20658
浙江	990540	35638	258139	459423	159609	54229	23502
安徽	258761		148108	94483	6572	9598	
福建	754978	43322	53225	404312	98340	152102	3677
江西	203100		132618	46034	23954	494	
山东	516028	121665	7737	256087	64992	59674	5873
河南	117451		62173	34277	14501	6500	
湖北	311661	16478	97007	82121	66523	49532	
湖南	214869	7164	89017	87680	18584	12424	
广东	3449911	127961	388285	1013024	842850	295523	782268
广西	88771		30282	49000	4116	3552	1821
海南	1284			1284			
重庆	1103699	117930	524384	291488	20311	141214	8372
四川	541309	15126	129978	324721	23740	35984	11760
贵州	194527		28191	57530	83955	5434	19417
云南	69888			24513	44414	961	
西藏							
陕西	16444		8789	1659	5996		
甘肃	235638		26303	196753	6943	5639	
青海	39500	24093	13962	1445			
宁夏	151133	19986	66469	27513	36881	284	
新疆	409317	81820	90888	123810	63018	19114	30667

4-47　各地区房地产开发企业90平方米以下住宅待售情况

单位：平方米

地　区	待售面积	待售1-3年	待售3年以上
全国总计	**27333304**	**13339578**	**707978**
北　京	715294	66822	79557
天　津	221467	174258	4706
河　北	821406	517753	12000
山　西	630901	230696	3293
内蒙古	1539022	770519	8277
辽　宁	5363329	3275911	112191
吉　林	2255853	607114	35468
黑龙江	2633575	1560318	48004
上　海	837994	145011	37028
江　苏	1340230	977540	15692
浙　江	674495	289016	22887
安　徽	475671	318849	1796
福　建	301315	130605	31268
江　西	316419	162259	12467
山　东	1791603	949775	5347
河　南	1027181	307887	1230
湖　北	889291	451875	1497
湖　南	138820	87399	
广　东	1582786	890056	210641
广　西	146063	51714	921
海　南	205334	104006	
重　庆	409492	127420	28782
四　川	800336	250569	6589
贵　州	38008	20831	7152
云　南	198203	168486	2273
西　藏	15576	13360	
陕　西	27315	8426	
甘　肃	329071	147568	6216
青　海	28692	1963	545
宁　夏	729885	172206	4545
新　疆	848677	359366	7606

第五章

土地开发与购置（2009）

5-1　各地区房地产开发企业土地开发及其购置情况

地　区	本年完成开发土地面积（平方米）	待开发土地面积（平方米）	本年购置土地面积（平方米）	本年土地成交价款（万元）
全国总计	**230373960**	**328165435**	**319094512**	**51501414**
北　京	3640243	11040110	6250067	4326223
天　津	3698089	5940030	4447789	1163494
河　北	11186987	5012389	20227099	2222221
山　西	8656718	4626945	6147448	625243
内蒙古	6078437	7492499	11093345	1418094
辽　宁	16925293	11247989	20868635	2936827
吉　林	2128826	247145	7238553	676348
黑龙江	4711898	2147237	8333122	783111
上　海	878501	4140972	1849181	746447
江　苏	16469727	45240095	18579284	3398255
浙　江	10620784	13108948	13083337	7808189
安　徽	8565017	18280983	19185913	2356231
福　建	4650543	8374872	11206117	4180660
江　西	6499319	8212962	6944835	648286
山　东	18276659	23629829	21786840	2010050
河　南	13511014	9113789	27015422	1788514
湖　北	13616661	14147376	10000796	966978
湖　南	11196276	18063553	10015093	1037620
广　东	14971461	46535961	22599034	4071679
广　西	3832939	7189257	12871526	1107230
海　南	3061162	1924980	2867233	126941
重　庆	10508778	23388515	12277918	2836694
四　川	9876924	12086273	10468166	1434348
贵　州	1614287	7136457	3732605	302833
云　南	8259888	7987409	12698188	1028494
西　藏	169592	285387	52310	14760
陕　西	5081492	2629165	4079737	634023
甘　肃	1701316	1214291	3356939	272369
青　海	1429683	405177	1781574	181112
宁　夏	1801426	1067923	3742947	213438
新　疆	6754020	6246917	4293459	184702

5-2 各地区按资质等级分的房地产开发企业完成土地开发面积

单位：平方米

地　区	总　计	一　级	二　级	三　级	四　级	暂　定	其　他
全国总计	**230373960**	**8674704**	**31669296**	**62751485**	**36159364**	**80615675**	**10503436**
北　京	3640243	104118	86344		1944181	35600	1470000
天　津	3698089		412665	610909	716083	1958432	
河　北	11186987	144231	995867	2398863	3795372	3754844	97810
山　西	8656718	174937	675093	1880022	2586303	3247318	93045
内蒙古	6078437	116723	749347	1691578	1804139	1480444	236206
辽　宁	16925293	494925	1060890	5790437	266870	7743442	1568729
吉　林	2128826	71490	217221	903278	535491	401346	
黑龙江	4711898	35512	678166	2776480	392110	741394	88236
上　海	878501		25416			853085	
江　苏	16469727	1056937	4971868	4160783	409191	5429980	440968
浙　江	10620784	486393	1593093	2200374	1010261	4635802	694861
安　徽	8565017	24624	808160	2431231	1760344	3433435	107223
福　建	4650543		141817	739681	1751413	984282	1033350
江　西	6499319		724520	2257650	1054911	2154889	307349
山　东	18276659	932975	1374178	4242083	3786506	7171190	769727
河　南	13511014	615553	2250030	2182805	979289	7072549	410788
湖　北	13616661	421514	3895761	3794509	1294871	4105725	104281
湖　南	11196276	131654	531208	5288253	583133	4169676	492352
广　东	14971461	835031	870709	3420501	2860493	5624300	1360427
广　西	3832939	36212	345615	904593	269472	1957141	319906
海　南	3061162	36000	87550	478020	705212	1674741	79639
重　庆	10508778	566205	3191592	2208486	99872	4392775	49848
四　川	9876924	259951	2611455	5241801	1034632	569520	159565
贵　州	1614287	31500	99191	355164	334418	767339	26675
云　南	8259888	390775	1045697	1062299	2822972	2839172	98973
西　藏	169592		137902			31690	
陕　西	5081492	797037	490103	1199741	1829729	687326	77556
甘　肃	1701316		200256	301629	513427	513005	172999
青　海	1429683	356842	300095	298973	35877	437896	
宁　夏	1801426	33350	471636	442842	373762	330452	149384
新　疆	6754020	520215	625851	3488500	609030	1416885	93539

5-3　各地区按资质等级分的房地产开发企业待开发土地面积

单位：平方米

地　区	总　计	一　级	二　级	三　级	四　级	暂　定	其　他
全国总计	**328165435**	**10839065**	**56103506**	**85985477**	**31881990**	**124950849**	**18404548**
北　京	11040110	445964	1517588	418677	4143996	1443617	3070268
天　津	5940030		343880	3056205	268080	2271865	
河　北	5012389	114447	757722	1576031	1160835	1359999	43355
山　西	4626945	131365	379325	768749	1851736	1435806	59964
内蒙古	7492499		690902	797718	1688748	4282791	32340
辽　宁	11247989	175600	1144086	2502834	54332	6539447	831690
吉　林	247145	3200		136341	74223	33381	
黑龙江	2147237		1111648	692958	27179	281392	34060
上　海	4140972	72820	287902	243259		3451324	85667
江　苏	45240095	2212740	14750461	9584412	258457	17310154	1123871
浙　江	13108948	930507	2816008	2913265	1432991	4589723	426454
安　徽	18280983	323792	1387569	4185371	1488043	10622668	273540
福　建	8374872	3984	1250948	2664602	1126787	3328551	
江　西	8212962	19288	1722257	2991505	555094	2799360	125458
山　东	23629829	1251631	2970102	5392307	3676188	10167774	171827
河　南	9113789	265597	1043451	1597563	1015795	4865070	326313
湖　北	14147376	409978	3097068	3831443	1698251	5063082	47554
湖　南	18063553	23504	580096	8826270	731045	7696595	206043
广　东	46535961	2329193	2413891	12513464	4445134	14352308	10481971
广　西	7189257		968501	2323070	922543	2816812	158331
海　南	1924980	45675	18199	472049	251343	954433	183281
重　庆	23388515	1149513	9446626	3716467	260470	8800344	15095
四　川	12086273	165312	4514657	6142717	107933	903995	251659
贵　州	7136457	105501	74076	1188598	2234043	3457339	76900
云　南	7987409	145133	662206	3546598	949578	2542125	141769
西　藏	285387		4319	71500	96954	112614	
陕　西	2629165	349407	785969	825225	512717	155847	
甘　肃	1214291		45750	301346	86743	780452	
青　海	405177	16493	253277	50638	7428	77341	
宁　夏	1067923		135632	268226	239726	187201	237138
新　疆	6246917	148421	929390	2386069	515598	2267439	

5-4 各地区按资质等级分的房地产开发企业土地购置面积

单位：平方米

地　区	总　计	一　级	二　级	三　级	四　级	暂　定	其　他
全国总计	**319094512**	**14713702**	**36932603**	**76456051**	**44010974**	**129632346**	**17348836**
北　京	6250067	1946712	347918	491961	689168	2491005	283303
天　津	4447789	67200	249956	57464	203320	3869849	
河　北	20227099	734958	1732187	5677425	5856239	5682945	543345
山　西	6147448	281365	409877	1197228	1682785	2423184	153009
内蒙古	11093345	313750	1451409	3615677	2819124	2591438	301947
辽　宁	20868635	422832	1877003	5858543	272770	10586873	1850614
吉　林	7238553	170006	847953	2178325	1420039	2622230	
黑龙江	8333122	35512	1083934	4715661	600314	1638430	259271
上　海	1849181	79142	255200	82679		1277009	155151
江　苏	18579284	1274899	4932634	5065229	278692	6588888	438942
浙　江	13083337	1356798	1526627	2462003	935707	5356189	1446013
安　徽	19185913	85078	2183442	2524725	2125648	11652941	614079
福　建	11206117	44261	1182274	1757472	3609851	4285360	326899
江　西	6944835	19288	878770	2400497	1072048	2181298	392934
山　东	21786840	1395099	1183626	4229371	4238222	9918162	822360
河　南	27015422	738732	3374550	4514158	2609045	14832393	946544
湖　北	10000796	8674	1301146	2432945	1731234	4440813	85984
湖　南	10015093		403578	4288169	1124532	3926653	272161
广　东	22599034	1911235	562373	4624140	4816439	7146215	3538632
广　西	12871526	296186	736864	2439044	617075	5296770	3485587
海　南	2867233		108006	351204	767589	1479521	160913
重　庆	12277918	552046	2927118	2963179	194862	5550304	90409
四　川	10468166	527146	2493151	4898753	927661	1389711	231744
贵　州	3732605		202189	611828	553679	2224709	140200
云　南	12698188	321983	1892567	2404108	2249739	5666450	163341
西　藏	52310		20000			32310	
陕　西	4079737	667808	331695	1814077	987321	211850	66986
甘　肃	3356939	250000	232296	700024	512764	1555029	106826
青　海	1781574	92207	862334	246361	82934	497738	
宁　夏	3742947	816788	1028343	665288	227349	658657	346522
新　疆	4293459	303997	313583	1188513	804824	1557422	125120

5-5　各地区按资质等级分的房地产开发企业土地成交价款

单位：万元

地　区	总　计	一　级	二　级	三　级	四　级	暂　定	其　他
全国总计	**51501414**	**5924980**	**6369591**	**10001999**	**5051729**	**20774805**	**3378310**
北　京	4326223	1448718	248375	152516	520927	1802417	153270
天　津	1163494	14650	170145	7742	116580	854377	
河　北	2222221	75662	273127	639624	456919	667645	109244
山　西	625243	37707	47942	101096	151823	272014	14661
内蒙古	1418094	47652	280835	751428	168792	150738	18649
辽　宁	2936827	77689	108952	762041	19604	1604610	363931
吉　林	676348	23150	95412	145346	122446	289994	
黑龙江	783111	4905	109352	506685	16478	131156	14535
上　海	746447	89243	58846	14600		550101	33657
江　苏	3398255	260378	761781	513511	21966	1669796	170823
浙　江	7808189	2544168	1152894	1381142	180799	1652139	897047
安　徽	2356231	36700	166593	204761	143427	1673378	131372
福　建	4180660	64801	652005	554643	1176394	1559962	172855
江　西	648286	4339	80187	183424	106620	237351	36365
山　东	2010050	79609	156943	418872	256702	985231	112693
河　南	1788514	57478	202589	258065	150768	1070107	49507
湖　北	966978	6500	260326	146330	81251	464543	8028
湖　南	1037620		53821	375369	78664	507740	22026
广　东	4071679	310761	140249	1278186	635148	967176	740159
广　西	1107230	11410	65406	145102	54719	720867	109726
海　南	126941		5210	25022	33941	53956	8812
重　庆	2836694	339488	654308	253043	20938	1561059	7858
四　川	1434348	115620	257632	444527	28047	438069	150453
贵　州	302833		24224	65670	43728	153191	16020
云　南	1028494	39049	136333	133245	239512	470251	10104
西　藏	14760		2400			12360	
陕　西	634023	89639	20323	344381	157117	18925	3638
甘　肃	272369	21900	27867	107845	25532	84685	4540
青　海	181112	16667	83545	18322	5158	57420	
宁　夏	213438	78226	55864	28918	8482	26796	15152
新　疆	184702	28871	16105	40543	29247	66751	3185

第六章

房地产开发企业经营状况（2009）

6-1 各地区房地产开发企业主要财务指标

单位:万元

地区	资产总计	负债合计	所有者权益合计	主营业务收入	土地转让收入
全国总计	**1701842364**	**1250427260**	**451415104**	**346062342**	**4980475**
北京	204007031	159681918	44325113	25770569	1237898
天津	61547074	44462141	17084933	7317075	70386
河北	30963940	22594271	8369669	7503347	59795
山西	15582701	12540039	3042662	2324439	9210
内蒙古	16030522	11807570	4222952	7531324	44271
辽宁	72213546	54876572	17336974	15404024	25404
吉林	12836606	9908048	2928558	4024662	521
黑龙江	18613889	12677221	5936668	5149500	28748
上海	207994129	137404215	70589914	29521883	1130442
江苏	146853351	105788923	41064428	47575593	371713
浙江	146796427	114665424	32131003	27333140	189183
安徽	41275462	30755216	10520246	9597305	137598
福建	66370500	47415837	18954663	11194980	28392
江西	21432392	14468852	6963540	5186664	28165
山东	86066907	65380779	20686129	20682632	127530
河南	33620940	22812498	10808442	8933162	63141
湖北	41681528	28567767	13113761	8616695	81033
湖南	34856180	24824126	10032054	8048569	80275
广东	202033678	152154503	49879175	40634056	359674
广西	26311759	18689052	7622706	5675083	89547
海南	11864826	9127225	2737601	2684113	479
重庆	53095024	36094074	17000950	11351941	548146
四川	62946472	46417098	16529374	14357146	78646
贵州	16901949	13703102	3198847	2525602	16889
云南	25668121	20712126	4955995	5363344	79427
西藏	447102	294366	152737	102520	3577
陕西	20009766	15142419	4867347	5469013	33779
甘肃	6251062	4443952	1807110	1340581	10179
青海	2813512	1951678	861834	378095	
宁夏	5875983	4656307	1219676	1469818	34074
新疆	8879986	6409943	2470043	2995468	12355

6-1 续表1

单位:万元

地　　区	商品房销售收入	房屋出租收入	其他收入	主营业务成本	主营业务税金及附加
全国总计	**325078328**	**5442732**	**10560807**	**245634080**	**25854899**
北　　京	21667123	1527211	1338337	17054972	2295826
天　　津	6560037	102571	584082	5070785	516301
河　　北	7285958	3689	153904	5557619	513749
山　　西	2156131	11622	147475	1665319	165871
内 蒙 古	7314164	2068	170822	5493252	620543
辽　　宁	15193794	44263	140563	12019712	1064018
吉　　林	3990163	14211	19767	3339314	233107
黑 龙 江	5072997	40	47715	4093066	305456
上　　海	24608810	2290082	1492550	17342315	2218416
江　　苏	46511085	110489	582306	34499130	3430285
浙　　江	26619475	82252	442231	19098644	2073286
安　　徽	9311335	20872	127500	7270881	705100
福　　建	10686050	74679	405860	7665937	956946
江　　西	5066944	5541	86015	3659224	366066
山　　东	19966813	17975	570314	14968784	1342034
河　　南	8721890	13006	135125	6371515	645284
湖　　北	8031541	17644	486478	6248465	601846
湖　　南	7645482		322811	6377796	522483
广　　东	38099039	546414	1628930	27276599	3553168
广　　西	5402030	22298	161208	4083100	489222
海　　南	2651589	2564	29481	1854367	220222
重　　庆	10419090	90251	294454	8608607	690546
四　　川	13638818	46693	592989	10795981	997851
贵　　州	2160877	322219	25617	1931518	188693
云　　南	5069837	39876	174205	4090929	392247
西　　藏	83469	4405	11069	65458	5057
陕　　西	5221056	3204	210974	4289653	344483
甘　　肃	1221075		109327	1076065	83073
青　　海	376314	525	1256	340703	22391
宁　　夏	1410975	9536	15234	1181178	87244
新　　疆	2914370	16533	52211	2243191	204086

6-1 续表2

单位:万元

地区	主营业务利润	其他业务收入	其他业务利润	销售费用	管理费用
全国总计	**69819385**	**3170716**	**2112571**	**9599113**	**17276871**
北京	6419771	421435	276810	933279	1787976
天津	1468347	58136	54178	261642	403190
河北	1300348	19180	9671	179641	372622
山西	465389	14960	3532	69808	179528
内蒙古	1355995	17083	10911	91999	223774
辽宁	2144845	61835	55833	414391	688576
吉林	399737	60891	26792	57371	192139
黑龙江	702911	14753	9902	95849	170865
上海	9845235	410124	280413	1038878	1744589
江苏	8859985	289316	161847	1032481	1521355
浙江	5791124	223005	198091	654149	1410183
安徽	1524926	45516	42091	239009	452815
福建	2434550	61120	35395	252704	487372
江西	1074073	20440	8910	151517	217262
山东	4009194	91732	69694	521170	979441
河南	1721867	23327	48726	269377	468464
湖北	1575217	235944	53448	238197	424150
湖南	953661	133495	30955	194632	393220
广东	9195846	504081	425626	1191264	2379429
广西	1033463	25686	19183	179914	332067
海南	542294	7688	7707	97940	109993
重庆	1824789	174400	78490	353369	474447
四川	2352139	93326	63575	546630	662549
贵州	345126	24009	19235	85596	209001
云南	827756	62516	48909	135087	379516
西藏	31642	229	1422	3948	6822
陕西	756323	25163	26596	170973	237374
甘肃	168714	14007	21147	28179	89174
青海	14354	135	554	4511	22648
宁夏	176323	5675	6447	28534	75627
新疆	503441	31508	16480	77073	180703

6-1 续表3

单位:万元

地区	财务费用	营业利润	营业外收入	营业外支出
全国总计	**6579974**	**47285843**	**2194854**	**1664409**
北京	1061644	4145638	183625	229672
天津	195865	1026031	92598	33610
河北	131320	760478	19872	27466
山西	52199	192753	4253	10576
内蒙古	62839	1049833	15450	11573
辽宁	235562	1038701	84912	68296
吉林	41721	187803	16379	14166
黑龙江	51525	442658	15934	9701
上海	849503	7426996	258575	110464
江苏	476079	6850243	282288	177939
浙江	476449	4310568	234006	178828
安徽	159192	812400	41758	30186
福建	189626	1813592	63791	95042
江西	103841	697664	31727	22870
山东	367301	2595097	65254	49939
河南	151778	1073950	18879	45542
湖北	137966	1020391	32660	20018
湖南	157029	437091	35902	45822
广东	780887	6722295	199741	258062
广西	75299	537479	19842	20772
海南	8713	402058	7685	17824
重庆	230668	1254707	82849	50779
四川	253811	1214871	307430	55453
贵州	63368	72556	39794	19136
云南	99174	390072	20876	19615
西藏	861	21797	246	163
陕西	69413	391810	5037	15031
甘肃	37027	48211	1977	4477
青海	4725	-16498	404	381
宁夏	21680	85408	2886	7589
新疆	32914	279193	8225	13419

6-1 续表4　　　　单位:万元

地　区	利润总额	应交所得税	劳动、失业保险费	住房公积金及住房补贴	本年应付工资总额	本年应付福利费总额
全国总计	**49448870**	**10604918**	**604882**	**354855**	**7024810**	**610263**
北　京	4315904	1143064	104228	40314	675602	46165
天　津	1106765	214994	16380	9346	166081	7864
河　北	764265	144663	3759	957	138593	11090
山　西	149986	45734	1696	617	93060	7534
内蒙古	1042732	128177	6524	736	125219	10560
辽　宁	1269888	311134	23142	7517	206811	18194
吉　林	174381	54750	4053	1467	83214	11679
黑龙江	453941	91631	23946	1988	76679	8803
上　海	8749240	1737214	69995	68428	563377	48747
江　苏	6963195	1233783	55281	47817	547714	56336
浙　江	4408057	1031373	42261	17369	457800	36737
安　徽	825833	198797	22869	4295	237809	20333
福　建	1829590	367230	11206	6085	212256	17694
江　西	667339	145356	18032	880	119698	15324
山　东	2355116	442331	35079	31153	427668	46449
河　南	1015016	217863	7999	2653	210264	23065
湖　北	1033033	243464	10742	45946	234075	28600
湖　南	429480	90816	6318	1648	211627	16728
广　东	7248249	1692714	67084	24205	816127	60261
广　西	478970	123996	7502	2007	146382	13868
海　南	383982	48847	2956	858	54405	4964
重　庆	1052619	257953	17596	7506	289317	22258
四　川	1398829	299996	19024	7669	381996	28547
贵　州	72917	41970	5806	3185	104519	7173
云　南	473649	114830	6787	8326	189709	16181
西　藏	14056	1002	392	257	6060	1616
陕　西	404620	81233	5007	2405	107602	11654
甘　肃	32561	12994	1478	391	48285	3755
青　海	-16393	1527	176	43	13146	1509
宁　夏	80412	22347	3239	7778	25866	1699
新　疆	270638	63136	4325	1009	53853	4877

6-2 各地区按登记注册类型分的房地产开发企业资产总计

单位：万元

地区	总计	内资					
			国有	集体	股份合作	国有联营	集体联营
全国总计	**1701842364**	**1420608131**	**158790968**	**17108155**	**4706104**	**2500482**	**358142**
北京	204007031	167129167	8846608	791407	362224	8159	
天津	61547074	54634279	18920209	452885	29957	40034	1960
河北	30963940	29564308	690913	40961	98862		
山西	15582701	14864296	841209	59041	33744		1115
内蒙古	16030522	15868738	261151	23727	8873		
辽宁	72213546	53159005	1417673	178284	135790	4077	
吉林	12836606	11899512	155227	33734	10233		
黑龙江	18613889	17348946	1816619	23981	5495		
上海	207994129	163850376	50323939	6838195	195134	1356008	193630
江苏	146853351	125225845	15667599	1311927	470449	80640	9934
浙江	146796427	130689270	4855107	681725	352462	589440	3687
安徽	41275462	37599200	2322452	160706	117022	79781	
福建	66370500	48709116	14024090	393913	170307	154776	50121
江西	21432392	18197440	3048733	60491	236049		1935
山东	86066907	77371895	5977250	1448076	451242	12531	16944
河南	33620940	29544949	1059875	107247	112172	789	
湖北	41681528	36559387	5269388	296545	261955		36942
湖南	34856180	32454486	1937950	106217	336412		2140
广东	202033678	143585917	6884374	3314361	490549	106129	25101
广西	26311759	24211672	1299127	111004	85953		
海南	11864826	9712658	234176	16063	163060		
重庆	53095024	44620185	3544160	75737	12373		
四川	62946472	53454183	4272382	116985	280893	66031	8291
贵州	16901949	15973727	547323	96013	23908		
云南	25668121	23322267	1584700	239240	63372	1232	
西藏	447102	447102	82915		39039		
陕西	20009766	17735574	1636331	56952	102483		3782
甘肃	6251062	5778271	545948	61992	25676		
青海	2813512	2650334	221683	3736	30418	857	
宁夏	5875983	5629625	93737	6000			2560
新疆	8879986	8816403	408120	1012			

6-2 续表1　　　　单位：万元

地　区	内资						
	国有与集体联　营	其他联营	国有独资公　司	其他有限责任公司	股份有限公　司	私营独资	私营合伙
全国总计	**634505**	**807444**	**69946272**	**615721447**	**91996750**	**12838249**	**3674017**
北　京			7012655	117610059	16555242		
天　津	18912		3568573	19099862	2349575	535306	
河　北		1000	463767	13713171	3219634	337613	43385
山　西			70716	4705491	588383	144267	26359
内蒙古	2350		76102	9800738	350732	81365	12614
辽　宁			1440041	20736241	2416165	1110729	84650
吉　林			307846	6919503	607993	117671	16080
黑龙江			2031453	6319741	884502	73122	132864
上　海	426772	136456	12496859	36819087	5917350	1580365	236659
江　苏	8605	5524	2932028	45910262	5622931	2120760	457871
浙　江	35601	1098	3967442	66730802	6631174	653973	89243
安　徽	33680	43894	2608175	20469461	1957452	382053	166033
福　建	8503	11189	2250005	15592006	1163280	93646	101545
江　西	60389		879042	7377925	1576668	304666	200650
山　东			1745632	36124393	6241919	640605	218828
河　南		27070	279195	16351719	2440603	269772	100071
湖　北	20031	8543	1104523	16187408	3010953	819702	75419
湖　南	683	26707	4558263	15530461	1682021	307414	243264
广　东	4223	484825	4369156	59517210	18711800	1457823	117661
广　西		16613	4200274	5732680	762162	331221	38589
海　南	2520		2384200	4429717	695049	41779	68422
重　庆		1377	5671756	12752900	1701946	177920	290213
四　川		6393	3663869	20300618	4021483	325943	63081
贵　州			239197	8779305	667200	229969	39231
云　南	1100		116013	9775716	1056607	201271	47520
西　藏				145727	44460	22284	1476
陕　西	2070	36757	366839	10291452	700873	316453	26436
甘　肃			50505	3124477	223898	46916	8128
青　海	9066		265246	848997	57594	30190	50874
宁　夏			561467	1186838	3435	36365	1409
新　疆			265435	2837479	133669	47085	715444

6-2 续表 2

单位：万元

地　区	内资			港澳台商投资		
	私营有限责任公司	私营股份有限公司	其他内资企业		合资经营	合作经营
全国总计	**400177224**	**30459742**	**10888630**	**173825695**	**59938567**	**26463404**
北　京	15313207	629604		22788730	5193744	9678212
天　津	9212310	188970	215727	2939096	1408819	54230
河　北	9067337	1766128	121537	456338	258202	
山　西	7821256	428804	143912	496185	372822	14101
内蒙古	5047624	176107	27357	87392	87392	
辽　宁	23726138	1249953	659265	9534891	4192076	386391
吉　林	3538299	155535	37392	791045	312857	5542
黑龙江	5536701	320434	204033	279259	168828	1000
上　海	44870250	1724923	734749	27551738	12278072	1091182
江　苏	44712215	3211305	2703795	11575394	4567836	621608
浙　江	43758658	1250108	1088749	7110133	3292203	445504
安　徽	8099074	852646	306768	2281482	1009371	70402
福　建	13731752	810970	153013	14018010	3454843	419250
江　西	3725968	562250	162673	2615309	940354	11666
山　东	20580783	2801485	1112209	5160354	2663807	504761
河　南	7944398	369871	482170	1485036	605070	152845
湖　北	8563109	709208	195661	3165421	1193634	77541
湖　南	6557213	1002491	163250	1393943	927800	36288
广　东	39350447	8244175	508084	43380799	10538576	12423974
广　西	11062010	517726	54313	1173159	637414	143894
海　南	1443208	52931	181534	927614	158475	
重　庆	19331879	823646	236280	6423452	2555409	98388
四　川	18565584	764201	998430	3944050	1142658	85692
贵　州	4675207	659070	17305	356457	287320	
云　南	9666983	360014	208500	2006269	842471	65809
西　藏	100768	8875	1560			
陕　西	3868713	305933	20499	1416871	395816	75123
甘　肃	1590390	84525	15814	320722	313092	
青　海	933154	188973	9547	91064	89735	
宁　夏	3658109	79708				
新　疆	4124481	159173	124505	55484	49869	

6-2 续表3

单位：万元

地　区	港澳台商投资		外商投资				
	独　资	股份有限		合资经营	合作经营	独　资	股份有限
全国总计	**80030735**	**7392989**	**107408539**	**35274073**	**10788177**	**56737051**	**4609238**
北　京	7916774		14089134	5624031	4008351	2163350	2293402
天　津	1144759	331287	3973699	2202434	447526	1298665	25074
河　北	198136		943294	211559		714661	17074
山　西	109262		222220	131509		90712	
内蒙古			74391	34912		39479	
辽　宁	4825460	130964	9519651	3360605	776477	5382570	
吉　林	450426	22220	146049	124401	6746	14903	
黑龙江	89030	20401	985684	347797	35075	602813	
上　海	13004283	1178200	16592015	4877713	509384	10475147	729771
江　苏	6084887	301063	10052113	3649165	750132	5626425	26390
浙　江	3012756	359670	8997024	2648212	4395	6128632	215785
安　徽	1168009	33700	1394780	526735		814887	53159
福　建	9907189	236727	3643374	827795	66578	2676464	72536
江　西	1609854	53435	619644	404225		136501	78919
山　东	1616673	375114	3534658	2276588	289499	918113	50457
河　南	727122		2590955	796846		1547941	246168
湖　北	1383501	510745	1956720	597659	451261	869717	38083
湖　南	426675	3180	1007751	524456	1210	471955	10130
广　东	19111519	1306729	15066962	1857075	2264553	10337326	608009
广　西	385968	5883	926928	450554	54212	422162	
海　南	347351	421789	1224554	1024359		68661	131533
重　庆	1686569	2083086	2051387	667502	149079	1234806	
四　川	2697694	18006	5548239	1277674	618961	3638855	12749
贵　州	68346	791	571764	81732	175385	314648	
云　南	1097988		339585	81938		257647	
西　藏							
陕　西	945932		857321	392865	179353	285103	
甘　肃	7630		152070	139421		12648	
青　海	1329		72114	71110		1004	
宁　夏			246358	55102		191256	
新　疆	5615		8100	8100			

6-3 各地区按资质等级分的房地产开发企业资产总计

单位：万元

地　区	总　计	一　级	二　级	三　级	四　级	暂　定	其　他
全国总计	**1701842364**	**210337759**	**346300169**	**377463034**	**181118607**	**461432581**	**125190214**
北　京	204007031	43727493	35940092	23157515	54181371	30747702	16252859
天　津	61547074	4933988	13301148	6790531	14722038	21146728	652643
河　北	30963940	5312215	5116239	7739301	7381553	4600568	814064
山　西	15582701	615634	2993171	4049405	5497261	2377132	50098
内蒙古	16030522	1440954	3432128	3825314	4213907	2833160	285061
辽　宁	72213546	4760924	8802781	20925443	844572	32063124	4816703
吉　林	12836606	503895	2455296	3994908	1960033	3778895	143580
黑龙江	18613889	578466	6418512	9318417	251715	1860194	186585
上　海	207994129	40954430	33100024	18958282	305062	90444468	24231865
江　苏	146853351	12430835	60498141	28067626	773821	39136905	5946022
浙　江	146796427	19652937	29967784	40459413	6961748	38037939	11716607
安　徽	41275462	875017	6410033	10652163	1623341	20602286	1112622
福　建	66370500	3354755	10989040	17448735	13939839	16878173	3759958
江　西	21432392	655210	7443496	6434750	1344654	4958472	595811
山　东	86066907	5423116	11255879	22206946	11545634	30901676	4733657
河　南	33620940	1836219	8307269	6659210	1880084	14488567	449592
湖　北	41681528	5041390	12317288	9495023	2875459	9476404	2475965
湖　南	34856180	517962	4492139	18746514	1273888	9139175	686503
广　东	202033678	33023716	24790255	50285476	25897836	29291328	38745067
广　西	26311759	470577	2295764	6422000	2432292	11896564	2794562
海　南	11864826	22390	1862209	3947987	1229649	4370693	431897
重　庆	53095024	9560533	15141651	9148900	321121	18879629	43191
四　川	62946472	5160466	18986404	27426992	1318157	7328694	2725759
贵　州	16901949	435099	2393069	4027311	4381362	5133465	531642
云　南	25668121	1732774	7317229	4479830	6763036	4886110	489142
西　藏	447102	57431	91733	184913	57202	25833	29990
陕　西	20009766	3891228	3994270	5859824	4336546	1771747	156151
甘　肃	6251062	120075	1574015	2408617	948445	1163796	36113
青　海	2813512	402177	1142184	546694	266578	448918	6961
宁　夏	5875983	1263852	1823444	1103124	536877	1002149	146536
新　疆	8879986	1581999	1647483	2691874	1053530	1762090	143010

6-4 各地区按登记注册类型分的房地产开发企业负债总计

单位：万元

地区	总计	内资					
			国有	集体	股份合作	国有联营	集体联营
全国总计	**1250427260**	**1058342415**	**112248175**	**13602229**	**3478812**	**1469892**	**303405**
北京	159681918	131640399	7065834	657235	326868	2512	
天津	44462141	39797344	13636517	348688	19610	32653	337
河北	22594271	21514658	679401	14578	67910		
山西	12540039	11925122	753593	45773	33937		115
内蒙古	11807570	11697032	177273	22315	3740		
辽宁	54876572	43247028	1293230	148922	111205	4014	
吉林	9908048	9165922	119213	17663	7262		
黑龙江	12677221	11703421	1281020	12653	1968		
上海	137404215	112238102	32065720	5353532	150860	899663	166030
江苏	105788923	92283095	10456919	1002423	402780	50474	4788
浙江	114665424	102888509	3626286	563703	248151	158491	3172
安徽	30755216	28120748	1805591	135563	87638	64617	
福建	47415837	34461007	10091822	337559	109449	113675	46186
江西	14468852	11945164	1828352	30815	193590		1005
山东	65380779	59034405	4709809	1187792	265068	6480	14356
河南	22812498	19757601	757930	76917	76617	1	
湖北	28567767	25115784	4167133	228034	212006		29331
湖南	24824126	23096415	1413835	73664	252641		726
广东	152154503	110609480	5391109	2677347	315711	84610	25118
广西	18689052	17252760	1064054	81888	67281		
海南	9127225	7673555	219272	12863	105541		
重庆	36094074	30227317	2382658	53082	7987		
四川	46417098	40545688	3153971	101562	189855	52272	9243
贵州	13703102	12948663	490419	87629	20079		
云南	20712126	18979916	1389035	236906	54335	175	
西藏	294366	294366	55029		34539		
陕西	15142419	13469116	1245840	43434	67788		2082
甘肃	4443952	4086015	387680	44409	19241		
青海	1951678	1828157	137203		25155	257	
宁夏	4656307	4440616	99003	4835			916
新疆	6409943	6355014	303427	444			

6-4 续表 1

单位：万元

地区	内资						
	国有与集体联营	其他联营	国有独资公司	其他有限责任公司	股份有限公司	私营独资	私营合伙
全国总计	**477707**	**643702**	**47422502**	**472965334**	**60647684**	**9418096**	**2475256**
北京			5652098	95025274	9995829		
天津	19116		2809549	13908716	1462607	415797	
河北		950	459205	9532864	2343975	251518	30975
山西			71920	3709397	467616	114930	19157
内蒙古	1150		73315	7102046	228003	40470	2170
辽宁			1402683	17063223	1536559	852747	55066
吉林			218563	5436576	480568	86766	4517
黑龙江			1511582	4237923	541916	18898	102169
上海	324711	118246	7644368	26239805	3389689	1322841	118080
江苏	2399	4568	1476307	34400948	4065517	1587993	355604
浙江	17475	-100	2937841	53487738	4945902	468414	62012
安徽	28521	30871	1376954	15734975	1595475	287088	126550
福建	7211	3367	1361589	11331334	807983	61032	79912
江西	57166		440737	4804899	1051830	208463	154238
山东			1311817	28314560	4770755	467295	139319
河南		21653	150252	10852701	1269751	157125	47583
湖北	13451	1543	906798	10727568	2006723	477538	36099
湖南		19515	2944003	11850620	1185193	206620	137859
广东	2848	400468	3289603	47928430	11007976	1174134	97060
广西		13113	2569913	4178449	529486	173488	15079
海南	1400		1907522	3312828	576916	18092	60115
重庆		1020	3320603	8673397	1115317	154218	274055
四川		2019	2210808	16047589	3058851	259983	14121
贵州			236700	7314435	479300	133125	35195
云南	900		67923	7775526	925810	152265	36936
西藏				85270	37680	10168	600
陕西	22	26472	308216	7921991	522134	199097	20069
甘肃			49317	2241510	152506	31872	2691
青海	1338		203583	592518	42282	18694	39319
宁夏			371285	933158	2890	32346	1213
新疆			137450	2199068	50644	35079	407496

6-4 续表2

单位：万元

地区	内资			港澳台商投资		
	私营有限责任公司	私营股份有限公司	其他内资企业		合资经营	合作经营
全国总计	**303024921**	**22110974**	**8053728**	**118704487**	**40559750**	**19404742**
北京	12377597	537152		17313931	3784953	7376016
天津	6847444	157500	138810	2212207	1062141	34398
河北	6605873	1457309	70100	335752	196238	
山西	6247106	345148	116430	420127	316104	13373
内蒙古	3914239	127011	5302	63751	63751	
辽宁	19220163	982522	576694	5982156	3067744	197677
吉林	2672544	101998	20254	634761	243240	3741
黑龙江	3657495	207030	130766	166296	109684	308
上海	32679333	1272230	492994	15528189	6080371	699791
江苏	34359291	2315301	1797785	7425235	3291047	356871
浙江	34616992	929716	822716	4881259	2402429	383525
安徽	6058578	581412	206916	1676812	772736	62998
福建	9384448	628107	97334	10419582	2517655	335016
江西	2685843	380557	107671	2053298	670534	8460
山东	15340835	1690101	816218	3630042	1941664	462636
河南	5803769	247109	296195	1120760	383349	100563
湖北	5724711	451799	133051	2012404	767761	66761
湖南	4255087	635145	121507	999373	665849	19153
广东	31645521	6175455	394092	30589440	7343125	8966600
广西	8178886	336291	44833	701663	427325	89054
海南	1253873	49829	155304	438102	84232	
重庆	13497239	558980	188763	4523045	1844629	61428
四川	13930957	526287	988171	2167141	921508	65917
贵州	3601252	536623	13907	285060	236134	
云南	7883719	276349	180036	1510957	638293	60818
西藏	66114	3875	1092			
陕西	2863978	233042	14951	1253177	374256	39640
甘肃	1094580	57225	4985	237778	235273	
青海	660374	105614	1821	73884	73355	
宁夏	2929250	65720				
新疆	2967830	138542	115034	48306	44371	

6-4 续表3

单位：万元

地 区	港澳台商投资		外商投资				
	独 资	股份有限		合资经营	合作经营	独 资	股份有限
全国总计	**53739274**	**5000721**	**73380358**	**24991834**	**7871052**	**37151463**	**3366010**
北 京	6152962		10727588	4575908	2961151	1521723	1668806
天 津	803045	312622	2452591	1304525	323897	808189	15981
河 北	139514		743861	183271		539670	20920
山 西	90650		194790	129852		64939	
内蒙古			46787	14047		32740	
辽 宁	2619922	96814	5647388	2161529	611630	2874229	
吉 林	381874	5907	107365	94990	1467	10908	
黑龙江	49289	7017	807504	314462	30333	462709	
上 海	8027098	720929	9637924	2723904	309309	6086601	518111
江 苏	3555836	221481	6080594	2537177	505429	3027693	10295
浙 江	1837514	257791	6895656	1962889	2947	4766431	163389
安 徽	812933	28145	957656	396817		507939	52899
福 建	7401610	165300	2535249	614805	39902	1842785	37757
江 西	1338398	35906	470391	320416		92697	57278
山 东	989921	235821	2716332	1816291	203894	689223	6925
河 南	636848		1934138	564673		1140185	229280
湖 北	787647	390235	1439579	388283	411321	611552	28423
湖 南	312012	2360	728337	402626	815	318100	6796
广 东	13508812	770903	10955583	1375436	1546526	7599634	433988
广 西	183782	1501	734630	339496	89896	305238	
海 南	212879	140992	1015568	865236		46206	104126
重 庆	1018688	1598300	1343712	443532	93171	807009	
四 川	1171710	8006	3704269	998922	405069	2289243	11035
贵 州	48235	691	469378	77697	170430	221251	
云 南	811845		221253	38614		182639	
西 藏							
陕 西	839281		420126	135514	163866	120747	
甘 肃	2505		120159	110372		9787	
青 海	529		49637	49404		233	
宁 夏			215691	44524		171167	
新 疆	3935		6623	6623			

6-5　各地区按资质等级分的房地产开发企业负债合计

单位：万元

地　区	总　计	一　级	二　级	三　级	四　级	暂　定	其　他
全国总计	**1250427260**	**149031400**	**256157326**	**284925844**	**138927309**	**334787185**	**86598197**
北　京	159681918	33104653	28820836	18575632	43615976	23946050	11618772
天　津	44462141	3360168	9720853	5028746	11236830	14654213	461331
河　北	22594271	3462453	3698803	5724367	5769359	3282400	656890
山　西	12540039	489509	2553180	3465951	4305932	1686063	39404
内蒙古	11807570	1057702	2573279	2903679	3158021	1989574	125316
辽　宁	54876572	3887055	7000014	16532520	754762	23474385	3227836
吉　林	9908048	365571	1985705	3103538	1316921	3013115	123198
黑龙江	12677221	364413	4769611	6055451	122881	1233747	131118
上　海	137404215	24749520	20848820	13237081	254682	62809064	15505049
江　苏	105788923	9109065	43892608	20677247	569844	27557674	3982485
浙　江	114665424	15250389	23615942	32003533	5090965	30140928	8563667
安　徽	30755216	636645	4965422	7998323	1197643	15309680	647504
福　建	47415837	2851077	7550138	12904853	9619579	12032108	2458081
江　西	14468852	597727	4688269	4524337	866111	3361784	430624
山　东	65380779	4226326	9311298	16703709	8231201	23722834	3185412
河　南	22812498	1300661	5603944	4697298	1212252	9797657	200686
湖　北	28567767	3759231	8928452	6553221	1825443	6217331	1284089
湖　南	24824126	396248	3272779	13200693	796997	6691545	465863
广　东	152154503	22343098	18494960	39598666	20599964	22419986	28697828
广　西	18689052	310413	1786861	4746576	1659909	8327739	1857554
海　南	9127225	22463	1505263	3150592	754360	3435604	258944
重　庆	36094074	6417141	10742410	5995512	230563	12678766	29681
四　川	46417098	3834844	14012664	21004613	972509	4988868	1603600
贵　州	13703102	329521	1925294	3310909	3661713	4190979	284686
云　南	20712126	1286701	6035327	3681818	5767620	3596004	344656
西　藏	294366	42145	67619	115206	34228	15243	19925
陕　西	15142419	3116328	2993161	4320914	3319415	1262765	129835
甘　肃	4443952	95065	1227954	1720169	634149	745966	20650
青　海	1951678	281710	871029	388682	146024	263485	747
宁　夏	4656307	989464	1464405	911301	422793	722418	145926
新　疆	6409943	994092	1230425	2090707	778665	1219211	96844

6-6 各地区按登记注册类型分的房地产开发企业所有者权益

单位：万元

地区	总计	内资					
			国有	集体	股份合作	国有联营	集体联营
全国总计	**451415104**	**362265716**	**46542794**	**3505927**	**1227293**	**1030590**	**54737**
北京	44325113	35488768	1780774	134172	35357	5647	
天津	17084933	14836936	5283692	104197	10348	7381	1623
河北	8369669	8049651	11513	26383	30952		
山西	3042662	2939174	87616	13268	-194		1000
内蒙古	4222952	4171706	83878	1412	5132		
辽宁	17336974	9911976	124443	29361	24585	63	
吉林	2928558	2733590	36014	16071	2970		
黑龙江	5936668	5645525	535599	11328	3527		
上海	70589914	51612274	18258219	1484663	44273	456345	27600
江苏	41064428	32942750	5210680	309504	67669	30166	5146
浙江	32131003	27800761	1228821	118022	104311	430949	514
安徽	10520246	9478452	516862	25143	29384	15164	
福建	18954663	14248110	3932268	56354	60858	41102	3935
江西	6963540	6252276	1220381	29676	42459		930
山东	20686129	18337491	1267440	260283	186174	6051	2588
河南	10808442	9787348	301945	30330	35555	788	
湖北	13113761	11443603	1102256	68512	49949		7611
湖南	10032054	9358071	524116	32554	83771		1414
广东	49879175	32976437	1493265	637013	174839	21519	-16
广西	7622706	6958912	235074	29116	18672		
海南	2737601	2039104	14904	3200	57519		
重庆	17000950	14392869	1161502	22656	4387		
四川	16529374	12908495	1118412	15423	91038	13758	-952
贵州	3198847	3025064	56904	8384	3829		
云南	4955995	4342350	195665	2333	9036	1057	
西藏	152737	152737	27887		4500		
陕西	4867347	4266458	390492	13518	34695		1699
甘肃	1807110	1692255	158268	17584	6435		
青海	861834	822177	84480	3736	5263	600	
宁夏	1219676	1189009	-5266	1164			1644
新疆	2470043	2461389	104693	567			

6-6 续表1　　　　单位：万元

地　　区	内			资			
	国有与集体联　　营	其他联营	国有独资公　　司	其他有限责任公司	股份有限公　　司	私营独资	私营合伙
全国总计	**156798**	**163742**	**22523770**	**142756113**	**31349066**	**3420153**	**1198761**
北　　京			1360558	22584785	6559413		
天　　津	-204		759024	5191145	886968	119509	
河　　北		50	4562	4180307	875659	86094	12410
山　　西			-1204	996094	120767	29337	7202
内 蒙 古	1200		2787	2698692	122729	40895	10444
辽　　宁			37358	3673019	879605	257982	29584
吉　　林			89283	1482927	127425	30906	11564
黑 龙 江			519871	2081818	342586	54224	30695
上　　海	102062	18210	4852492	10579282	2527661	257523	118579
江　　苏	6206	956	1455721	11509315	1557415	532767	102266
浙　　江	18127	1198	1029601	13243065	1685271	185559	27231
安　　徽	5160	13023	1231222	4734486	361977	94965	39484
福　　建	1292	7823	888417	4260672	355297	32614	21633
江　　西	3223		438305	2573027	524838	96203	46413
山　　东			433815	7809833	1471165	173310	79509
河　　南		5417	128943	5499018	1170852	112647	52488
湖　　北	6580	7000	197725	5459840	1004229	342164	39320
湖　　南	683	7192	1614261	3679841	496828	100794	105405
广　　东	1375	84357	1079553	11588780	7703824	283689	20602
广　　西		3501	1630361	1554231	232675	157733	23511
海　　南	1120		476678	1116889	118133	23687	8307
重　　庆		357	2351153	4079504	586629	23702	16158
四　　川		4374	1453061	4253029	962632	65960	48960
贵　　州			2498	1464871	187900	96844	4036
云　　南	200		48090	2000190	130796	49006	10584
西　　藏				60456	6780	12116	876
陕　　西	2048	10286	58623	2369461	178739	117356	6368
甘　　肃			1188	882967	71392	15045	5437
青　　海	7728		61663	256478	15312	11496	11555
宁　　夏			190181	253680	545	4019	196
新　　疆			127984	638412	83025	12007	307948

6-6 续表2

单位：万元

地区	内资			港澳台商投资		
	私营有限责任公司	私营股份有限公司	其他内资企业		合资经营	合作经营
全国总计	**97152303**	**8348768**	**2834902**	**55121208**	**19378816**	**7058662**
北京	2935611	92452		5474799	1408791	2302196
天津	2364866	31471	76916	726890	346678	19832
河北	2461464	308820	51437	120586	61964	
山西	1574149	83657	27482	76058	56717	728
内蒙古	1133386	49096	22056	23641	23641	
辽宁	4505975	267431	82572	3552735	1124332	188715
吉林	865755	53537	17139	156284	69618	1801
黑龙江	1879206	113404	73267	112963	59144	693
上海	12190917	452693	241755	12023549	6197701	391392
江苏	10352924	896005	906011	4150159	1276789	264737
浙江	9141666	320393	266033	2228874	889774	61978
安徽	2040497	271234	99853	604670	236635	7404
福建	4347303	182863	55679	3598428	937188	84235
江西	1040126	181693	55002	562011	269820	3206
山东	5239948	1111384	295991	1530313	722143	42125
河南	2140629	122762	185975	364276	221721	52282
湖北	2838398	257410	62609	1153016	425873	10781
湖南	2302126	367346	41743	394570	261952	17135
广东	7704926	2068720	113992	12791359	3195451	3457374
广西	2883123	181436	9480	471496	210089	54841
海南	189335	3102	26230	489512	74243	
重庆	5834639	264666	47517	1900407	710780	36960
四川	4634627	237914	10260	1776910	221151	19775
贵州	1073955	122448	3398	71397	51186	
云南	1783264	83665	28464	495312	204178	4991
西藏	34654	5000	468			
陕西	1004736	72891	5548	163694	21560	35483
甘肃	495810	27300	10829	82944	77819	
青海	272780	83359	7726	17180	16380	
宁夏	728859	13988				
新疆	1156651	20631	9472	7178	5498	

6-6 续表3

单位：万元

地　区	港澳台商投资		外商投资				
	独　资	股份有限		合资经营	合作经营	独　资	股份有限
全国总计	**26291462**	**2392268**	**34028181**	**10282239**	**2917125**	**19585588**	**1243228**
北　京	1763812		3361546	1048123	1047200	641627	624596
天　津	341715	18665	1521108	897909	123629	490477	9094
河　北	58622		199433	28288		174991	-3846
山　西	18612		27430	1657		25773	
内蒙古			27604	20865		6739	
辽　宁	2205538	34150	3872263	1199076	164847	2508341	
吉　林	68552	16313	38685	29411	5279	3995	
黑龙江	39742	13384	178181	33334	4742	140105	
上　海	4977185	457271	6954091	2153809	200075	4388546	211661
江　苏	2529051	79581	3971519	1111989	244704	2598732	16095
浙　江	1175242	101880	2101368	685323	1448	1362202	52395
安　徽	355076	5555	437125	129918		306948	259
福　建	2505579	71427	1108125	212990	26676	833679	34779
江　西	271456	17529	149254	83809		43804	21641
山　东	626752	139293	818326	460297	85606	228890	43532
河　南	90273		656818	232174		407757	16888
湖　北	595853	120510	517142	209377	39940	258165	9660
湖　南	114664	820	279413	121831	395	153854	3333
广　东	5602707	535827	4111378	481639	718027	2737692	174020
广　西	202185	4381	192299	111058	-35684	116924	
海　南	134472	280796	208986	159123		22455	27407
重　庆	667881	484786	707675	223970	55907	427797	
四　川	1525983	10000	1843969	278753	213891	1349612	1713
贵　州	20111	100	102386	4034	4955	93397	
云　南	286143		118332	43324		75009	
西　藏							
陕　西	106651		437196	257351	15488	164357	
甘　肃	5125		31911	29050		2861	
青　海	800		22477	21706		771	
宁　夏			30667	10578		20089	
新　疆	1679		1477	1477			

6-7 各地区按资质等级分的房地产开发企业所有者权益

单位：万元

地区	总计	一级	二级	三级	四级	暂定	其他
全国总计	**451415104**	**61306359**	**90142843**	**92537191**	**42191298**	**126645397**	**38592017**
北京	44325113	10622840	7119256	4581883	10565395	6801653	4634086
天津	17084933	1573820	3580295	1761785	3485208	6492515	191312
河北	8369669	1849763	1417436	2014935	1612194	1318168	157174
山西	3042662	126125	439991	583453	1191330	691069	10695
内蒙古	4222952	383252	858849	921635	1055886	843585	159745
辽宁	17336974	873870	1802767	4392923	89810	8588738	1588867
吉林	2928558	138323	469591	891370	643112	765781	20382
黑龙江	5936668	214053	1648902	3262966	128834	626447	55467
上海	70589914	16204910	12251204	5721201	50380	27635404	8726816
江苏	41064428	3321770	16605533	7390380	203977	11579231	1963538
浙江	32131003	4402548	6351841	8455880	1870783	7897011	3152940
安徽	10520246	238373	1444611	2653839	425699	5292606	465119
福建	18954663	503678	3438902	4543882	4320259	4846064	1301878
江西	6963540	57483	2755227	1910413	478543	1596688	165186
山东	20686129	1196790	1944581	5503238	3314433	7178842	1548245
河南	10808442	535558	2703325	1961911	667832	4690911	248906
湖北	13113761	1282159	3388836	2941802	1050016	3259072	1191876
湖南	10032054	121713	1219360	5545821	476890	2447630	220640
广东	49879175	10680617	6295295	10686810	5297872	6871342	10047239
广西	7622706	160165	508903	1675424	772382	3568825	937009
海南	2737601	-73	356945	797395	475289	935090	172954
重庆	17000950	3143393	4399241	3153387	90558	6200862	13510
四川	16529374	1325622	4973740	6422379	345648	2339826	1122159
贵州	3198847	105578	467775	716402	719650	942486	246956
云南	4955995	446073	1281902	798011	995416	1290106	144486
西藏	152737	15286	24114	69706	22974	10590	10066
陕西	4867347	774900	1001109	1538910	1017131	508982	26316
甘肃	1807110	25010	346061	688449	314296	417831	15463
青海	861834	120467	271155	158012	120554	185433	6214
宁夏	1219676	274389	359039	191823	114084	279731	610
新疆	2470043	587907	417058	601168	274865	542880	46166

6-8 各地区按登记注册类型分的房地产开发企业营业利润

单位：万元

地　区	总　计	内　资					
			国　有	集　体	股份合作	国有联营	集体联营
全国总计	**47285843**	**37650998**	**2051648**	**599425**	**104065**	**104454**	**3969**
北　京	4145638	3139451	33688	32689	-77	232	
天　津	1026031	893644	122240	41365	-4701	1590	-67
河　北	760478	726393	170	6139	-356		
山　西	192753	196338	12331	-158	33		
内蒙古	1049833	1042948	16426	-94	8134		
辽　宁	1038701	950036	5798	960	5293	304	
吉　林	187803	182470	7653	1106	-158		
黑龙江	442658	419953	-2375	2190	725		
上　海	7426996	4958124	691859	289015	-1230	71420	536
江　苏	6850243	5755608	292645	16042	23888	3259	66
浙　江	4310568	3942546	65740	-1208	-1925	16592	-56
安　徽	812400	720122	34222	3708	7053	2183	
福　建	1813592	1249569	142249	5869	-63	1165	-61
江　西	697664	599296	21011	8683	3614		69
山　东	2595097	2253984	138300	66141	10465	117	884
河　南	1073950	952600	18977	8266	11972	-12	
湖　北	1020391	856819	135022	5216	267		2725
湖　南	437091	415765	29033	1822	17594		-47
广　东	6722295	4336851	186469	98468	10211	8153	
广　西	537479	441117	45053	5220	-1042		
海　南	402058	331115	-10780	10681	-1094		
重　庆	1254707	1224133	-5216	-194	1070		
四　川	1214871	1010774	6503	-844	15873	-6447	-280
贵　州	72556	75104	8938	-1155	-10		
云　南	390072	194914	5769	-2333	-1029	5937	
西　藏	21797	21797	2053		-602		
陕　西	391810	366743	40706	862	997		146
甘　肃	48211	46246	-2420	1044	-499		
青　海	-16498	-15982	-11447	-26	-339	-40	
宁　夏	85408	81085	-1698	-26			55
新　疆	279193	281436	22730	-20			

6-8 续表1 单位：万元

地　区	内			资			
	国有与集体联营	其他联营	国有独资公司	其他有限责任公司	股份有限公司	私营独资	私营合伙
全国总计	**9987**	**14013**	**689098**	**18939569**	**2636040**	**552906**	**191406**
北　京			91724	2646318	300932		
天　津	-203		21126	375798	47598	41499	
河　北			-7404	456930	102146	2967	-733
山　西			-2879	24301	27862	2509	319
内蒙古	396		-3206	620534	24046	14127	1354
辽　宁			-29749	367217	59832	37014	6116
吉　林			-1866	120454	10381	2265	2553
黑龙江			6480	161057	22722	27458	283
上　海	5669	220	276013	1691344	203090	-9025	3968
江　苏	0	294	60271	2619186	271706	91268	24328
浙　江	616	-42	42975	2488959	223983	53362	601
安　徽	918	494	35339	443209	45948	172	6156
福　建	51	1419	64980	631839	10598	176	1931
江　西	161		-9493	252698	97909	13027	12162
山　东			33788	912081	216917	14775	8973
河　南		372	3513	566078	49220	34321	12913
湖　北	1920		5447	395069	48198	34759	5523
湖　南	-55	1246	1233	238834	20572	-2209	15129
广　东	318	8309	30140	2020238	531289	133157	2262
广　西		-202	1666	127289	9599	24700	2289
海　南	236		2366	193115	40064	3609	-1176
重　庆		-46	-424	526160	91076	-847	9903
四　川		-222	39188	484209	120952	200	29893
贵　州			-1092	60050	19003	8605	1781
云　南			3718	143923	10665	-666	-1713
西　藏				888	38	628	-8
陕　西	-2	2171	-2509	222241	13319	26441	-237
甘　肃			2623	27842	3002	-590	7
青　海	-37		-1664	3195	188	-2142	-17
宁　夏			12547	22091	344	-258	23
新　疆			14246	96423	12841	1606	46824

6-8 续表2

单位：万元

地　　区	内资			港澳台商投资		
	私营有限责任公司	私营股份有限公司	其他内资企业		合资经营	合作经营
全国总计	**10570231**	**789413**	**394774**	**6297888**	**2524941**	**754188**
北　　京	39160	-5214		473132	107931	225048
天　　津	230248	6236	10913	12253	20757	12044
河　　北	191649	-310	-24804	27898	12298	
山　　西	140810	-8209	-582	-1507	-1314	-221
内 蒙 古	343777	14461	2994	6229	6229	
辽　　宁	476253	13756	7244	29712	44584	-12522
吉　　林	34786	4985	311	4438	5838	-119
黑 龙 江	169985	15512	15915	10405	1361	-3
上　　海	1664705	63174	7366	1581293	954059	21670
江　　苏	2096530	193379	62748	583593	275249	39762
浙　　江	919892	27094	105961	213596	144731	20913
安　　徽	122479	5796	12446	46614	20409	-1238
福　　建	351373	36206	1838	439817	57963	7594
江　　西	162527	7439	29489	65504	4224	33
山　　东	714483	54955	82107	235649	188720	6144
河　　南	204335	18802	23843	60627	23168	17496
湖　　北	185937	25928	10809	119965	37033	-1204
湖　　南	72547	15562	4506	13076	5318	4057
广　　东	1065772	229593	12474	1896614	451698	405476
广　　西	228165	220	-1840	91075	70101	10077
海　　南	81588	3179	9326	39363	-5250	
重　　庆	564316	31413	6923	24578	7544	-2332
四　　川	311598	6091	4059	127187	17082	5984
贵　　州	-30712	9222	473	-2699	-1426	
云　　南	15925	7921	6798	200406	72845	-634
西　　藏	18745	-28	83			
陕　　西	41281	18937	2390	1530	6673	-3834
甘　　肃	15671	-905	470	96	-440	
青　　海	-2129	-1434	-91	-301	-282	
宁　　夏	47125	884				
新　　疆	91414	-5234	609	-2253	-2162	

6-8 续表3

单位：万元

地　　区	港澳台商投资		外商投资				
	独　　资	股份有限		合资经营	合作经营	独　　资	股份有限
全国总计	**2654189**	**364570**	**3336957**	**1129234**	**318503**	**1706302**	**182920**
北　　京	140154		533055	274386	172873	72983	12813
天　　津	-16265	-4283	120134	43403	14083	51307	11341
河　　北	15600		6187	10585		-5678	1280
山　　西	29		-2078	-1683		-395	
内 蒙 古			656	717		-61	
辽　　宁	-2047	-304	58953	65962	18846	-25855	
吉　　林	-1641	360	895	340	570	-14	
黑 龙 江	6939	2109	12300	5923	-1047	7424	
上　　海	457427	148137	887579	184100	9065	599050	95364
江　　苏	261772	6810	511042	213714	41957	246241	9130
浙　　江	-2355	50307	154426	36127	2108	117932	-1741
安　　徽	27561	-118	45663	9081		36922	-341
福　　建	373908	353	124206	12927	-346	110825	800
江　　西	61537	-291	32865	12213		14795	5857
山　　东	40003	782	105463	100939	-1221	7729	-1983
河　　南	19963		60723	20518		32913	7292
湖　　北	83128	1008	43606	15480	11315	17254	-442
湖　　南	3600	101	8250	6990	-20	1288	-8
广　　东	922181	117258	488830	71733	46569	334690	35838
广　　西	10996	-98	5287	-858	-6123	12268	
海　　南	2892	41721	31580	15722		7898	7960
重　　庆	17983	1383	5996	15510	3715	-13230	
四　　川	104182	-61	76911	-1154	9081	69226	-242
贵　　州	-669	-604	152	-611	-405	1168	
云　　南	128195		-5249	-1234		-4015	
西　　藏							
陕　　西	-1310		23537	17239	-2517	8815	
甘　　肃	536		1869	1910		-42	
青　　海	-19		-215	-189		-26	
宁　　夏			4323	-567		4890	
新　　疆	-92		10	10			

6-9　各地区按资质等级分的房地产开发企业营业利润

单位：万元

地　区	总　计	一　级	二　级	三　级	四　级	暂　定	其　他
全国总计	**47285843**	**7116976**	**11560200**	**10698116**	**5083452**	**10645674**	**2181425**
北　京	4145638	1222568	771606	328176	1567667	196466	59154
天　津	1026031	77786	260555	284405	384775	-1265	19775
河　北	760478	458779	78690	182594	61137	-29358	8636
山　西	192753	30054	9526	4455	821	147865	33
内蒙古	1049833	81217	279977	298794	243488	134418	11940
辽　宁	1038701	117785	183909	286868	3389	392233	54519
吉　林	187803	4988	27389	98899	21751	38991	-4215
黑龙江	442658	-5939	179985	195956	19944	49906	2805
上　海	7426996	927817	1402206	811811	7296	3822520	455346
江　苏	6850243	596952	2871125	1401413	61470	1823727	95555
浙　江	4310568	757618	1264359	1494599	120844	510853	162295
安　徽	812400	28070	138786	333711	49225	220177	42430
福　建	1813592	68202	262667	581087	532857	320919	47860
江　西	697664	47665	163396	303188	88405	75649	19362
山　东	2595097	185067	348327	552680	466902	965929	76192
河　南	1073950	60361	308042	221740	74907	403493	5407
湖　北	1020391	188051	436563	242643	71884	76749	4500
湖　南	437091	16897	69441	220526	33264	91279	5683
广　东	6722295	1347305	1041871	1544495	1062606	591949	1134069
广　西	537479	37748	113557	188925	33452	161503	2295
海　南	402058	1231	74784	87328	73240	167095	-1620
重　庆	1254707	340231	417200	150982	9922	333814	2559
四　川	1214871	176212	504970	556373	10176	-7552	-25309
贵　州	72556	22000	10040	-6453	8802	40132	-1965
云　南	390072	109744	179241	79026	-42527	76275	-11688
西　藏	21797	55	425	18596	1274	933	514
陕　西	391810	86145	71763	119458	94908	15223	4313
甘　肃	48211	2581	12618	31136	12393	-10780	263
青　海	-16498	-287	-12629	-697	-1281	-1548	-56
宁　夏	85408	20370	44078	15643	4134	3464	-2281
新　疆	279193	109703	45734	69759	6329	34616	13053

6-10 各地区按登记注册类型分的房地产开发企业利润总额

单位：万元

地　区	总　计	内　资					
			国　有	集　体	股份合作	国有联营	集体联营
全国总计	**49448870**	**39623295**	**2722570**	**604780**	**105788**	**104232**	**3909**
北　京	4315904	3307208	73794	32819	-245	232	
天　津	1106765	963823	150553	42031	1591	1798	-66
河　北	764265	740602	-1408	6289	-195		
山　西	149986	154001	12478	-158	34		
内蒙古	1042732	1035865	15226	-91	8189		
辽　宁	1269888	1156475	5252	944	5358	302	
吉　林	174381	168967	4554	1085	-161		
黑龙江	453941	430320	3130	2185	714		
上　海	8749240	6177324	1153873	297185	635	72310	547
江　苏	6963195	5875706	331990	18157	23303	3259	66
浙　江	4408057	4046568	74670	-1788	-1984	16689	-56
安　徽	825833	738367	37047	3419	3150	2165	
福　建	1829590	1288504	199377	6079	-5	1185	-120
江　西	667339	568115	26437	8374	2028		78
山　东	2355116	2061799	139328	65528	11579	20	864
河　南	1015016	896518	20324	4821	11897	-12	
湖　北	1033033	868959	137773	5270	240		2723
湖　南	429480	410538	30375	1863	17616		-47
广　东	7248249	4749179	187990	100132	10428	9348	
广　西	478970	386682	49707	2194	2349		
海　南	383982	320579	-17275	10681	-1178		
重　庆	1052619	1026818	-273	-396	1070		
四　川	1398829	1172898	21178	-1893	14828	-8960	-280
贵　州	72917	78987	10603	-1050	-17		
云　南	473649	242268	4215	-1875	-2208	5937	
西　藏	14056	14056	5514		-602		
陕　西	404620	377800	38693	1880	-1736		146
甘　肃	32561	30768	-2429	1161	-510		
青　海	-16393	-15877	-11462	-26	-384	-40	
宁　夏	80412	76273	-1711	-22			54
新　疆	270638	273206	23046	-18			

6-10 续表1

单位：万元

地　区	内资						
	国有与集体联营	其他联营	国有独资公司	其他有限责任公司	股份有限公司	私营独资	私营合伙
全国总计	**13468**	**11306**	**890936**	**19594319**	**3098344**	**472111**	**174784**
北　京			102198	2735734	338424		
天　津	-204		21133	399091	51880	41590	
河　北			-7410	478171	98598	1615	-734
山　西			-2820	12176	27841	2186	157
内蒙古	396		-3256	627238	22417	13859	1354
辽　宁			-30225	379632	282056	25604	6129
吉　林			-1208	112469	10212	2314	2552
黑龙江			6780	164349	22362	27339	283
上　海	8976	-141	397050	2053823	244013	-11730	3738
江　苏	-3	284	61135	2689154	282045	90299	23709
浙　江	588	-46	42860	2545947	239825	53319	652
安　徽	1049	1784	48730	474418	46877	683	6104
福　建	40	-20	64965	637269	8664	285	1956
江　西	142		5485	238326	91315	11443	7309
山　东			32433	879800	242703	-38066	7954
河　南		369	3825	527729	40217	33654	7671
湖　北	2048		5719	401346	49772	33938	5527
湖　南	-55	1246	1611	235747	19332	-2610	15282
广　东	308	7908	49881	2192741	735771	131843	-1334
广　西		-202	1452	104695	11021	25976	2285
海　南	222		2520	198393	33774	3547	-1201
重　庆		-46	8626	520885	31081	-619	9925
四　川		-80	47111	435685	115479	2345	29812
贵　州			-1135	70841	20360	7759	1788
云　南			4229	145417	8753	-3188	-2027
西　藏				1223	-52	-111	-174
陕　西	-2	251	742	203765	9120	19788	-241
甘　肃			2701	13518	2770	-90	4
青　海	-37		-1664	3342	220	-2151	-30
宁　夏			12919	20683	26	-309	15
新　疆			14547	90713	11468	1602	46318

6-10 续表2

单位：万元

地　区	内资			港澳台商投资		
	私营有限责任公司	私营股份有限公司	其他内资企业		合资经营	合作经营
全国总计	**10741570**	**759226**	**325953**	**6378922**	**2664884**	**677150**
北　京	29885	-5634		458142	106823	217141
天　津	237763	5752	10913	11115	21445	12041
河　北	185749	4048	-24120	18945	11614	
山　西	109343	-6673	-562	-1924	-1723	-224
内蒙古	336308	11146	3080	6213	6213	
辽　宁	456695	16474	8253	34030	42282	-10144
吉　林	31869	4970	311	4517	5998	-120
黑龙江	172215	15191	15772	10449	1354	-3
上　海	1875544	73969	7532	1634297	983605	23002
江　苏	2097240	193245	61823	579290	271461	40375
浙　江	946426	27333	102133	206094	140399	20140
安　徽	96055	5124	11763	42566	16526	-1255
福　建	362299	4700	1831	420542	59037	7499
江　西	150183	5622	21374	67330	6222	16
山　东	649546	43087	27024	195085	140444	5987
河　南	205737	17728	22559	55744	19729	17504
湖　北	189109	24776	10718	120158	37313	-1198
湖　南	71711	13807	4660	12027	4744	4042
广　东	1066465	246383	11315	2013978	627482	332874
广　西	190023	-1191	-1626	92229	70598	9908
海　南	80854	1196	9045	32236	-4512	
重　庆	427468	22049	7048	21670	7800	-2330
四　川	497976	10616	9080	123790	14222	6081
贵　州	-36831	6197	471	-3040	-1626	
云　南	60822	17897	4295	223202	74010	-634
西　藏	8421	-223	61			
陕　西	96420	8897	77	3047	6659	-3552
甘　肃	14457	-1285	470	35	-502	
青　海	-2158	-1397	-91	-302	-282	
宁　夏	43823	795				
新　疆	90155	-5370	745	-2541	-2449	

6-10 续表3

单位：万元

地区	港澳台商投资		外商投资				
	独资	股份有限		合资经营	合作经营	独资	股份有限
全国总计	**2686375**	**350513**	**3446654**	**1205149**	**315412**	**1750211**	**175882**
北京	134178		550555	293833	172834	70646	13242
天津	-16772	-5599	131827	50387	15309	54771	11361
河北	7331		4717	9170		-5721	1268
山西	24		-2091	-1708		-384	
内蒙古			654	717		-63	
辽宁	1890	2	79383	68732	18183	-7532	
吉林	-1722	360	897	341	570	-15	
黑龙江	6989	2109	13173	6011	-1047	8209	
上海	479978	147712	937619	207296	6103	635845	88374
江苏	260682	6771	508200	215859	41566	241865	8910
浙江	-3537	49092	155395	39970	2100	115071	-1746
安徽	27455	-159	44899	7822		37395	-317
福建	353742	264	120544	12006	-453	108123	868
江西	61383	-291	31895	12178		13877	5839
山东	48899	-245	98233	101059	-1036	205	-1995
河南	18511		62754	20875		34597	7282
湖北	83050	992	43917	15583	11410	17366	-442
湖南	3142	101	6914	6708	-20	234	-8
广东	938011	115610	485093	76806	44511	328110	35665
广西	11827	-103	58	-2400	-6838	9296	
海南	3516	33232	31168	15539		7866	7763
重庆	14797	1402	4131	18446	3747	-18062	
四川	103539	-51	102140	13398	10122	78802	-183
贵州	-728	-687	-3030	-1318	868	-2580	
云南	149826		8180	-921		9101	
西藏							
陕西	-60		23774	17591	-2517	8699	
甘肃	536		1759	1977		-218	
青海	-19		-215	-189		-26	
宁夏			4139	-594		4733	
新疆	-92		-26	-26			

6-11 各地区按资质等级分的房地产开发企业利润总额

单位：万元

地　区	总　计	一　级	二　级	三　级	四　级	暂　定	其　他
全国总计	**49448870**	**8427670**	**12021112**	**11034646**	**4895621**	**10601385**	**2468437**
北　京	4315904	1308891	831472	315311	1574071	189850	96310
天　津	1106765	83893	288943	289821	404541	19718	19849
河　北	764265	454051	82067	190342	45541	-25613	17877
山　西	149986	30097	5342	1792	-35651	148374	33
内蒙古	1042732	76919	284010	301067	237976	132606	10154
辽　宁	1269888	112976	197643	525632	-911	377787	56762
吉　林	174381	4907	33078	79970	19351	37485	-410
黑龙江	453941	-1306	184726	198872	19874	48655	3120
上　海	8749240	1566610	1640387	908112	6775	4066591	560765
江　苏	6963195	621060	2951245	1414062	61851	1819642	95335
浙　江	4408057	776760	1336480	1496329	141559	498895	158034
安　徽	825833	31880	168826	310446	41503	225092	48086
福　建	1829590	28410	263859	621019	553618	310671	52013
江　西	667339	45075	175405	276429	76885	82800	10745
山　东	2355116	134339	342813	590227	336871	887618	63248
河　南	1015016	62215	290893	235987	58128	364039	3754
湖　北	1033033	188223	446233	246185	71148	76801	4444
湖　南	429480	18593	69645	224964	34332	76525	5419
广　东	7248249	1742710	1022417	1597102	1026670	601625	1257725
广　西	478970	41125	111026	190829	11421	121825	2743
海　南	383982		71610	95049	71525	148486	-2689
重　庆	1052619	321673	355655	122924	6677	242979	2711
四　川	1398829	434455	495713	486676	7502	-3998	-21519
贵　州	72917	22360	10926	-4554	-3113	36412	10885
云　南	473649	108221	192256	42732	49592	79776	1074
西　藏	14056	43	645	11586	1562	-291	510
陕　西	404620	83807	80524	170318	58588	10566	817
甘　肃	32561	2554	12009	13131	11729	-7087	224
青　海	-16393	-332	-12356	-810	-1299	-1539	-56
宁　夏	80412	19335	42909	14387	3030	2998	-2247
新　疆	270638	108127	44713	68707	4276	32095	12721

6-12　各地区按登记注册类型分的房地产开发企业主营业务收入

单位：万元

地　区	总　计	内　资					
			国　有	集　体	股份合作	国有联营	集体联营
全国总计	**346062342**	**297324585**	**18410033**	**4055439**	**1176655**	**385653**	**36252**
北　京	25770569	21081654	563728	130031	43433	934	
天　津	7317075	6117662	1223180	218435		11267	
河　北	7503347	7218373	105757	21265	5512		
山　西	2324439	2284286	155566	11375	1908		
内蒙古	7531324	7480222	192052		21687		
辽　宁	15404024	13056263	573389	81752	64132	5600	
吉　林	4024662	3838155	97276	10448	2465		
黑龙江	5149500	4796977	340300	24833	13891		
上　海	29521883	23118588	3526887	1324473	6526	178999	6969
江　苏	47575593	40380827	2587114	356617	187195	13117	268
浙　江	27333140	25214213	877736	63484	11875	97545	422
安　徽	9597305	8748609	614573	37904	41468	25434	
福　建	11194980	8417151	996801	88320	2514	17781	1347
江　西	5186664	4603294	258077	30232	31169		5871
山　东	20682632	18872275	1487586	485784	121817	393	7778
河　南	8933162	8212349	275351	55046	92011		
湖　北	8616695	7596073	943222	73745	44737		6576
湖　南	8048569	7603599	409273	44936	144149		62
广　东	40634056	30241173	1066790	869475	103300	23975	
广　西	5675083	5123208	365460	32404	8806		
海　南	2684113	1994053	55060	11969	42792		
重　庆	11351941	10378298	235910	18304	16886		
四　川	14357146	12654473	480526	33630	98772	3144	
贵　州	2525602	2469232	100781	4027	8118		
云　南	5363344	4624830	224555	910	9480	7463	
西　藏	102520	102520	32124				
陕　西	5469013	5008570	333760	11275	48954		3219
甘　肃	1340581	1289434	90341	13864	3060		
青　海	378095	376710	26239				
宁　夏	1469818	1430262	3065	813			3740
新　疆	2995468	2991255	167556	92			

6-12 续表1

单位：万元

地区	内资						
	国有与集体联营	其他联营	国有独资公司	其他有限责任公司	股份有限公司	私营独资	私营合伙
全国总计	**98223**	**159677**	**4895375**	**138923196**	**15722572**	**4313016**	**1209918**
北京			703486	16403190	1105472		
天津	14030		286057	2783646	231875	130708	
河北		1500	10447	3608890	745597	80963	12519
山西			8	799049	163371	21345	8832
内蒙古	2518		2298	4526265	290874	164765	6866
辽宁			98949	4579507	705883	379114	93871
吉林			18961	1939582	200138	58678	19739
黑龙江			46111	2256449	244288	45895	6315
上海	37750	34904	989359	7398085	558391	102165	38487
江苏	37	3889	403279	16270703	1687549	782746	150312
浙江	3191	305	255144	13656127	525887	219745	8199
安徽	15155	2000	238645	4790403	455023	76418	59200
福建	896	380	326547	3416275	191959	18671	19998
江西	3190		21774	2080178	583708	102822	105645
山东			143117	8151726	1783782	151549	108092
河南		3892	28041	4681847	591702	156997	60405
湖北	13093		32793	3465988	574147	277747	19526
湖南		11242	58411	3881683	460478	64238	113657
广东	5466	96090	405896	13948907	2113149	815193	50158
广西		1491	36160	1371309	166331	145408	23513
海南	2898		7567	1127296	169151	23047	4613
重庆		98	185348	4121358	184100	32660	86119
四川			175082	5391011	1275163	100504	43783
贵州			5600	1312625	160940	58629	19462
云南			96589	2122161	179278	53215	6422
西藏				13844	4389	8003	
陕西		3886	26341	2717025	219358	189544	800
甘肃			58952	626503	65028	15965	1967
青海			37777	117188	39487	5048	2362
宁夏			142425	391442	755	6290	911
新疆			54212	972931	45320	24945	138145

6-12 续表2

单位：万元

地　区	内资			港澳台商投资		
	私营有限责任公司	私营股份有限公司	其他内资企业		合资经营	合作经营
全国总计	**97675388**	**7258226**	**3004964**	**28436176**	**10839962**	**3512535**
北　京	2070093	61287		2478381	715843	1287870
天　津	1134511	43004	40950	324131	247619	37234
河　北	2350400	248480	27042	119524	64880	
山　西	1010749	75408	36675	40153	35895	
内蒙古	2093988	117816	61094	44417	44417	
辽　宁	5979316	377261	117489	960587	632993	18903
吉　林	1414504	69607	6757	172606	93110	
黑龙江	1505159	197328	116409	74113	11137	
上　海	8578758	285893	50944	3745937	1875806	82520
江　苏	16174242	1226005	537753	3600368	1553646	270400
浙　江	8956659	191000	346894	1122558	682975	111952
安　徽	2060504	207330	124552	469866	175075	6508
福　建	3049792	255203	30668	2024919	372214	40166
江　西	1161516	130528	88584	431318	182016	686
山　东	5442916	544543	443193	1120971	743186	63147
河　南	1975245	173988	117825	315496	143128	58668
湖　北	1790895	258289	95316	628624	219642	410
湖　南	1959220	381825	74427	257703	190540	12728
广　东	9409750	1165681	167344	7325349	1424694	1421193
广　西	2843780	120746	7800	379022	233232	44457
海　南	471291	22681	55688	295752	60335	
重　庆	5061306	350474	85737	733365	419503	385
四　川	4614301	211560	226998	819709	230673	47015
贵　州	670267	123251	5534	11799	9971	
云　南	1684795	129217	110744	731232	342297	5239
西　藏	43360		800			
陕　西	1288838	160635	4935	168414	98428	3056
甘　肃	400300	9538	3916	34581	32900	
青　海	145214	3394		1386	1386	
宁　夏	821231	59590				
新　疆	1512491	56665	18899	3897	2423	

6-12 续表 3

单位：万元

地 区	港澳台商投资		外商投资				
	独 资	股份有限		合资经营	合作经营	独 资	股份有限
全国总计	**12746472**	**1337207**	**20301580**	**7319806**	**2330042**	**10023676**	**628057**
北 京	474668		2210534	971814	926849	293603	18268
天 津	39278		875282	343302	136812	348118	47050
河 北	54644		165450	35039		105941	24470
山 西	4258						
内 蒙 古			6685	6685			
辽 宁	297183	11509	1387174	746972	183754	456448	
吉 林	40576	38920	13901	4490	6712	2700	
黑 龙 江	50976	12000	278409	63050		215359	
上 海	1419026	368585	2657359	687583	76588	1617965	275223
江 苏	1707300	69022	3594398	1426505	365678	1758013	44203
浙 江	163133	164498	996369	356049	7937	632384	
安 徽	288283		378830	127348		248426	3055
福 建	1599098	13442	752910	114390	1027	627444	10048
江 西	246084	2532	152053	77155		55024	19875
山 东	307320	7319	689386	601630	21811	63550	2396
河 南	113700		405317	177983		182783	44551
湖 北	404896	3677	391999	142928	60205	188867	
湖 南	52855	1580	187267	81940		105081	247
广 东	4066061	413402	3067535	433859	354748	2176583	102346
广 西	100983	351	172853	55880	35018	81955	
海 南	23580	211836	394308	333524		24458	36327
重 庆	295341	18136	240278	108844	58549	72884	
四 川	542021		882964	185042	73007	624915	
贵 州	1427	400	44571	553		44018	
云 南	383696		7283	2835		4448	
西 藏							
陕 西	66929		292029	216961	21350	53718	
甘 肃	1681		16566	15340		1226	
青 海							
宁 夏			39557	1790		37767	
新 疆	1474		316	316			

6-13　各地区按资质等级分的房地产开发企业主营业务收入

单位：万元

地　区	总　计	一　级	二　级	三　级	四　级	暂　定	其　他
全国总计	**346062342**	**33976381**	**77995213**	**90948093**	**41878795**	**85552878**	**15710983**
北　京	25770569	5367205	5104737	3788142	8590450	1752233	1167803
天　津	7317075	625938	1665950	1469826	2560093	873313	121957
河　北	7503347	1929740	1165794	1931971	1840044	536028	99769
山　西	2324439	165478	388821	600361	831605	328964	9210
内蒙古	7531324	439566	1581576	1760951	1996664	1616498	136069
辽　宁	15404024	818441	1893213	4944490	249991	6604379	893511
吉　林	4024662	119520	529040	1546550	828242	989576	11735
黑龙江	5149500	256840	1595068	2311805	254738	686799	44250
上　海	29521883	2729945	5032927	3750019	167352	15745324	2096317
江　苏	47575593	3600125	18897179	9876817	447456	13580382	1173635
浙　江	27333140	3003109	6549372	8855227	1629115	5602947	1693372
安　徽	9597305	221306	1674986	2992066	580925	3934731	193291
福　建	11194980	357852	1843971	3927556	2532647	2390989	141966
江　西	5186664	155510	1279841	2219981	623614	796554	111164
山　东	20682632	1263734	2838257	5703733	3472503	6687828	716578
河　南	8933162	435503	2206879	1802461	688529	3701458	98333
湖　北	8616695	1046207	2912747	2339666	924321	1350313	43442
湖　南	8048569	176522	1127678	4242380	463487	1909445	129057
广　东	40634056	5820107	5061999	9698159	7396936	6314817	6342039
广　西	5675083	215091	650158	1864362	554742	2319976	70754
海　南	2684113	3518	493013	618337	445026	1104130	20089
重　庆	11351941	2075416	3785713	2179337	106809	3189693	14973
四　川	14357146	1137456	4799825	7267899	274911	696311	180744
贵　州	2525602	124726	365868	507362	718671	781429	27547
云　南	5363344	403263	1754879	1052334	1235891	831824	85153
西　藏	102520	495	22662	56910	10318	7623	4512
陕　西	5469013	730497	1134426	1592909	1620833	355359	34989
甘　肃	1340581	12583	373148	552073	223494	172103	7180
青　海	378095	62043	149251	114925	16984	34892	
宁　夏	1469818	203244	580759	355776	175495	149875	4669
新　疆	2995468	475404	535479	1023707	416913	507088	36877

第二部分

35 个大中城市篇

第七章　35 个大中城市房地产综合（2009）

7-1 35个大中城市按登记注册类型分的房地产开发企业个数

单位：个

地 区	总 计	内 资					
			国 有	集 体	股份合作	国有联营	集体联营
总 计	**32765**	**29266**	**2023**	**514**	**152**	**34**	**16**
北 京	3172	2874	107	23	6	1	
天 津	1178	1070	258	20	4	3	1
石家庄	508	487	17	2	2		
太 原	638	619	34	5	1		1
呼和浩特	246	242	4	1	1		
沈 阳	1326	1059	35	7	5		
大 连	952	871	24	6	5	1	
长 春	439	408	7	1			
哈尔滨	737	706	66	2			
上 海	3306	2834	390	199	8	14	10
南 京	698	584	65	8	4		
杭 州	1298	1226	51	8	5		
宁 波	656	591	21	22		1	
合 肥	738	680	40	6	5	1	
福 州	643	412	45	16	2	1	
厦 门	613	440	62	10	2	4	
南 昌	508	431	46	5	5		
济 南	565	521	56	12	3	1	
青 岛	1025	929	41	24	9	1	
郑 州	1047	978	27	7	2		
武 汉	1372	1270	82	24	13		1
长 沙	887	836	50	4	12	1	
广 州	1318	921	82	35	6	2	
深 圳	570	443	21	4	8	1	1
南 宁	782	703	50	3	1		
海 口	153	137	10	1	4		
重 庆	2359	2235	124	10	4		
成 都	1475	1350	59	9	13	1	2
贵 阳	881	835	36	15			
昆 明	856	824	28	5	5		
西 安	493	471	28	6	7		
兰 州	488	463	30	13	6		
西 宁	295	281	13	1	4	1	
银 川	192	190	1				
乌鲁木齐	351	345	13				

7-1 续表1

单位：个

地 区	内			资			
	国有与集体联营	其他联营	国有独资公司	其他有限责任公司	股份有限公司	私营独资	私营合伙
总 计	**21**	**26**	**348**	**11527**	**1114**	**413**	**119**
北 京			57	1853	109		
天 津	2		11	362	33	13	
石家庄			2	128	34	5	5
太 原			3	89	4	7	1
呼和浩特				113	1	2	
沈 阳			2	327	52	46	4
大 连			2	218	19	25	2
长 春			8	225	19		
哈尔滨			3	314	44	3	2
上 海	7	4	58	650	27	38	12
南 京	1		3	204	34	8	3
杭 州	3	1	11	611	41	11	10
宁 波			12	148	12	6	1
合 肥	1	1	10	361	27	3	5
福 州	1		2	141	24	4	6
厦 门		4	5	170	9	1	5
南 昌	1		5	221	41	11	4
济 南			3	222	51	4	
青 岛			8	304	55	14	
郑 州		1	6	564	47	7	7
武 汉	2		7	412	71	91	14
长 沙	1	2	13	510	45	11	7
广 州		3	18	331	23	7	1
深 圳		7	5	158	31	4	2
南 宁				125	5	3	1
海 口			3	71	7	1	1
重 庆		1	39	607	52	17	10
成 都		1	17	600	103	19	2
贵 阳			4	530	5	7	1
昆 明			6	251	33	11	1
西 安	1	1	4	260	14	18	3
兰 州				249	29	4	3
西 宁	1		6	90	11	7	4
银 川			8	33			
乌鲁木齐			7	75	2	5	2

7-1 续表2

单位：个

地区	内资			港澳台商投资		
	私营有限责任公司	私营股份有限公司	其他内资企业		合资经营	合作经营
总　计	**12074**	**702**	**183**	**2264**	**837**	**384**
北　京	687	31		174	65	84
天　津	339	10	14	53	26	2
石家庄	272	17	3	10	6	
太　原	433	38	3	13	8	
呼和浩特	119	1		1	1	
沈　阳	555	25	1	140	49	9
大　连	532	27	10	47	29	2
长　春	147	1		21	13	1
哈尔滨	250	21	1	18	14	
上　海	1341	63	13	296	119	18
南　京	238	14	2	71	38	
杭　州	442	13	19	47	17	2
宁　波	360	8		43	19	2
合　肥	196	14	10	32	14	1
福　州	158	8	4	164	36	4
厦　门	152	16		139	26	13
南　昌	67	17	8	56	22	2
济　南	142	19	8	25	13	2
青　岛	447	22	4	51	26	8
郑　州	288	15	7	29	14	2
武　汉	519	27	7	69	27	2
长　沙	153	19	8	29	17	2
广　州	398	14	1	340	48	209
深　圳	192	8	1	92	28	5
南　宁	511	4		45	24	3
海　口	35		4	12	4	
重　庆	1249	105	17	84	43	2
成　都	474	33	17	63	28	4
贵　阳	205	29	3	30	15	
昆　明	445	29	10	29	20	2
西　安	117	9	3	12	3	3
兰　州	115	12	2	15	13	
西　宁	110	30	3	10	9	
银　川	148					
乌鲁木齐	238	3		4	3	

7-1 续表3

单位：个

地区	港澳台商投资		外商投资				
	独资	股份有限		合资经营	合作经营	独资	股份有限
总计	**993**	**50**	**1235**	**522**	**144**	**535**	**34**
北京	24	1	124	49	53	19	3
天津	23	2	55	33	5	15	2
石家庄	4		11	6		4	1
太原	5		6	4		2	
呼和浩特			3	1		2	
沈阳	77	5	127	51	12	64	
大连	15	1	34	24		10	
长春	7		10	7	1	2	
哈尔滨	4		13	6	2	5	
上海	148	11	176	60	11	98	7
南京	32	1	43	24	1	18	
杭州	22	6	25	13		11	1
宁波	21	1	22	10		11	1
合肥	16	1	26	12		13	1
福州	120	4	67	19	1	47	
厦门	99	1	34	6	5	21	2
南昌	30	2	21	11		7	3
济南	10		19	13	3	3	
青岛	15	2	45	24	8	12	1
郑州	13		40	23		16	1
武汉	36	4	33	10	2	19	2
长沙	9	1	22	10		10	2
广州	81	2	57	7	19	26	5
深圳	55	4	35	12	6	17	
南宁	18		34	17	3	14	
海口	8		4	1		2	1
重庆	38	1	40	20	2	18	
成都	31		62	24	5	32	1
贵阳	15		16	4	3	9	
昆明	7		3	2		1	
西安	6		10	5	2	3	
兰州	2		10	8		2	
西宁	1		4	3		1	
银川			2	1		1	
乌鲁木齐	1		2	2			

7-2　35个大中城市按资质等级分的房地产开发企业个数

单位：个

地　区	总　计	一　级	二　级	三　级	四　级	暂　定	其　他
总　计	**32765**	**661**	**3511**	**8861**	**4582**	**10932**	**4218**
北　京	3172	125	251	347	1063	705	681
天　津	1178	17	94	170	506	352	39
石家庄	508	3	22	70	153	233	27
太　原	638	4	64	123	236	201	10
呼和浩特	246	1	36	52	127	30	
沈　阳	1326	15	77	252	16	713	253
大　连	952	21	59	385	17	306	164
长　春	439	4	49	111	113	162	
哈尔滨	737	5	144	448	14	103	23
上　海	3306	73	298	403	9	1814	709
南　京	698	23	170	338	9	91	67
杭　州	1298	46	178	338	89	335	312
宁　波	656	15	58	258	65	182	78
合　肥	738	7	71	174	24	451	11
福　州	643	12	46	177	112	296	
厦　门	613	14	31	71	213	122	162
南　昌	508	3	92	199	44	138	32
济　南	565	13	39	166	49	219	79
青　岛	1025	9	46	167	127	351	325
郑　州	1047	15	92	201	62	593	84
武　汉	1372	22	262	513	53	353	169
长　沙	887	9	58	493	26	288	13
广　州	1318	23	167	655	117	182	174
深　圳	570	43	45	54	16	35	377
南　宁	782	5	45	163	103	407	59
海　口	153		5	26	13	93	16
重　庆	2359	37	431	908	128	837	18
成　都	1475	17	212	739	172	187	148
贵　阳	881	2	34	132	273	349	91
昆　明	856	13	78	134	288	284	59
西　安	493	41	64	152	157	63	16
兰　州	488	2	47	211	27	195	6
西　宁	295	5	69	91	61	61	8
银　川	192	11	42	52	38	47	2
乌鲁木齐	351	6	35	88	62	154	6

7-3　35个大中城市按登记注册类型分的房地产开发企业从业人数

单位：人

地　区	总　计	内　资					
			国　有	集　体	股份合作	国有联营	集体联营
总　计	**859491**	**736167**	**71552**	**9541**	**3943**	**751**	**272**
北　京	86417	70820	3675	581	227	10	
天　津	31283	27155	7300	411	30	40	30
石家庄	11727	11049	501	75	5		
太　原	13324	12427	881	56	39		35
呼和浩特	5388	5302	196	15	18		
沈　阳	16909	12280	255	65	75		
大　连	19717	17314	368	60	43	8	
长　春	9511	8767	176	11			
哈尔滨	15392	14916	1723	88			
上　海	93216	65623	9201	3562	114	392	152
南　京	17423	14069	1689	68	61		
杭　州	24310	22305	1011	124	83		
宁　波	12138	10751	263	237		1	
合　肥	17050	15469	1762	73	63	64	
福　州	14417	9689	1165	354	26	6	
厦　门	11818	8431	2739	63	11	76	
南　昌	13373	9128	1136	102	71		
济　南	17674	16154	4126	621	47	15	
青　岛	21727	19226	940	389	258	20	
郑　州	24326	21740	1003	116	41		
武　汉	41257	38518	6956	405	212		35
长　沙	21520	20115	1371	47	262		
广　州	42099	28693	3069	515	102	26	
深　圳	43161	37518	889	212	1278	42	15
南　宁	15428	13538	1068	33	19		
海　口	4755	4507	544	13	85		
重　庆	80979	77156	8214	130	84		
成　都	41687	36959	2382	148	254	30	5
贵　阳	16374	15475	967	174			
昆　明	15650	14272	693	50	64		
西　安	26530	25359	3445	539	183		
兰　州	10732	9745	1074	182	104		
西　宁	5567	5250	267	22	84	21	
银　川	7235	7150	24				
乌鲁木齐	9377	9297	479				

7-3 续表1 　　单位：人

地　区	内资						
	国有与集体联营	其他联营	国有独资公司	其他有限责任公司	股份有限公司	私营独资	私营合伙
总　计	**660**	**540**	**20271**	**302037**	**40650**	**10534**	**2249**
北　京			2139	49540	3272		
天　津	13		709	10628	1035	256	
石家庄			13	2729	474	50	30
太　原			95	2054	95	83	8
呼和浩特				2674	16	18	
沈　阳			170	5662	639	450	59
大　连			22	4979	528	290	27
长　春			188	5327	252		
哈尔滨			79	6968	872	53	17
上　海	333	74	5361	14338	1380	741	206
南　京	10		86	4738	1185	115	
杭　州	98		194	11609	1167	195	77
宁　波			423	2686	343	69	3
合　肥	57	18	303	7998	910	67	60
福　州	14		43	3793	530	89	85
厦　门		137	320	2546	116	8	21
南　昌	29		279	4306	932	174	70
济　南			76	6186	1182	34	
青　岛			356	6642	1875	311	
郑　州		30	305	12441	1125	60	105
武　汉	71		247	13514	2826	1693	265
长　沙		28	384	12612	1153	143	217
广　州		78	3298	7328	1566	119	91
深　圳		159	392	18455	8671	209	21
南　宁				2701	52	21	6
海　口			351	1953	118	144	50
重　庆		5	1843	25724	2035	434	445
成　都		7	346	15219	3214	340	60
贵　阳			79	9621	953	93	
昆　明			270	5493	799	66	4
西　安	16	4	713	10847	538	4027	55
兰　州				5719	419	7	17
西　宁	19		284	1890	198	131	50
银　川			510	909			
乌鲁木齐			393	2208	180	44	200

7-3 续表2

单位：人

地　　区	内资			港澳台商投资	合资经营	合作经营
	私营有限责任公司	私营股份有限公司	其他内资企业			
总　　计	**253579**	**15839**	**3749**	**73709**	**32163**	**11727**
北　　京	10812	564		8971	3067	4033
天　　津	6358	201	144	2291	1154	109
石 家 庄	6993	179		168	114	
太　　原	8420	661		729	681	
呼和浩特	2330	35		18	18	
沈　　阳	4731	167	7	2141	721	55
大　　连	10200	511	278	1387	850	28
长　　春	2793	20		515	264	10
哈 尔 滨	4551	519	46	182	133	
上　　海	28452	1167	150	14127	7906	790
南　　京	5663	421	33	1772	964	
杭　　州	7189	204	354	918	419	34
宁　　波	6540	186		908	428	39
合　　肥	3543	383	168	1087	482	25
福　　州	3298	199	87	3239	664	31
厦　　门	2233	161		2894	533	231
南　　昌	1557	353	119	3672	2422	67
济　　南	3064	616	187	1125	778	56
青　　岛	7871	504	60	1264	762	109
郑　　州	6185	246	83	1015	379	213
武　　汉	11475	610	209	1589	573	48
长　　沙	3139	588	171	574	357	37
广　　州	10842	1650	9	9364	1627	5103
深　　圳	6872	298	5	4042	1157	206
南　　宁	9596	42		932	503	60
海　　口	1140		109	156	41	
重　　庆	34422	3165	655	2764	1742	53
成　　都	13926	594	434	2631	1669	78
贵　　阳	3185	379	24	532	338	
昆　　明	6224	363	246	1196	442	234
西　　安	4587	320	85	574	109	78
兰　　州	2046	134	43	717	666	
西　　宁	1964	277	43	138	125	
银　　川	5707					
乌鲁木齐	5671	122		77	75	

7-3 续表3　　单位：人

地区	港澳台商投资		外商投资				
	独资	股份有限		合资经营	合作经营	独资	股份有限
总计	**28290**	**1529**	**49615**	**15522**	**6302**	**26601**	**1190**
北京	1871		6626	1892	3255	1115	364
天津	928	100	1837	1212	186	425	14
石家庄	54		510	128		359	23
太原	48		168	113		55	
呼和浩特			68	30		38	
沈阳	1302	63	2488	802	244	1442	
大连	507	2	1016	647		369	
长春	241		229	117	70	42	
哈尔滨	49		294	112	50	132	
上海	4776	655	13466	2959	798	9557	152
南京	768	40	1582	795		787	
杭州	375	90	1087	227		850	10
宁波	397	44	479	193		254	32
合肥	571	9	494	242		246	6
福州	2473	71	1489	603	1	885	
厦门	2120	10	493	58	95	331	9
南昌	1164	19	573	347		147	79
济南	291		395	303	26	66	
青岛	362	31	1237	655	263	307	12
郑州	423		1571	733		730	108
武汉	926	42	1150	263	163	670	54
长沙	180		831	231		582	18
广州	2518	116	4042	182	489	3153	218
深圳	2454	225	1601	316	309	976	
南宁	369		958	459	89	410	
海口	115		92	1		45	46
重庆	957	12	1059	514	3	542	
成都	884		2097	488	43	1521	45
贵阳	194		367	60	61	246	
昆明	520		182	66		116	
西安	387		597	307	157	133	
兰州	51		270	249		21	
西宁	13		179	165		14	
银川			85	50		35	
乌鲁木齐	2		3	3			

7-4 35个大中城市按资质等级分的房地产开发企业从业人数

单位：人

地区	总计	一级	二级	三级	四级	暂定	其他
总计	**859491**	**76476**	**172858**	**230388**	**93767**	**218572**	**67430**
北京	86417	10967	16437	11546	27113	12434	7920
天津	31283	1570	6444	5831	9719	7120	599
石家庄	11727	504	3438	2218	2872	2468	227
太原	13324	323	3304	3203	3994	2437	63
呼和浩特	5388	118	1112	1248	2314	596	
沈阳	16909	394	1850	3549	130	9413	1573
大连	19717	1640	2414	7685	262	6043	1673
长春	9511	195	1797	2819	1458	3242	
哈尔滨	15392	207	3986	8133	1039	1762	265
上海	93216	6262	15572	10542	343	42251	18246
南京	17423	2029	6327	6143	69	2205	650
杭州	24310	3148	5641	6159	822	5468	3072
宁波	12138	782	1844	4783	699	3343	687
合肥	17050	413	3068	4101	443	8807	218
福州	14417	1011	2525	5131	1871	3879	
厦门	11818	318	745	2507	4832	1898	1518
南昌	13373	654	3401	6005	428	2595	290
济南	17674	1355	3406	5619	1187	5118	989
青岛	21727	916	2688	4644	2362	6645	4472
郑州	24326	724	4590	5222	1460	11517	813
武汉	41257	3779	11919	12635	995	10118	1811
长沙	21520	519	2629	11470	421	6129	352
广州	42099	4518	7177	23011	2143	3116	2134
深圳	43161	16378	3680	1837	589	6134	14543
南宁	15428	260	1672	3386	1944	7758	408
海口	4755		92	1821	261	2030	551
重庆	80979	6043	27729	25067	2698	19020	422
成都	41687	2171	10899	18745	1934	5827	2111
贵阳	16374	859	1689	3143	5121	4919	643
昆明	15650	1173	3826	3161	4256	2999	235
西安	26530	5280	3716	6534	6884	3399	717
兰州	10732	170	1746	5947	224	2583	62
西宁	5567	294	2035	1573	762	863	40
银川	7235	870	1886	2487	877	1052	63
乌鲁木齐	9377	632	1574	2483	1241	3384	63

7-5 35个大中城市按用途分的房地产开发企业完成投资

单位：万元

地　　区	本年完成投　　资	住 宅	#经济适用房	#别　　墅、高档公寓	办公楼	商业营业用房	其 他
总　　计	**189078572**	**125063052**	**6940490**	**12039965**	**10490385**	**20706199**	**32818936**
北　　京	23377124	9066168	677612	1632269	1667239	2007351	10636366
天　　津	7351836	4948563	1118927	440182	328289	973219	1101765
石 家 庄	3782171	2873252	37905	76289	166302	391799	350818
太　　原	1650122	1151346	48059	7423	35189	141235	322352
呼和浩特	1789909	1274357	158961	105712	73919	352620	89013
沈　　阳	11887007	8021159	264240	710853	612897	2629408	623543
大　　连	5789421	4772414	201753	657173	139648	456772	420587
长　　春	4439252	3473917	367968	538427	123271	557435	284629
哈 尔 滨	2792251	2206164	115676	76433	40676	344616	200795
上　　海	14620724	9186847	391773	2465076	1879260	1846133	1708484
南　　京	5956796	4394100	430280	412167	283450	678619	600627
杭　　州	7046752	5096425	276366	370732	722468	499939	727920
宁　　波	3745119	2376419	80355	47162	264476	408990	695234
合　　肥	6703559	4681890	17096	161018	595086	708282	718301
福　　州	3617991	2521901	46849	150295	39777	203354	852959
厦　　门	2674171	1820956	24544	37740	292694	193571	366950
南　　昌	1982468	1586647	51992	54202	83366	210192	102263
济　　南	3325576	2555230	937	84077	137757	497079	135510
青　　岛	4594829	3137527	172897	253663	246412	716101	494789
郑　　州	5123150	3923449	261999	73435	219287	508213	472201
武　　汉	7785946	4980414	594676	318087	193372	770064	1842096
长　　沙	4973492	3928940	132216	323785	89843	331495	623214
广　　州	8173449	5017195	66000	516215	744763	1121778	1289713
深　　圳	4374590	2897848	12375	54915	353388	532194	591160
南　　宁	2267250	1584649	46259	128704	54408	176436	451757
海　　口	784406	683409		235049	12586	42820	45591
重　　庆	12389125	7890183	655887	894443	220840	1167561	3110541
成　　都	9451356	6348234	22247	538248	309293	696467	2097362
贵　　阳	2103225	1364636	165441	35206	54876	150161	533552
昆　　明	3821456	3014563	77621	322122	153732	336131	317030
西　　安	6942341	5667733	272778	223421	233406	659285	381917
兰　　州	990776	520366	71539	2717	16145	101344	352921
西　　宁	638393	466005	5144	1162	6121	32002	134265
银　　川	999584	745877	31370	24303	37819	138642	77246
乌鲁木齐	1132955	884269	40748	67260	58330	124891	65465

7-6 35个大中城市房地产开发企业土地开发及配套工程投资

单位：万元

地区	本年完成投资额	#土地开发投资	#配套工程投资
总计	**189078572**	**8347701**	**6691538**
北京	23377124	286833	1280662
天津	7351836	1054929	755680
石家庄	3782171	209169	58017
太原	1650122	131778	68071
呼和浩特	1789909	4486	8631
沈阳	11887007	190520	116068
大连	5789421	647368	429204
长春	4439252		78734
哈尔滨	2792251	169042	67433
上海	14620724	895120	524578
南京	5956796	59190	109219
杭州	7046752	18215	291705
宁波	3745119	51128	176484
合肥	6703559	478621	42731
福州	3617991	30793	14206
厦门	2674171		83302
南昌	1982468	25440	41699
济南	3325576	29746	17541
青岛	4594829	209352	111587
郑州	5123150	2885	56014
武汉	7785946	1510425	693749
长沙	4973492	337439	100016
广州	8173449	461059	259686
深圳	4374590	73094	204855
南宁	2267250	80289	61674
海口	784406	55144	35875
重庆	12389125	469958	301980
成都	9451356	236677	158293
贵阳	2103225	13795	35448
昆明	3821456	267906	248009
西安	6942341	291981	196204
兰州	990776	20919	25378
西宁	638393	19043	4416
银川	999584	2326	11901
乌鲁木齐	1132955	13031	22488

7-7 35个大中城市房地产开发企业资金来源情况

单位：万元

地区	本年资金来源合计	上年末结余资金	本年资金来源小计	国内贷款	#银行贷款
总计	**388293357**	**57026820**	**331266537**	**77635529**	**70400469**
北京	70658013	9360346	61297667	23677680	19826030
天津	18498739	4368084	14130655	3631766	3386381
石家庄	4733235	563455	4169780	660492	629762
太原	2734084	456512	2277572	349691	339801
呼和浩特	1526920	54086	1472834	87683	28490
沈阳	14962704	1269854	13692850	1832383	1729997
大连	10146675	1417972	8728703	1686998	1531255
长春	5153019	312510	4840509	415029	415029
哈尔滨	3833050	331983	3501067	578712	469940
上海	36066966	6818526	29248440	6371383	6218999
南京	13145286	1478828	11666458	2960778	2846434
杭州	23460415	3689713	19770702	4298962	4069540
宁波	3971543	108492	3863051	923525	886121
合肥	11038088	1264488	9773600	1421425	1328082
福州	6585001	823053	5761948	1095345	1087100
厦门	6202395	1037278	5165117	1408649	1375306
南昌	3983003	680420	3302583	612814	596682
济南	5258438	664736	4593702	952299	536757
青岛	10504583	2038444	8466139	2311674	2208326
郑州	8866881	1080168	7786713	1057130	962849
武汉	13368634	1391405	11977229	3132899	2979423
长沙	9177113	1195983	7981130	1416895	1327390
广州	18434826	4261641	14173185	3103595	2994898
深圳	10540761	1723168	8817593	2588321	2363923
南宁	3675396	454714	3220682	498789	485350
海口	1496409	239275	1257134	271702	267491
重庆	22026661	3543613	18483048	3322374	3103004
成都	18676549	2403339	16273210	2500705	2243787
贵阳	5164168	696532	4467636	806732	772989
昆明	7195434	1445284	5750150	999786	928147
西安	11098780	1236406	9862374	1783486	1634747
兰州	1450214	221275	1228939	214959	203805
西宁	906021	110591	795430	129306	115582
银川	1395517	65560	1329957	203210	195550
乌鲁木齐	2357836	219086	2138750	328352	311502

7-7 续表1

单位：万元

地　区	#非银行金融机构贷款	利用外资	#外商直接投资	自筹资金	#自有资金
总　计	**7235060**	**3037277**	**2636789**	**86586726**	**47388895**
北　京	3851650	298168	249948	10267966	5586607
天　津	245385	114892	90496	3321040	1864765
石家庄	30730			2073672	974769
太　原	9890			1007869	643679
呼和浩特	59193			1020220	679022
沈　阳	102386	836404	680353	7443418	4973903
大　连	155743	103390	81800	2588555	1539291
长　春		4112	4112	2688084	1437944
哈尔滨	108772	11047	11047	1535463	845237
上　海	152384	249044	227053	6201648	3871177
南　京	114344	95107	95107	1886777	1210890
杭　州	229422	62265	62265	2639770	1475239
宁　波	37404	50009	50009	1236259	225518
合　肥	93343	154628	150628	4083839	1654899
福　州	8245	94439	94439	1286740	680248
厦　门	33343	7849	6309	1170986	507863
南　昌	16132	26810	26810	680438	261072
济　南	415542	40708	37858	1751484	725985
青　岛	103348	16465	16465	1810285	554667
郑　州	94281			2344947	953280
武　汉	153476	152031	150301	3365424	1821132
长　沙	89505	18506	4000	2262955	1220553
广　州	108697	139106	80010	3120649	1719497
深　圳	224398	13850	10077	1719541	1150901
南　宁	13439	1964	1964	760359	558466
海　口	4211	341	341	229646	153780
重　庆	219370	370174	359155	5403130	3485976
成　都	256918	119268	90601	4534096	2443696
贵　阳	33743	1059		1046633	462202
昆　明	71639	3977	3977	1418195	811427
西　安	148739	51664	51664	4155018	1915251
兰　州	11154			453708	264058
西　宁	13724			406461	252182
银　川	7660			327876	207225
乌鲁木齐	16850			343575	256494

7-7 续表2

单位：万元

地　区	其他资金来源	#定金及预收款	#个人按揭贷款	本年各项应付款合计	#工程款
总　计	**164007005**	**97045944**	**48465304**	**30687701**	**15931240**
北　京	27053853	16635843	6492598	450148	296422
天　津	7062957	5288998	760478	2382445	1033597
石家庄	1435616	928118	157669	350278	124193
太　原	920012	643938	162483	423514	209507
呼和浩特	364931	294890	55516	376822	179886
沈　阳	3580645	2380804	681200	1610857	715043
大　连	4349760	2958018	1089363	959781	578481
长　春	1733284	960404	557957	401478	401478
哈尔滨	1375845	873011	284201	339879	151753
上　海	16426365	11012807	4202258	4553072	2648882
南　京	6723796	3491325	2564218	880869	541716
杭　州	12769705	7349601	4860310	1759713	1001281
宁　波	1653258	1095410	488210	363453	137711
合　肥	4113708	1907043	1587019	998960	543312
福　州	3285424	1646757	1324226	346701	124978
厦　门	2577633	1202277	1039356	64284	50720
南　昌	1982521	1249177	478207	348913	199692
济　南	1849211	993794	358433	208508	128417
青　岛	4327715	3072315	1146056	1547828	706002
郑　州	4384636	2084691	1543927	803688	347606
武　汉	5326875	3156341	1621764	1548645	679028
长　沙	4282774	2363257	1414647	1299428	718022
广　州	7809835	4501581	1936607	671882	393485
深　圳	4495881	2050178	2231633	581037	464466
南　宁	1959570	902939	899113	303266	171130
海　口	755445	498743	158689	151325	74941
重　庆	9387370	5217226	3418734	3014942	1147580
成　都	9119141	4587377	2757950	1444219	696519
贵　阳	2613212	1468234	947967	291547	186183
昆　明	3328192	1840448	1234588	1136422	589868
西　安	3872206	2473948	1074240	550382	355681
兰　州	560272	396264	139779	238920	131939
西　宁	259663	183235	54915	36050	25625
银　川	798871	499658	238775	129917	86652
乌鲁木齐	1466823	837294	502218	118528	89444

7-8 35个大中城市按用途分的房地产开发企业房屋施工面积

单位：平方米

地区	房屋施工面积	住宅	#经济适用房	#别墅、高档公寓	办公楼	商业营业用房	其他
总计	**1431050365**	**1066422691**	**74367883**	**73273964**	**70639316**	**146793492**	**147194866**
北京	97190830	55518813	5854413	8408948	11321911	13233772	17116334
天津	60521584	45178262	11299352	2120554	3484568	6823512	5035242
石家庄	23453331	19094738	256296	555060	641401	2486984	1230208
太原	17726959	14607861	1464352	102908	469079	1375174	1274845
呼和浩特	18377618	14558985	1822163	1171095	723614	2065185	1029834
沈阳	68478891	50684929	1405308	2947023	2559350	12224087	3010525
大连	34890571	28129811	1911673	1703452	900222	3589628	2270910
长春	23770962	18957578	2469687	1731244	754053	2536985	1522346
哈尔滨	19266322	16091074	737242	715164	158257	1853314	1163677
上海	99494536	65507311	2459816	13020394	9544505	11068900	13373820
南京	43660651	31881820	3982016	2678284	1376203	5252036	5150592
杭州	51408011	36664544	4552615	2205200	4623424	3689561	6430482
宁波	31043378	19116402	1242699	419572	2196106	3339661	6391209
合肥	47512891	36794249	140713	1776415	3028884	4774831	2914927
福州	26267217	22368364	770504	1225436	296906	1557734	2044213
厦门	30949643	19457049	913433	776066	2102936	2068604	7321054
南昌	17820255	14839854	1136391	370518	384964	1737627	857810
济南	21317497	17616668	28011	274686	971881	1612954	1115994
青岛	43099376	30579809	1941522	1272601	1816767	5841760	4861040
郑州	51964970	39297812	2832982	961030	2705144	5635702	4326312
武汉	44873782	35809934	4777729	1928938	1595030	3545252	3923566
长沙	61672874	50984814	1729963	3676966	1057445	3440221	6190394
广州	55519076	34532618	457535	2980953	4812128	7590690	8583640
深圳	31123586	20874653	98068	129158	1890883	3282707	5075343
南宁	26202172	19528254	881183	1129683	757451	2727169	3189298
海口	6756076	5588371		1869782	145643	575328	446734
重庆	130525976	103381204	9740023	6724656	2102887	13444880	11597005
成都	84056440	67368222	173902	4843268	2681189	5229804	8777225
贵阳	30942028	23612575	4024053	550386	886120	2769634	3673699
昆明	28775796	23198209	552587	2863092	724237	2832397	2020953
西安	56833144	48831620	2371155	1098758	2214633	3639014	2147877
兰州	12591920	9879780	1252759	34338	408198	1284925	1019017
西宁	7236422	6051612	79935	113032	79282	775276	330252
银川	12838984	9472318	453543	234819	651230	1762092	953344
乌鲁木齐	12886596	10362574	554260	660485	572785	1126092	825145

7-9 35个大中城市按用途分的房地产开发企业房屋新开工面积

单位：平方米

地区	房屋新开工面积	住宅	#经济适用房	#别墅、高档公寓	办公楼	商业营业用房	其他
总计	**415181096**	**314230236**	**27421207**	**16467073**	**17987795**	**42224842**	**40738223**
北京	22466048	13802756	1658357	1293658	2559554	2284514	3819224
天津	25554988	19044634	7721530	318700	1796341	3151715	1562298
石家庄	13675793	11219771	78200	228976	339487	1393066	723469
太原	5050578	4188081	459760		101601	258188	502708
呼和浩特	4879908	3679129	431734	392790	126164	746092	328523
沈阳	24510982	18797455	1105296	803237	990995	3954559	767973
大连	11319145	9209327	554206	390023	117319	1176728	815771
长春	12172939	9726106	1841504	921732	219961	1379168	847704
哈尔滨	11557298	9605263	170781	313367	91635	1152976	707424
上海	24830459	17210211	1274386	3294379	1623945	2017075	3979228
南京	11574566	8034524	1054834	577416	165429	1591906	1782707
杭州	10811822	7603676	845178	279349	1056297	781509	1370340
宁波	8120256	5021010	292629	62388	454706	817517	1827023
合肥	14770854	10974055	26181	110881	1052760	1710941	1033098
福州	5531378	4800467	64700	339874	28795	236702	465414
厦门	2492704	1353425	49522	39599	414716	325200	399363
南昌	3598739	2795854	204612	24451	208720	446303	147862
济南	5057679	3714256		77250	278899	542714	521810
青岛	13298770	9514292	759378	132202	380280	1862660	1541538
郑州	14340813	11499042	951074	164738	470841	1175035	1195895
武汉	16511659	12476064	862658	516376	777549	1636538	1621508
长沙	17872961	14708999	799480	520875	228844	924170	2010948
广州	10974947	6973860	418168	780311	1001966	964403	2034718
深圳	4924044	3280378	39664	73724	317892	610452	715322
南宁	7018583	5153886	89793	151314	206367	736000	922330
海口	2071199	1756737		445890	6875	171557	136030
重庆	38136817	29897218	3846643	1454117	629813	4041505	3568281
成都	15863391	12710635		948094	846321	899009	1407426
贵阳	7248468	5582849	721310	59650	188050	633255	844314
昆明	11493795	8595788	56627	643153	346620	1581280	970107
西安	16680691	14486036	270937	506444	356407	1105295	732953
兰州	3832412	3062633	469318	1307	68364	337517	363898
西宁	4059797	3320236		4200	33829	498624	207108
银川	6831208	5127755	88658	169086	338227	767600	597626
乌鲁木齐	6045405	5303828	214089	427522	162226	313069	266282

7-10 35个大中城市按用途分的房地产开发企业房屋竣工面积

单位：平方米

地区	房屋竣工面积	住宅	#经济适用房	#别墅、高档公寓	办公楼	商业营业用房	其他
总计	**299258114**	**235746484**	**17813738**	**15830335**	**11908533**	**24695024**	**26908073**
北京	26785534	16132296	990868	2136662	3165911	3224456	4262871
天津	19020597	15808213	3804192	673845	836675	1158521	1217188
石家庄	2915042	2366261		192138	27287	176468	345026
太原	1766654	1430137	66188	13702	51518	193914	91085
呼和浩特	4610912	3728417	205000	283368	303186	346507	232802
沈阳	12935453	10757450	210418	971978	154175	1647741	376087
大连	5496520	4721457	358597	250142	78356	422610	274097
长春	5806626	5037592	864636	585853	52936	501938	214160
哈尔滨	5293197	4481516	544007	511297	38780	512274	260627
上海	21049798	15088129		2049967	1350228	2010480	2600961
南京	15162779	12278452	1835004	1159318	240711	1258871	1384745
杭州	8369511	6266383	1336857	98847	401848	675690	1025590
宁波	6659621	4232164	612897	36859	453564	590012	1383881
合肥	6005528	4776596		21450	423497	569507	235928
福州	4858977	4235903		185091	49977	173341	399756
厦门	7110799	4756227	168750	208608	256962	416287	1681323
南昌	3652067	3266146	413077	99006	771	321958	63192
济南	4672152	3740061		50623	523185	218655	190251
青岛	8142384	6444221	85394	150535	323454	761358	613351
郑州	6429727	5301942	329169	207518	170614	598301	358870
武汉	9450537	8245815	1336636	314371	175346	405767	623609
长沙	13147051	11046449	406257	1455670	283408	692820	1124374
广州	10787228	7936878		794895	402961	1066460	1380929
深圳	4020109	2695448		7624	250463	322033	752165
南宁	4397078	3610330	60048	116020	47837	216600	522311
海口	1189098	1063090		264844		76503	49505
重庆	29070462	23845130	1540169	604504	463647	2583994	2177691
成都	17406133	14627130	4066	1213693	375398	680110	1723495
贵阳	7397968	6416302	1563825	70118	168760	413856	399050
昆明	7416432	6304291	185670	730759	225524	577775	308842
西安	5428145	4534926	98327	211214	240889	547924	104406
兰州	2095820	1648932	137432	1307	112138	230787	103963
西宁	1462275	1280578	22103		15432	143979	22286
银川	5257133	4194356	371403	15661	116314	771729	174734
乌鲁木齐	3988767	3447266	262748	142848	126781	185798	228922

7-11 35个大中城市按用途分的房地产开发企业房屋竣工价值

单位：万元

地区	房屋竣工价值	住宅	#经济适用房	#别墅、高档公寓	办公楼	商业营业用房	其他
总计	**71831857**	**54164630**	**3209013**	**4951396**	**4152080**	**6901735**	**6613412**
北京	6445826	3515749	151318	566033	948194	908115	1073768
天津	5199962	4349083	854023	223735	199505	312333	339041
石家庄	640013	535959		64305	9291	46113	48650
太原	496121	382302	8765	6561	22618	71465	19736
呼和浩特	967743	724458	37091	94688	82222	101522	59541
沈阳	2382192	1871666	31840	225070	44975	397529	68022
大连	1567625	1237531	68288	116500	60513	211046	58535
长春	867701	721206	113662	107675	9508	99961	37026
哈尔滨	845980	708315	80993	80476	9267	85549	42849
上海	7058034	4411108		984856	816958	783483	1046485
南京	3931378	3134874	362470	337079	83280	354725	358499
杭州	1916183	1411386	240786	30873	121014	164729	219054
宁波	1534463	900728	127384	13690	170624	149774	313337
合肥	1631917	1259514		8597	146029	178348	48026
福州	860676	738450		30945	9443	46516	66267
厦门	980554	674043	23865	31114	42361	60872	203278
南昌	544160	483371	46985	18903	120	51267	9402
济南	1478039	1180395		9456	177428	73167	47049
青岛	1858234	1404279	16733	73829	99945	222030	131980
郑州	1171945	959550	41423	126617	28143	129635	54617
武汉	3256451	2714541	338098	148308	67768	205571	268571
长沙	3153634	2645001	72130	372242	89981	211893	206759
广州	3460322	2635135		281990	188043	227770	409374
深圳	1922200	1246312		4893	189161	177039	309688
南宁	714601	568513	6345	19147	12171	41801	92116
海口	371201	327455		71138		30761	12985
重庆	6137117	4840637	235695	235230	140583	702736	453161
成都	3723540	3079240	764	280482	109858	160519	373923
贵阳	1184365	1020412	196041	15438	32884	72522	58547
昆明	1782970	1456619	28017	216627	85111	170516	70724
西安	1680809	1374229	23079	113264	58371	219083	29126
兰州	384880	304436	26643	182	21948	39477	19019
西宁	241630	206271	2431		5201	26060	4098
银川	739218	573942	44150	4150	23222	115428	26626
乌鲁木齐	700173	567920	29994	37303	46340	52380	33533

7-12 35个大中城市按资质等级分的房地产开发企业住宅竣工套数

单位：套

地 区	总 计	一 级	二 级	三 级	四 级	暂 定	其 他
总 计	**2265794**	**226330**	**528596**	**655605**	**245076**	**540578**	**69609**
北 京	140934	38683	28540	15302	40190	9985	8234
天 津	158315	14316	30076	19594	60400	29035	4894
石家庄	18388		2843	3606	7432	4507	
太 原	12072		5498	3421	2078	1075	
呼和浩特	36118		9992	7314	10832	7980	
沈 阳	113392	2685	8922	24777	1927	69015	6066
大 连	54856	9743	10191	17668	622	11890	4742
长 春	54774	905	7159	10806	13276	22628	
哈尔滨	49554	307	17621	24571	2117	4938	
上 海	141330	3521	23631	32550	1186	79128	1314
南 京	117444	17585	52640	37319	553	8582	765
杭 州	54088	3928	11345	22568	855	9146	6246
宁 波	40556	1308	9202	25501	1544	2945	56
合 肥	44531	633	3889	13259	1263	25487	
福 州	33372	5971	5756	14247	2795	4603	
厦 门	45573	954	2511	12083	17906	9650	2469
南 昌	31845	384	14667	9778		7016	
济 南	31377	2074	7791	8773	807	10976	956
青 岛	63634	1354	10863	18728	12625	17365	2699
郑 州	55490	3920	17782	14033	1723	18032	
武 汉	86708	17830	38016	23941	170	6190	561
长 沙	94157	429	6040	54923	413	32352	
广 州	70372	16750	12229	36047	3538	1019	789
深 圳	28251	4270		2400			21581
南 宁	35343	2802	5067	10853	1004	15617	
海 口	10191			3669	523	5717	282
重 庆	247352	32217	82993	68477	4986	58205	474
成 都	138783	15174	40063	66538	3835	10856	2317
贵 阳	56601	989	3048	3644	17041	31594	285
昆 明	51811	4468	21046	10651	9137	6509	
西 安	43302	6025	8401	10315	15558	1790	1213
兰 州	16133		2813	9273	316	3731	
西 宁	13010	1169	8325	2544	644	328	
银 川	42781	9551	10950	7719	4850	6045	3666
乌鲁木齐	33356	6385	8686	8713	2930	6642	

7-13　35个大中城市按资质等级分的房地产开发企业经济适用房竣工套数

单位：套

地　区	总　计	一　级	二　级	三　级	四　级	暂　定	其　他
总　计	**209415**	**20808**	**54659**	**49550**	**44692**	**32196**	**7510**
北　京	10646	5204	2407	1219	1816		
天　津	46286	156	11778	2680	22464	7580	1628
石家庄							
太　原	920		720		200		
呼和浩特	2494					2494	
沈　阳	2892		996	1896			
大　连	4572	4572					
长　春	12151		2378	1005	4924	3844	
哈尔滨	5719			2658	561	2500	
上　海							
南　京	24821	3076	16443	5302			
杭　州	15165		3994	7326		891	2954
宁　波	6942			6642	96	204	
合　肥							
福　州							
厦　门	3691				3691		
南　昌	5079		1850	100		3129	
济　南							
青　岛	1163		816	207		140	
郑　州	3379	1200	112	1541	346	180	
武　汉	15932	5514	2214	7456		251	497
长　沙	4774			4518		256	
广　州							
深　圳							
南　宁	772	616		156			
海　口							
重　庆	18687		7261	3508	420	7498	
成　都	38			38			
贵　阳	10734		207	1440	7788	1014	285
昆　明	1510		790	196	524		
西　安	1308		368	940			
兰　州	1568			362		1206	
西　宁	248		248				
银　川	4410	192		360	1712		2146
乌鲁木齐	3514	278	2077		150	1009	

7-14 35个大中城市按资质等级分的房地产开发企业别墅、高档公寓竣工套数

单位：套

地区	总计	一级	二级	三级	四级	暂定	其他
总计	**81475**	**8141**	**17472**	**24047**	**10584**	**19694**	**1537**
北京	10383	861	1780	1620	4491	743	888
天津	4364	2192	71		2101		
石家庄	834			358	476		
太原	58		16	42			
呼和浩特	1488		287	354	847		
沈阳	5432		276	628		4320	208
大连	1708	182	549	662		315	
长春	2745		1199	1027		519	
哈尔滨	2152		760	954		438	
上海	10895	1374	1673	975	378	6435	60
南京	6469	1549	1518	1946	8	1448	
杭州	260		17	110	126	7	
宁波	170					170	
合肥	66		51			15	
福州	738			429	309		
厦门	964		119	159	278	408	
南昌	393		185	208			
济南	184			184			
青岛	718		211	120		22	365
郑州	2276		2276				
武汉	1630		900	514		216	
长沙	6447		1679	3454	100	1214	
广州	3187	661	131	2298	93	4	
深圳	23	7					16
南宁	960		556	280	50	74	
海口	1977			1012		965	
重庆	3006	24	477	987		1518	
成都	6131	97	559	4627		848	
贵阳	310	190		32	88		
昆明	4006	450	2085	311	1151	9	
西安	1020	544		476			
兰州	4		4				
西宁							
银川	42	10		18	14		
乌鲁木齐	435		93	262	74	6	

7-15　35个大中城市按用途分的房地产开发企业商品房销售面积

单位：平方米

地　区	商品房销售面积	住　宅	#经济适用房	#别　墅、高档公寓	办公楼	商业营业用　房	其　他
总　计	**383563029**	**348617070**	**12174932**	**22621958**	**11286697**	**16163762**	**7495500**
北　京	23622539	18804537	821530	3398406	2557681	1570670	689651
天　津	15900246	14614657	640206	884167	295464	608468	381657
石家庄	3497562	3291428	86487	101521	27853	84840	93441
太　原	1837952	1688349	23438	18100	54224	94867	512
呼和浩特	3795811	3125961	131634	357985	88556	512142	69152
沈　阳	15329347	13693094	257153	590534	154049	1212666	269538
大　连	11526834	10934071	421986	359048	79396	419828	93539
长　春	7157171	6539056	73219	681257	44202	462257	111656
哈尔滨	7052784	6278163	328862	452149	128288	494613	151720
上　海	33724485	29280400	1913	4504199	2030010	1264855	1149220
南　京	11869439	11140311	1214901	957404	235306	415709	78113
杭　州	14563831	13143763	649087	595335	730466	535699	153903
宁　波	8151769	6519721	130852	157749	570602	594365	467081
合　肥	12979511	11803324	55110	78315	401613	574390	200184
福　州	6901333	6482762	149596	257561	35497	219958	163116
厦　门	5292878	4013036	997	158251	219980	141624	918238
南　昌	4946856	4636258	214728	34111	57857	198376	54365
济　南	4410629	4043052		58866	85068	120848	161661
青　岛	12618574	11511482	397754	280928	311694	605470	189928
郑　州	11971020	10833296	433168	195350	542450	553928	41346
武　汉	10869854	10413878	1029213	426951	96127	255725	104124
长　沙	14065796	13579547	559341	938963	109866	283346	93037
广　州	13754242	12536013	233403	950222	472624	538169	207436
深　圳	7621518	7173887		45576	196288	180699	70644
南　宁	7317440	6850780	331335	170856	47262	209609	209789
海　口	1917773	1833940		475684	32208	47620	4005
重　庆	40028921	37712236	1865042	2712030	291466	1571541	453678
成　都	27087614	25475937	65268	1340276	578600	532270	500807
贵　阳	8182242	7604542	531038	210797	196923	286824	93953
昆　明	8532696	7825416	415907	686037	198144	314401	194735
西　安	12560212	12021163	672650	221365	182271	330144	26634
兰　州	2440303	2246797	89830	2126	50861	132237	10408
西　宁	1546842	1480810	58000	50153	13820	47137	5075
银　川	5114308	4429737	142058	133392	104726	550096	29749
乌鲁木齐	5372697	5055666	149226	136294	65255	198371	53405

7-16 35个大中城市按用途分的房地产开发企业商品房销售额

单位：万元

地区	商品房销售额	住宅	#经济适用房	#别墅、高档公寓	办公楼	商业营业用房	其他
总计	**254823701**	**220588651**	**3349007**	**29414830**	**14199863**	**16393911**	**3641276**
北京	32596624	24867669	344524	6927786	4311395	2998566	418994
天津	10948460	9653564	280804	802367	328966	544880	421050
石家庄	1316831	1213869	21858	46038	13861	63509	25592
太原	887812	759605	3073	13278	36644	91142	421
呼和浩特	1475358	1015359	24415	234330	42449	388649	28901
沈阳	6843606	5745882	65888	392474	117675	862519	117530
大连	7203162	6751324	104711	589003	41373	357986	52479
长春	2964176	2623616	17600	447746	18631	280746	41183
哈尔滨	2980269	2603165	80435	286597	59434	251837	65833
上海	43302240	36202282	659	9968034	4384327	1927263	788368
南京	8528119	7678990	306069	925715	295330	508578	45221
杭州	15372226	13949554	220114	1194891	792242	554713	75717
宁波	7329806	5911842	44439	153116	535342	647858	234764
合肥	5487654	4833797	15747	56260	186945	412172	54740
福州	4572176	4175460	47849	204566	24408	305879	66429
厦门	4208206	3585701	708	268411	151579	243908	227018
南昌	1867205	1686391	41008	20204	32896	126338	21580
济南	2159821	1936555		27763	41857	130861	50548
青岛	7036744	6196443	173551	488027	303195	494150	42956
郑州	5144972	4395575	100223	114376	267410	466283	15704
武汉	5792169	5413695	289460	415928	50325	285403	42746
长沙	5130956	4798171	118452	535395	62151	242842	27792
广州	12861506	11267970	84392	964995	712692	720908	159936
深圳	11138757	10322849		242262	409948	336151	69809
南宁	3334479	3057481	70655	146682	30376	180846	65776
海口	1024795	970735		348407	15986	35571	2503
重庆	13777615	12317053	375546	1659772	150847	1122808	186907
成都	13339938	12392530	22102	1169495	340274	466287	140847
贵阳	3078103	2658602	118456	122843	91427	297474	30600
昆明	3248457	2806540	97361	377986	116979	250267	74671
西安	4885458	4507051	192632	122439	96185	270725	11497
兰州	884400	786193	19696	1034	27056	68459	2692
西宁	448513	416222	6800	12729	4949	26483	859
银川	1801537	1426133	28776	48918	56599	308434	10371
乌鲁木齐	1851551	1660783	31004	84963	48110	123416	19242

7-17　35个大中城市按用途分的房地产开发企业商品房销售价格

单位：元/平方米

地　区	商品房销售价格	住　宅	#经济适用房	#别　墅、高档公寓	办公楼	商业营业用　房	其　他
总　计	**6644**	**6328**	**2751**	**13003**	**12581**	**10142**	**4858**
北　京	13799	13224	4194	20385	16857	19091	6075
天　津	6886	6605	4386	9075	11134	8955	11032
石家庄	3765	3688	2527	4535	4976	7486	2739
太　原	4830	4499	1311	7336	6758	9607	8223
呼和浩特	3887	3248	1855	6546	4793	7589	4179
沈　阳	4464	4196	2562	6646	7639	7113	4360
大　连	6249	6175	2481	16405	5211	8527	5610
长　春	4142	4012	2404	6572	4215	6073	3688
哈尔滨	4226	4146	2446	6339	4633	5092	4339
上　海	12840	12364	3445	22131	21598	15237	6860
南　京	7185	6893	2519	9669	12551	12234	5789
杭　州	10555	10613	3391	20071	10846	10355	4920
宁　波	8992	9068	3396	9706	9382	10900	5026
合　肥	4228	4095	2857	7184	4655	7176	2734
福　州	6625	6441	3199	7942	6876	13906	4073
厦　门	7951	8935	7101	16961	6891	17222	2472
南　昌	3775	3637	1910	5923	5686	6369	3969
济　南	4897	4790		4716	4920	10829	3127
青　岛	5576	5383	4363	17372	9727	8161	2262
郑　州	4298	4057	2314	5855	4930	8418	3798
武　汉	5329	5199	2812	9742	5235	11161	4105
长　沙	3648	3533	2118	5702	5657	8571	2987
广　州	9351	8988	3616	10155	15079	13396	7710
深　圳	14615	14389		53156	20885	18603	9882
南　宁	4557	4463	2132	8585	6427	8628	3135
海　口	5344	5293		7324	4963	7470	6250
重　庆	3442	3266	2014	6120	5175	7145	4120
成　都	4925	4864	3386	8726	5881	8760	2812
贵　阳	3762	3496	2231	5828	4643	10371	3257
昆　明	3807	3586	2341	5510	5904	7960	3834
西　安	3890	3749	2864	5531	5277	8200	4317
兰　州	3624	3499	2193	4864	5320	5177	2586
西　宁	2900	2811	1172	2538	3581	5618	1693
银　川	3523	3219	2026	3667	5404	5607	3486
乌鲁木齐	3446	3285	2078	6234	7373	6221	3603

7-18 35个大中城市按用途分的房地产开发企业房屋出租面积

单位：平方米

地区	房屋出租面积	住宅	#经济适用房	#别墅、高档公寓	办公楼	商业营业用房	其他
总计	**34826738**	**2329486**	**6853**	**1073572**	**9647884**	**16429791**	**6419577**
北京	8457424	514936		281751	3210673	3767810	964005
天津	477262	1403			15108	424924	35827
石家庄	14786					14786	
太原	51173				5775	45398	
呼和浩特	202113	83276		1276	79870	25887	13080
沈阳	132450				5954	126496	
大连	352311	2806		214	13562	333572	2371
长春	343310				35483	306627	1200
哈尔滨	181474	2423				179051	
上海	12229082	1026268		743635	4255513	3499060	3448241
南京	99435					98668	767
杭州	346452	76174			8121	44061	218096
宁波	470339	3106			57504	367030	42699
合肥	285154	91			13817	195541	75705
福州	263632	7890			30146	195627	29969
厦门	301910	4234	1668		1102	155169	141405
南昌	133660	8604				125056	
济南	31914	2000				29914	
青岛	274725	308			73946	151287	49184
郑州	49120				19583	29537	
武汉	412566	88000			91619	211699	21248
长沙	235955	464			24873	184571	26047
广州	2974231	164064			590452	1508732	710983
深圳	1882242	166192		46073	542526	961079	212445
南宁	81412	11124			4586	57739	7963
海口	15645	15645					
重庆	2419270	44157	309		69145	2041975	263993
成都	247470	1020			40271	180125	26054
贵阳	346532	10109	2499		35715	204153	96555
昆明	244338	4723		623	57450	178709	3456
西安	382331	65549	917		214378	100368	2036
兰州	170381	2580			59713	108048	40
西宁	67312				10470	56842	
银川	186319	14909			24089	136886	10435
乌鲁木齐	463008	7431	1460		56440	383364	15773

7-19 35个大中城市按用途分的房地产开发企业商品房待售面积

单位：平方米

地区	待售面积	住宅	#经济适用房	#别墅、高档公寓	办公楼	商业营业用房	其他
总计	**86466106**	**41819191**	**1774254**	**6278019**	**8292884**	**22080868**	**14273163**
北京	13510888	4267249	377560	1536280	2465457	3538505	3239677
天津	1720788	908430	82689	292801	142960	498382	171016
石家庄	394178	382801		20007		10377	1000
太原	895225	686990	42750	5008	20263	98654	89318
呼和浩特	2157958	1660717	144537	56119	195520	190875	110846
沈阳	6160188	4139038	48056	424837	291465	1444216	285469
大连	2050738	1212570	11968	35857	82991	523489	231688
长春	3440008	2323372	160170	281675	88111	751564	276961
哈尔滨	4285521	2528765	210661	287217	54137	1258461	444158
上海	11348032	4607384	54092	1272759	1909503	2301839	2529306
南京	1133331	652270	61930	96341	28822	321742	130497
杭州	1459814	615589	70900	42576	66724	635002	142499
宁波	1445603	362491	15704		205906	394127	483079
合肥	1278501	807915		22817	64480	228592	177514
福州	955184	510697		130485	55260	248054	141173
厦门	1472713	390408	8331	21955	355720	200260	526325
南昌	399225	338029	3972	9395		59028	2168
济南	646998	423038		25889	82060	93756	48144
青岛	2176213	1429306	15395	50170	201149	409519	136239
郑州	1336731	904042	22825	19246	85385	281329	65975
武汉	2141398	1371012	74363	262978	63541	449954	256891
长沙	1843422	1118276	28085	265430	86204	302999	335943
广州	3513253	1427584		231268	329360	1004217	752092
深圳	1419515	636043		10175	154075	495604	133793
南宁	786252	235559		14218	11255	315280	224158
海口	248199	177911		72036	9295	38759	22234
重庆	6623874	1646030	103283	149353	415593	2860230	1702021
成都	3932059	1858602		338071	426626	673660	973171
贵阳	1016496	562906	19475	92888	25607	341827	86156
昆明	494683	276511		72734	31304	106891	79977
西安	406750	287267	12946	24418	15400	83050	21033
兰州	1131371	690426	433	3967	66045	298310	76590
西宁	618952	408502		5956	15230	146899	48321
银川	2410023	1159148	122248	32131	95216	1050078	105581
乌鲁木齐	1612022	812313	81881	70962	152220	425339	222150

7-20 35个大中城市房地产开发企业主要财务指标

单位：万元

地　区	资产总计	负债合计	所有者权益合计	主营业务收入	土地转让收入
总　计	**1159866352**	**855685870**	**304180481**	**190344321**	**3720021**
北　京	204007031	159681918	44325113	25770569	1237898
天　津	61547074	44462141	17084933	7317075	70386
石家庄	5331155	4219838	1111316	991442	52913
太　原	7804551	6386251	1418300	769609	4671
呼和浩特	5004326	4022496	981830	873809	112
沈　阳	29422125	20787068	8635057	5000854	
大　连	26722110	20670563	6051547	4601886	9544
长　春	8476536	6765137	1711398	1642862	
哈尔滨	11989757	8238192	3751565	2088694	10897
上　海	207994129	137404215	70589914	29521883	1130442
南　京	27771287	21309877	6461411	8989940	94350
杭　州	56611308	44643733	11967576	9289255	434
宁　波	23568346	17803296	5765050	4795376	55813
合　肥	16401173	12747507	3653666	4026306	
福　州	17531628	13570958	3960670	2706326	25
厦　门	28312575	19920086	8392488	3630500	23
南　昌	10536656	7522229	3014427	1635728	527
济　南	14536573	11565291	2971282	2600979	55875
青　岛	25817734	20749983	5067751	4713269	4864
郑　州	17834374	12642554	5191820	3662847	122
武　汉	29913935	20924810	8989125	5273322	37155
长　沙	22117352	16598564	5518788	4343105	49662
广　州	72360105	54975240	17384865	10250773	94641
深　圳	55047204	39384444	15662760	11406332	52128
南　宁	9772029	7408026	2364003	2270928	62033
海　口	5617898	4417686	1200212	439090	479
重　庆	53095024	36094074	17000950	11351941	548146
成　都	45478620	34563063	10915557	8508665	31000
贵　阳	11282625	9436689	1845936	1368592	9580
昆　明	16213705	12762746	3450958	3081692	54629
西　安	15691700	12173638	3518061	3958101	25456
兰　州	3811077	2786943	1024134	665797	7381
西　宁	2667975	1844854	823121	326745	
银　川	4648594	3716627	931968	961179	18223
乌鲁木齐	4928061	3485133	1442928	1508853	612

7-20 续表 1

单位：万元

地　区	商品房销售收入	房屋出租收入	其他收入	主营业务成本	主营业务税金及附加
总　计	**173544411**	**5169226**	**7910664**	**129102714**	**14842197**
北　京	21667123	1527211	1338337	17054972	2295826
天　津	6560037	102571	584082	5070785	516301
石家庄	881318		57211	736655	70472
太　原	712983	8510	43445	433731	54863
呼和浩特	853259	1438	19001	658946	47484
沈　阳	4926752	6832	67270	3826901	351662
大　连	4513996	33429	44917	3331298	360774
长　春	1628549	14090	223	1319501	99301
哈尔滨	2053674		24123	1592760	132762
上　海	24608810	2290082	1492550	17342315	2218416
南　京	8747969	5183	142438	6166043	683679
杭　州	9183322	24089	81409	6214541	707048
宁　波	4608203	20974	110386	3032949	343454
合　肥	3936554	10658	79095	3054736	328851
福　州	2553040	26201	127059	1887627	225999
厦　门	3348902	44296	237280	2270731	351705
南　昌	1580550	3182	51469	1140672	130906
济　南	2473817		71287	1915807	164769
青　岛	4509809	6879	191716	3241834	340746
郑　州	3584981	2787	74958	2480146	282433
武　汉	4894009		342157	3686750	386107
长　沙	4151391		142052	3503501	281565
广　州	9438962	344718	372452	6406098	923081
深　圳	10189011	164726	1000467	6999903	1126347
南　宁	2074352	19280	115264	1547658	242994
海　口	431539	2268	4803	314739	43142
重　庆	10419090	90251	294454	8608607	690546
成　都	8037873	39082	400710	6237386	620968
贵　阳	1028952	319145	10914	1005162	94921
昆　明	2853529	35745	137788	2259599	242748
西　安	3782150	1884	148611	3155475	261544
兰　州	583793		74623	527980	40154
西　宁	325468	525	752	297428	19542
银　川	933169	9312	476	746936	57729
乌鲁木齐	1467473	13880	26889	1032544	103359

7-20 续表2

单位：万元

地　　区	主营业务利润	其他业务收入	其他业务利润	销售费用	管理费用
总　　计	**43858570**	**2472186**	**1581032**	**6084936**	**10598929**
北　　京	6419771	421435	276810	933279	1787976
天　　津	1468347	58136	54178	261642	403190
石 家 庄	157832	5788	4205	36073	69678
太　　原	263879	2691	-5313	37291	89729
呼和浩特	150844	2311	2150	19399	34076
沈　　阳	699316	15142	19923	200804	224802
大　　连	887799	22375	18259	156603	251005
长　　春	184638	44736	11787	39579	111214
哈 尔 滨	330746	6691	4872	52515	87490
上　　海	9845235	410124	280413	1038878	1744589
南　　京	2037890	45457	31655	182801	295514
杭　　州	2223045	102435	78691	235088	437347
宁　　波	1310959	55512	36368	110834	221172
合　　肥	614321	13923	21432	105417	155758
福　　州	562483	10057	832	81932	121804
厦　　门	928145	43391	27310	79919	164121
南　　昌	344731	5137	2877	53710	68586
济　　南	491932	18142	17536	40231	111265
青　　岛	985768	44519	22759	161943	264438
郑　　州	801324	12824	35113	134846	206547
武　　汉	1053926	213953	38402	150464	234785
长　　沙	449159	112607	14775	108880	189409
广　　州	2644387	297152	265592	311596	599352
深　　圳	3280082	137878	91047	330351	994556
南　　宁	465281	15484	10978	82591	135516
海　　口	56307	5705	6049	27454	44591
重　　庆	1824789	174400	78490	353369	474447
成　　都	1526794	50778	40555	385102	378901
贵　　阳	229937	21022	16187	55789	120194
昆　　明	562318	46265	32747	77949	172659
西　　安	486177	21961	16982	139951	173899
兰　　州	91559	7214	11932	18154	55630
西　　宁	9535	89	503	3329	19829
银　　川	133462	4856	5681	24846	56936
乌鲁木齐	335855	21999	9256	52328	97925

7-20 续表3　　　　单位：万元

地　区	财务费用	营业利润	营业外收入	营业外支出
总　计	**4358899**	**30864727**	**1530282**	**1105615**
北　京	1061644	4145638	183625	229672
天　津	195865	1026031	92598	33610
石家庄	21207	61567	3180	8535
太　原	17378	134647	2660	3713
呼和浩特	13432	102622	7429	1610
沈　阳	50380	364803	24689	19757
大　连	125020	395444	29357	28192
长　春	19572	65482	9625	3762
哈尔滨	29838	198213	5986	3231
上　海	849503	7426996	258575	110464
南　京	81341	1646015	65615	36468
杭　州	184239	1945525	49164	56680
宁　波	59993	1131660	38465	39992
合　肥	61720	341257	9637	11004
福　州	29745	364815	8796	53052
厦　门	89643	829673	45329	26274
南　昌	27251	217480	25571	9664
济　南	40609	342167	10843	13527
青　岛	75390	676710	28922	15615
郑　州	59295	534694	10316	20019
武　汉	70731	782887	22269	11455
长　沙	73354	204406	19773	24942
广　州	288952	2185578	59477	130296
深　圳	261807	2426945	69728	50967
南　宁	28313	246585	11313	12237
海　口	4227	10986	1133	11798
重　庆	230668	1254707	82849	50779
成　都	131843	832519	287555	36982
贵　阳	21839	91256	35685	12696
昆　明	57173	379081	16219	11113
西　安	39228	213039	3902	11841
兰　州	21378	14434	1649	1916
西　宁	4459	-17507	397	338
银　川	14515	69304	2295	5419
乌鲁木齐	17349	219068	5659	7999

7-20 续表4

单位：万元

地　区	利润总额	应交所得税	劳动、失业保险费	住房公积金及住房补贴	本年应付工资总额	本年应付福利费总额
总　计	**33364363**	**7273197**	**395847**	**249861**	**4073819**	**316749**
北　京	4315904	1143064	104228	40314	675602	46165
天　津	1106765	214994	16380	9346	166081	7864
石家庄	81084	10178	577	227	22793	1378
太　原	112772	19295	1027	328	30081	2388
呼和浩特	108441	29925	796	89	16275	1818
沈　阳	355778	116906	7784	1990	64558	5136
大　连	644966	133951	8523	3813	81202	6298
长　春	71369	40013	2634	1063	35429	4586
哈尔滨	205201	46165	1850	719	32145	4450
上　海	8749240	1737214	69995	68428	563377	48747
南　京	1675163	303940	11060	4090	109924	10350
杭　州	1980320	404826	19527	8072	159346	14641
宁　波	1130133	277195	4486	2734	71594	4993
合　肥	347800	97035	15850	2136	67554	6842
福　州	317115	87215	1921	599	48228	4263
厦　门	900498	137460	6079	4681	74736	5077
南　昌	233386	55100	896	443	42362	5067
济　南	284749	40592	8084	3015	56757	5536
青　岛	699068	117528	9815	5963	85097	8803
郑　州	504103	120426	4414	1475	79639	6266
武　汉	793701	190101	8025	44934	129030	17752
长　沙	201168	52011	4171	970	84009	5341
广　州	2179953	585155	21475	12777	246049	12137
深　圳	2974096	549790	12174	4073	237551	15324
南　宁	211720	58835	3959	1306	57897	4295
海　口	7770	6696	1380	388	13910	1173
重　庆	1052619	257953	17596	7506	289317	22258
成　都	1052332	208168	13374	6045	231876	14620
贵　阳	102681	26406	4274	785	51006	3829
昆　明	426628	92285	4275	7869	96936	5061
西　安	273121	43821	3183	2079	73072	7683
兰　州	1068	7292	564	278	23692	1551
西　宁	-17465	1382	105	43	11330	1380
银　川	65936	19214	2732	574	19325	1100
乌鲁木齐	215182	41066	2636	710	26042	2580

第三部分

省与城市篇

第八章　各省、自治区、直辖市房地产开发投资综合统计（2009）

8-1　北京市房地产开发综合统计

指　　标	2007年	2008年	2009年
一、房地产企业			
1.企业个数合计(个)	**2699**	**3433**	**3172**
#一级企业	91	117	125
#二级企业	245	272	251
#三级企业	287	345	347
2.资产负债(万元)			
资产总计	151850651	176743192	204007031
负债总计	122103686	137699559	159681918
所有者权益	29746965	39043633	44325113
资产负债率(%)	80.4	77.9	78.3
二、本年完成投资额(万元)			
合计	**19958206**	**19087387**	**23377124**
1.按构成分			
建筑安装工程	10152715	8295646	8415527
设备工器具购置	588899	486324	457246
其他费用	9216592	10305417	14504351
#土地购置费	2932089	6389509	5877068
2.按用途分			
住宅	9916637	9405586	9066168
#别墅、高档公寓	2038239	1784641	1632269
#经济适用房	283013	359547	677612
办公楼	2422185	1705010	1667239
商业营业用房	2673568	2403637	2007351
其他	4945816	5573154	10636366
3.商品房屋建设和土地开发			
#商品房建设投资			
#土地开发投资	256090	239582	286833
商品房建设投资额比重(%)			
4.资金来源及构成			
本年资金来源小计	41544948	33218040	61297667
国内贷款	10632066	8893736	23677680
利用外资	399260	388739	298168
#外商直接投资	190186	249296	249948
自筹资金	8678604	9317891	10267966
其他资金来源	21835018	14617674	27053853
三、本年新增固定资产(万元)		**11591793**	**11545368**
四、土地开发及购置(平方米)			
本年完成开发土地面积	2487378	3515284	3640243
待开发土地面积	27364442	19779058	11040110
本年购置土地面积	3915455	8234351	6250067

8-1 续表

指 标	2007年	2008年	2009年
五、商品房屋建筑面积(平方米)			
1.施工房屋面积	**104386471**	**100143166**	**97190830**
住宅	59144927	55382293	55518813
#别墅、高档公寓	10092033	9547147	8408948
#经济适用房	4400767	5448638	5854413
办公楼	13645738	12871756	11321911
商业营业用房	14820861	14298361	13233772
其他	16774945	17590756	17116334
2.新开工房屋面积	**25573953**	**23372160**	**22466048**
住宅	16399355	15653005	13802756
#别墅、高档公寓	2192635	1808024	1293658
#经济适用房	1625411	2538457	1658357
办公楼	2648248	1597527	2559554
商业营业用房	2537930	2870666	2284514
其他	3988420	3250962	3819224
3.竣工房屋面积	**28916528**	**25579878**	**26785534**
住宅	18539524	13993037	16132296
#别墅、高档公寓	2396175	2329690	2136662
#经济适用房	1885678	1011490	990868
办公楼	3148325	3646023	3165911
商业营业用房	3150982	3131133	3224456
其他	4077697	4809685	4262871
六、商品房屋销售			
1.销售面积(平方米)	**21765727**	**13353664**	**23622539**
住宅	17314798	10314252	18804537
#别墅、高档公寓	3193814	1645290	3398406
#经济适用房	1001065	1083150	821530
办公楼	2656721	1393695	2557681
商业营业用房	1348152	1124100	1570670
其他	446056	521617	689651
2.销售额(万元)	**25146507**	**16583129**	**32596624**
住宅	18459730	12013685	24867669
#别墅、高档公寓	5027001	3215143	6927786
#经济适用房	287193	413030	344524
办公楼	4025360	2307189	4311395
商业营业用房	2370714	1927582	2998566
其他	290703	334673	418994
3.销售价格(元/平方米)	**11553**	**12418**	**13799**
住宅	10661	11648	13224
办公楼	15152	16554	16857
商业营业用房	17585	17148	19091

8-2　天津市房地产开发投资综合统计

指　标	2007年	2008年	2009年
一、房地产企业			
1.企业个数合计（个）	**1028**	**1258**	**1178**
#一级企业	20	16	17
#二级企业	82	87	94
#三级企业	173	177	170
2.资产负债（万元）			
资产总计	35462289	50143469	61547074
负债总计	25108059	35994049	44462141
所有者权益	10354230	14149420	17084933
资产负债率(%)	70.8	71.8	72.2
二、本年完成投资额（万元）			
合计	**5052956**	**6537248**	**7351836**
1.按构成分			
建筑安装工程	3333665	4289925	4852249
设备工器具购置	26891	35192	53831
其他费用	1692400	2212131	2445756
#土地购置费	682287	1003355	883652
2.按用途分			
住宅	3428187	4593327	4948563
#别墅、高档公寓	286624	351336	440182
#经济适用房	495159	1040259	1118927
办公楼	345476	309731	328289
商业营业用房	637558	798714	973219
其他	641735	835476	1101765
3.商品房屋建设和土地开发			
#商品房建设投资			
#土地开发投资	633198	808665	1054929
商品房建设投资额比重(%)			
4.资金来源及构成			
本年资金来源小计	9875587	9996447	14130655
国内贷款	2746213	2844882	3631766
利用外资	210722	241005	114892
#外商直接投资	176641	129757	90496
自筹资金	2719034	3197745	3321040
其他资金来源	4199618	3712815	7062957
三、本年新增固定资产（万元）		**5042883**	**6219763**
四、土地开发及购置（平方米）			
本年完成开发土地面积	12124814	9514553	3698089
待开发土地面积	7894825	8628832	5940030
本年购置土地面积	9203265	5127590	4447789

8-2 续表

指 标	2007年	2008年	2009年
五、商品房屋建筑面积(平方米)			
1.施工房屋面积	**48364905**	**57042684**	**60521584**
住宅	37448691	43063258	45178262
#别墅、高档公寓	2937686	2448615	2120554
#经济适用房	6162197	9086777	11299352
办公楼	2081178	3073714	3484568
商业营业用房	5307174	6017060	6823512
其他	3527862	4888652	5035242
2.新开工房屋面积	**21143094**	**24402403**	**25554988**
住宅	16119133	18892164	19044634
#别墅、高档公寓	1085866	716467	318700
#经济适用房	3361847	5611983	7721530
办公楼	565525	1412536	1796341
商业营业用房	2604132	2105298	3151715
其他	1854304	1992405	1562298
3.竣工房屋面积	**17043621**	**17993746**	**19020597**
住宅	13986126	14925368	15808213
#别墅、高档公寓	883068	900284	673845
#经济适用房	2524684	2483236	3804192
办公楼	495360	481796	836675
商业营业用房	1335924	1877230	1158521
其他	1226211	709352	1217188
六、商品房屋销售			
1.销售面积(平方米)	**15485931**	**12520438**	**15900246**
住宅	14018481	11353520	14614657
#别墅、高档公寓	742152	466209	884167
#经济适用房	1269183	1682600	640206
办公楼	429517	293022	295464
商业营业用房	913982	748926	608468
其他	123951	124970	381657
2.销售额(万元)	**8999047**	**7531570**	**10948460**
住宅	7816306	6355728	9653564
#别墅、高档公寓	683264	517832	802367
#经济适用房	418726	600906	280804
办公楼	318348	286667	328966
商业营业用房	811559	774270	544880
其他	52834	114905	421050
3.销售价格(元/平方米)	**5811**	**6015**	**6886**
住宅	5576	5598	6605
办公楼	7412	9783	11134
商业营业用房	8879	10338	8955

8-3　河北房地产开发综合统计

指　　标	2007年	2008年	2009年
一、房地产企业			
1.企业个数合计(个)	**1497**	**2564**	**2710**
#一级企业	10	16	19
#二级企业	74	128	147
#三级企业	277	394	458
2.资产负债(万元)			
资产总计	16517674	25101857	30963940
负债总计	12177236	19397019	22594271
所有者权益	4340438	5704838	8369669
资产负债率(%)	73.7	77.3	73.0
二、本年完成投资额(万元)			
合计	**7092806**	**10844418**	**15200387**
1.按构成分			
建筑安装工程	5080232	7996507	11612927
设备工器具购置	53082	169997	171274
其他费用	1959492	2677914	3416186
#土地购置费	1477613	1755368	2178079
2.按用途分			
住宅	5736995	8585817	12192376
#别墅、高档公寓	205910	353121	239016
#经济适用房	407711	380481	243713
办公楼	69497	201409	301054
商业营业用房	440097	814343	1502535
其他	846217	1242849	1204422
3.商品房屋建设和土地开发			
#商品房建设投资			
#土地开发投资	454931	769491	607912
商品房建设投资额比重(%)			
4.资金来源及构成			
本年资金来源小计	8101616	12331707	18547627
国内贷款	1253587	1664356	2651700
利用外资	11268	35230	
#外商直接投资	9524	34670	
自筹资金	3433545	5653559	8873571
其他资金来源	3403216	4978562	7022356
三、本年新增固定资产(万元)		**3354160**	**5536032**
四、土地开发及购置(平方米)			
本年完成开发土地面积	12284196	14029745	11186987
待开发土地面积	7282255	8067807	5012389
本年购置土地面积	14835647	19476245	20227099

8-3 续表

指　　标	2007年	2008年	2009年
五、商品房屋建筑面积(平方米)			
1.施工房屋面积	**58218691**	**89580744**	**127529745**
住宅	51747103	77556969	108721184
#别墅、高档公寓	1859895	2382891	2229804
#经济适用房	4257444	5123301	3507285
办公楼	630775	1751016	1979773
商业营业用房	4104438	6776556	10398181
其他	1736375	3496203	6430607
2.新开工房屋面积	**27975480**	**37688073**	**67859955**
住宅	25368114	33197733	57715849
#别墅、高档公寓	723107	743280	747410
#经济适用房	2281469	2593010	1784292
办公楼	275035	567551	987730
商业营业用房	1450653	2382085	5819455
其他	881678	1540704	3336921
3.竣工房屋面积	**13426446**	**16635548**	**22117153**
住宅	12089601	15014182	19396999
#别墅、高档公寓	390905	560354	631304
#经济适用房	1457575	676609	726292
办公楼	225747	253709	133001
商业营业用房	975747	1093503	1572036
其他	135351	274154	1015117
六、商品房屋销售			
1.销售面积(平方米)	**20677939**	**22318434**	**29666099**
住宅	19691234	21288631	28197731
#别墅、高档公寓	619987	342657	560844
#经济适用房	1349029	1682927	998004
办公楼	77393	26937	190507
商业营业用房	739311	787870	885026
其他	170001	214996	392835
2.销售额(万元)	**5346849**	**6202410**	**9680476**
住宅	4932672	5838850	9051453
#别墅、高档公寓	316134	218436	329453
#经济适用房	217776	371533	205595
办公楼	38096	9944	78974
商业营业用房	342649	308416	459339
其他	33432	45200	90710
3.销售价格(元/平方米)	**2586**	**2779**	**3263**
住宅	2505	2743	3210
办公楼	4922	3692	4145
商业营业用房	4635	3915	5190

8-4　山西房地产开发投资综合统计

指　　标	2007年	2008年	2009年
一、房地产企业			
1.企业个数合计(个)	**1608**	**1836**	**1899**
#一级企业	4	8	9
#二级企业	81	100	110
#三级企业	289	309	353
2.资产负债(万元)			
资产总计	8507465	11448895	15582701
负债总计	6394033	8796071	12540039
所有者权益	2113432	2652824	3042662
资产负债率(%)	75.2	76.8	80.5
二、本年完成投资额(万元)			
合计	**2589251**	**3267856**	**4772748**
1.按构成分			
建筑安装工程	1962746	2315150	3657216
设备工器具购置	36207	62778	41691
其他费用	590298	889928	1073841
#土地购置费	385885	681328	756625
2.按用途分			
住宅	1902509	2278066	3778904
#别墅、高档公寓	51553	38383	23413
#经济适用房	275571	128573	131324
办公楼	51973	81888	106264
商业营业用房	245495	388889	437877
其他	389274	519013	449703
3.商品房屋建设和土地开发			
#商品房建设投资			
#土地开发投资	225738	358285	268254
商品房建设投资额比重(%)			
4.资金来源及构成			
本年资金来源小计	2928732	3645039	5711149
国内贷款	292441	316016	887945
利用外资	6414	3451	
#外商直接投资	6201	3161	
自筹资金	1379707	1765527	2470618
其他资金来源	1250170	1560045	2352586
三、本年新增固定资产(万元)		**1503693**	**1805474**
四、土地开发及购置(平方米)			
本年完成开发土地面积	3994103	5508278	8656718
待开发土地面积	3823636	4439036	4626945
本年购置土地面积	5320983	7646087	6147448

8-4 续表

指　　标	2007年	2008年	2009年
五、商品房屋建筑面积(平方米)			
1.施工房屋面积	**33832934**	**38959471**	**54867456**
住宅	28471272	32746425	46220379
#别墅、高档公寓	789096	532079	332047
#经济适用房	3911789	2805209	2712436
办公楼	1085114	1029797	1112100
商业营业用房	3601959	4037839	4935065
其他	674589	1145410	2599912
2.新开工房屋面积	**12282974**	**14147536**	**24440626**
住宅	10985120	12464493	21032778
#别墅、高档公寓	228165	28056	73054
#经济适用房	1105131	630940	1307123
办公楼	153102	324070	325076
商业营业用房	932087	986138	1961292
其他	212665	372835	1121480
3.竣工房屋面积	**7968524**	**9205159**	**8611021**
住宅	6863693	7812003	7436154
#别墅、高档公寓	92928	134447	31375
#经济适用房	1034037	587884	217077
办公楼	133161	73160	121118
商业营业用房	824178	1002659	672873
其他	147492	317337	380876
六、商品房屋销售			
1.销售面积(平方米)	**9135482**	**9947073**	**10342028**
住宅	8465030	8931029	9640489
#别墅、高档公寓	88103	185650	42333
#经济适用房	1094327	579228	385200
办公楼	117813	134471	83498
商业营业用房	514786	762639	532083
其他	37853	118934	85958
2.销售额(万元)	**2055126**	**2342907**	**2799896**
住宅	1737372	2011783	2459822
#别墅、高档公寓	42594	106579	19171
#经济适用房	158776	84900	63485
办公楼	48335	82233	42355
商业营业用房	264413	218623	282116
其他	5006	30268	15603
3.销售价格(元/平方米)	**2250**	**2355**	**2707**
住宅	2052	2253	2552
办公楼	4103	6115	5073
商业营业用房	5136	2867	5302

8-5　内蒙古房地产开发投资综合统计

指　　标	2007年	2008年	2009年
一、房地产企业			
1.企业个数合计(个)	**1415**	**2243**	**1893**
#一级企业	9	12	17
#二级企业	101	136	136
#三级企业	327	389	357
2.资产负债(万元)			
资产总计	7971761	13608172	16030522
负债总计	5890481	9960054	11807570
所有者权益	2081280	3648118	4222952
资产负债率(%)	73.9	73.2	73.7
二、本年完成投资额(万元)			
合计	**5008862**	**7442976**	**8154562**
1.按构成分			
建筑安装工程	4107962	5983679	6587743
设备工器具购置	22434	39362	97968
其他费用	878466	1419935	1468851
#土地购置费	713319	1055384	1088787
2.按用途分			
住宅	3838894	5791929	5737815
#别墅、高档公寓	263544	498042	380931
#经济适用房	337472	687640	538418
办公楼	134023	245480	384229
商业营业用房	748752	1002976	1482151
其他	287193	402591	550367
3.商品房屋建设和土地开发			
#商品房建设投资			
#土地开发投资	303474	602258	655383
商品房建设投资额比重(%)			
4.资金来源及构成			
本年资金来源小计	5050185	7416240	8525857
国内贷款	221729	304243	836524
利用外资	9830		
#外商直接投资	500		
自筹资金	3954261	6183499	6424626
其他资金来源	864365	928498	1264707
三、本年新增固定资产(万元)		**3172587**	**4592340**
四、土地开发及购置(平方米)			
本年完成开发土地面积	10010379	12611321	6078437
待开发土地面积	7542673	5702699	7492499
本年购置土地面积	18179634	17706303	11093345

8-5 续表

指　　标	2007年	2008年	2009年
五、商品房屋建筑面积(平方米)			
1.施工房屋面积	**52726700**	**70990836**	**82883634**
住宅	43385761	57843586	63072165
#别墅、高档公寓	2917554	4152457	3962053
#经济适用房	4441586	6578889	5502313
办公楼	1567084	2326591	2815572
商业营业用房	6412854	8300783	12774728
其他	1361001	2519876	4221169
2.新开工房屋面积	**33052889**	**38312587**	**43875976**
住宅	27395451	31081879	32122191
#别墅、高档公寓	1566379	1447381	1588981
#经济适用房	2401166	4197662	2547359
办公楼	848332	942488	1604771
商业营业用房	3968180	4708021	7768144
其他	840926	1580199	2380870
3.竣工房屋面积	**18329129**	**19813976**	**23147552**
住宅	15523563	16703525	19587413
#别墅、高档公寓	291418	614645	601302
#经济适用房	1372655	1569006	1929538
办公楼	315422	508391	484961
商业营业用房	2038456	2146439	2259942
其他	451688	455621	815236
六、商品房屋销售			
1.销售面积(平方米)	**20876692**	**23963742**	**25816781**
住宅	18097306	20933442	22539754
#别墅、高档公寓	1151168	960670	997405
#经济适用房	1883009	2622478	2413290
办公楼	428597	396461	276135
商业营业用房	1997604	2231965	2427217
其他	353185	401874	573675
2.销售额(万元)	**4690015**	**5950600**	**7672360**
住宅	3645747	4741826	5970070
#别墅、高档公寓	408480	394259	510392
#经济适用房	263386	443261	516581
办公楼	137340	191183	156903
商业营业用房	824001	910708	1390973
其他	82927	106883	154414
3.销售价格(元/平方米)	**2247**	**2483**	**2972**
住宅	2015	2265	2649
办公楼	3204	4822	5682
商业营业用房	4125	4080	5731

8-6　辽宁房地产开发投资综合统计

指　　标	2007年	2008年	2009年
一、房地产企业			
1.企业个数合计(个)	**2981**	**4841**	**3920**
#一级企业	37	63	53
#二级企业	195	244	231
#三级企业	1251	1321	1221
2.资产负债(万元)			
资产总计	45401513	60238752	72213546
负债总计	35975798	44967126	54876572
所有者权益	9425715	15271627	17336974
资产负债率(%)	79.2	74.6	76.0
二、本年完成投资额(万元)			
合计	**14975793**	**20607952**	**26405639**
1.按构成分			
建筑安装工程	11662016	15705901	20848847
设备工器具购置	170600	351522	358489
其他费用	3143177	4550529	5198303
#土地购置费	1971841	3002435	3606763
2.按用途分			
住宅	11658892	15792147	19339201
#别墅、高档公寓	892683	1232710	1528912
#经济适用房	509414	495296	637407
办公楼	391338	668581	867569
商业营业用房	1946253	3006798	4321470
其他	979310	1140426	1877399
3.商品房屋建设和土地开发			
#商品房建设投资			
#土地开发投资	1231708	1254806	1316844
商品房建设投资额比重(%)			
4.资金来源及构成			
本年资金来源小计	18703917	22029829	32684449
国内贷款	2598871	2769112	4737260
利用外资	924053	1140114	1149245
#外商直接投资	816076	1052931	903704
自筹资金	8429379	11475416	15800648
其他资金来源	6751614	6645187	10997296
三、本年新增固定资产(万元)		**8588725**	**10547777**
四、土地开发及购置(平方米)			
本年完成开发土地面积	18139311	17965046	16925293
待开发土地面积	12145828	17093049	11247989
本年购置土地面积	33235810	29538218	20868635

8-6 续表

指 标	2007年	2008年	2009年
五、商品房屋建筑面积(平方米)			
1.施工房屋面积	**116151098**	**149045641**	**185790553**
住宅	93551075	117356274	145269008
#别墅、高档公寓	4384231	5305033	5390884
#经济适用房	5991031	5616830	6210652
办公楼	2291253	3164876	4286106
商业营业用房	14587959	20212509	26537654
其他	5720811	8311982	9697785
2.新开工房屋面积	**65364478**	**67618855**	**83054386**
住宅	55401666	55632668	66399003
#别墅、高档公寓	1735397	2109511	1418040
#经济适用房	3205218	2140202	2816489
办公楼	959316	842648	1488730
商业营业用房	6648550	7774292	11279396
其他	2354946	3369247	3887257
3.竣工房屋面积	**31298826**	**38260795**	**40317450**
住宅	26851345	32646751	33947680
#别墅、高档公寓	573556	778797	1349925
#经济适用房	2491001	1936709	1591959
办公楼	556660	435103	373574
商业营业用房	2674619	3573788	4395082
其他	1216202	1605153	1601114
六、商品房屋销售			
1.销售面积(平方米)	**38304341**	**40911584**	**53755176**
住宅	35455509	37311931	48642478
#别墅、高档公寓	1068688	1307188	1269797
#经济适用房	1144041	1374881	1383279
办公楼	191162	358676	301379
商业营业用房	2204213	2680152	3939630
其他	453457	560825	871689
2.销售额(万元)	**13368797**	**15376463**	**21685950**
住宅	11893975	13338922	18834702
#别墅、高档公寓	822551	949652	1140188
#经济适用房	278991	288019	300723
办公楼	90342	171558	187058
商业营业用房	1208087	1647920	2356123
其他	176393	218063	308067
3.销售价格(元/平方米)	**3490**	**3758**	**4034**
住宅	3355	3575	3872
办公楼	4726	4783	6207
商业营业用房	5481	6149	5981

8-7　吉林房地产开发投资综合统计

指　　标	2007年	2008年	2009年
一、房地产企业			
1.企业个数合计(个)	**1041**	**1361**	**1370**
#一级企业	10	7	8
#二级企业	62	97	96
#三级企业	300	345	360
2.资产负债(万元)			
资产总计	8690350	10676068	12836606
负债总计	6679858	8029243	9908048
所有者权益	2010492	2646825	2928558
资产负债率(%)	76.9	75.2	77.2
二、本年完成投资额(万元)			
合计	**4900844**	**6410364**	**7566737**
1.按构成分			
建筑安装工程	3741480	5127793	6179246
设备工器具购置	18736	63314	36572
其他费用	1140628	1219257	1350919
#土地购置费	587676	568656	712958
2.按用途分			
住宅	3980067	5300778	6053047
#别墅、高档公寓	555596	606327	543449
#经济适用房	279519	220530	434696
办公楼	72409	93880	153008
商业营业用房	623715	707203	962807
其他	224653	308503	397875
3.商品房屋建设和土地开发			
#商品房建设投资			
#土地开发投资	174396	220549	166425
商品房建设投资额比重(%)			
4.资金来源及构成			
本年资金来源小计	4897381	6268160	7951452
国内贷款	307185	287116	547640
利用外资	6330	22506	9112
#外商直接投资	1480		4112
自筹资金	3406673	4781075	5314512
其他资金来源	1177193	1177463	2080188
三、本年新增固定资产(万元)		**2802435**	**3220217**
四、土地开发及购置(平方米)			
本年完成开发土地面积	4320183	2086426	2128826
待开发土地面积	1026786	1129366	247145
本年购置土地面积	10402731	8079309	7238553

8-7 续表

指　　标	2007年	2008年	2009年
五、商品房屋建筑面积(平方米)			
1.施工房屋面积	**43700329**	**49650968**	**53694369**
住宅	36559660	41757475	44390103
#别墅、高档公寓	1947535	2494410	1779868
#经济适用房	2872572	2316175	2872860
办公楼	608497	851454	972208
商业营业用房	5007037	5035669	5753849
其他	1525135	2006370	2578209
2.新开工房屋面积	**29328026**	**29237577**	**32624532**
住宅	25150762	24914824	27402844
#别墅、高档公寓	925442	1161292	961895
#经济适用房	2207637	1074518	1856504
办公楼	328079	325083	322681
商业营业用房	2798221	2883951	3476502
其他	1050964	1113719	1422505
3.竣工房屋面积	**12917989**	**15490556**	**14696419**
住宅	11474601	13505087	12935916
#别墅、高档公寓	615962	965447	585853
#经济适用房	922469	516505	1030500
办公楼	159565	238090	99233
商业营业用房	932381	1373126	1280236
其他	351442	374253	381034
六、商品房屋销售			
1.销售面积(平方米)	**12923870**	**15838707**	**19442978**
住宅	11843969	14357309	17583736
#别墅、高档公寓	437102	673163	689718
#经济适用房	964049	722007	302127
办公楼	94916	156715	97054
商业营业用房	841107	1055241	1391315
其他	143878	269442	370873
2.销售额(万元)	**2975676**	**3971105**	**5671879**
住宅	2595927	3444370	4902250
#别墅、高档公寓	231235	415686	448657
#经济适用房	154164	139492	57919
办公楼	34645	51033	29886
商业营业用房	302508	389117	623580
其他	42596	86585	116163
3.销售价格(元/平方米)	**2302**	**2507**	**2917**
住宅	2192	2399	2788
办公楼	3650	3256	3079
商业营业用房	3597	3687	4482

8-8　黑龙江房地产开发投资综合统计

指　标	2007年	2008年	2009年
一、房地产企业			
1.企业个数合计(个)	**1320**	**1589**	**1576**
#一级企业	12	15	15
#二级企业	184	214	234
#三级企业	836	974	958
2.资产负债(万元)			
资产总计	11532354	14624206	18613889
负债总计	8641649	9494495	12677221
所有者权益	2890705	5129711	5936668
资产负债率(%)	74.9	64.9	68.1
二、本年完成投资额(万元)			
合计	**3823651**	**4398563**	**5639170**
1.按构成分			
建筑安装工程	2838824	3041451	4272536
设备工器具购置	56278	57241	63859
其他费用	928549	1299871	1302775
#土地购置费	466463	896126	743112
2.按用途分			
住宅	2796442	3065870	4425157
#别墅、高档公寓	129418	188622	93742
#经济适用房	164722	324518	302376
办公楼	64450	35325	91569
商业营业用房	505361	566332	699868
其他	457398	731036	422576
3.商品房屋建设和土地开发			
#商品房建设投资			
#土地开发投资	232043	335141	258323
商品房建设投资额比重(%)			
4.资金来源及构成			
本年资金来源小计	4067758	4624827	6790435
国内贷款	261860	294758	737899
利用外资	18718	13771	25877
#外商直接投资	18718	11071	25877
自筹资金	2436261	3145679	3605959
其他资金来源	1350919	1170619	2420700
三、本年新增固定资产(万元)		**2052819**	**3657239**
四、土地开发及购置(平方米)			
本年完成开发土地面积	4074668	5686399	4711898
待开发土地面积	1527425	3197363	2147237
本年购置土地面积	7043255	8709744	8333122

8-8 续表

指 标	2007年	2008年	2009年
五、商品房屋建筑面积(平方米)			
1.施工房屋面积	**33017345**	**36111387**	**45213490**
住宅	26363154	29066535	36926884
#别墅、高档公寓	1335495	2612527	924073
#经济适用房	1253110	2329182	2183697
办公楼	437141	401381	586070
商业营业用房	4780785	4528881	5078374
其他	1436265	2114590	2622162
2.新开工房屋面积	**18340732**	**22410734**	**29955500**
住宅	14881740	18398417	24380416
#别墅、高档公寓	263970	334637	422693
#经济适用房	673108	1820327	1503406
办公楼	250866	284076	414912
商业营业用房	2330434	2552295	3529808
其他	877692	1175946	1630364
3.竣工房屋面积	**15956174**	**14047031**	**18882802**
住宅	12448764	11600798	15754595
#别墅、高档公寓	213657	242245	573418
#经济适用房	469525	1048582	1532751
办公楼	272726	126015	181325
商业营业用房	2540478	1773934	1942761
其他	694206	546284	1004121
六、商品房屋销售			
1.销售面积(平方米)	**17092455**	**14865665**	**20169765**
住宅	15185671	12866198	17512157
#别墅、高档公寓	580064	258154	575101
#经济适用房	837951	748025	692975
办公楼	114405	89502	194221
商业营业用房	1436368	1593543	1922128
其他	356011	316422	541259
2.销售额(万元)	**4224086**	**4209652**	**6536890**
住宅	3575076	3399086	5370482
#别墅、高档公寓	261027	139762	323094
#经济适用房	143480	133547	131450
办公楼	29895	25092	80446
商业营业用房	511022	689934	875396
其他	108093	95540	210566
3.销售价格(元/平方米)	**2471**	**2832**	**3241**
住宅	2354	2642	3067
办公楼	2613	2804	4142
商业营业用房	3558	4330	4554

8-9 上海房地产开发投资综合统计

指 标	2007年	2008年	2009年
一、房地产企业			
1.企业个数合计(个)	**3116**	**3898**	**3306**
#一级企业	64	77	73
#二级企业	212	313	298
#三级企业	407	457	403
2.资产负债(万元)			
资产总计	153490264	193184877	207994129
负债总计	101754493	124204390	137404215
所有者权益	51735771	68980487	70589914
资产负债率(%)	66.3	64.3	66.1
二、本年完成投资额(万元)			
合计	**13075256**	**14357349**	**14620724**
1.按构成分			
建筑安装工程	9261572	9665871	10327191
设备工器具购置	273455	258590	224792
其他费用	3540229	4432888	4068741
#土地购置费	1310242	2206409	2139245
2.按用途分			
住宅	8375305	8754607	9186847
#别墅、高档公寓	2287920	2481427	2465076
#经济适用房			391773
办公楼	1575146	1940838	1879260
商业营业用房	1589376	1767347	1846133
其他	1535429	1894557	1708484
3.商品房屋建设和土地开发			
#商品房建设投资			
#土地开发投资	556193	641448	895120
商品房建设投资额比重(%)			
4.资金来源及构成			
本年资金来源小计	25531906	22012411	29248440
国内贷款	5584291	5727218	6371383
利用外资	740459	720619	249044
#外商直接投资	654072	674804	227053
自筹资金	5837543	6460226	6201648
其他资金来源	13369613	9104348	16426365
三、本年新增固定资产(万元)		**10147028**	**9322443**
四、土地开发及购置(平方米)			
本年完成开发土地面积	1371972	1375981	878501
待开发土地面积	5434763	5250223	4140972
本年购置土地面积	1414358	3263623	1849181

8-9 续表

指　　标	2007年	2008年	2009年
五、商品房屋建筑面积(平方米)			
1.施工房屋面积	**107667161**	**107842299**	**99494536**
住宅	76427853	70897454	65507311
#别墅、高档公寓	14927465	13743088	13020394
#经济适用房			2459816
办公楼	9352338	11114724	9544505
商业营业用房	11318648	12353074	11068900
其他	10568322	13477047	13373820
2.新开工房屋面积	**22517516**	**27723654**	**24830459**
住宅	16339397	18810925	17210211
#别墅、高档公寓	2827850	3856470	3294379
#经济适用房			1274386
办公楼	2010550	2750256	1623945
商业营业用房	2028919	2518335	2017075
其他	2138650	3644138	3979228
3.竣工房屋面积	**33801197**	**25707435**	**21049798**
住宅	27524475	18014532	15088129
#别墅、高档公寓	4063886	2344532	2049967
#经济适用房			
办公楼	1388889	2137752	1350228
商业营业用房	2564610	2262490	2010480
其他	2323223	3292661	2600961
六、商品房屋销售			
1.销售面积(平方米)	**36949578**	**23392946**	**33724485**
住宅	32791745	20074792	29280400
#别墅、高档公寓	5031365	2655398	4504199
#经济适用房			1913
办公楼	1509264	1469424	2030010
商业营业用房	1983840	1174022	1264855
其他	664729	674708	1149220
2.销售额(万元)	**30893542**	**19171177**	**43302240**
住宅	27063027	16290753	36202282
#别墅、高档公寓	6540433	3396706	9968034
#经济适用房			659
办公楼	2146686	1731406	4384327
商业营业用房	1311913	775973	1927263
其他	371916	373045	788368
3.销售价格(元/平方米)	**8361**	**8195**	**12840**
住宅	8253	8115	12364
办公楼	14223	11783	21598
商业营业用房	6613	6610	15237

8-10　江苏房地产开发投资综合统计

指　标	2007年	2008年	2009年
一、房地产企业			
1.企业个数合计(个)	**4648**	**7005**	**5809**
#一级企业	56	82	81
#二级企业	737	1250	1399
#三级企业	2302	2373	2076
2.资产负债(万元)			
资产总计	93092077	126663763	146853351
负债总计	71276665	91214444	105788923
所有者权益	21815412	35449319	41064428
资产负债率(%)	76.6	72.0	72.0
二、本年完成投资额(万元)			
合计	**25159058**	**33045589**	**33384976**
1.按构成分			
建筑安装工程	17358888	22476795	24725170
设备工器具购置	199984	346630	341374
其他费用	7600186	10222165	8318432
#土地购置费	5725831	7700292	5605290
2.按用途分			
住宅	18707172	24593950	24237737
#别墅、高档公寓	1977361	2579913	2712718
#经济适用房	833041	966352	1111615
办公楼	684513	1049511	1309243
商业营业用房	3488798	4680120	5107783
其他	2278575	2722008	2730213
3.商品房屋建设和土地开发			
#商品房建设投资			
#土地开发投资	1111873	2584119	948944
商品房建设投资额比重(%)			
4.资金来源及构成			
本年资金来源小计	40087119	47115762	64414711
国内贷款	7662108	10200620	12103881
利用外资	1040630	1124574	555366
#外商直接投资	819218	1051931	547165
自筹资金	9940026	14698605	13730609
其他资金来源	21444355	21091963	38024855
三、本年新增固定资产(万元)		**20269631**	**24051092**
四、土地开发及购置(平方米)			
本年完成开发土地面积	20629347	32878566	16469727
待开发土地面积	51971433	58951493	45240095
本年购置土地面积	35093744	32960390	18579284

8-10 续表

指　　标	2007年	2008年	2009年
五、商品房屋建筑面积(平方米)			
1.施工房屋面积	**232215455**	**289633346**	**299538863**
住宅	185508873	224693667	227943110
#别墅、高档公寓	15269304	18574641	18044544
#经济适用房	9578416	9916729	9689153
办公楼	5947746	8309270	9220934
商业营业用房	27895666	38675655	40801915
其他	12863170	17954754	21572904
2.新开工房屋面积	**93010262**	**107255341**	**92094620**
住宅	76563827	82856574	70977362
#别墅、高档公寓	6110053	6024840	3982538
#经济适用房	4237328	4400079	3346719
办公楼	1828112	2869150	2054637
商业营业用房	9921171	15318270	12422186
其他	4697152	6211347	6640435
3.竣工房屋面积	**63407506**	**82655302**	**84428028**
住宅	51613705	67535705	67314116
#别墅、高档公寓	3178688	5008564	5182219
#经济适用房	3117163	3738791	4133848
办公楼	1325519	1494448	1529379
商业营业用房	7211765	9441594	10339888
其他	3256517	4183555	5244645
六、商品房屋销售			
1.销售面积(平方米)	**75984830**	**60918637**	**102481985**
住宅	67727134	52828856	90346880
#别墅、高档公寓	4613628	3070535	6886804
#经济适用房	2907420	3142532	3206697
办公楼	1334618	1053420	1908116
商业营业用房	5867232	5965653	8679878
其他	1055846	1070708	1547111
2.销售额(万元)	**30579022**	**24666786**	**51063696**
住宅	25967931	20087788	43410260
#别墅、高档公寓	3249533	2373257	5748805
#经济适用房	539139	603933	713565
办公楼	959633	622186	1315641
商业营业用房	3422004	3681950	5929104
其他	229454	274862	408691
3.销售价格(元/平方米)	**4024**	**4049**	**4983**
住宅	3834	3802	4805
办公楼	7190	5906	6895
商业营业用房	5832	6172	6831

8-11　浙江房地产开发投资综合统计

指　　标	2007年	2008年	2009年
一、房地产企业			
1.企业个数合计(个)	**3872**	**5600**	**5335**
#一级企业	64	116	117
#二级企业	377	539	549
#三级企业	1363	1686	1670
2.资产负债(万元)			
资产总计	92492161	115353961	146796427
负债总计	74074373	88377852	114665424
所有者权益	18417788	26976109	32131003
资产负债率(%)	80.1	76.6	78.1
二、本年完成投资额(万元)			
合计	**18216690**	**20231177**	**22542664**
1.按构成分			
建筑安装工程	10219453	11995167	13282754
设备工器具购置	199768	244823	253561
其他费用	7797469	7991187	9006349
#土地购置费	6318669	6043533	6971415
2.按用途分			
住宅	13082714	14265508	15813232
#别墅、高档公寓	1163730	1444881	1373868
#经济适用房	594537	491452	556000
办公楼	1095616	1374590	1472648
商业营业用房	2079326	2087399	2509853
其他	1959034	2503680	2746931
3.商品房屋建设和土地开发			
#商品房建设投资			
#土地开发投资	500797	461715	389052
商品房建设投资额比重(%)			
4.资金来源及构成			
本年资金来源小计	30779098	29872224	45283076
国内贷款	6159442	6646244	8641190
利用外资	172269	274651	154644
#外商直接投资	162714	274651	144212
自筹资金	6329102	7566981	7829873
其他资金来源	18118285	15384348	28657369
三、本年新增固定资产(万元)		**11316600**	**10069785**
四、土地开发及购置(平方米)			
本年完成开发土地面积	13706918	12518811	10620784
待开发土地面积	14214785	20594721	13108948
本年购置土地面积	18292615	18342911	13083337

8-11 续表

指 标	2007年	2008年	2009年
五、商品房屋建筑面积(平方米)			
1.施工房屋面积	**183701512**	**192733308**	**199326869**
住宅	134499342	136884433	139459813
#别墅、高档公寓	9474894	9964961	10788007
#经济适用房	8869987	7700536	8198244
办公楼	10008433	11189236	11788549
商业营业用房	18624422	19963909	21137630
其他	20569315	24695730	26940877
2.新开工房屋面积	**52686552**	**52565209**	**56064488**
住宅	38737852	37089751	39477039
#别墅、高档公寓	2823111	2765775	3055053
#经济适用房	1938604	1105410	2092525
办公楼	2569405	3181442	3035253
商业营业用房	5462362	5653928	5894659
其他	5916933	6640088	7657537
3.竣工房屋面积	**41001313**	**44582633**	**38438207**
住宅	30544759	32608268	27832306
#别墅、高档公寓	1296573	1970255	1602621
#经济适用房	1929582	1952249	2547569
办公楼	1612261	1927442	1588012
商业营业用房	4849097	4113671	3848801
其他	3995196	5933252	5169088
六、商品房屋销售			
1.销售面积(平方米)	**45419663**	**29921980**	**55381334**
住宅	39249182	24807376	47601161
#别墅、高档公寓	2990109	1593540	3563227
#经济适用房	1055932	1532444	1261584
办公楼	1571809	1295521	2006463
商业营业用房	2891449	2397058	3608779
其他	1707223	1422025	2164931
2.销售额(万元)	**26279951**	**18736825**	**43339772**
住宅	22070890	15241113	37555286
#别墅、高档公寓	2871309	1501683	3669608
#经济适用房	314125	473768	377052
办公楼	1217944	1258668	1740487
商业营业用房	2365643	1784836	3265700
其他	625474	452208	778299
3.销售价格(元/平方米)	**5786**	**6262**	**7826**
住宅	5623	6144	7890
办公楼	7749	9716	8674
商业营业用房	8182	7446	9049

8-12　安徽房地产开发投资综合统计

指　　标	2007年	2008年	2009年
一、房地产企业			
1.企业个数合计(个)	**2391**	**3277**	**3097**
#一级企业	25	21	23
#二级企业	193	232	239
#三级企业	758	936	917
2.资产负债(万元)			
资产总计	23792663	31573303	41275462
负债总计	17365902	22491947	30755216
所有者权益	6426761	9081356	10520246
资产负债率(%)	73.0	71.2	74.5
二、本年完成投资额(万元)			
合计	**8920678**	**13626657**	**16698263**
1.按构成分			
建筑安装工程	6329070	9614342	12250677
设备工器具购置	120983	212038	256639
其他费用	2470625	3800277	4190947
#土地购置费	1706772	2698862	2919765
2.按用途分			
住宅	6628333	10115919	11755778
#别墅、高档公寓	124360	307074	475665
#经济适用房	110608	235303	241184
办公楼	238815	378339	721124
商业营业用房	1099389	1722382	2362832
其他	954141	1410017	1858529
3.商品房屋建设和土地开发			
#商品房建设投资			
#土地开发投资	885054	1300158	1191770
商品房建设投资额比重(%)			
4.资金来源及构成			
本年资金来源小计	10054600	14789981	22616131
国内贷款	1136902	1766385	2968570
利用外资	124685	196425	158549
#外商直接投资	108652	175665	154549
自筹资金	3911960	7525847	9301533
其他资金来源	4881053	5301324	10187479
三、本年新增固定资产(万元)		**4712756**	**6689861**
四、土地开发及购置(平方米)			
本年完成开发土地面积	15862917	15193358	8565017
待开发土地面积	25225544	29245009	18280983
本年购置土地面积	22522575	22484700	19185913

8-12 续表

指　标	2007年	2008年	2009年
五、商品房屋建筑面积(平方米)			
1.施工房屋面积	**89435108**	**117294307**	**141655175**
住宅	73380939	93942203	112855124
#别墅、高档公寓	1225990	2023439	4090385
#经济适用房	2097593	3720754	3718625
办公楼	2652784	3012751	4331840
商业营业用房	9925237	15281114	18207526
其他	3476148	5058239	6260685
2.新开工房屋面积	**37141664**	**45850381**	**53156240**
住宅	30781896	37325228	42139442
#别墅、高档公寓	520926	1153632	641487
#经济适用房	855391	1590873	1708076
办公楼	774582	783793	1634685
商业营业用房	4181314	6032124	6962057
其他	1403872	1709236	2420056
3.竣工房屋面积	**23416047**	**25411223**	**28612490**
住宅	20123610	21267127	23505895
#别墅、高档公寓	443322	291980	642760
#经济适用房	891562	883640	806583
办公楼	477300	415659	626468
商业营业用房	2123708	2799411	3666114
其他	691429	929026	814013
六、商品房屋销售			
1.销售面积(平方米)	**30833856**	**27858276**	**40309238**
住宅	27756617	25425982	36464362
#别墅、高档公寓	481923	344533	775160
#经济适用房	638932	552003	732124
办公楼	424208	310187	495441
商业营业用房	2430310	1921419	2990221
其他	222721	200688	359214
2.销售额(万元)	**8215277**	**8214869**	**13783861**
住宅	6952430	7140273	11796852
#别墅、高档公寓	154914	139826	335226
#经济适用房	91504	95566	121348
办公楼	169585	142567	214381
商业营业用房	1052481	889102	1677182
其他	40781	42927	95446
3.销售价格(元/平方米)	**2664**	**2949**	**3420**
住宅	2505	2808	3235
办公楼	3998	4596	4327
商业营业用房	4331	4627	5609

8-13　福建房地产开发投资综合统计

指　标	2007年	2008年	2009年
一、房地产企业			
1.企业个数合计(个)	**2693**	**3268**	**3316**
#一级企业	26	25	29
#二级企业	106	133	153
#三级企业	706	767	826
2.资产负债(万元)			
资产总计	44461871	54495254	66370500
负债总计	32756551	39572042	47415837
所有者权益	11705320	14923212	18954663
资产负债率(%)	73.7	72.6	71.4
二、本年完成投资额(万元)			
合计	**11324898**	**11290921**	**11363495**
1.按构成分			
建筑安装工程	6209620	7474089	7314239
设备工器具购置	53625	79072	70820
其他费用	5061653	3737760	3978436
#土地购置费	4518955	2994035	3326875
2.按用途分			
住宅	7783872	7359284	7432742
#别墅、高档公寓	527468	461774	436449
#经济适用房	167737	298515	185799
办公楼	209135	247388	378436
商业营业用房	763491	808708	872995
其他	2568400	2875541	2679322
3.商品房屋建设和土地开发			
#商品房建设投资			
#土地开发投资	492215	399303	170014
商品房建设投资额比重(%)			
4.资金来源及构成			
本年资金来源小计	17894057	14265300	19376929
国内贷款	4641022	3135641	3946450
利用外资	227702	410187	138556
#外商直接投资	88256	395350	135880
自筹资金	4760022	4255030	4581714
其他资金来源	8265311	6464442	10710209
三、本年新增固定资产(万元)		**3754791**	**4376527**
四、土地开发及购置(平方米)			
本年完成开发土地面积	11587225	4752065	4650543
待开发土地面积	11526039	15245057	8374872
本年购置土地面积	16538478	10762372	11206117

8-13 续表

指　标	2007年	2008年	2009年
五、商品房屋建筑面积(平方米)			
1.施工房屋面积	**96515751**	**114597202**	**116681714**
住宅	75044029	86477116	88457537
#别墅、高档公寓	5285535	4774787	4616536
#经济适用房	2726225	3175016	3570799
办公楼	2823331	3526390	3146738
商业营业用房	8547124	9363197	10126386
其他	10101267	15230499	14951053
2.新开工房屋面积	**39270980**	**27977439**	**24233457**
住宅	31532523	22212929	18609910
#别墅、高档公寓	2231067	874907	877081
#经济适用房	1577016	1113522	1063670
办公楼	545339	452978	774402
商业营业用房	3147685	2191322	2481764
其他	4045433	3120210	2367381
3.竣工房屋面积	**17113301**	**19061506**	**22402641**
住宅	13444195	14228355	16908535
#别墅、高档公寓	896586	830521	821753
#经济适用房	703764	214453	735318
办公楼	554888	976415	474384
商业营业用房	1633014	1749769	2093233
其他	1481204	2106967	2926489
六、商品房屋销售			
1.销售面积(平方米)	**24219482**	**16256665**	**27232303**
住宅	20963689	12500005	24208299
#别墅、高档公寓	1492134	621832	1169913
#经济适用房	816210	838130	549376
办公楼	801911	665180	329408
商业营业用房	1553838	943176	1212617
其他	900044	2148304	1481979
2.销售额(万元)	**11345234**	**7126128**	**14778299**
住宅	9383249	5622613	12990871
#别墅、高档公寓	1297405	456049	925369
#经济适用房	136336	193833	148507
办公楼	379636	358234	206633
商业营业用房	1317408	783078	1182149
其他	264941	362203	398646
3.销售价格(元/平方米)	**4684**	**4384**	**5427**
住宅	4476	4498	5366
办公楼	4734	5386	6273
商业营业用房	8478	8303	9749

8-14　江西房地产开发投资综合统计

指　　标	2007年	2008年	2009年
一、房地产企业			
1.企业个数合计(个)	**2043**	**2410**	**2050**
#一级企业	5	5	4
#二级企业	216	253	236
#三级企业	801	919	800
2.资产负债(万元)			
资产总计	13066530	17114720	21432392
负债总计	8943933	11462771	14468852
所有者权益	4122597	5651948	6963540
资产负债率(%)	68.4	67.0	67.5
二、本年完成投资额(万元)			
合计	**4354573**	**5476570**	**6345238**
1.按构成分			
建筑安装工程	3457421	4390350	5143389
设备工器具购置	42021	49260	73628
其他费用	855131	1036960	1128221
#土地购置费	615502	730371	664315
2.按用途分			
住宅	3542540	4464119	5091670
#别墅、高档公寓	121057	102685	154728
#经济适用房	198639	199697	154825
办公楼	32216	46521	115995
商业营业用房	395287	507506	631837
其他	384530	458424	505736
3.商品房屋建设和土地开发			
#商品房建设投资			
#土地开发投资	345352	412377	282800
商品房建设投资额比重(%)			
4.资金来源及构成			
本年资金来源小计	5858304	6307606	8766713
国内贷款	978297	959370	1239645
利用外资	55845	56383	44553
#外商直接投资	51925	21290	37003
自筹资金	2115313	2823583	3148617
其他资金来源	2708849	2468270	4333898
三、本年新增固定资产(万元)		**2601388**	**2836786**
四、土地开发及购置(平方米)			
本年完成开发土地面积	7302484	8228853	6499319
待开发土地面积	15422869	16724528	8212962
本年购置土地面积	8077202	9918604	6944835

8-14 续表

指　　标	2007年	2008年	2009年
五、商品房屋建筑面积(平方米)			
1.施工房屋面积	**54524182**	**63447028**	**67555972**
住宅	46594199	53966589	57685636
#别墅、高档公寓	1532682	1297566	1523717
#经济适用房	2986074	3344540	2606068
办公楼	597048	550571	652367
商业营业用房	5657288	6378053	6550947
其他	1675647	2551815	2667022
2.新开工房屋面积	**26139355**	**25299030**	**23009630**
住宅	22906712	22081362	19560160
#别墅、高档公寓	673667	507360	272517
#经济适用房	1884360	1536073	726078
办公楼	182636	207127	285180
商业营业用房	2385224	2181437	2328032
其他	664783	829104	836258
3.竣工房屋面积	**16260565**	**15866976**	**16468025**
住宅	14591840	13463562	14375058
#别墅、高档公寓	532369	228762	465057
#经济适用房	990559	871690	771369
办公楼	115645	160685	55221
商业营业用房	1310114	1722386	1599426
其他	242966	520343	438320
六、商品房屋销售			
1.销售面积(平方米)	**21755890**	**17276001**	**22809083**
住宅	20378732	16048566	21080658
#别墅、高档公寓	749476	284386	475889
#经济适用房	602206	1571528	896057
办公楼	44337	49689	92108
商业营业用房	1130233	952514	1207009
其他	202588	225232	429308
2.销售额(万元)	**4507574**	**3689630**	**6028009**
住宅	4072204	3244430	5305604
#别墅、高档公寓	239040	89320	130726
#经济适用房	57292	172538	115257
办公楼	14581	14114	42056
商业营业用房	380478	384759	564459
其他	40311	46327	115890
3.销售价格(元/平方米)	**2072**	**2136**	**2643**
住宅	1998	2022	2517
办公楼	3289	2840	4566
商业营业用房	3366	4039	4677

8-15　山东房地产开发投资综合统计

指　　标	2007年	2008年	2009年
一、房地产企业			
1.企业个数合计(个)	**3436**	**5748**	**5483**
#一级企业	34	76	74
#二级企业	176	213	247
#三级企业	859	997	1038
2.资产负债(万元)			
资产总计	47361777	68584817	86066907
负债总计	35606899	50565280	65380779
所有者权益	11754878	18019538	20686129
资产负债率(%)	75.2	73.7	76.0
二、本年完成投资额(万元)			
合计	**15210223**	**20385338**	**24287324**
1.按构成分			
建筑安装工程	11227022	14861573	18353227
设备工器具购置	138437	235380	285320
其他费用	3844764	5288385	5648777
#土地购置费	2342899	3518295	3855494
2.按用途分			
住宅	11906798	16002624	18605150
#别墅、高档公寓	533220	444693	527445
#经济适用房	596645	594970	574851
办公楼	419526	524064	610612
商业营业用房	1739181	2334421	3276591
其他	1144718	1524229	1794971
3.商品房屋建设和土地开发			
#商品房建设投资			
#土地开发投资	1142219	2054518	1469960
商品房建设投资额比重(%)			
4.资金来源及构成			
本年资金来源小计	18529990	23939400	33754414
国内贷款	3310012	4653362	6355216
利用外资	316808	242580	128802
#外商直接投资	126929	164477	101732
自筹资金	7315043	10472066	12722698
其他资金来源	7588127	8571392	14547698
三、本年新增固定资产(万元)		**9661334**	**12354089**
四、土地开发及购置(平方米)			
本年完成开发土地面积	22982533	28348121	18276659
待开发土地面积	35708229	48351674	23629829
本年购置土地面积	27430780	27620767	21786840

8-15 续表

指　　标	2007年	2008年	2009年
五、商品房屋建筑面积(平方米)			
1.施工房屋面积	**151650805**	**200986749**	**221251663**
住宅	126714248	165240158	181331099
#别墅、高档公寓	5691770	4441471	3831197
#经济适用房	7049696	6754997	6295121
办公楼	3874073	4563776	4444265
商业营业用房	16061880	22196392	24552054
其他	5000604	8986423	10924245
2.新开工房屋面积	**66235406**	**76623584**	**84917800**
住宅	56367510	65016291	70416432
#别墅、高档公寓	1963154	1028764	1005696
#经济适用房	2867110	3028453	2799136
办公楼	1629859	1072526	1426018
商业营业用房	6315383	7407345	8929354
其他	1922654	3127422	4145996
3.竣工房屋面积	**37946924**	**45351448**	**50158627**
住宅	33171944	39083970	43195690
#别墅、高档公寓	1018245	1102784	577348
#经济适用房	1965688	1739453	1446026
办公楼	519117	733359	1197636
商业营业用房	3462174	3913821	4256778
其他	793689	1620298	1508523
六、商品房屋销售			
1.销售面积(平方米)	**50630087**	**55076382**	**70163516**
住宅	47106645	50394023	64782755
#别墅、高档公寓	1466043	930200	857057
#经济适用房	2462097	2016504	2453453
办公楼	503540	566306	622105
商业营业用房	2644365	3083579	3841228
其他	375537	1032474	917428
2.销售额(万元)	**14703692**	**16357067**	**24591016**
住宅	13186350	14369329	21958458
#别墅、高档公寓	741642	674915	753092
#经济适用房	447841	368154	528660
办公楼	323798	317190	459025
商业营业用房	1109463	1418655	1966221
其他	84081	251893	207312
3.销售价格(元/平方米)	**2904**	**2970**	**3505**
住宅	2799	2851	3390
办公楼	6430	5601	7379
商业营业用房	4196	4601	5119

8-16 河南房地产开发投资综合统计

指　　标	2007年	2008年	2009年
一、房地产企业			
1.企业个数合计（个）	**2586**	**4146**	**3798**
#一级企业	15	22	33
#二级企业	202	268	321
#三级企业	707	808	810
2.资产负债（万元）			
资产总计	19665594	26964335	33620940
负债总计	13750561	17873731	22812498
所有者权益	5915033	9090604	10808442
资产负债率(%)	69.9	66.3	67.9
二、本年完成投资额（万元）			
合计	**8371064**	**12067124**	**15537595**
1.按构成分			
建筑安装工程	6724673	9336119	12478505
设备工器具购置	92185	120809	170198
其他费用	1554206	2610196	2888892
#土地购置费	1090917	1953395	1980154
2.按用途分			
住宅	6390811	9708573	12352117
#别墅、高档公寓	549439	281805	239825
#经济适用房	457784	373499	598515
办公楼	307959	303362	331346
商业营业用房	1062761	1252808	1509643
其他	609533	802381	1344489
3.商品房屋建设和土地开发			
#商品房建设投资			
#土地开发投资	8966	187244	40896
商品房建设投资额比重(%)			
4.资金来源及构成			
本年资金来源小计	10702452	13652711	19270156
国内贷款	927457	1331019	1995030
利用外资	94559	161782	27503
#外商直接投资	81471	138256	23132
自筹资金	4606950	7241532	9701354
其他资金来源	5073486	4918378	7546269
三、本年新增固定资产（万元）		**5344818**	**6460458**
四、土地开发及购置（平方米）			
本年完成开发土地面积	12026167	13945657	13511014
待开发土地面积	10620331	12962062	9113789
本年购置土地面积	15760765	20945578	27015422

8-16 续表

指 标	2007年	2008年	2009年
五、商品房屋建筑面积(平方米)			
1.施工房屋面积	**105509046**	**139061822**	**160714759**
住宅	86289316	116662052	134602373
#别墅、高档公寓	5898911	3512822	2622301
#经济适用房	6790614	7686515	7648874
办公楼	3660766	3843640	3703983
商业营业用房	12244152	13799733	15075633
其他	3314812	4756397	7332770
2.新开工房屋面积	**50783842**	**55512618**	**71156322**
住宅	43036922	48270884	61797767
#别墅、高档公寓	2546030	1090478	976413
#经济适用房	3159254	3277133	3413677
办公楼	1130456	938468	890373
商业营业用房	5119544	4347989	5897975
其他	1496920	1955277	2570207
3.竣工房屋面积	**27854786**	**30260396**	**34009767**
住宅	23382265	25970308	29917889
#别墅、高档公寓	1361027	592571	558852
#经济适用房	2339863	2334943	1435731
办公楼	628152	668135	325930
商业营业用房	3055150	2878230	2800539
其他	789219	743723	965409
六、商品房屋销售			
1.销售面积(平方米)	**39280369**	**31919757**	**43350868**
住宅	35691829	29433568	40174514
#别墅、高档公寓	1466796	655482	852698
#经济适用房	2927743	2045510	1570238
办公楼	648752	431348	659415
商业营业用房	2602249	1867639	2181431
其他	337539	187202	335508
2.销售额(万元)	**8851551**	**7464593**	**11558968**
住宅	7428259	6294019	10048884
#别墅、高档公寓	505645	237149	296675
#经济适用房	417248	280542	263391
办公楼	232913	188354	297454
商业营业用房	1143406	946036	1134834
其他	46973	36184	77796
3.销售价格(元/平方米)	**2253**	**2339**	**2666**
住宅	2081	2138	2501
办公楼	3590	4367	4511
商业营业用房	4394	5065	5202

8-17 湖北房地产开发投资综合统计

指 标	2007年	2008年	2009年
一、房地产企业			
1.企业个数合计(个)	**2364**	**3410**	**3460**
#一级企业	18	16	31
#二级企业	309	363	378
#三级企业	814	932	998
2.资产负债(万元)			
资产总计	24277103	33774604	41681528
负债总计	16886194	22866089	28567767
所有者权益	7390909	10908515	13113761
资产负债率(%)	69.6	67.7	68.5
二、本年完成投资额(万元)			
合计	**7237255**	**8926684**	**12004443**
1.按构成分			
建筑安装工程	4846766	6681824	8286244
设备工器具购置	95023	119153	185050
其他费用	2295466	2125707	3533149
#土地购置费	1220736	1090097	1614571
2.按用途分			
住宅	5078509	6604803	8041595
#别墅、高档公寓	330018	446676	381296
#经济适用房	493003	688735	743710
办公楼	110956	157411	228892
商业营业用房	749985	635821	1419912
其他	1297805	1528649	2314044
3.商品房屋建设和土地开发			
#商品房建设投资			
#土地开发投资	1069034	933692	1788109
商品房建设投资额比重(%)			
4.资金来源及构成			
本年资金来源小计	10040872	10423262	17147573
国内贷款	1924097	2273723	3884484
利用外资	155488	103653	158329
#外商直接投资	134585	96983	151501
自筹资金	2829543	4489901	5777614
其他资金来源	5131744	3555985	7327146
三、本年新增固定资产(万元)		**5446687**	**7029473**
四、土地开发及购置(平方米)			
本年完成开发土地面积	9740820	9544751	13616661
待开发土地面积	14917837	16047064	14147376
本年购置土地面积	13316402	10061560	10000796

8-17 续表

指　　标	2007年	2008年	2009年
五、商品房屋建筑面积(平方米)			
1.施工房屋面积	**65526609**	**78004988**	**95465290**
住宅	55131096	66595337	77374558
#别墅、高档公寓	2417947	3001698	3215448
#经济适用房	5876977	8081533	6596965
办公楼	1541094	1527788	2095504
商业营业用房	6325722	6252005	10153463
其他	2528697	3629858	5841765
2.新开工房屋面积	**29006461**	**31129933**	**39758418**
住宅	25392906	26925977	32139205
#别墅、高档公寓	1264561	1260809	649960
#经济适用房	2965989	4585865	1739450
办公楼	485496	478362	915997
商业营业用房	2408002	2097313	4195849
其他	720057	1628281	2507367
3.竣工房屋面积	**20996727**	**20578810**	**23121085**
住宅	18146914	17957572	20073430
#别墅、高档公寓	543582	502314	710110
#经济适用房	2240425	2467863	1966648
办公楼	469881	290671	297167
商业营业用房	1927025	1633229	1839324
其他	452907	697338	911164
六、商品房屋销售			
1.销售面积(平方米)	**25388981**	**19416187**	**27180473**
住宅	23819082	18213146	25763213
#别墅、高档公寓	895725	585379	774252
#经济适用房	2489661	2253760	1769881
办公楼	120345	115792	141038
商业营业用房	1280397	788742	1066073
其他	169157	298507	210149
2.销售额(万元)	**7751551**	**5826143**	**9600307**
住宅	6996737	5278409	8792284
#别墅、高档公寓	616288	362391	545520
#经济适用房	436051	428302	394039
办公楼	55455	59314	62320
商业营业用房	658526	383565	684692
其他	40833	104855	61011
3.销售价格(元/平方米)	**3053**	**3001**	**3532**
住宅	2937	2898	3413
办公楼	4608	5122	4419
商业营业用房	5143	4863	6423

8-18　湖南房地产开发综合统计

指　　标	2007年	2008年	2009年
一、房地产企业			
1.企业个数合计（个）	**2501**	**3596**	**3227**
#一级企业	12	16	14
#二级企业	130	168	152
#三级企业	1450	1869	1642
2.资产负债（万元）			
资产总计	20458782	32973842	34856180
负债总计	14957512	23565910	24824126
所有者权益	5501270	9407932	10032054
资产负债率(%)	73.1	71.5	71.2
二、本年完成投资额（万元）			
合计	**7545813**	**9559153**	**10845775**
1.按构成分			
建筑安装工程	5198533	6835737	8237485
设备工器具购置	90523	165928	204115
其他费用	2256757	2557488	2404175
#土地购置费	1421521	1553645	1191598
2.按用途分			
住宅	5729021	7030758	8378977
#别墅、高档公寓	747139	552417	421593
#经济适用房	159882	226069	378300
办公楼	124289	221931	154802
商业营业用房	880691	866144	1098890
其他	811812	1440320	1213106
3.商品房屋建设和土地开发			
#商品房建设投资			
#土地开发投资	867379	1169225	682182
商品房建设投资额比重(%)			
4.资金来源及构成			
本年资金来源小计	9309089	10934607	14297886
国内贷款	1475780	1888889	2328329
利用外资	152215	80700	49988
#外商直接投资	96624	48485	19047
自筹资金	3750292	5092609	5320515
其他资金来源	3930802	3872409	6599054
三、本年新增固定资产（万元）		**4147388**	**6431485**
四、土地开发及购置（平方米）			
本年完成开发土地面积	10698762	12587149	11196276
待开发土地面积	18071910	25575451	18063553
本年购置土地面积	17566707	20404322	10015093

8-18 续表

指　　标	2007年	2008年	2009年
五、商品房屋建筑面积(平方米)			
1.施工房屋面积	**81621126**	**107155422**	**137276917**
住宅	64345500	87401235	113013600
#别墅、高档公寓	6209921	6073699	5039041
#经济适用房	2047447	2943448	4225799
办公楼	1750744	1793507	1940324
商业营业用房	10986490	11633604	12659875
其他	4538392	6327076	9663118
2.新开工房屋面积	**35623583**	**42313586**	**53198172**
住宅	28614870	35799172	44178820
#别墅、高档公寓	2223465	2082758	886054
#经济适用房	886715	1165669	2101043
办公楼	567630	450711	580508
商业营业用房	4192198	3594250	4934996
其他	2248885	2469453	3503848
3.竣工房屋面积	**20558284**	**23938442**	**29651735**
住宅	16770554	20402295	25005001
#别墅、高档公寓	1649537	1280280	1909950
#经济适用房	795642	961874	1272959
办公楼	309767	210474	421381
商业营业用房	2628645	2381747	2452375
其他	849318	943926	1772978
六、商品房屋销售			
1.销售面积(平方米)	**27344180**	**26555051**	**35137170**
住宅	24988296	24136999	32623431
#别墅、高档公寓	2113672	1095654	1320986
#经济适用房	950575	973455	1361241
办公楼	328833	220830	235896
商业营业用房	1842051	1874621	1811806
其他	185000	322601	466037
2.销售额(万元)	**6106361**	**6113306**	**9415971**
住宅	5167484	5101149	8260738
#别墅、高档公寓	762861	439025	640152
#经济适用房	118971	135093	223335
办公楼	122293	93005	97683
商业营业用房	782168	855645	941610
其他	34416	63507	115940
3.销售价格(元/平方米)	**2233**	**2302**	**2680**
住宅	2068	2113	2532
办公楼	3719	4212	4141
商业营业用房	4246	4564	5197

注：2004年以前的商品房销售为实际销售口径，2005年起商品房销售包括期房和现房，下表同。

8-19　广东房地产开发投资综合统计

指　　标	2007年	2008年	2009年
一、房地产企业			
1.企业个数合计(个)	**5695**	**6651**	**6079**
#一级企业	92	66	90
#二级企业	334	598	312
#三级企业	1208	1050	1322
2.资产负债(万元)			
资产总计	150580828	179612285	202033678
负债总计	111695033	132854424	152154503
所有者权益	38885795	46757861	49879175
资产负债率(%)	74.2	74.0	75.3
二、本年完成投资额(万元)			
合计	**25172282**	**29492536**	**29613189**
1.按构成分			
建筑安装工程	17996670	20872427	21650634
设备工器具购置	494043	710878	394463
其他费用	6681569	7909231	7568092
#土地购置费	4126911	5048818	4682300
2.按用途分			
住宅	18029577	21315812	20900933
#别墅、高档公寓	2584458	2882344	2679275
#经济适用房	80702	80847	158206
办公楼	1081267	995280	1276287
商业营业用房	2128319	2420649	2794723
其他	3933119	4760795	4641246
3.商品房屋建设和土地开发			
#商品房建设投资			
#土地开发投资	1798096	2024805	1610504
商品房建设投资额比重(%)			
4.资金来源及构成			
本年资金来源小计	39867086	38618729	50782766
国内贷款	7808329	9014609	10102854
利用外资	882344	663511	652250
#外商直接投资	609952	560391	444222
自筹资金	10607521	11731164	13344876
其他资金来源	20568892	17209445	26682786
三、本年新增固定资产(万元)		**17140078**	**16624549**
四、土地开发及购置(平方米)			
本年完成开发土地面积	24869052	21686385	14971461
待开发土地面积	58790884	66060894	46535961
本年购置土地面积	31386588	26394240	22599034

8-19 续表

指 标	2007年	2008年	2009年
五、商品房屋建筑面积(平方米)			
1.施工房屋面积	**203583885**	**236829505**	**248146884**
住宅	159613073	183546370	189941474
#别墅、高档公寓	19059692	20678850	20387437
#经济适用房	694449	768674	1416108
办公楼	7439494	8218324	8405416
商业营业用房	17630313	21003273	22847219
其他	18901005	24085915	26952775
2.新开工房屋面积	**74124691**	**65571609**	**64798544**
住宅	60911968	51631626	50997286
#别墅、高档公寓	7855290	6202078	5020482
#经济适用房	329584	333304	786558
办公楼	1250404	1767458	1703780
商业营业用房	5261157	5310742	5190155
其他	6701162	6861783	6907323
3.竣工房屋面积	**42628586**	**50638544**	**50622474**
住宅	35021308	40326419	41115959
#别墅、高档公寓	4294111	4007039	3888658
#经济适用房	202537	58722	158626
办公楼	980663	1644121	891387
商业营业用房	3439058	4287735	3810610
其他	3187557	4380269	4804518
六、商品房屋销售			
1.销售面积(平方米)	**61745657**	**48522785**	**70600279**
住宅	56038771	43604520	65674272
#别墅、高档公寓	7734493	4234277	6922631
#经济适用房	223240	98877	402081
办公楼	1181869	928713	943186
商业营业用房	2987678	2501459	2495000
其他	1537339	1488093	1487821
2.销售额(万元)	**36518204**	**28883504**	**45985280**
住宅	31842004	24956432	41766505
#别墅、高档公寓	5422674	2886401	5115042
#经济适用房	34089	23533	120219
办公楼	1480795	980134	1282883
商业营业用房	2435916	2158881	2256271
其他	759489	788057	679621
3.销售价格(元/平方米)	**5914**	**5953**	**6513**
住宅	5682	5723	6360
办公楼	12529	10554	13602
商业营业用房	8153	8630	9043

8-20　广西房地产开发投资综合统计

指　　标	2007年	2008年	2009年
一、房地产企业			
1.企业个数合计(个)	**1949**	**3115**	**3016**
#一级企业	4	8	11
#二级企业	36	77	98
#三级企业	454	645	683
2.资产负债(万元)			
资产总计	15547346	21257559	26311759
负债总计	11336873	15387034	18689052
所有者权益	4210473	5870525	7622706
资产负债率(%)	72.9	72.4	71.0
二、本年完成投资额(万元)			
合计	**5362835**	**6273423**	**8136811**
1.按构成分			
建筑安装工程	3663658	4379873	5833754
设备工器具购置	95542	118980	91999
其他费用	1603635	1774570	2211058
#土地购置费	1164661	1007238	1164661
2.按用途分			
住宅	3535791	4128343	5771730
#别墅、高档公寓	291534	211163	225943
#经济适用房	69586	76750	115901
办公楼	87759	50983	92636
商业营业用房	499672	555782	631026
其他	1239613	1538315	1641419
3.商品房屋建设和土地开发			
#商品房建设投资			
#土地开发投资	245999	299218	248999
商品房建设投资额比重(%)			
4.资金来源及构成			
本年资金来源小计	6393306	6963931	11272602
国内贷款	1100100	1363984	2291380
利用外资	15990	53463	28735
#外商直接投资	9832	40919	24067
自筹资金	2203268	2553463	3657864
其他资金来源	3073948	2993021	5294623
三、本年新增固定资产(万元)		**1862704**	**2688235**
四、土地开发及购置(平方米)			
本年完成开发土地面积	7492562	6077331	3832939
待开发土地面积	9832719	9959570	7189257
本年购置土地面积	18670617	14454557	12871526

8-20 续表

指　　标	2007年	2008年	2009年
五、商品房屋建筑面积(平方米)			
1.施工房屋面积	**60281078**	**68769803**	**83460650**
住宅	48192358	55712207	67190765
#别墅、高档公寓	3563394	2321649	2068565
#经济适用房	1291354	1474264	1761176
办公楼	1281218	913168	1332463
商业营业用房	7147973	7477332	8556186
其他	3659529	4667096	6381236
2.新开工房屋面积	**21848869**	**22583889**	**30200222**
住宅	18462326	19091466	24708975
#别墅、高档公寓	1195883	489111	514782
#经济适用房	301840	733772	617082
办公楼	336895	233176	395735
商业营业用房	1806363	1997880	2838755
其他	1243285	1261367	2256757
3.竣工房屋面积	**13129728**	**12534715**	**14416303**
住宅	10811443	10499331	12204349
#别墅、高档公寓	755341	583371	290319
#经济适用房	445504	437434	184999
办公楼	253199	94456	79280
商业营业用房	1388508	1296602	1198017
其他	676578	644326	934657
六、商品房屋销售			
1.销售面积(平方米)	**20162338**	**17680418**	**23837614**
住宅	18555035	16379886	22497027
#别墅、高档公寓	1117667	474002	390308
#经济适用房	358658	474981	643730
办公楼	257838	103641	124459
商业营业用房	1137335	886825	837543
其他	212130	310066	378585
2.销售额(万元)	**5118485**	**4996235**	**7771721**
住宅	4426332	4315247	7047622
#别墅、高档公寓	406940	218103	239590
#经济适用房	70311	89287	128169
办公楼	82041	51394	78670
商业营业用房	559808	538882	533495
其他	50304	90712	111934
3.销售价格(元/平方米)	**2539**	**2826**	**3260**
住宅	2386	2634	3133
办公楼	3182	4959	6321
商业营业用房	4922	6077	6370

8-21　海南房地产开发投资综合统计

指　　标	2007年	2008年	2009年
一、房地产企业			
1.企业个数合计(个)	**405**	**1563**	**405**
#一级企业		8	1
#二级企业	15	37	15
#三级企业	63	107	53
2.资产负债(万元)			
资产总计	6516456	14012658	11864826
负债总计	4890195	9054227	9127225
所有者权益	1626261	4958431	2737601
资产负债率(%)	75.0	64.6	76.9
二、本年完成投资额(万元)			
合计	**1275741**	**1994474**	**2879573**
1.按构成分			
建筑安装工程	972558	1516039	2401166
设备工器具购置	20301	42995	55755
其他费用	282882	435440	422652
#土地购置费	219850	243839	272222
2.按用途分			
住宅	1043830	1723627	2618750
#别墅、高档公寓	510245	788728	1132619
#经济适用房	36954	21657	4801
办公楼	28478	29435	15038
商业营业用房	79558	94844	115693
其他	123875	146568	130092
3.商品房屋建设和土地开发			
#商品房建设投资			
#土地开发投资	197864	282351	176794
商品房建设投资额比重(%)			
4.资金来源及构成			
本年资金来源小计	1831978	2718614	4313015
国内贷款	258559	314984	912855
利用外资	9715	145953	302023
#外商直接投资	9158	140416	241994
自筹资金	844069	843585	1080550
其他资金来源	719635	1414092	2017587
三、本年新增固定资产(万元)		**795680**	**1150023**
四、土地开发及购置(平方米)			
本年完成开发土地面积	1343238	2154762	3061162
待开发土地面积	4091790	5198652	1924980
本年购置土地面积	2747632	9468405	2867233

8-21 续表

指　　标	2007年	2008年	2009年
五、商品房屋建筑面积(平方米)			
1.施工房屋面积	**11859267**	**15001046**	**19899111**
住宅	10208169	12935538	17590473
#别墅、高档公寓	3771535	4115901	4822469
#经济适用房	407219	287640	111237
办公楼	244706	416610	199328
商业营业用房	1004071	1095643	1257038
其他	402321	553255	852272
2.新开工房屋面积	**3399547**	**5946873**	**8072633**
住宅	2998057	5187242	7284578
#别墅、高档公寓	874972	1305869	1539758
#经济适用房	128675	136852	
办公楼	81459	270705	18987
商业营业用房	214896	303346	502937
其他	105135	185580	266131
3.竣工房屋面积	**2331411**	**3088458**	**4316277**
住宅	2112992	2683135	4013578
#别墅、高档公寓	848395	947573	699791
#经济适用房	187745	23882	8667
办公楼	37844	34805	19372
商业营业用房	132636	229114	190327
其他	47939	141404	93000
六、商品房屋销售			
1.销售面积(平方米)	**3125192**	**3724413**	**5613612**
住宅	2995932	3587164	5459075
#别墅、高档公寓	869168	1082297	1431358
#经济适用房	121798	82314	61837
办公楼	51269	13431	39470
商业营业用房	76264	116258	109173
其他	1727	7560	5894
2.销售额(万元)	**1300580**	**2027094**	**3514587**
住宅	1226707	1951875	3434396
#别墅、高档公寓	588981	980363	1541644
#经济适用房	30786	13877	9585
办公楼	29694	7832	19539
商业营业用房	43589	63488	57184
其他	590	3899	3468
3.销售价格(元/平方米)	**4162**	**5443**	**6261**
住宅	4095	5441	6291
办公楼	5792	5831	4950
商业营业用房	5716	5461	5238

8-22　重庆房地产开发投资综合统计

指　　标	2007年	2008年	2009年
一、房地产企业			
1.企业个数合计(个)	**2039**	**2280**	**2358**
#一级企业	26	36	37
#二级企业	344	407	431
#三级企业	910	894	907
2.资产负债(万元)			
资产总计	30718020	40490907	53095024
负债总计	21950800	26950521	36094074
所有者权益	8767220	13540386	17000950
资产负债率(%)	71.5	66.6	68.0
二、本年完成投资额(万元)			
合计	**8498966**	**9909970**	**12389125**
1.按构成分			
建筑安装工程	5538171	6658441	8330265
设备工器具购置	119628	129316	150970
其他费用	2841167	3122213	3907890
#土地购置费	1468063	1787212	2381140
2.按用途分			
住宅	5218209	6195250	7890183
#别墅、高档公寓	497984	706977	894443
#经济适用房	360456	517201	655887
办公楼	166212	123327	220840
商业营业用房	752126	804351	1167561
其他	2362419	2787042	3110541
3.商品房屋建设和土地开发			
#商品房建设投资			
#土地开发投资	582832	490171	469958
商品房建设投资额比重(%)			
4.资金来源及构成			
本年资金来源小计	13576961	12425935	18483048
国内贷款	2518261	2456174	3322374
利用外资	149069	485334	370174
#外商直接投资	122374	408956	359155
自筹资金	3587485	4033145	5403130
其他资金来源	7322146	5451282	9387370
三、本年新增固定资产(万元)		**4725585**	**6871780**
四、土地开发及购置(平方米)			
本年完成开发土地面积	11918232	8950651	10508778
待开发土地面积	26532237	26316306	23388515
本年购置土地面积	17377432	11644097	12277918

8-22 续表

指　　标	2007年	2008年	2009年
五、商品房屋建筑面积(平方米)			
1.施工房屋面积	**105788444**	**116392710**	**130525976**
住宅	81792888	91662054	103381204
#别墅、高档公寓	5563799	5991103	6724656
#经济适用房	7826337	9355426	9740023
办公楼	2562566	2321834	2102887
商业营业用房	13012315	12486376	13444880
其他	8420675	9922446	11597005
2.新开工房屋面积	**35558742**	**35086162**	**38136817**
住宅	29038165	28576980	29897218
#别墅、高档公寓	1341687	1327939	1454117
#经济适用房	3144710	3161020	3846643
办公楼	534933	223290	629813
商业营业用房	3166755	3253703	4041505
其他	2818889	3032189	3568281
3.竣工房屋面积	**22530705**	**23679415**	**29070462**
住宅	17691885	19513454	23845130
#别墅、高档公寓	678448	779821	604504
#经济适用房	1470903	1854078	1540169
办公楼	451655	451806	463647
商业营业用房	2704676	2155618	2583994
其他	1682489	1558537	2177691
六、商品房屋销售			
1.销售面积(平方米)	**35529225**	**28721949**	**40028921**
住宅	33101292	26699338	37712236
#别墅、高档公寓	1744556	1173824	2712030
#经济适用房	2358441	3327902	1865042
办公楼	391977	348715	291466
商业营业用房	1696259	1265281	1571541
其他	339697	408615	453678
2.销售额(万元)	**9673125**	**8000006**	**13777615**
住宅	8567327	7048198	12317053
#别墅、高档公寓	918200	742133	1659772
#经济适用房	411709	582674	375546
办公楼	164106	162761	150847
商业营业用房	870984	687333	1122808
其他	70708	101714	186907
3.销售价格(元/平方米)	**2723**	**2785**	**3442**
住宅	2588	2640	3266
办公楼	4187	4667	5175
商业营业用房	5135	5432	7145

8-23　四川房地产开发投资综合统计

指　　标	2007年	2008年	2009年
一、房地产企业			
1.企业个数合计(个)	**2816**	**3946**	**3769**
#一级企业	29	37	41
#二级企业	364	543	550
#三级企业	1787	2261	2258
2.资产负债(万元)			
资产总计	39037182	58024294	62946472
负债总计	28996491	42445899	46417098
所有者权益	10040691	15578395	16529374
资产负债率(%)	74.3	73.2	73.7
二、本年完成投资额(万元)			
合计	**13268344**	**14516992**	**15883709**
1.按构成分			
建筑安装工程	7763280	9794962	11666331
设备工器具购置	146408	171282	187299
其他费用	5358656	4550748	4030079
#土地购置费	3810372	3098094	2438252
2.按用途分			
住宅	9303464	10359853	11500278
#别墅、高档公寓	510517	566215	646700
#经济适用房	118215	111961	93914
办公楼	208396	257453	369672
商业营业用房	990550	1078516	1280258
其他	2765934	2821170	2733501
3.商品房屋建设和土地开发			
#商品房建设投资			
#土地开发投资	348989	1319729	568821
商品房建设投资额比重(%)			
4.资金来源及构成			
本年资金来源小计	18226796	17022678	24151504
国内贷款	2716706	3023891	3323837
利用外资	595657	634041	119268
#外商直接投资	484615	597473	90601
自筹资金	7122026	6888416	8118720
其他资金来源	7792407	6476330	12589679
三、本年新增固定资产(万元)		**5994619**	**8920883**
四、土地开发及购置(平方米)			
本年完成开发土地面积	8997249	7398632	9876924
待开发土地面积	8787734	18529697	12086273
本年购置土地面积	14510684	10002280	10468166

8-23 续表

指　标	2007年	2008年	2009年
五、商品房屋建筑面积(平方米)			
1.施工房屋面积	**134272857**	**155893291**	**177313079**
住宅	113247894	129980085	147631201
#别墅、高档公寓	5408811	5789957	5787232
#经济适用房	2052909	3041846	2340813
办公楼	1916465	3068717	3385171
商业营业用房	11932866	12887291	13328209
其他	7175632	9957198	12968498
2.新开工房屋面积	**52288639**	**49620058**	**52358811**
住宅	45240836	42167513	44111280
#别墅、高档公寓	1447474	1240320	1275226
#经济适用房	610397	1386628	438847
办公楼	443796	744912	1115112
商业营业用房	3765594	3399145	4053616
其他	2838413	3308488	3078803
3.竣工房屋面积	**30841474**	**33486000**	**42794606**
住宅	25931792	29048238	36806101
#别墅、高档公寓	950772	1095400	1302975
#经济适用房	548839	647421	426558
办公楼	296353	367449	514890
商业营业用房	3326479	2609901	2899681
其他	1286850	1460412	2573934
六、商品房屋销售			
1.销售面积(平方米)	**49238375**	**35012730**	**59676937**
住宅	45624651	32473224	55531254
#别墅、高档公寓	1497719	968737	1666139
#经济适用房	746595	399164	314154
办公楼	446529	324444	629512
商业营业用房	2644546	1777761	2563274
其他	522649	437301	952897
2.销售额(万元)	**13985898**	**11054590**	**20940511**
住宅	12559621	9960224	19068845
#别墅、高档公寓	91909	768588	1315877
#经济适用房	865189	50530	54545
办公楼	229275	184547	351892
商业营业用房	1089221	804978	1284854
其他	107781	104841	234920
3.销售价格(元/平方米)	**2840**	**3157**	**3509**
住宅	2753	3067	3434
办公楼	5135	5688	5590
商业营业用房	4119	4528	5013

8-24　贵州房地产开发投资综合统计

指　　标	2007年	2008年	2009年
一、房地产企业			
1.企业个数合计(个)	**1575**	**1998**	**1840**
#一级企业	5	6	3
#二级企业	63	77	78
#三级企业	311	388	353
2.资产负债(万元)			
资产总计	10022124	12930555	16901949
负债总计	7963577	10374125	13703102
所有者权益	2058547	2556430	3198847
资产负债率(%)	79.5	80.2	81.1
二、本年完成投资额(万元)			
合计	**2496674**	**3112556**	**3712507**
1.按构成分			
建筑安装工程	1787203	2207429	2825298
设备工器具购置	20073	36620	43161
其他费用	689398	868507	844048
#土地购置费	354441	341465	323784
2.按用途分			
住宅	1560743	1954897	2494624
#别墅、高档公寓	50136	53840	43723
#经济适用房	214326	224281	202165
办公楼	62908	49230	67326
商业营业用房	240555	285998	384770
其他	632468	822431	765787
3.商品房屋建设和土地开发			
#商品房建设投资			
#土地开发投资	76893	127060	54609
商品房建设投资额比重(%)			
4.资金来源及构成			
本年资金来源小计	3784022	4183901	6707643
国内贷款	958057	799785	1331075
利用外资	22375	12002	2559
#外商直接投资	22375	9878	1500
自筹资金	1093595	1603959	1682427
其他资金来源	1709995	1768155	3691582
三、本年新增固定资产(万元)		**1085295**	**2156576**
四、土地开发及购置(平方米)			
本年完成开发土地面积	2199379	2875766	1614287
待开发土地面积	6322513	8530955	7136457
本年购置土地面积	6611608	5901610	3732605

8-24 续表

指　　标	2007年	2008年	2009年
五、商品房屋建筑面积(平方米)			
1.施工房屋面积	**42770057**	**52288710**	**61010489**
住宅	33697820	42099835	47152213
#别墅、高档公寓	758048	721858	650198
#经济适用房	3918013	4891013	4610178
办公楼	1322549	1122984	1238889
商业营业用房	5673095	5976164	7063269
其他	2076593	3089727	5556118
2.新开工房屋面积	**15746307**	**15935063**	**17552446**
住宅	12904976	13069402	13529158
#别墅、高档公寓	398368	169234	119729
#经济适用房	937601	1023362	1033790
办公楼	151428	235138	277849
商业营业用房	1792151	1545767	2058021
其他	897752	1084756	1687418
3.竣工房屋面积	**6948462**	**7207080**	**12235199**
住宅	5598269	5886149	10411642
#别墅、高档公寓	125496	134039	98733
#经济适用房	394033	609041	1642652
办公楼	164383	101772	183454
商业营业用房	938859	903569	1083486
其他	246951	315590	556617
六、商品房屋销售			
1.销售面积(平方米)	**10715673**	**9081991**	**16530471**
住宅	9893858	8481108	15419063
#别墅、高档公寓	208537	130964	229574
#经济适用房	1204547	1350365	708339
办公楼	181135	102621	201213
商业营业用房	586760	466164	750382
其他	53920	32098	159813
2.销售额(万元)	**2289658**	**2124650**	**4750718**
住宅	1879201	1799384	4073089
#别墅、高档公寓	73529	62049	127877
#经济适用房	208304	260036	147964
办公楼	77198	37679	92664
商业营业用房	321493	278166	538472
其他	11766	9421	46493
3.销售价格(元/平方米)	**2137**	**2339**	**2874**
住宅	1899	2122	2642
办公楼	4262	3672	4605
商业营业用房	5479	5967	7176

8-25　云南房地产开发投资综合统计

指　标	2007年	2008年	2009年
一、房地产企业			
1.企业个数合计(个)	**1228**	**2208**	**2121**
#一级企业	8	14	15
#二级企业	83	129	145
#三级企业	203	294	300
2.资产负债(万元)			
资产总计	12084596	21751346	25668121
负债总计	9762112	17289013	20712126
所有者权益	2322484	4462333	4955995
资产负债率(%)	80.8	79.5	80.7
二、本年完成投资额(万元)			
合计	**4228593**	**5576906**	**7374566**
1.按构成分			
建筑安装工程	2976405	4071234	5298001
设备工器具购置	53924	56101	69937
其他费用	1198264	1449571	2006628
#土地购置费	937776	1020608	1324850
2.按用途分			
住宅	3204592	4240234	5529587
#别墅、高档公寓	603047	607554	629218
#经济适用房	136098	210471	196293
办公楼	64576	121372	189107
商业营业用房	446199	574245	805186
其他	513226	641055	850686
3.商品房屋建设和土地开发			
#商品房建设投资			
#土地开发投资	410661	623022	501120
商品房建设投资额比重(%)			
4.资金来源及构成			
本年资金来源小计	5878845	7066038	10005916
国内贷款	983451	960171	1395190
利用外资	16587	42993	3977
#外商直接投资	9562	42978	3977
自筹资金	1842614	2619221	2967894
其他资金来源	3036193	3443653	5638855
三、本年新增固定资产(万元)		**2056600**	**4206198**
四、土地开发及购置(平方米)			
本年完成开发土地面积	7496120	8664841	8259888
待开发土地面积	9340575	11122426	7987409
本年购置土地面积	12790235	14442193	12698188

8-25 续表

指标	2007年	2008年	2009年
五、商品房屋建筑面积(平方米)			
1.施工房屋面积	**43018774**	**53676381**	**68378788**
住宅	35979203	44699058	55355203
#别墅、高档公寓	6385633	6211611	6983885
#经济适用房	1938019	2316882	2081201
办公楼	471435	854766	1050757
商业营业用房	4903894	5636609	8007516
其他	1664242	2485948	3965312
2.新开工房屋面积	**20185255**	**21671097**	**28208360**
住宅	17043425	17989036	22310676
#别墅、高档公寓	3123163	2252130	2262066
#经济适用房	826963	1216358	572219
办公楼	143089	388893	456961
商业营业用房	2275573	2285237	3632489
其他	723168	1007931	1808234
3.竣工房屋面积	**10162898**	**10516544**	**16805586**
住宅	8354675	8836056	14080280
#别墅、高档公寓	1413630	769909	1554418
#经济适用房	890445	438039	679078
办公楼	137990	169809	343512
商业营业用房	1219393	964849	1714376
其他	450840	545830	667418
六、商品房屋销售			
1.销售面积(平方米)	**19762923**	**16430769**	**22299516**
住宅	17928355	14782537	20403292
#别墅、高档公寓	2151218	1862921	2184877
#经济适用房	1280983	1048138	990369
办公楼	116029	220717	229709
商业营业用房	1399397	1169705	1320865
其他	319142	257810	345650
2.销售额(万元)	**4851759**	**4403093**	**6535287**
住宅	4115889	3607721	5555833
#别墅、高档公寓	711620	601798	749261
#经济适用房	155329	151040	191863
办公楼	50479	107275	125694
商业营业用房	590311	608548	730722
其他	95080	79549	123038
3.销售价格(元/平方米)	**2455**	**2680**	**2931**
住宅	2296	2441	2723
办公楼	4351	4860	5472
商业营业用房	4218	5203	5532

8-26　西藏房地产开发投资综合统计

指　标	2007年	2008年	2009年
一、房地产企业			
1.企业个数合计(个)	**35**	**53**	**53**
#一级企业		2	2
#二级企业	8	7	7
#三级企业	14	13	21
2.资产负债(万元)			
资产总计	314494	364453	447102
负债总计	181626	218302	294366
所有者权益	132868	146151	152737
资产负债率(%)	57.8	59.9	65.8
二、本年完成投资额(万元)			
合计	**116767**	**137388**	**157480**
1.按构成分			
建筑安装工程	111532	118313	135576
设备工器具购置	325	2916	4645
其他费用	4910	16159	17259
#土地购置费	2455	12347	2860
2.按用途分			
住宅	104008	119545	113798
#别墅、高档公寓	12315	11025	4240
#经济适用房	61028	30509	5240
办公楼	200	2315	3211
商业营业用房	10670	11692	14391
其他	1889	3836	26080
3.商品房屋建设和土地开发			
#商品房建设投资			
#土地开发投资	9907	25614	10337
商品房建设投资额比重(%)			
4.资金来源及构成			
本年资金来源小计	119154	133141	310418
国内贷款	14060	19391	18600
利用外资			
#外商直接投资			
自筹资金	30865	43014	118125
其他资金来源	74229	70736	173693
三、本年新增固定资产(万元)		**138414**	**83747**
四、土地开发及购置(平方米)			
本年完成开发土地面积	278715	714641	169592
待开发土地面积	70000	621435	285387
本年购置土地面积	52020	204555	52310

8-26 续表

指　　标	2007年	2008年	2009年
五、商品房屋建筑面积(平方米)			
1.施工房屋面积	**1147055**	**1446050**	**1406221**
住宅	1036303	1290823	1220489
#别墅、高档公寓	161137	183888	61280
#经济适用房	586702	398751	160535
办公楼	1369	33170	69165
商业营业用房	107619	116748	103662
其他	1764	5309	12905
2.新开工房屋面积	**564172**	**601186**	**373515**
住宅	484907	529842	318380
#别墅、高档公寓	9207	63659	43680
#经济适用房	285848	192795	59968
办公楼	1369	32770	4200
商业营业用房	77896	36967	44234
其他		1607	6701
3.竣工房屋面积	**412722**	**545709**	**459833**
住宅	387602	474223	423757
#别墅、高档公寓	132446	121429	17600
#经济适用房	210493	102010	50000
办公楼	1369	10110	10536
商业营业用房	21987	57674	19336
其他	1764	3702	6204
六、商品房屋销售			
1.销售面积(平方米)	**607768**	**664924**	**632568**
住宅	595958	620751	614180
#别墅、高档公寓	278395	162825	130895
#经济适用房	278872	75498	43535
办公楼		414	
商业营业用房	11810	43484	18388
其他		275	
2.销售额(万元)	**164348**	**212894**	**155127**
住宅	158663	192646	146887
#别墅、高档公寓	97058	57750	50366
#经济适用房	52992	16105	10751
办公楼		414	
商业营业用房	5685	19801	8240
其他		33	
3.销售价格(元/平方米)	**2704**	**3202**	**2452**
住宅	2662	3103	2392
办公楼		10000	
商业营业用房	4814	4554	4481

8-27　陕西房地产开发投资综合统计

指　　标	2007年	2008年	2009年
一、房地产企业			
1.企业个数合计(个)	**946**	**1366**	**1194**
#一级企业	11	19	47
#二级企业	115	164	143
#三级企业	339	436	366
2.资产负债(万元)			
资产总计	12760885	17962629	20009766
负债总计	9332554	13291195	15142419
所有者权益	3428331	4671435	4867347
资产负债率(%)	73.1	74.0	75.7
二、本年完成投资额(万元)			
合计	**5353249**	**7622281**	**9416321**
1.按构成分			
建筑安装工程	4171161	5968297	8015339
设备工器具购置	131228	115560	159653
其他费用	1050860	1538424	1241329
#土地购置费	543057	889553	731608
2.按用途分			
住宅	4275363	6037546	7808278
#别墅、高档公寓	84710	195358	224320
#经济适用房	340527	270901	413138
办公楼	197689	303434	273401
商业营业用房	496554	732567	824776
其他	383643	548734	509866
3.商品房屋建设和土地开发			
#商品房建设投资			
#土地开发投资	511382	835364	449572
商品房建设投资额比重(%)			
4.资金来源及构成			
本年资金来源小计	6010175	7979200	13142172
国内贷款	963573	1245909	2134055
利用外资	45523	24075	52276
#外商直接投资	36312	23001	52276
自筹资金	2622372	4078767	5854803
其他资金来源	2378707	2630449	5101038
三、本年新增固定资产(万元)		**1889832**	**2703112**
四、土地开发及购置(平方米)			
本年完成开发土地面积	4536039	4175506	5081492
待开发土地面积	7749514	7089174	2629165
本年购置土地面积	5386026	5397842	4079737

8-27 续表

指 标	2007年	2008年	2009年
五、商品房屋建筑面积(平方米)			
1.施工房屋面积	**44464174**	**57800846**	**82355559**
住宅	37498584	49802405	70880677
#别墅、高档公寓	714563	1319764	1112848
#经济适用房	3505486	4395196	4756660
办公楼	2011449	2102468	2606217
商业营业用房	3844884	4399806	5799435
其他	1109257	1496167	3069230
2.新开工房屋面积	**14467776**	**20512367**	**27962704**
住宅	12757342	17818304	24283160
#别墅、高档公寓	195469	488668	515811
#经济适用房	1154103	1319262	1036108
办公楼	262278	629615	432074
商业营业用房	1036418	1467929	1986020
其他	411738	596519	1261450
3.竣工房屋面积	**8920387**	**8756854**	**9169696**
住宅	8019326	8086909	7909396
#别墅、高档公寓	196576	317622	211214
#经济适用房	630050	965240	367905
办公楼	143396	129012	277042
商业营业用房	630162	445776	815023
其他	127503	95157	168235
六、商品房屋销售			
1.销售面积(平方米)	**14601678**	**15130075**	**20869165**
住宅	13779062	14260646	19956743
#别墅、高档公寓	283721	388511	241179
#经济适用房	1387379	1501254	1471129
办公楼	343071	305095	197172
商业营业用房	399985	509081	653732
其他	79560	55253	61518
2.销售额(万元)	**3828563**	**4467140**	**6727127**
住宅	3427372	4022400	6212775
#别墅、高档公寓	147291	217154	129476
#经济适用房	218874	253898	306759
办公楼	145206	169972	101012
商业营业用房	229844	257371	394490
其他	26141	17397	18850
3.销售价格(元/平方米)	**2622**	**2952**	**3223**
住宅	2487	2821	3113
办公楼	4233	5571	5123
商业营业用房	5746	5056	6034

8-28　甘肃省房地产开发综合统计

指　　标	2007年	2008年	2009年
一、房地产企业			
1.企业个数合计(个)	**1045**	**1058**	**1110**
#一级企业	2	1	2
#二级企业	55	81	84
#三级企业	385	361	369
2.资产负债(万元)			
资产总计	4486361	5405710	6251062
负债总计	2970741	3834949	4443952
所有者权益	1515620	1570761	1807110
资产负债率(%)	66.2	70.9	71.1
二、本年完成投资额(万元)			
合计	**1340699**	**1858089**	**2041378**
1.按构成分			
建筑安装工程	1005806	1419117	1518200
设备工器具购置	18054	23618	10754
其他费用	316839	415354	512424
#土地购置费	194197	242252	245873
2.按用途分			
住宅	950760	1375149	1382630
#别墅、高档公寓	5570	2353	5417
#经济适用房	202516	192283	208430
办公楼	27397	49578	29022
商业营业用房	131265	176288	215014
其他	231277	257074	414712
3.商品房屋建设和土地开发			
#商品房建设投资			
#土地开发投资	103959	174704	79027
商品房建设投资额比重(%)			
4.资金来源及构成			
本年资金来源小计	1550005	1965377	2455426
国内贷款	296812	376267	397174
利用外资		4430	
#外商直接投资		3150	
自筹资金	650662	793761	936462
其他资金来源	602531	790919	1121790
三、本年新增固定资产(万元)		**818585**	**987174**
四、土地开发及购置(平方米)			
本年完成开发土地面积	4411245	3546001	1701316
待开发土地面积	1687065	2064078	1214291
本年购置土地面积	3717673	4124123	3356939

8-28 续表

指　　标	2007年	2008年	2009年
五、商品房屋建筑面积(平方米)			
1.施工房屋面积	**18541082**	**23102532**	**25363238**
住宅	14681865	19021115	21082662
#别墅、高档公寓	57338	48195	42898
#经济适用房	2542514	3263227	3489317
办公楼	446834	456798	509636
商业营业用房	2310845	2579242	2601636
其他	1101538	1045377	1169304
2.新开工房屋面积	**6957195**	**9860932**	**10469205**
住宅	6046460	8688744	8863347
#别墅、高档公寓	23000		1307
#经济适用房	1340317	1468110	1399967
办公楼	55422	52794	141566
商业营业用房	704350	783191	1018811
其他	150963	336203	445481
3.竣工房屋面积	**4316923**	**5465173**	**5405551**
住宅	3751669	4804703	4617760
#别墅、高档公寓	6317	7068	1307
#经济适用房	452091	579663	872228
办公楼	55941	103974	118479
商业营业用房	306081	453696	541787
其他	203232	102800	127525
六、商品房屋销售			
1.销售面积(平方米)	**5922720**	**6246578**	**6988232**
住宅	5562469	5886314	6593847
#别墅、高档公寓	7768	6488	4399
#经济适用房	681487	932646	1051672
办公楼	62014	36347	64801
商业营业用房	254606	285361	308209
其他	43631	38556	21375
2.销售额(万元)	**1297396**	**1222879**	**1735339**
住宅	1193722	1089747	1579952
#别墅、高档公寓	2042	1351	1471
#经济适用房	82079	117855	157203
办公楼	13772	10536	29494
商业营业用房	81654	114370	121718
其他	8248	8226	4175
3.销售价格(元/平方米)	**2191**	**1958**	**2483**
住宅	2146	1851	2396
办公楼	2221	2899	4551
商业营业用房	3207	4008	3949

8-29　青海房地产开发投资综合统计

指　　标	2007年	2008年	2009年
一、房地产企业			
1.企业个数合计(个)	**299**	**370**	**383**
#一级企业	3	5	5
#二级企业	67	71	74
#三级企业	123	117	120
2.资产负债(万元)			
资产总计	1682480	2255968	2813512
负债总计	888390	1555976	1951678
所有者权益	794090	699992	861834
资产负债率(%)	52.8	69.0	69.4
二、本年完成投资额(万元)			
合计	**342057**	**511881**	**728499**
1.按构成分			
建筑安装工程	281985	412599	514972
设备工器具购置	2036	2313	2505
其他费用	58036	96969	211022
#土地购置费	47733	66558	181112
2.按用途分			
住宅	280506	428812	545720
#别墅、高档公寓	42936	33340	1162
#经济适用房	27333	25848	6144
办公楼	7094	5227	7221
商业营业用房	31633	38627	40297
其他	22824	39215	135261
3.商品房屋建设和土地开发			
#商品房建设投资			
#土地开发投资	56051	82309	23086
商品房建设投资额比重(%)			
4.资金来源及构成			
本年资金来源小计	443366	599312	887388
国内贷款	82493	102594	131286
利用外资			
#外商直接投资			
自筹资金	218491	410936	470715
其他资金来源	142382	85782	285387
三、本年新增固定资产(万元)		**364959**	**287015**
四、土地开发及购置(平方米)			
本年完成开发土地面积	970967	1196984	1429683
待开发土地面积	1034068	484487	405177
本年购置土地面积	915490	1112446	1781574

8-29 续表

指　　标	2007年	2008年	2009年
五、商品房屋建筑面积(平方米)			
1.施工房屋面积	**5842160**	**6982109**	**9003879**
住宅	5140284	6199995	7659948
#别墅、高档公寓	764145	365904	113032
#经济适用房	336083	345325	89935
办公楼	112619	83413	80782
商业营业用房	482932	581667	912897
其他	106325	117034	350252
2.新开工房屋面积	**2739884**	**2991224**	**5051325**
住宅	2420407	2749696	4236097
#别墅、高档公寓	167414	45608	4200
#经济适用房	134593	218675	10000
办公楼	76925	14010	35329
商业营业用房	180415	194506	572791
其他	62137	33012	207108
3.竣工房屋面积	**1712124**	**2253028**	**1819827**
住宅	1485794	2051851	1604032
#别墅、高档公寓	175886	230977	
#经济适用房	100438	135824	32103
办公楼	36970		15432
商业营业用房	174739	159648	178077
其他	14621	41529	22286
六、商品房屋销售			
1.销售面积(平方米)	**1545319**	**1478916**	**2168212**
住宅	1473356	1412316	2080154
#别墅、高档公寓	192570	78683	50153
#经济适用房	24354	11669	68000
办公楼	16013	9426	13820
商业营业用房	52587	55414	66348
其他	3363	1760	7890
2.销售额(万元)	**357123**	**363745**	**545761**
住宅	324986	336669	508048
#别墅、高档公寓	50713	21783	12729
#经济适用房	3417	1417	8000
办公楼	4924	3083	4949
商业营业用房	26783	23531	31882
其他	430	462	882
3.销售价格(元/平方米)	**2311**	**2460**	**2517**
住宅	2206	2384	2442
办公楼	3075	3271	3581
商业营业用房	5093	4246	4805

8-30　宁夏房地产开发投资综合统计

指　　标	2007年	2008年	2009年
一、房地产企业			
1.企业个数合计(个)	**338**	**341**	**321**
#一级企业	9	11	11
#二级企业	58	60	62
#三级企业	97	91	82
2.资产负债(万元)			
资产总计	3155324	4022778	5875983
负债总计	2622828	3223567	4656307
所有者权益	532496	799211	1219676
资产负债率(%)	83.1	80.1	79.2
二、本年完成投资额(万元)			
合计	**931129**	**1175853**	**1627417**
1.按构成分			
建筑安装工程	753159	1015608	1385691
设备工器具购置	2999	17447	5735
其他费用	174971	142798	235991
#土地购置费	124327	75707	170665
2.按用途分			
住宅	673283	878549	1260821
#别墅、高档公寓	34723	13427	26896
#经济适用房	32633	70359	98751
办公楼	41282	42458	44795
商业营业用房	174719	198260	227233
其他	41845	56586	94568
3.商品房屋建设和土地开发			
#商品房建设投资			
#土地开发投资	33211	23265	18052
商品房建设投资额比重(%)			
4.资金来源及构成			
本年资金来源小计	896550	1245870	1979352
国内贷款	125214	169049	288147
利用外资	5910		
#外商直接投资	5910		
自筹资金	302746	413443	545291
其他资金来源	462680	663378	1145914
三、本年新增固定资产(万元)		**911591**	**1137205**
四、土地开发及购置(平方米)			
本年完成开发土地面积	1689513	1721159	1801426
待开发土地面积	1596960	1126995	1067923
本年购置土地面积	3417381	1588627	3742947

8-30 续表

指　　标	2007年	2008年	2009年
五、商品房屋建筑面积(平方米)			
1.施工房屋面积	**12310783**	**15806877**	**19520169**
住宅	9038819	11957467	15067906
#别墅、高档公寓	229061	154429	279279
#经济适用房	771761	1183228	1432690
办公楼	467226	551683	710841
商业营业用房	2435483	2708148	2587774
其他	369255	589579	1153648
2.新开工房屋面积	**7185922**	**8673923**	**11602640**
住宅	5506576	7289554	9208535
#别墅、高档公寓	142195	67116	213546
#经济适用房	346964	1011340	867016
办公楼	233019	204887	367102
商业营业用房	1207172	932300	1295497
其他	239155	247182	731506
3.竣工房屋面积	**5011974**	**6342321**	**7412308**
住宅	4074101	4964055	6031025
#别墅、高档公寓	108710	74765	16411
#经济适用房	292707	143045	591748
办公楼	84759	178683	129535
商业营业用房	723565	1001163	1026787
其他	129549	198420	224961
六、商品房屋销售			
1.销售面积(平方米)	**5077571**	**5148108**	**7752888**
住宅	4482252	4532613	6779837
#别墅、高档公寓	71238	80923	135098
#经济适用房	280282	208474	181077
办公楼	97652	66217	117963
商业营业用房	461708	518740	787341
其他	35959	30538	67747
2.销售额(万元)	**1084672**	**1253781**	**2395310**
住宅	877496	1004196	1914733
#别墅、高档公寓	31355	43250	49393
#经济适用房	35667	30166	34835
办公楼	31168	24672	60275
商业营业用房	171943	220119	405062
其他	4065	4794	15240
3.销售价格(元/平方米)	**2136**	**2435**	**3090**
住宅	1958	2215	2824
办公楼	3192	3726	5110
商业营业用房	3724	4243	5145

8-31 新疆房地产开发投资综合统计

指 标	2007年	2008年	2009年
一、房地产企业			
1.企业个数合计(个)	**909**	**1130**	**1159**
#一级企业	17	17	19
#二级企业	66	69	83
#三级企业	226	283	312
2.资产负债(万元)			
资产总计	5782980	6976239	8879986
负债总计	3867190	4811785	6409943
所有者权益	1915790	2164454	2470043
资产负债率(%)	66.9	69.0	72.2
二、本年完成投资额(万元)			
合计	**1683160**	**2286267**	**2358805**
1.按构成分			
建筑安装工程	1321154	1854782	1992905
设备工器具购置	21211	15341	17931
其他费用	340795	416144	347969
#土地购置费	249430	281418	202045
2.按用途分			
住宅	1390360	1937460	1882530
#别墅、高档公寓	57776	94256	148916
#经济适用房	164429	164559	160840
办公楼	27629	56358	81926
商业营业用房	205590	221418	281946
其他	59581	71031	112403
3.商品房屋建设和土地开发			
#商品房建设投资			
#土地开发投资	146796	178679	112950
商品房建设投资额比重(%)			
4.资金来源及构成			
本年资金来源小计	2243755	2427323	3683795
国内贷款	217380	253427	453692
利用外资			50
#外商直接投资			
自筹资金	766344	961343	915219
其他资金来源	1260031	1212553	2314834
三、本年新增固定资产(万元)		**1526627**	**1744542**
四、土地开发及购置(平方米)			
本年完成开发土地面积	6115028	7644769	6754020
待开发土地面积	7281984	7521568	6246917
本年购置土地面积	6724700	7516608	4293459

8-31 续表

指　　标	2007年	2008年	2009年
五、商品房屋建筑面积(平方米)			
1.施工房屋面积	**20537566**	**26390601**	**30644134**
住宅	17149996	22478004	25606655
#别墅、高档公寓	865864	1301771	2165761
#经济适用房	2944916	2541262	2317651
办公楼	382032	774419	843069
商业营业用房	2715242	2597804	3058052
其他	290296	540374	1136358
2.新开工房屋面积	**13471101**	**17038641**	**17181677**
住宅	12163863	15007479	14828628
#别墅、高档公寓	465142	723559	1067663
#经济适用房	1328238	1606937	1418492
办公楼	90794	441059	308319
商业营业用房	1018220	1291104	1580722
其他	198224	298999	464008
3.竣工房屋面积	**8905536**	**10492949**	**10327214**
住宅	7981161	9434045	9008742
#别墅、高档公寓	205782	139579	414442
#经济适用房	1471776	1208989	967654
办公楼	97292	183034	217280
商业营业用房	720679	672998	762811
其他	106404	202872	338381
六、商品房屋销售			
1.销售面积(平方米)	**11443388**	**9543469**	**14065536**
住宅	10782814	8863484	13266723
#别墅、高档公寓	474062	332094	563869
#经济适用房	1735135	1340067	1348317
办公楼	108717	83591	75618
商业营业用房	515691	512184	658081
其他	36166	84210	65114
2.销售额(万元)	**2381520**	**2137859**	**3662638**
住宅	2113425	1861169	3271682
#别墅、高档公寓	141124	122342	190789
#经济适用房	276547	178631	195205
办公楼	45591	43331	50144
商业营业用房	211508	212861	317310
其他	10996	20498	23502
3.销售价格(元/平方米)	**2081**	**2240**	**2604**
住宅	1960	2100	2466
办公楼	4194	5184	6631
商业营业用房	4101	4156	4822

第九章

35个大中城市分城市房地产开发投资综合统计（2009）

9-1 北京市房地产开发投资综合统计

指 标	2007年	2008年	2009年
一、本年完成投资额(万元)	**19958206**	**19087387**	**23377124**
1.按用途分			
住宅	9916637	9405586	9066168
#别墅、高档公寓	2038239	1784641	1632269
#经济适用房	283013	359547	677612
办公楼	2422185	1705010	1667239
商业营业用房	2673568	2403637	2007351
其他	4945816	5573154	10636366
2.商品房屋建设			
#商品房建设投资			
商品房建设投资额比重(%)			
3.资金状况			
本年资金来源合计	50836186	43983928	70658013
#上年末节余资金	9291238	10765888	9360346
#本年资金来源小计	41544948	33218040	61297667
本年各项应付款合计	847472	673548	450148
4.资金来源及构成			
本年资金来源小计	41544948	33218040	61297667
国内贷款	10632066	8893736	23677680
利用外资	399260	388739	298168
#外商直接投资	190186	249296	249948
自筹资金	8678604	9317891	10267966
其他资金来源	21835018	14617674	27053853
二、房地产开发企业(单位)情况			
1.企业个数合计(个)	**2699**	**3433**	**3172**
#一级企业	91	117	125
#二级企业	245	272	251
#三级企业	287	345	347
2.从业人数合计(人)	**85132**	**97153**	**86417**
#一级企业	9711	11849	10967
#二级企业	15604	17559	16437
#三级企业	9664	11985	11546
3.资产合计(万元)	**151850651**		**204007031.4**
#一级企业			
#二级企业			
#三级企业			
4.负债合计(万元)	**122103686**		**159681918.4**
#一级企业			
#二级企业			
#三级企业			
5.资产负债率(%)	**80.4**		**78.3**
#一级企业			
#二级企业			
#三级企业			
三、土地开发及购置			
本年完成开发土地面积(平方米)			
本年完成土地开发投资(万元)	256090	239582	286833
本年购置土地面积(平方米)			
土地购置费(万元)			

9-1 续表

指　　标	2007年	2008年	2009年
四、商品房屋开发面积(平方米)			
1.施工房屋面积	**104386471**	**100143166**	**97190830**
住宅	59144927	55382293	55518813
#别墅、高档公寓	10092033	9547147	8408948
#经济适用房	4400767	5448638	5854413
办公楼	13645738	12871756	11321911
商业营业用房	14820861	14298361	13233772
其他	16774945	17590756	17116334
2.新开工房屋面积	**25573953**	**23372160**	**22466048**
住宅	16399355	15653005	13802756
#别墅、高档公寓	2192635	1808024	1293658
#经济适用房	1625411	2538457	1658357
办公楼	2648248	1597527	2559554
商业营业用房	2537930	2870666	2284514
其他	3988420	3250962	3819224
3.竣工房屋面积	**28916528**	**25579878**	**26785534**
住宅	18539524	13993037	16132296
#别墅、高档公寓	2396175	2329690	2136662
#经济适用房	1885678	1011490	990868
办公楼	3148325	3646023	3165911
商业营业用房	3150982	3131133	3224456
其他	4077697	4809685	4262871
4.待售房屋面积	**11362418**	**14382941**	**13510888**
住宅	4117727	5227168	4267249
#别墅、高档公寓	1427131	1711372	1536280
#经济适用房	164641	382184	377560
办公楼	1981176	2445852	2465457
商业营业用房	3198405	3799108	3538505
其他	2065110	2910813	3239677
五、商品房屋销售			
1.销售面积(平方米)	**21765727**	**13353664**	**23622539**
住宅	17314798	10314252	18804537
#别墅、高档公寓	3193814	1645290	3398406
#经济适用房	1001065	1083150	821530
办公楼	2656721	1393695	2557681
商业营业用房	1348152	1124100	1570670
其他	446056	521617	689651
2.销售额(万元)	**25146507**	**16583129**	**32596624**
住宅	18459730	12013685	24867669
#别墅、高档公寓	5027001	3215143	6927786
#经济适用房	287193	413030	344524
办公楼	4025360	2307189	4311395
商业营业用房	2370714	1927582	2998566
其他	290703	334673	418994
3.销售价格(元/平方米)	**11553**	**12418**	**13799**
住宅	10661	11648	13224
办公楼	15152	16554	16857
商业营业用房	17585	17148	19091
4.出租面积(平方米)	**6284062**	**7009465**	**8457424**
住宅	497268	439641	514936
#别墅、高档公寓	397169	300703	281751
#经济适用房			
办公楼	2535113	2811631	3210673
商业营业用房	2738844	3106167	3767810
其他	512837	652026	964005

9-2 天津市房地产开发投资综合统计

指　标	2007年	2008年	2009年
一、本年完成投资额(万元)	**5052956**	**6537248**	**7351836**
1.按用途分			
住宅	3428187	4593327	4948563
#别墅、高档公寓	286624	351336	440182
#经济适用房	495159	1040259	1118927
办公楼	345476	309731	328289
商业营业用房	637558	798714	973219
其他	641735	835476	1101765
2.商品房屋建设			
#商品房建设投资			
商品房建设投资额比重(%)			
3.资金状况			
本年资金来源合计	11903281	13435099	18498739
#上年末节余资金	2027694	3438652	4368084
#本年资金来源小计	9875587	9996447	14130655
本年各项应付款合计		2178390	2382445
4.资金来源及构成			
本年资金来源小计	9875587	9996447	14130655
利用外资	210722	241005	114892
自筹资金	2719034	3197745	3321040
其他资金来源	4199618	3712815	7062957
二、房地产开发企业(单位)情况			
1.企业个数合计(个)	**1028**	**1258**	**1178**
#一级企业	20	16	17
#二级企业	82	87	94
#三级企业	173	177	170
2.从业人数合计(人)	**32018**	**33527**	**31283**
#一级企业	2149	1615	1570
#二级企业	4750	6070	6444
#三级企业	6454	6883	5831
3.资产合计(万元)	**35462289**		**61547074.4**
#一级企业			
#二级企业			
#三级企业			
4.负债合计(万元)	**25108059**		**44462141**
#一级企业			
#二级企业			
#三级企业			
5.资产负债率(%)	**70.8**		**72.2**
#一级企业			
#二级企业			
#三级企业			
三、土地开发及购置			
本年完成开发土地面积(平方米)			
本年完成土地开发投资(万元)	633198	808665	1054929
本年购置土地面积(平方米)			
土地购置费(万元)			

9-2 续表

指　　标	2007年	2008年	2009年
四、商品房屋开发面积(平方米)			
1.施工房屋面积	**48364905**	**57042684**	**60521584**
住宅	37448691	43063258	45178262
#别墅、高档公寓	2937686	2448615	2120554
#经济适用房	6162197	9086777	11299352
办公楼	2081178	3073714	3484568
商业营业用房	5307174	6017060	6823512
其他	3527862	4888652	5035242
2.新开工房屋面积	**21143094**	**24402403**	**25554988**
住宅	16119133	18892164	19044634
#别墅、高档公寓	1085866	716467	318700
#经济适用房	3361847	5611983	7721530
办公楼	565525	1412536	1796341
商业营业用房	2604132	2105298	3151715
其他	1854304	1992405	1562298
3.竣工房屋面积	**17043621**	**17993746**	**19020597**
住宅	13986126	14925368	15808213
#别墅、高档公寓	883068	900284	673845
#经济适用房	2524684	2483236	3804192
办公楼	495360	481796	836675
商业营业用房	1335924	1877230	1158521
其他	1226211	709352	1217188
4.待售房屋面积	**1390505**	**2807788**	**1720788**
住宅	779984	1985089	908430
#别墅、高档公寓	64779	91907	292801
#经济适用房	35794	59465	82689
办公楼	201035	149342	142960
商业营业用房	319909	325792	498382
其他	89577	347565	171016
五、商品房屋销售			
1.销售面积(平方米)	**15485931**	**12520438**	**15900246**
住宅	14018481	11353520	14614657
#别墅、高档公寓	742152	466209	884167
#经济适用房	1269183	1682600	640206
办公楼	429517	293022	295464
商业营业用房	913982	748926	608468
其他	123951	124970	381657
2.销售额(万元)	**8999047**	**7531570**	**10948460**
住宅	7816306	6355728	9653564
#别墅、高档公寓	683264	517832	802367
#经济适用房	418726	600906	280804
办公楼	318348	286667	328966
商业营业用房	811559	774270	544880
其他	52834	114905	421050
3.销售价格(元/平方米)	**5811**	**6015**	**6886**
住宅	5576	5598	6605
办公楼	7412	9783	11134
商业营业用房	8879	10338	8955
4.出租面积(平方米)	**695340**	**802194**	**477262**
住宅	8279	1483	1403
#别墅、高档公寓	757		
#经济适用房	1222		
办公楼	17905	22874	15108
商业营业用房	141214	159680	424924
其他	527942	618157	35827

9-3　石家庄市房地产开发投资综合统计

指　　标	2007年	2008年	2009年
一、本年完成投资额(万元)	**1975370**	**2803979**	**3782171**
1.按用途分			
住宅	1427504	1980845	2873252
#别墅、高档公寓	2561	49278	76289
#经济适用房	95346	114877	37905
办公楼	13936	128930	166302
商业营业用房	87876	215877	391799
其他	446054	478327	350818
2.商品房屋建设			
#商品房建设投资			
商品房建设投资额比重(%)			
3.资金状况			
本年资金来源合计	2463951	3281032	4733235
#上年末节余资金	354147	294856	563455
#本年资金来源小计	2109804	2986176	4169780
本年各项应付款合计		387222	350278
4.资金来源及构成			
本年资金来源小计	2109804	2986176	4169780
国内贷款	265077	395109	660492
利用外资	4724	500	
#外商直接投资	2980		
自筹资金	1153234	1808103	2073672
其他资金来源	686769	782464	1435616
二、房地产开发企业(单位)情况			
1.企业个数合计(个)	**241**	**474**	**508**
#一级企业	1	3	3
#二级企业	14	19	22
#三级企业	41	63	70
2.从业人数合计(人)	**10619**	**14002**	**11727**
#一级企业	286	620	504
#二级企业	3925	3440	3438
#三级企业	2035	2657	2218
3.资产合计(万元)	**2754292**		**5331154.6**
#一级企业			
#二级企业			
#三级企业			
4.负债合计(万元)	**2123342**		**4219838.2**
#一级企业			
#二级企业			
#三级企业			
5.资产负债率(%)	**77.1**		**79.2**
#一级企业			
#二级企业			
#三级企业			
三、土地开发及购置			
本年完成开发土地面积(平方米)			
本年完成土地开发投资(万元)	135601	222475	209169
本年购置土地面积(平方米)			
土地购置费(万元)			

9-3 续表

指　　标	2007年	2008年	2009年
四、商品房屋开发面积(平方米)			
1.施工房屋面积	**9217224**	**15714678**	**23453331**
住宅	8249448	12079767	19094738
#别墅、高档公寓	41667	289302	555060
#经济适用房	643859	956895	256296
办公楼	84662	1080019	641401
商业营业用房	626174	1742036	2486984
其他	256940	812856	1230208
2.新开工房屋面积	**3843178**	**4969393**	**13675793**
住宅	3566266	4278961	11219771
#别墅、高档公寓	1400	6541	228976
#经济适用房	33000	544402	78200
办公楼	8260	243454	339487
商业营业用房	130280	354407	1393066
其他	138372	92571	723469
3.竣工房屋面积	**2199787**	**2913407**	**2915042**
住宅	2055129	2473111	2366261
#别墅、高档公寓	1400		192138
#经济适用房	336539	298702	
办公楼	12000	168658	27287
商业营业用房	104115	261006	176468
其他	28543	10632	345026
4.待售房屋面积	**284567**	**1135505**	**394178**
住宅	269472	795012	382801
#别墅、高档公寓	213		20007
#经济适用房		13172	
办公楼	7067	166614	
商业营业用房	7948	167021	10377
其他	80	6858	1000
五、商品房屋销售			
1.销售面积(平方米)	**3935803**	**3388600**	**3497562**
住宅	3815587	3263955	3291428
#别墅、高档公寓	6403	4406	101521
#经济适用房	221198	285530	86487
办公楼	29658	4784	27853
商业营业用房	90558	116302	84840
其他		3559	93441
2.销售额(万元)	**964922**	**884441**	**1316831**
住宅	907387	858369	1213869
#别墅、高档公寓	2120	3345	46038
#经济适用房	35008	73202	21858
办公楼	17304	3071	13861
商业营业用房	40231	22616	63509
其他		385	25592
3.销售价格(元/平方米)	**2452**	**2610**	**3765**
住宅	2378	2630	3688
办公楼	5835	6419	4976
商业营业用房	4443	1945	7486
4.出租面积(平方米)	**32107**	**44408**	**14786**
住宅		2500	
#别墅、高档公寓			
#经济适用房			
办公楼		5100	
商业营业用房		36808	14786
其他			

9-4　太原市房地产开发投资综合统计

指　　标	2007年	2008年	2009年
一、本年完成投资额(万元)	**948249**	**1211730**	**1650122**
1.按用途分			
住宅	587826	729390	1151346
#别墅、高档公寓	28627	31372	7423
#经济适用房	47213	32230	48059
办公楼	27129	37298	35189
商业营业用房	87654	144953	141235
其他	245640	300089	322352
2.商品房屋建设			
#商品房建设投资			
商品房建设投资额比重(%)			
3.资金状况			
本年资金来源合计	1448538	1632448	2734084
#上年末节余资金	254370	337269	456512
#本年资金来源小计	1194168	1295179	2277572
本年各项应付款合计		238466	423514
4.资金来源及构成			
本年资金来源小计	1194168	1295179	2277572
国内贷款	106237	92617	349691
利用外资	6414		
#外商直接投资	6201		
自筹资金	681858	720762	1007869
其他资金来源	399659	481800	920012
二、房地产开发企业(单位)情况			
1.企业个数合计(个)	**582**	**618**	**638**
#一级企业	2	3	4
#二级企业	49	57	64
#三级企业	123	112	123
2.从业人数合计(人)	**12106**	**13536**	**13324**
#一级企业	218	312	323
#二级企业	2270	2975	3304
#三级企业	3278	3184	3203
3.资产合计(万元)	**4289552**		**7804550.6**
#一级企业			
#二级企业			
#三级企业			
4.负债合计(万元)	**3325875**		**6386250.9**
#一级企业			
#二级企业			
#三级企业			
5.资产负债率(%)	**77.5**		**81.8**
#一级企业			
#二级企业			
#三级企业			
三、土地开发及购置			
本年完成开发土地面积(平方米)			
本年完成土地开发投资(万元)	130591	149981	131778
本年购置土地面积(平方米)			
土地购置费(万元)			

9-4 续表

指　　标	2007年	2008年	2009年
四、商品房屋开发面积(平方米)			
1.施工房屋面积	**11681966**	**13101449**	**17726959**
住宅	8745565	10539863	14607861
#别墅、高档公寓	643620	388111	102908
#经济适用房	1086164	972241	1464352
办公楼	791821	507565	469079
商业营业用房	1769837	1626872	1375174
其他	374743	427149	1274845
2.新开工房屋面积	**2215029**	**2441179**	**5050578**
住宅	1904684	2195800	4188081
#别墅、高档公寓	188185	5010	
#经济适用房	113110	66438	459760
办公楼	33558	58944	101601
商业营业用房	166818	140883	258188
其他	109969	45552	502708
3.竣工房屋面积	**1188987**	**1793479**	**1766654**
住宅	897988	1584490	1430137
#别墅、高档公寓	31941	93951	13702
#经济适用房	51000	48838	66188
办公楼	87141	25325	51518
商业营业用房	173827	95659	193914
其他	30031	88005	91085
4.待售房屋面积	**567184**	**461188**	**895225**
住宅	152562	149424	686990
#别墅、高档公寓	25575	26209	5008
#经济适用房			42750
办公楼	74371	23458	20263
商业营业用房	307087	268239	98654
其他	33164	20067	89318
五、商品房屋销售			
1.销售面积(平方米)	**1672269**	**1829384**	**1837952**
住宅	1490292	1621115	1688349
#别墅、高档公寓	59996	154859	18100
#经济适用房	57990	1334	23438
办公楼	87269	96297	54224
商业营业用房	94008	61940	94867
其他	700	50032	512
2.销售额(万元)	**645892**	**734084**	**887812**
住宅	530624	606856	759605
#别墅、高档公寓	34528	97229	13278
#经济适用房	10213	400	3073
办公楼	43408	65553	36644
商业营业用房	71745	43918	91142
其他	115	17757	421
3.销售价格(元/平方米)	**3862**	**4013**	**4830**
住宅	3561	3743	4499
办公楼	4974	6807	6758
商业营业用房	7632	7090	9607
4.出租面积(平方米)	**180315**	**93502**	**51173**
住宅			
#别墅、高档公寓			
#经济适用房			
办公楼		69654	5775
商业营业用房		23848	45398
其他			

9-5　呼和浩特市房地产开发投资综合统计

指　　标	2007年	2008年	2009年
一、本年完成投资额(万元)	**1298346**	**1770684**	**1789909**
1.按用途分			
住宅	964770	1394940	1274357
#别墅、高档公寓	112878	131782	105712
#经济适用房	51993	167116	158961
办公楼	65088	107290	73919
商业营业用房	215691	212324	352620
其他	52797	56130	89013
2.商品房屋建设			
#商品房建设投资			
商品房建设投资额比重(%)			
3.资金状况			
本年资金来源合计	1400161	1624299	1526920
#上年末节余资金	37415	33280	54086
#本年资金来源小计	1362746	1591019	1472834
本年各项应付款合计		196842	376822
4.资金来源及构成			
本年资金来源小计	1362746	1591019	1472834
国内贷款	67538	47069	87683
利用外资	9830		
#外商直接投资	500		
自筹资金	985853	1278860	1020220
其他资金来源	299525	265090	364931
二、房地产开发企业(单位)情况			
1.企业个数合计(个)	**278**	**427**	**246**
#一级企业	1	1	1
#二级企业	24	39	36
#三级企业	52	60	52
2.从业人数合计(人)	**5189**	**6645**	**5388**
#一级企业	75	75	118
#二级企业	695	1198	1112
#三级企业	1301	1265	1248
3.资产合计(万元)	**2943003**		**5004326.3**
#一级企业			
#二级企业			
#三级企业			
4.负债合计(万元)	**2345962**		**4022496.2**
#一级企业			
#二级企业			
#三级企业			
5.资产负债率(%)	**79.7**		**80.4**
#一级企业			
#二级企业			
#三级企业			
三、土地开发及购置			
本年完成开发土地面积(平方米)			
本年完成土地开发投资(万元)	17814	18043	4486
本年购置土地面积(平方米)			
土地购置费(万元)			

9-5 续表

指　　标	2007年	2008年	2009年
四、商品房屋开发面积(平方米)			
1.施工房屋面积	**15671203**	**17871181**	**18377618**
住宅	12568665	14621852	14558985
#别墅、高档公寓	1305674	1046201	1171095
#经济适用房	1078517	1556369	1822163
办公楼	682486	1004543	723614
商业营业用房	1924479	1481130	2065185
其他	495573	763656	1029834
2.新开工房屋面积	**7351365**	**5785160**	**4879908**
住宅	6237733	5170087	3679129
#别墅、高档公寓	394617	20831	392790
#经济适用房	339404	993867	431734
办公楼	257598	259755	126164
商业营业用房	715680	161125	746092
其他	140354	194193	328523
3.竣工房屋面积	**2163070**	**2527877**	**4610912**
住宅	1994556	2246013	3728417
#别墅、高档公寓	46001	58315	283368
#经济适用房	233402	147470	205000
办公楼	46028	62558	303186
商业营业用房	109046	161628	346507
其他	13440	57678	232802
4.待售房屋面积	**1135091**	**1823079**	**2157958**
住宅	798213	1365382	1660717
#别墅、高档公寓	13666	160366	56119
#经济适用房	23502	120	144537
办公楼	88005	171130	195520
商业营业用房	233087	265510	190875
其他	15786	21057	110846
五、商品房屋销售			
1.销售面积(平方米)	**2258929**	**3318906**	**3795811**
住宅	2133251	3081359	3125961
#别墅、高档公寓	274328	323530	357985
#经济适用房	220585	308194	131634
办公楼	39247	43499	88556
商业营业用房	82097	163277	512142
其他	4334	30771	69152
2.销售额(万元)	**586415**	**906282**	**1475358**
住宅	524528	773821	1015359
#别墅、高档公寓	115207	145009	234330
#经济适用房	35178	27133	24415
办公楼	16123	16787	42449
商业营业用房	44450	106383	388649
其他	1314	9291	28901
3.销售价格(元/平方米)	**2596**	**2731**	**3887**
住宅	2459	2511	3248
办公楼	4108	3859	4793
商业营业用房	5414	6515	7589
4.出租面积(平方米)	**19428**	**200264**	**202113**
住宅		83275	83276
#别墅、高档公寓		1275	1276
#经济适用房			
办公楼		80468	79870
商业营业用房		33021	25887
其他		3500	13080

9-6 沈阳市房地产开发投资综合统计

指　　标	2007年	2008年	2009年
一、本年完成投资额(万元)	**7303637**	**10109145**	**11887007**
1.按用途分			
住宅	5589092	7294950	8021159
#别墅、高档公寓	480327	751606	710853
#经济适用房	274077	240516	264240
办公楼	252504	463198	612897
商业营业用房	1074610	1746732	2629408
其他	387431	604265	623543
2.商品房屋建设			
#商品房建设投资			
商品房建设投资额比重(%)			
3.资金状况			
本年资金来源合计	9869461	12082135	14962704
#上年末节余资金	702670	1428145	1269854
#本年资金来源小计	9166791	10653990	13692850
本年各项应付款合计		1040470	1610857
4.资金来源及构成			
本年资金来源小计	9166791	10653990	13692850
国内贷款	832231	843387	1832383
利用外资	728609	763534	836404
#外商直接投资	648378	738234	680353
自筹资金	4713621	6008799	7443418
其他资金来源	2892330	3038270	3580645
二、房地产开发企业(单位)情况			
1.企业个数合计(个)	**946**	**1463**	**1326**
#一级企业	8	16	15
#二级企业	63	81	77
#三级企业	249	260	252
2.从业人数合计(人)	**13525**	**20426**	**16909**
#一级企业	201	455	394
#二级企业	1598	2438	1850
#三级企业	3070	3914	3549
3.资产合计(万元)	**19200666**		**29422124.9**
#一级企业			
#二级企业			
#三级企业			
4.负债合计(万元)	**15025945**		**20787068.1**
#一级企业			
#二级企业			
#三级企业			
5.资产负债率(%)	**78.3**		**70.7**
#一级企业			
#二级企业			
#三级企业			
三、土地开发及购置			
本年完成开发土地面积(平方米)			
本年完成土地开发投资(万元)	376135	271287	190520
本年购置土地面积(平方米)			
土地购置费(万元)			

9-6 续表

指 标	2007年	2008年	2009年
四、商品房屋开发面积(平方米)			
1.施工房屋面积	**50198547**	**58485113**	**68478891**
住宅	40198095	44103375	50684929
#别墅、高档公寓	1932206	2759648	2947023
#经济适用房	3126515	2604902	1405308
办公楼	1469481	1942891	2559350
商业营业用房	6442558	8797170	12224087
其他	2088413	3641677	3010525
2.新开工房屋面积	**29230619**	**23648160**	**24510982**
住宅	24836945	18792886	18797455
#别墅、高档公寓	1072575	1516428	803237
#经济适用房	1584624	1502954	1105296
办公楼	595565	338392	990995
商业营业用房	2865676	3225956	3954559
其他	932433	1290926	767973
3.竣工房屋面积	**12901339**	**12916451**	**12935453**
住宅	10905957	10776354	10757450
#别墅、高档公寓	235884	262010	971978
#经济适用房	1825105	1028691	210418
办公楼	400373	265837	154175
商业营业用房	1099479	1273063	1647741
其他	495530	601197	376087
4.待售房屋面积	**4539369**	**5404792**	**6160188**
住宅	3062625	3606541	4139038
#别墅、高档公寓	96287	203517	424837
#经济适用房	30164		48056
办公楼	253135	346701	291465
商业营业用房	971061	1210737	1444216
其他	252548	240813	285469
五、商品房屋销售			
1.销售面积(平方米)	**14620429**	**14650525**	**15329347**
住宅	13581077	13071830	13693094
#别墅、高档公寓	314915	586272	590534
#经济适用房	385981	319552	257153
办公楼	104553	156683	154049
商业营业用房	821962	1214049	1212666
其他	112837	207963	269538
2.销售额(万元)	**5408068**	**6046946**	**6843606**
住宅	4801930	5040746	5745882
#别墅、高档公寓	176721	324588	392474
#经济适用房	107902	62371	65888
办公楼	56401	103752	117675
商业营业用房	494591	811051	862519
其他	55146	91397	117530
3.销售价格(元/平方米)	**3699**	**4127**	**4464**
住宅	3536	3856	4196
办公楼	5394	6622	7639
商业营业用房	6017	6681	7113
4.出租面积(平方米)	**115789**	**143051**	**132450**
住宅			
#别墅、高档公寓			
#经济适用房			
办公楼		7333	5954
商业营业用房	104863	135718	126496
其他			

9-7　长春市房地产开发投资综合统计

指　　标	2007年	2008年	2009年
一、本年完成投资额（万元）	**2594979**	**3528921**	**4439252**
1.按用途分			
住宅	2038174	2897935	3473917
#别墅、高档公寓	541146	591239	538427
#经济适用房	183910	171033	367968
办公楼	48115	64550	123271
商业营业用房	359588	406378	557435
其他	149102	160058	284629
2.商品房屋建设			
#商品房建设投资			
商品房建设投资额比重(%)			
3.资金状况			
本年资金来源合计	2735050	3578063	5153019
#上年末节余资金	130728	175977	312510
#本年资金来源小计	2604322	3402086	4840509
本年各项应付款合计		451252	401478
4.资金来源及构成			
本年资金来源小计	2604322	3402086	4840509
国内贷款	196400	135662	415029
利用外资	480	20506	4112
#外商直接投资	480		4112
自筹资金	1516695	2370408	2688084
其他资金来源	890747	875510	1733284
二、房地产开发企业（单位）情况			
1.企业个数合计（个）	**364**	**435**	**439**
#一级企业	5	5	4
#二级企业	28	48	49
#三级企业	105	106	111
2.从业人数合计（人）	**12067**	**10105**	**9511**
#一级企业	226	205	195
#二级企业	1566	1832	1797
#三级企业	4317	3256	2819
3.资产合计（万元）	**5483490**		**8476535.5**
#一级企业			
#二级企业			
#三级企业			
4.负债合计（万元）	**4446073**		**6765137.3**
#一级企业			
#二级企业			
#三级企业			
5.资产负债率（%）	**81.1**		**79.8**
#一级企业			
#二级企业			
#三级企业			
三、土地开发及购置			
本年完成开发土地面积(平方米)			
本年完成土地开发投资(万元)	2300		
本年购置土地面积(平方米)			
土地购置费(万元)			

9-7 续表

指　　标	2007年	2008年	2009年
四、商品房屋开发面积(平方米)			
1.施工房屋面积	**20126042**	**22023415**	**23770962**
住宅	15851614	17988433	18957578
#别墅、高档公寓	1704254	2257241	1731244
#经济适用房	1704854	1686159	2469687
办公楼	399531	535822	754053
商业营业用房	2856269	2438539	2536985
其他	1018628	1060621	1522346
2.新开工房屋面积	**12083332**	**11162553**	**12172939**
住宅	9815922	9374182	9726106
#别墅、高档公寓	919642	1144257	921732
#经济适用房	1493734	744973	1841504
办公楼	178421	127257	219961
商业营业用房	1340843	1163439	1379168
其他	748146	497675	847704
3.竣工房屋面积	**5352939**	**4824151**	**5806626**
住宅	4724262	4143424	5037592
#别墅、高档公寓	574525	910151	585853
#经济适用房	524036	391295	864636
办公楼	93613	132007	52936
商业营业用房	344745	409124	501938
其他	190319	139596	214160
4.待售房屋面积	**2589753**	**2705731**	**3440008**
住宅	1539713	1703507	2323372
#别墅、高档公寓	230706	101654	281675
#经济适用房	197099	177223	160170
办公楼	188398	109951	88111
商业营业用房	636357	685320	751564
其他	225285	206953	276961
五、商品房屋销售			
1.销售面积(平方米)	**5137732**	**5706425**	**7157171**
住宅	4729936	5166534	6539056
#别墅、高档公寓	391964	624735	681257
#经济适用房	418199	436511	73219
办公楼	56261	72912	44202
商业营业用房	263268	353151	462257
其他	88267	113828	111656
2.销售额(万元)	**1669580**	**1991198**	**2964176**
住宅	1474937	1727571	2623616
#别墅、高档公寓	212004	395406	447746
#经济适用房	80674	97298	17600
办公楼	28820	33758	18631
商业营业用房	135759	186367	280746
其他	30064	43502	41183
3.销售价格(元/平方米)	**3250**	**3489**	**4142**
住宅	3118	3344	4012
办公楼	5123	4630	4215
商业营业用房	5157	5277	6073
4.出租面积(平方米)	**173205**	**232264**	**343310**
住宅			
#别墅、高档公寓			
#经济适用房			
办公楼	25401	36573	35483
商业营业用房	147804	195691	306627
其他			1200

9-8　哈尔滨市房地产开发投资综合统计

指　　标	2007年	2008年	2009年
一、本年完成投资额(万元)	**1874184**	**2157614**	**2792251**
1.按用途分			
住宅	1200504	1336328	2206164
#别墅、高档公寓	128718	164241	76433
#经济适用房	110054	95175	115676
办公楼	32086	15116	40676
商业营业用房	283701	298860	344616
其他	357893	507310	200795
2.商品房屋建设			
#商品房建设投资			
商品房建设投资额比重(%)			
3.资金状况			
本年资金来源合计	2158319	2567810	3833050
#上年末节余资金	163308	217749	331983
#本年资金来源小计	1995011	2350061	3501067
本年各项应付款合计		446446	339879
4.资金来源及构成			
本年资金来源小计	1995011	2350061	3501067
国内贷款	195405	201024	578712
利用外资	18718	11071	11047
#外商直接投资	18718	11071	11047
自筹资金	1069027	1485856	1535463
其他资金来源	711861	652110	1375845
二、房地产开发企业(单位)情况			
1.企业个数合计(个)	**610**	**697**	**737**
#一级企业	6	6	5
#二级企业	120	134	144
#三级企业	398	437	448
2.从业人数合计(人)	**13545**	**13332**	**15392**
#一级企业	271	274	207
#二级企业	3518	3385	3986
#三级企业	7660	7568	8133
3.资产合计(万元)	**7297465**		**11989756.7**
#一级企业			
#二级企业			
#三级企业			
4.负债合计(万元)	**5675329**		**8238191.7**
#一级企业			
#二级企业			
#三级企业			
5.资产负债率(%)	**77.7**		**68.7**
#一级企业			
#二级企业			
#三级企业			
三、土地开发及购置			
本年完成开发土地面积(平方米)			
本年完成土地开发投资(万元)	150729	155928	169042
本年购置土地面积(平方米)			
土地购置费(万元)			

9-8 续表

指　　标	2007年	2008年	2009年
四、商品房屋开发面积(平方米)			
1.施工房屋面积	**15022229**	**16107552**	**19266322**
住宅	11548794	12884866	16091074
#别墅、高档公寓	1328695	2495130	715164
#经济适用房	638646	959651	737242
办公楼	192237	218671	158257
商业营业用房	2503126	1942252	1853314
其他	778072	1061763	1163677
2.新开工房屋面积	**6827782**	**8339873**	**11557298**
住宅	5473125	6809689	9605263
#别墅、高档公寓	257170	233020	313367
#经济适用房	384315	689328	170781
办公楼	28725	191091	91635
商业营业用房	961367	913142	1152976
其他	364565	425951	707424
3.竣工房屋面积	**6982446**	**4672770**	**5293197**
住宅	5005178	3944094	4481516
#别墅、高档公寓	213657	224561	511297
#经济适用房	222146	327229	544007
办公楼	139796	27410	38780
商业营业用房	1421911	507217	512274
其他	415561	194049	260627
4.待售房屋面积	**4798347**	**4861869**	**4285521**
住宅	2868993	2994824	2528765
#别墅、高档公寓	258407	273094	287217
#经济适用房	298598	245105	210661
办公楼	175925	189637	54137
商业营业用房	1313902	1207648	1258461
其他	439527	469760	444158
五、商品房屋销售			
1.销售面积(平方米)	**7489495**	**5870762**	**7052784**
住宅	6678136	5045643	6278163
#别墅、高档公寓	473682	218127	452149
#经济适用房	424452	346696	328862
办公楼	60065	28918	128288
商业营业用房	562288	668702	494613
其他	189006	127499	151720
2.销售额(万元)	**2286874**	**2226860**	**2980269**
住宅	1965205	1773745	2603165
#别墅、高档公寓	229744	129569	286597
#经济适用房	94530	79137	80435
办公楼	20193	10438	59434
商业营业用房	240531	396184	251837
其他	60945	46493	65833
3.销售价格(元/平方米)	**3053**	**3793**	**4226**
住宅	2943	3515	4146
办公楼	3362	3610	4633
商业营业用房	4278	5925	5092
4.出租面积(平方米)	**103313**	**179399**	**181474**
住宅			2423
#别墅、高档公寓			
#经济适用房			
办公楼		1500	
商业营业用房		167899	179051
其他		10000	

9-9　上海市房地产开发投资综合统计

指　标	2007年	2008年	2009年
一、本年完成投资额(万元)	**13075256**	**14357349**	**14620724**
1.按用途分			
住宅	8375305	8754607	9186847
#别墅、高档公寓	2287920	2481427	2465076
#经济适用房			391773
办公楼	1575146	1940838	1879260
商业营业用房	1589376	1767347	1846133
其他	1535429	1894557	1708484
2.商品房屋建设			
#商品房建设投资			
商品房建设投资额比重(%)			
3.资金状况			
本年资金来源合计	31533086	29743603	36066966
#上年末节余资金	6001180	7731192	6818526
#本年资金来源小计	25531906	22012411	29248440
本年各项应付款合计		5058816	4553072
4.资金来源及构成			
本年资金来源小计	25531906	22012411	29248440
国内贷款	5584291	5727218	6371383
利用外资	740459	720619	249044
#外商直接投资	654072	674804	227053
自筹资金	5837543	6460226	6201648
其他资金来源	13369613	9104348	16426365
二、房地产开发企业(单位)情况			
1.企业个数合计(个)	**3116**	**3898**	**3306**
#一级企业	64	77	73
#二级企业	212	313	298
#三级企业	407	457	403
2.从业人数合计(人)	**91958**	**92555**	**93216**
#一级企业	6405	6901	6262
#二级企业	9432	14849	15572
#三级企业	12837	11036	10542
3.资产合计(万元)	**153490264**		**207994129.2**
#一级企业			
#二级企业			
#三级企业			
4.负债合计(万元)	**101754493**		**137404215.2**
#一级企业			
#二级企业			
#三级企业			
5.资产负债率(%)	**66.3**		**66.1**
#一级企业			
#二级企业			
#三级企业			
三、土地开发及购置			
本年完成开发土地面积(平方米)			
本年完成土地开发投资(万元)	556193	641448	895120
本年购置土地面积(平方米)			
土地购置费(万元)			

9-9 续表

指　标	2007年	2008年	2009年
四、商品房屋开发面积(平方米)			
1.施工房屋面积	**107667161**	**107842299**	**99494536**
住宅	76427853	70897454	65507311
#别墅、高档公寓	14927465	13743088	13020394
#经济适用房			2459816
办公楼	9352338	11114724	9544505
商业营业用房	11318648	12353074	11068900
其他	10568322	13477047	13373820
2.新开工房屋面积	**22517516**	**27723654**	**24830459**
住宅	16339397	18810925	17210211
#别墅、高档公寓	2827850	3856470	3294379
#经济适用房			1274386
办公楼	2010550	2750256	1623945
商业营业用房	2028919	2518335	2017075
其他	2138650	3644138	3979228
3.竣工房屋面积	**33801197**	**25707435**	**21049798**
住宅	27524475	18014532	15088129
#别墅、高档公寓	4063886	2344532	2049967
#经济适用房			
办公楼	1388889	2137752	1350228
商业营业用房	2564610	2262490	2010480
其他	2323223	3292661	2600961
4.待售房屋面积	**7354564**	**11336608**	**11348032**
住宅	2739707	5030176	4607384
#别墅、高档公寓	1187840	1133553	1272759
#经济适用房			54092
办公楼	984051	1289507	1909503
商业营业用房	1737852	2332227	2301839
其他	1892954	2684698	2529306
五、商品房屋销售			
1.销售面积(平方米)	**36949578**	**23392946**	**33724485**
住宅	32791745	20074792	29280400
#别墅、高档公寓	5031365	2655398	4504199
#经济适用房			1913
办公楼	1509264	1469424	2030010
商业营业用房	1983840	1174022	1264855
其他	664729	674708	1149220
2.销售额(万元)	**30893542**	**19171177**	**43302240**
住宅	27063027	16290753	36202282
#别墅、高档公寓	6540433	3396706	9968034
#经济适用房			659
办公楼	2146686	1731406	4384327
商业营业用房	1311913	775973	1927263
其他	371916	373045	788368
3.销售价格(元/平方米)	**8361**	**8195**	**12840**
住宅	8253	8115	12364
办公楼	14223	11783	21598
商业营业用房	6613	6610	15237
4.出租面积(平方米)	**11286850**	**11482826**	**12229082**
住宅	1103831	927374	1026268
#别墅、高档公寓		737898	743635
#经济适用房			
办公楼		3555692	4255513
商业营业用房		3180474	3499060
其他		3819286	3448241

9-10　南京市房地产开发投资综合统计

指　　标	2007年	2008年	2009年
一、本年完成投资额（万元）	**4459730**	**5081669**	**5956796**
1.按用途分			
住宅	3166463	4100261	4394100
#别墅、高档公寓	312510	364407	412167
#经济适用房	313981	404189	430280
办公楼	188437	223067	283450
商业营业用房	312749	367646	678619
其他	792081	390695	600627
2.商品房屋建设			
#商品房建设投资			
商品房建设投资额比重(%)			
3.资金状况			
本年资金来源合计	8714426	8950778	13145286
#上年末节余资金	1307307	1873779	1478828
#本年资金来源小计	7407119	7076999	11666458
本年各项应付款合计		2524470	880869
4.资金来源及构成			
本年资金来源小计	7407119	7076999	11666458
国内贷款	1589706	2430697	2960778
利用外资	304532	6278	95107
#外商直接投资	304532	4573	95107
自筹资金	1473667	1610865	1886777
其他资金来源	4039214	3029159	6723796
二、房地产开发企业（单位）情况			
1.企业个数合计（个）	**666**	**678**	**698**
#一级企业	16	26	23
#二级企业	103	154	170
#三级企业	394	331	338
2.从业人数合计（人）	**16866**	**18685**	**17423**
#一级企业	2287	2288	2029
#二级企业	3819	7059	6327
#三级企业	7316	6705	6143
3.资产合计（万元）	**19277136**		**27771287.2**
#一级企业			
#二级企业			
#三级企业			
4.负债合计（万元）	**15386358**		**21309876.7**
#一级企业			
#二级企业			
#三级企业			
5.资产负债率（%）	**79.8**		**76.7**
#一级企业			
#二级企业			
#三级企业			
三、土地开发及购置			
本年完成开发土地面积(平方米)			
本年完成土地开发投资(万元)	127111	144578	59190
本年购置土地面积(平方米)			
土地购置费(万元)			

9-10 续表

指 标	2007年	2008年	2009年
四、商品房屋开发面积(平方米)			
1.施工房屋面积	**35827457**	**40977160**	**43660651**
住宅	28487048	31796532	31881820
#别墅、高档公寓	2099124	2798302	2678284
#经济适用房	3758498	3937790	3982016
办公楼	1525128	1508991	1376203
商业营业用房	3116424	3955859	5252036
其他	2698857	3715778	5150592
2.新开工房屋面积	**10898997**	**9399583**	**11574566**
住宅	9419402	7548021	8034524
#别墅、高档公寓	602799	775756	577416
#经济适用房	1530874	1054088	1054834
办公楼	174443	185416	165429
商业营业用房	546351	774917	1591906
其他	758801	891229	1782707
3.竣工房屋面积	**6829717**	**10622624**	**15162779**
住宅	5785642	8929125	12278452
#别墅、高档公寓	159740	965819	1159318
#经济适用房	878142	1356290	1835004
办公楼	308753	280242	240711
商业营业用房	342818	743423	1258871
其他	392504	669834	1384745
4.待售房屋面积	**412977**	**971436**	**1133331**
住宅	301458	713438	652270
#别墅、高档公寓	36955	101283	96341
#经济适用房	53314	230041	61930
办公楼	12759	12945	28822
商业营业用房	78801	206738	321742
其他	19959	38315	130497
五、商品房屋销售			
1.销售面积(平方米)	**11378790**	**7035476**	**11869439**
住宅	10645159	6591150	11140311
#别墅、高档公寓	649071	288651	957404
#经济适用房	1606757	1724354	1214901
办公楼	344867	155081	235306
商业营业用房	310663	240328	415709
其他	78101	48917	78113
2.销售额(万元)	**6035131**	**3594607**	**8528119**
住宅	5334227	3169273	7678990
#别墅、高档公寓	570254	301295	925715
#经济适用房	311769	336322	306069
办公楼	409011	200557	295330
商业营业用房	263111	201963	508578
其他	28782	22814	45221
3.销售价格(元/平方米)	**5304**	**5109**	**7185**
住宅	5011	4808	6893
办公楼	11860	12932	12551
商业营业用房	8469	8404	12234
4.出租面积(平方米)	**116777**	**439317**	**99435**
住宅		13969	
#别墅、高档公寓		13519	
#经济适用房			
办公楼	44706	29946	
商业营业用房	40234	395042	98668
其他		360	767

9-11 杭州市房地产开发投资综合统计

指　　标	2007年	2008年	2009年
一、本年完成投资额(万元)	**5187904**	**6154060**	**7046752**
1.按用途分			
住宅	3818933	4562170	5096425
#别墅、高档公寓	466906	516432	370732
#经济适用房	332441	298079	276366
办公楼	425488	541986	722468
商业营业用房	460856	400707	499939
其他	482627	649197	727920
2.商品房屋建设			
#商品房建设投资			
商品房建设投资额比重(%)			
3.资金状况			
本年资金来源合计	14861588	15965277	23460415
#上年末节余资金	2182619	3600851	3689713
#本年资金来源小计	12678969	12364426	19770702
本年各项应付款合计		1315941	1759713
4.资金来源及构成			
本年资金来源小计	12678969	12364426	19770702
国内贷款	3147167	3562261	4298962
利用外资		50701	62265
#外商直接投资		50701	62265
自筹资金	1607692	2440313	2639770
其他资金来源	7924110	6311151	12769705
二、房地产开发企业(单位)情况			
1.企业个数合计(个)	**904**	**1315**	**1298**
#一级企业	24	49	46
#二级企业	90	182	178
#三级企业	307	337	338
2.从业人数合计(人)	**20764**	**25007**	**24310**
#一级企业	1905	3296	3148
#二级企业	3328	5959	5641
#三级企业	6876	6377	6159
3.资产合计(万元)	**32883323**		**56611308.4**
#一级企业			
#二级企业			
#三级企业			
4.负债合计(万元)	**26997179**		**44643732.7**
#一级企业			
#二级企业			
#三级企业			
5.资产负债率(%)	**82.1**		**78.9**
#一级企业			
#二级企业			
#三级企业			
三、土地开发及购置			
本年完成开发土地面积(平方米)			
本年完成土地开发投资(万元)	6264	96251	18215
本年购置土地面积(平方米)			
土地购置费(万元)			

9-11 续表

指　　标	2007年	2008年	2009年
四、商品房屋开发面积(平方米)			
1.施工房屋面积	**47756171**	**49873868**	**51408011**
住宅	36142768	36234148	36664544
#别墅、高档公寓	2808478	2498284	2205200
#经济适用房	4709793	4080125	4552615
办公楼	3674022	4165221	4623424
商业营业用房	3391136	3675637	3689561
其他	4548245	5798862	6430482
2.新开工房屋面积	**11765660**	**13125143**	**10811822**
住宅	8872210	9639352	7603676
#别墅、高档公寓	609021	811806	279349
#经济适用房	1109044	628662	845178
办公楼	736327	1188863	1056297
商业营业用房	930960	950059	781509
其他	1226163	1346869	1370340
3.竣工房屋面积	**9484723**	**10306294**	**8369511**
住宅	7716091	7726779	6266383
#别墅、高档公寓	398386	580420	98847
#经济适用房	1045302	873291	1336857
办公楼	407644	589523	401848
商业营业用房	762553	574259	675690
其他	598435	1415733	1025590
4.待售房屋面积	**920764**	**1370694**	**1459814**
住宅	446792	753176	615589
#别墅、高档公寓	75891	50074	615589
#经济适用房		29356	42576
办公楼	47695	34287	66724
商业营业用房	323079	433977	635002
其他	103198	149254	142499
五、商品房屋销售			
1.销售面积(平方米)	**11502833**	**7750198**	**14563831**
住宅	10436698	6769852	13143763
#别墅、高档公寓	817028	332919	595335
#经济适用房	754790	1168529	649087
办公楼	517120	553039	730466
商业营业用房	372021	314300	535699
其他	176994	113007	153903
2.销售额(万元)	**8760181**	**6517463**	**15372226**
住宅	7756308	5559079	13949554
#别墅、高档公寓	1240584	577584	1194891
#经济适用房	243020	387119	220114
办公楼	538385	630510	792242
商业营业用房	355207	261865	554713
其他	110281	66009	75717
3.销售价格(元/平方米)	**7616**	**8409**	**10555**
住宅	7432	8212	10613
办公楼	10411	11401	10846
商业营业用房	9548	8332	10355
4.出租面积(平方米)	**667849**	**788954**	**346452**
住宅	55107	57300	76174
#别墅、高档公寓			
#经济适用房			
办公楼	106863	150509	8121
商业营业用房	227314	327487	44061
其他	278565	253658	218096

9-12　合肥市房地产开发投资综合统计

指　　标	2007年	2008年	2009年
一、本年完成投资额(万元)	**3875325**	**5671624**	**6703559**
1.按用途分			
住宅	2986166	4363402	4681890
#别墅、高档公寓	38721	105944	161018
#经济适用房	4835	49356	17096
办公楼	191148	309048	595086
商业营业用房	295980	493292	708282
其他	402031	505882	718301
2.商品房屋建设			
#商品房建设投资			
商品房建设投资额比重(%)			
3.资金状况			
本年资金来源合计	5195139	6760259	11038088
#上年末节余资金	710637	926645	1264488
#本年资金来源小计	4484502	5833614	9773600
本年各项应付款合计		686886	998960
4.资金来源及构成			
本年资金来源小计	4484502	5833614	9773600
国内贷款	574361	632165	1421425
利用外资	88650	103096	154628
#外商直接投资	82128	84926	150628
自筹资金	1616219	2913598	4083839
其他资金来源	2205272	2184755	4113708
二、房地产开发企业(单位)情况			
1.企业个数合计(个)	**678**	**786**	**738**
#一级企业	5	7	7
#二级企业	73	73	71
#三级企业	177	174	174
2.从业人数合计(人)	**17596**	**18358**	**17050**
#一级企业	313	272	413
#二级企业	3527	3429	3068
#三级企业	4629	4482	4101
3.资产合计(万元)	**10470576**		**16401172.8**
#一级企业			
#二级企业			
#三级企业			
4.负债合计(万元)	**7873772**		**12747506.9**
#一级企业			
#二级企业			
#三级企业			
5.资产负债率(%)	**75.2**		**77.7**
#一级企业			
#二级企业			
#三级企业			
三、土地开发及购置			
本年完成开发土地面积(平方米)			
本年完成土地开发投资(万元)	316026	389650	478621
本年购置土地面积(平方米)			
土地购置费(万元)			

9-12 续表

指　　标	2007年	2008年	2009年
四、商品房屋开发面积(平方米)			
1.施工房屋面积	**31693060**	**40203926**	**47512891**
住宅	25614243	32187810	36794249
#别墅、高档公寓	198798	271763	1776415
#经济适用房	72641	170024	140713
办公楼	2062292	2186057	3028884
商业营业用房	2243520	3430130	4774831
其他	1773005	2399929	2914927
2.新开工房屋面积	**10735572**	**11362228**	**14770854**
住宅	8814686	9170267	10974055
#别墅、高档公寓	109450	202018	110881
#经济适用房	43276	130000	26181
办公楼	549542	487452	1052760
商业营业用房	722132	1077041	1710941
其他	649212	627468	1033098
3.竣工房屋面积	**6091383**	**5601315**	**6005528**
住宅	5120561	4634228	4776596
#别墅、高档公寓	52284	10500	21450
#经济适用房	32619	39992	
办公楼	351688	240556	423497
商业营业用房	290899	289200	569507
其他	328235	437331	235928
4.待售房屋面积	**1008791**	**933251**	**1278501**
住宅	573126	504887	807915
#别墅、高档公寓	7451	3458	22817
#经济适用房	28527	102	
办公楼	112171	62357	64480
商业营业用房	212902	241488	228592
其他	110592	124519	177514
五、商品房屋销售			
1.销售面积(平方米)	**10426878**	**9331268**	**12979511**
住宅	9531030	8673522	11803324
#别墅、高档公寓	59769	83360	78315
#经济适用房	42687	252	55110
办公楼	369231	231487	401613
商业营业用房	441513	363289	574390
其他	85104	62970	200184
2.销售额(万元)	**3448251**	**3351378**	**5487654**
住宅	3005893	2971059	4833797
#别墅、高档公寓	24200	44902	56260
#经济适用房	7628	46	15747
办公楼	157544	118992	186945
商业营业用房	270162	243954	412172
其他	14652	17373	54740
3.销售价格(元/平方米)	**3307**	**3592**	**4228**
住宅	3154	3425	4095
办公楼	4267	5140	4655
商业营业用房	6119	6715	7176
4.出租面积(平方米)	**137641**	**499470**	**285154**
住宅	7448	203555	91
#别墅、高档公寓			
#经济适用房			
办公楼		90939	13817
商业营业用房	122403	137996	195541
其他		66980	75705

9-13 福州市房地产开发投资综合统计

指 标	2007年	2008年	2009年
一、本年完成投资额(万元)	**3764663**	**3136079**	**3617991**
1.按用途分			
住宅	2704938	2239851	2521901
#别墅、高档公寓	176872	128735	150295
#经济适用房	69954	135377	46849
办公楼	26872	28085	39777
商业营业用房	150235	158889	203354
其他	882618	709254	852959
2.商品房屋建设			
#商品房建设投资			
商品房建设投资额比重(%)			
3.资金状况			
本年资金来源合计	6778587	5367202	6585001
#上年末节余资金	1126882	1098713	823053
#本年资金来源小计	5651705	4268489	5761948
本年各项应付款合计		249972	346701
4.资金来源及构成			
本年资金来源小计	5651705	4268489	5761948
国内贷款	1138595	1054111	1095345
利用外资	142654	116257	94439
#外商直接投资	10454	116257	94439
自筹资金	1574683	940695	1286740
其他资金来源	2795773	2157426	3285424
二、房地产开发企业(单位)情况			
1.企业个数合计(个)	**512**	**638**	**643**
#一级企业	11	10	12
#二级企业	29	43	46
#三级企业	156	171	177
2.从业人数合计(人)	**17031**	**15325**	**14417**
#一级企业	1317	786	1011
#二级企业	1808	2344	2525
#三级企业	4391	4525	5131
3.资产合计(万元)	**13395910**		**17531628.2**
#一级企业			
#二级企业			
#三级企业			
4.负债合计(万元)	**10612527**		**13570958.3**
#一级企业			
#二级企业			
#三级企业			
5.资产负债率(%)	**79.2**		**77.4**
#一级企业			
#二级企业			
#三级企业			
三、土地开发及购置			
本年完成开发土地面积(平方米)			
本年完成土地开发投资(万元)	17418	63925	30793
本年购置土地面积(平方米)			
土地购置费(万元)			

9-13 续表

指　　标	2007年	2008年	2009年
四、商品房屋开发面积(平方米)			
1.施工房屋面积	**24319148**	**25203891**	**26267217**
住宅	20834233	21550194	22368364
#别墅、高档公寓	1892111	1224293	1225436
#经济适用房	772886	972357	770504
办公楼	333189	281774	296906
商业营业用房	1543697	1454765	1557734
其他	1608029	1917158	2044213
2.新开工房屋面积	**8238475**	**5307314**	**5531378**
住宅	7189153	4350273	4800467
#别墅、高档公寓	752491	242023	339874
#经济适用房	591740	262015	64700
办公楼	70034	81875	28795
商业营业用房	378218	420708	236702
其他	601070	454458	465414
3.竣工房屋面积	**4740655**	**3291524**	**4858977**
住宅	4117957	2946823	4235903
#别墅、高档公寓	533320	277257	185091
#经济适用房	135519		
办公楼	26169	21805	49977
商业营业用房	327650	117640	173341
其他	268879	205256	399756
4.待售房屋面积	**384102**	**647803**	**955184**
住宅	59646	280083	510697
#别墅、高档公寓	19519	61937	130485
#经济适用房			
办公楼	37290	57006	55260
商业营业用房	169124	206296	248054
其他	118042	104418	141173
五、商品房屋销售			
1.销售面积(平方米)	**6456300**	**3706633**	**6901333**
住宅	5925304	3414405	6482762
#别墅、高档公寓	448186	140742	257561
#经济适用房	66767	373844	149596
办公楼	13680	29604	35497
商业营业用房	266136	154842	219958
其他	251180	107782	163116
2.销售额(万元)	**3343512**	**2044541**	**4572176**
住宅	2903189	1790644	4175460
#别墅、高档公寓	319824	116966	204566
#经济适用房	16669	114363	47849
办公楼	4703	22054	24408
商业营业用房	353442	190531	305879
其他	82178	41312	66429
3.销售价格(元/平方米)	**5179**	**5516**	**6625**
住宅	4900	5244	6441
办公楼	3438	7450	6876
商业营业用房	13281	12305	13906
4.出租面积(平方米)	**216121**	**470235**	**263632**
住宅		39088	7890
#别墅、高档公寓			
#经济适用房			
办公楼	42027	67976	30146
商业营业用房	161041	336360	195627
其他	13053	26811	29969

9-14　南昌市房地产开发投资综合统计

指　　标	2007年	2008年	2009年
一、本年完成投资额(万元)	**1256020**	**1633040**	**1982468**
1.按用途分			
住宅	1078756	1366080	1586647
#别墅、高档公寓	52613	46934	54202
#经济适用房	66905	73282	51992
办公楼	13616	24793	83366
商业营业用房	100524	154261	210192
其他	63124	87906	102263
2.商品房屋建设			
#商品房建设投资			
商品房建设投资额比重(%)			
3.资金状况			
本年资金来源合计	2766589	2847704	3983003
#上年末节余资金	382820	859761	680420
#本年资金来源小计	2383769	1987943	3302583
本年各项应付款合计		167406	348913
4.资金来源及构成			
本年资金来源小计	2383769	1987943	3302583
国内贷款	593278	475347	612814
利用外资	36451	31228	26810
#外商直接投资	34951	10550	26810
自筹资金	448124	477050	680438
其他资金来源	1305916	1004318	1982521
二、房地产开发企业(单位)情况			
1.企业个数合计(个)	**536**	**489**	**508**
#一级企业	3	3	3
#二级企业	101	90	92
#三级企业	240	198	199
2.从业人数合计(人)	**10654**	**12033**	**13373**
#一级企业	535	504	654
#二级企业	3129	3136	3401
#三级企业	4045	5472	6005
3.资产合计(万元)	**6291308**		**10536655.9**
#一级企业			
#二级企业			
#三级企业			
4.负债合计(万元)	**4588696**		**7522229.3**
#一级企业			
#二级企业			
#三级企业			
5.资产负债率(%)	**72.9**		**71.4**
#一级企业			
#二级企业			
#三级企业			
三、土地开发及购置			
本年完成开发土地面积(平方米)			
本年完成土地开发投资(万元)	59926	41154	25440
本年购置土地面积(平方米)			
土地购置费(万元)			

9-14 续表

指　　标	2007年	2008年	2009年
四、商品房屋开发面积(平方米)			
1.施工房屋面积	**15255933**	**18259316**	**17820255**
住宅	12911886	15413965	14839854
#别墅、高档公寓	572144	461707	370518
#经济适用房	1349836	1261881	1136391
办公楼	341231	200317	384964
商业营业用房	1108751	1531694	1737627
其他	894065	1113340	857810
2.新开工房屋面积	**6436207**	**5179202**	**3598739**
住宅	5684644	4678377	2795854
#别墅、高档公寓	186466	238451	24451
#经济适用房	908348	280319	204612
办公楼	56969	21613	208720
商业营业用房	399667	307167	446303
其他	294927	172045	147862
3.竣工房屋面积	**3710100**	**3310593**	**3652067**
住宅	3473864	2970862	3266146
#别墅、高档公寓	229882	27000	99006
#经济适用房	373396	212697	413077
办公楼	53529	25796	771
商业营业用房	132235	245285	321958
其他	50472	68650	63192
4.待售房屋面积	**125202**	**217185**	**399225**
住宅	67048	107318	338029
#别墅、高档公寓			9395
#经济适用房			3972
办公楼		7014	
商业营业用房	37679	97530	59028
其他	20475	5323	2168
五、商品房屋销售			
1.销售面积(平方米)	**4789932**	**3354785**	**4946856**
住宅	4603378	3264593	4636258
#别墅、高档公寓	219782	32200	34111
#经济适用房	117572	393132	214728
办公楼	18500	6557	57857
商业营业用房	128443	74463	198376
其他	39611	9172	54365
2.销售额(万元)	**1704283**	**1161101**	**1867205**
住宅	1615185	1097149	1686391
#别墅、高档公寓	124845	19761	20204
#经济适用房	17265	58332	41008
办公楼	8156	4657	32896
商业营业用房	66111	57877	126338
其他	14831	1418	21580
3.销售价格(元/平方米)	**3558**	**3461**	**3775**
住宅	3509	3361	3637
办公楼	4409	7102	5686
商业营业用房	5147	7773	6369
4.出租面积(平方米)	**13326**	**80714**	**133660**
住宅			8604
#别墅、高档公寓			
#经济适用房			
办公楼			
商业营业用房	13326	80714	125056
其他			

9-15 济南市房地产开发投资综合统计

指　　标	2007年	2008年	2009年
一、本年完成投资额(万元)	**1932069**	**2741166**	**3325576**
1.按用途分			
住宅	1623258	2226497	2555230
#别墅、高档公寓	48462	87740	84077
#经济适用房	39570	31919	937
办公楼	52262	82122	137757
商业营业用房	134728	337394	497079
其他	121821	95153	135510
2.商品房屋建设			
#商品房建设投资			
商品房建设投资额比重(%)			
3.资金状况			
本年资金来源合计	2871833	3620225	5258438
#上年末节余资金	551362	579379	664736
#本年资金来源小计	2320471	3040846	4593702
本年各项应付款合计		175333	208508
4.资金来源及构成			
本年资金来源小计	2320471	3040846	4593702
国内贷款	379887	362129	952299
利用外资	18116	42176	40708
#外商直接投资	5376	42176	37858
自筹资金	888639	1732655	1751484
其他资金来源	1033829	903886	1849211
二、房地产开发企业(单位)情况			
1.企业个数合计(个)	**459**	**555**	**565**
#一级企业	10	13	13
#二级企业	32	39	39
#三级企业	213	164	166
2.从业人数合计(人)	**15776**	**17025**	**17674**
#一级企业	1525	1081	1355
#二级企业	1871	3325	3406
#三级企业	7329	5253	5619
3.资产合计(万元)	**8793661**		**14536573.1**
#一级企业			
#二级企业			
#三级企业			
4.负债合计(万元)	**6615132**		**11565291.3**
#一级企业			
#二级企业			
#三级企业			
5.资产负债率(%)	**75.2**		**79.6**
#一级企业			
#二级企业			
#三级企业			
三、土地开发及购置			
本年完成开发土地面积(平方米)			
本年完成土地开发投资(万元)	207086	85526	29746
本年购置土地面积(平方米)			
土地购置费(万元)			

9-15 续表

指　　标	2007年	2008年	2009年
四、商品房屋开发面积(平方米)			
1.施工房屋面积	**12195044**	**16169439**	**21317497**
住宅	10456068	13435530	17616668
#别墅、高档公寓	237454	481201	274686
#经济适用房	533914	283290	28011
办公楼	356720	885652	971881
商业营业用房	772456	1130180	1612954
其他	609800	718077	1115994
2.新开工房屋面积	**3981850**	**4940025**	**5057679**
住宅	3487450	3914691	3714256
#别墅、高档公寓	29500	194272	77250
#经济适用房	135070	13387	
办公楼	130943	195501	278899
商业营业用房	165291	618327	542714
其他	198166	211506	521810
3.竣工房屋面积	**2491562**	**2498962**	**4672152**
住宅	2029797	2321266	3740061
#别墅、高档公寓	129156	152427	50623
#经济适用房	111800	138973	
办公楼	75505	91798	523185
商业营业用房	262691	57754	218655
其他	123569	28144	190251
4.待售房屋面积	**453961**	**504484**	**646998**
住宅	330451	419799	423038
#别墅、高档公寓	1008	5005	25889
#经济适用房		32720	
办公楼	800	8046	82060
商业营业用房	109227	63711	93756
其他	13483	12928	48144
五、商品房屋销售			
1.销售面积(平方米)	**3202448**	**3711606**	**4410629**
住宅	2907868	3300406	4043052
#别墅、高档公寓	13320	150439	58866
#经济适用房	164377	10920	
办公楼	50922	195580	85068
商业营业用房	166784	81235	120848
其他	76874	134385	161661
2.销售额(万元)	**1209334**	**1551066**	**2159821**
住宅	1081617	1371164	1936555
#别墅、高档公寓	6425	119769	27763
#经济适用房	28183	2448	
办公楼	29774	104053	41857
商业营业用房	78104	53766	130861
其他	19839	22083	50548
3.销售价格(元/平方米)	**3776**	**4179**	**4897**
住宅	3720	4155	4790
办公楼	5847	5320	4920
商业营业用房	4683	6619	10829
4.出租面积(平方米)	**107872**	**85568**	**31914**
住宅		58991	2000
#别墅、高档公寓			
#经济适用房			
办公楼	19460	10150	
商业营业用房	87825	15578	29914
其他		849	

9-16　郑州市房地产开发投资综合统计

指　标	2007年	2008年	2009年
一、本年完成投资额(万元)	**2987582**	**4349566**	**5123150**
1.按用途分			
住宅	2252558	3417894	3923449
#别墅、高档公寓	190596	97278	73435
#经济适用房	175792	155877	261999
办公楼	229811	240460	219287
商业营业用房	352228	357186	508213
其他	152985	334026	472201
2.商品房屋建设			
#商品房建设投资			
商品房建设投资额比重(%)			
3.资金状况			
本年资金来源合计	5501509	6501307	8866881
#上年末节余资金	687176	1163403	1080168
#本年资金来源小计	4814333	5337904	7786713
本年各项应付款合计		450676	803688
4.资金来源及构成			
本年资金来源小计	4814333	5337904	7786713
国内贷款	469980	659103	1057130
利用外资	47396	130414	
#外商直接投资	47396	118462	
自筹资金	1340907	2313788	2344947
其他资金来源	2956050	2234599	4384636
二、房地产开发企业(单位)情况			
1.企业个数合计(个)	**599**	**1070**	**1047**
#一级企业	3	12	15
#二级企业	58	88	92
#三级企业	197	203	201
2.从业人数合计(人)	**18144**	**24072**	**24326**
#一级企业	368	823	724
#二级企业	3428	4423	4590
#三级企业	5486	5703	5222
3.资产合计(万元)	**9782670**		**17834374.2**
#一级企业			
#二级企业			
#三级企业			
4.负债合计(万元)	**7466121**		**12642554.1**
#一级企业			
#二级企业			
#三级企业			
5.资产负债率(%)	**76.3**		**70.9**
#一级企业			
#二级企业			
#三级企业			
三、土地开发及购置			
本年完成开发土地面积(平方米)			
本年完成土地开发投资(万元)	1655	23994	2885
本年购置土地面积(平方米)			
土地购置费(万元)			

9-16 续表

指　　标	2007年	2008年	2009年
四、商品房屋开发面积(平方米)			
1.施工房屋面积	**36843616**	**48551789**	**51964970**
住宅	28174050	37541549	39297812
#别墅、高档公寓	1495267	1119985	961030
#经济适用房	2039398	2512780	2832982
办公楼	2505968	2959811	2705144
商业营业用房	4349938	5215668	5635702
其他	1813660	2834761	4326312
2.新开工房屋面积	**13999479**	**13553428**	**14340813**
住宅	11186159	10570415	11499042
#别墅、高档公寓	394913	173061	164738
#经济适用房	538916	736744	951074
办公楼	724619	691496	470841
商业营业用房	1393469	1210152	1175035
其他	695232	1081365	1195895
3.竣工房屋面积	**6654121**	**7547842**	**6429727**
住宅	5385729	6269661	5301942
#别墅、高档公寓	109808	98750	207518
#经济适用房	454475	498110	329169
办公楼	344113	428571	170614
商业营业用房	562529	575045	598301
其他	361750	274565	358870
4.待售房屋面积	**703146**	**1255137**	**1336731**
住宅	321798	808771	904042
#别墅、高档公寓	51062	29919	19246
#经济适用房	38815		22825
办公楼	55985	55620	85385
商业营业用房	252575	357722	281329
其他	72788	33024	65975
五、商品房屋销售			
1.销售面积(平方米)	**10978950**	**7368498**	**11971020**
住宅	10051959	6584871	10833296
#别墅、高档公寓	468788	148575	195350
#经济适用房	594449	462943	433168
办公楼	372980	316035	542450
商业营业用房	507613	422246	553928
其他	46398	45346	41346
2.销售额(万元)	**3923433**	**2894559**	**5144972**
住宅	3345469	2369076	4395575
#别墅、高档公寓	269607	92210	114376
#经济适用房	105862	83610	100223
办公楼	176237	161595	267410
商业营业用房	393767	350920	466283
其他	7960	12968	15704
3.销售价格(元/平方米)	**3574**	**3928**	**4298**
住宅	3328	3598	4057
办公楼	4725	5113	4930
商业营业用房	7757	8311	8418
4.出租面积(平方米)	**185861**	**317348**	**49120**
住宅			
#别墅、高档公寓			
#经济适用房			
办公楼	49558	53640	19583
商业营业用房	133603	261008	29537
其他	2700	2700	

9-17　武汉市房地产开发投资综合统计

指　　标	2007年	2008年	2009年
一、本年完成投资额(万元)	**4597498**	**5603605**	**7785946**
1.按用途分			
住宅	3311666	4149687	4980414
#别墅、高档公寓	273987	309173	318087
#经济适用房	271562	492856	594676
办公楼	84515	122092	193372
商业营业用房	413963	310565	770064
其他	787354	1021261	1842096
2.商品房屋建设			
#商品房建设投资			
商品房建设投资额比重(%)			
3.资金状况			
本年资金来源合计	8116670	8642873	13368634
#上年末节余资金	1224425	1765286	1391405
#本年资金来源小计	6892245	6877587	11977229
本年各项应付款合计		1144277	1548645
4.资金来源及构成			
本年资金来源小计	6892245	6877587	11977229
国内贷款	1471970	1800792	3132899
利用外资	154838	101079	152031
#外商直接投资	134585	94409	150301
自筹资金	1369473	2521060	3365424
其他资金来源	3895964	2454656	5326875
二、房地产开发企业(单位)情况			
1.企业个数合计(个)	**898**	**1381**	**1372**
#一级企业	13	12	22
#二级企业	224	253	262
#三级企业	462	487	513
2.从业人数合计(人)	**28918**	**38343**	**41257**
#一级企业	2173	4848	3779
#二级企业	10697	11190	11919
#三级企业	11739	9727	12635
3.资产合计(万元)	**17535135**		**29913934.6**
#一级企业			
#二级企业			
#三级企业			
4.负债合计(万元)	**12843341**		**20924810**
#一级企业			
#二级企业			
#三级企业			
5.资产负债率(%)	**73.2**		**70.0**
#一级企业			
#二级企业			
#三级企业			
三、土地开发及购置			
本年完成开发土地面积(平方米)			
本年完成土地开发投资(万元)	798811	643705	1510425
本年购置土地面积(平方米)			
土地购置费(万元)			

9-17 续表

指　　标	2007年	2008年	2009年
四、商品房屋开发面积(平方米)			
1.施工房屋面积	**31954097**	**37982995**	**44873782**
住宅	26595664	32223341	35809934
#别墅、高档公寓	1795304	1778134	1928938
#经济适用房	2987448	4820373	4777729
办公楼	1136363	1157806	1595030
商业营业用房	2333909	2081919	3545252
其他	1888161	2519929	3923566
2.新开工房屋面积	**11741109**	**14472809**	**16511659**
住宅	10381233	12329762	12476064
#别墅、高档公寓	964267	701945	516376
#经济适用房	1155186	2997705	862658
办公楼	257131	352843	777549
商业营业用房	688354	578792	1636538
其他	414391	1211412	1621508
3.竣工房屋面积	**9333683**	**8698312**	**9450537**
住宅	8116229	7682345	8245815
#别墅、高档公寓	450818	349577	314371
#经济适用房	830911	1222690	1336636
办公楼	371846	205134	175346
商业营业用房	567634	439250	405767
其他	277974	371583	623609
4.待售房屋面积	**1231513**	**2154267**	**2141398**
住宅	487793	1350871	1371012
#别墅、高档公寓	33353	155911	262978
#经济适用房		22150	74363
办公楼	159018	166670	63541
商业营业用房	479067	544209	449954
其他	105635	92517	256891
五、商品房屋销售			
1.销售面积(平方米)	**11354127**	**7320744**	**10869854**
住宅	10698933	6832436	10413878
#别墅、高档公寓	698074	285889	426951
#经济适用房	954027	923885	1029213
办公楼	77279	78065	96127
商业营业用房	464172	206909	255725
其他	113743	203334	104124
2.销售额(万元)	**5295596**	**3500120**	**5792169**
住宅	4831381	3197933	5413695
#别墅、高档公寓	561524	254776	415928
#经济适用房	252936	256769	289460
办公楼	44076	49121	50325
商业营业用房	388499	167583	285403
其他	31640	85483	42746
3.销售价格(元/平方米)	**4664**	**4781**	**5329**
住宅	4516	4681	5199
办公楼	5703	6292	5235
商业营业用房	8370	8099	11161
4.出租面积(平方米)	**441663**	**356713**	**412566**
住宅	118201	103586	88000
#别墅、高档公寓			
#经济适用房			
办公楼	97912	50458	91619
商业营业用房	222869	197688	211699
其他		4981	21248

9-18　长沙市房地产开发投资综合统计

指　　标	2007年	2008年	2009年
一、本年完成投资额(万元)	**4070472**	**4932729**	**4973492**
1.按用途分			
住宅	3392295	3847890	3928940
#别墅、高档公寓	577114	421833	323785
#经济适用房	93052	120452	132216
办公楼	73196	123983	89843
商业营业用房	275716	277104	331495
其他	329265	683752	623214
2.商品房屋建设			
#商品房建设投资			
商品房建设投资额比重(%)			
3.资金状况			
本年资金来源合计	6233893	7303966	9177113
#上年末节余资金	801535	1503277	1195983
#本年资金来源小计	5432358	5800689	7981130
本年各项应付款合计		1116447	1299428
4.资金来源及构成			
本年资金来源小计	5432358	5800689	7981130
国内贷款	939053	1166897	1416895
利用外资	81131	60899	18506
#外商直接投资	34631	32282	4000
自筹资金	1953913	2406623	2262955
其他资金来源	2458261	2166270	4282774
二、房地产开发企业(单位)情况			
1.企业个数合计(个)	**718**	**1104**	**887**
#一级企业	7	11	9
#二级企业	56	68	58
#三级企业	455	579	493
2.从业人数合计(人)	**18781**	**26095**	**21520**
#一级企业	552	649	519
#二级企业	2193	2898	2629
#三级企业	11768	15899	11470
3.资产合计(万元)	**12030453**		**22117351.6**
#一级企业			
#二级企业			
#三级企业			
4.负债合计(万元)	**9613715**		**16598563.7**
#一级企业			
#二级企业			
#三级企业			
5.资产负债率(%)	**79.9**		**75.0**
#一级企业			
#二级企业			
#三级企业			
三、土地开发及购置			
本年完成开发土地面积(平方米)			
本年完成土地开发投资(万元)	489314	635963	337439
本年购置土地面积(平方米)			
土地购置费(万元)			

9-18 续表

指　　标	2007年	2008年	2009年
四、商品房屋开发面积(平方米)			
1.施工房屋面积	**32569937**	**43213217**	**61672874**
住宅	25999261	35778730	50984814
#别墅、高档公寓	4029339	4119870	3676966
#经济适用房	1105381	926947	1729963
办公楼	772086	927986	1057445
商业营业用房	2920294	2768932	3440221
其他	2878296	3737569	6190394
2.新开工房屋面积	**13569906**	**17145910**	**17872961**
住宅	10929579	14759436	14708999
#别墅、高档公寓	1475816	1365774	520875
#经济适用房	450587	447743	799480
办公楼	211567	126477	228844
商业营业用房	1131589	735834	924170
其他	1297171	1524163	2010948
3.竣工房屋面积	**6998970**	**7560422**	**13147051**
住宅	5830870	6428933	11046449
#别墅、高档公寓	994103	899172	1455670
#经济适用房	513115	288031	406257
办公楼	52366	107406	283408
商业营业用房	591331	555756	692820
其他	524403	468327	1124374
4.待售房屋面积	**653437**	**1114896**	**1843422**
住宅	245705	558459	1118276
#别墅、高档公寓	45200	105270	265430
#经济适用房		1103	28085
办公楼	36609	32677	86204
商业营业用房	254151	250358	302999
其他	116972	273402	335943
五、商品房屋销售			
1.销售面积(平方米)	**9785585**	**8587375**	**14065796**
住宅	9285126	8022720	13579547
#别墅、高档公寓	1318329	659877	938963
#经济适用房	511487	327228	559341
办公楼	133807	87371	109866
商业营业用房	313361	400675	283346
其他	53291	76609	93037
2.销售额(万元)	**3233885**	**2823397**	**5130956**
住宅	2962906	2539320	4798171
#别墅、高档公寓	596519	337685	535395
#经济适用房	79325	65506	118452
办公楼	71906	44688	62151
商业营业用房	188427	221479	242842
其他	10646	17910	27792
3.销售价格(元/平方米)	**3305**	**3288**	**3648**
住宅	3191	3165	3533
办公楼	5374	5115	5657
商业营业用房	6013	5528	8571
4.出租面积(平方米)	**253577**	**389140**	**235955**
住宅		14885	464
#别墅、高档公寓		464	
#经济适用房			
办公楼		29630	24873
商业营业用房	236026	315824	184571
其他	9008	28801	26047

9-19　广州市房地产开发投资综合统计

指　　标	2007年	2008年	2009年
一、本年完成投资额(万元)	**7038031**	**7635376**	**8173449**
1.按用途分			
住宅	4733817	5164449	5017195
#别墅、高档公寓	764080	397226	516215
#经济适用房	45287	36507	66000
办公楼	630450	534879	744763
商业营业用房	684817	840010	1121778
其他	988947	1096038	1289713
2.商品房屋建设			
#商品房建设投资			
商品房建设投资额比重(%)			
3.资金状况			
本年资金来源合计	13883093	14062980	18434826
#上年末节余资金	2261851	3992207	4261641
#本年资金来源小计	11621242	10070773	14173185
本年各项应付款合计		1056969	671882
4.资金来源及构成			
本年资金来源小计	11621242	10070773	14173185
国内贷款	2672377	2093065	3103595
利用外资	371506	245878	139106
#外商直接投资	230957	187835	80010
自筹资金	2203591	2272644	3120649
其他资金来源	6373768	5459186	7809835
二、房地产开发企业(单位)情况			
1.企业个数合计(个)	**1315**	**1353**	**1318**
#一级企业	9	5	23
#二级企业	199	433	167
#三级企业	691	373	655
2.从业人数合计(人)	**38469**	**46193**	**42099**
#一级企业	3220	2404	4518
#二级企业	5437	15613	7177
#三级企业	22506	15976	23011
3.资产合计(万元)	**53699862**		**72360105**
#一级企业			
#二级企业			
#三级企业			
4.负债合计(万元)	**40804377**		**54975240**
#一级企业			
#二级企业			
#三级企业			
5.资产负债率(%)	**76.0**		**76.0**
#一级企业			
#二级企业			
#三级企业			
三、土地开发及购置			
本年完成开发土地面积(平方米)			
本年完成土地开发投资(万元)	230520	573604	461059
本年购置土地面积(平方米)			
土地购置费(万元)			

9-19 续表

指　　标	2007年	2008年	2009年
四、商品房屋开发面积(平方米)			
1.施工房屋面积	**51848481**	**55431616**	**55519076**
住宅	35944116	36885099	34532618
#别墅、高档公寓	4369782	2578483	2980953
#经济适用房	256244	90263	457535
办公楼	4193843	4564387	4812128
商业营业用房	5180917	6219458	7590690
其他	6529605	7762672	8583640
2.新开工房屋面积	**15285007**	**11937857**	**10974947**
住宅	11596750	7563186	6973860
#别墅、高档公寓	1492663	710085	780311
#经济适用房	70820	39367	418168
办公楼	379996	945882	1001966
商业营业用房	1125143	1495314	964403
其他	2183118	1933475	2034718
3.竣工房屋面积	**8816815**	**10579846**	**10787228**
住宅	7014483	7546493	7936878
#别墅、高档公寓	901946	544744	794895
#经济适用房	83375	33824	
办公楼	348704	961110	402961
商业营业用房	683640	765634	1066460
其他	769988	1306609	1380929
4.待售房屋面积	**3920785**	**4060494**	**3513253**
住宅	1435401	1801400	1427584
#别墅、高档公寓	271055	220389	231268
#经济适用房	4736	301	
办公楼	393404	306746	329360
商业营业用房	1293678	1143742	1004217
其他	798302	808606	752092
五、商品房屋销售			
1.销售面积(平方米)	**13513323**	**10249563**	**13754242**
住宅	11586291	8794784	12536013
#别墅、高档公寓	1563321	695523	950222
#经济适用房	7459	403	233403
办公楼	677338	574401	472624
商业营业用房	726055	455121	538169
其他	523639	425257	207436
2.销售额(万元)	**11720196**	**9350727**	**12861506**
住宅	9777743	7722492	11267970
#别墅、高档公寓	1546850	600882	964995
#经济适用房	2262	189	84392
办公楼	858136	720386	712692
商业营业用房	692086	582458	720908
其他	392231	325391	159936
3.销售价格(元/平方米)	**8673**	**9123**	**9351**
住宅	8439	8781	8988
办公楼	12669	12542	15079
商业营业用房	9532	12798	13396
4.出租面积(平方米)	**2713528**	**2712740**	**2974231**
住宅	263024	151793	164064
#别墅、高档公寓		4688	
#经济适用房			
办公楼	639631	810030	590452
商业营业用房	1488827	1444649	1508732
其他	322046	306268	710983

9-20　南宁市房地产开发投资综合统计

指　　标	2007年	2008年	2009年
一、本年完成投资额(万元)	**1874630**	**2024577**	**2267250**
1.按用途分			
住宅	1238168	1316926	1584649
#别墅、高档公寓	203738	112329	128704
#经济适用房	59111	51056	46259
办公楼	49569	29211	54408
商业营业用房	145699	180861	176436
其他	441194	497579	451757
2.商品房屋建设			
#商品房建设投资			
商品房建设投资额比重(%)			
3.资金状况			
本年资金来源合计	2566513	2586477	3675396
#上年末节余资金	345449	385175	454714
#本年资金来源小计	2221064	2201302	3220682
本年各项应付款合计		156537	303266
4.资金来源及构成			
本年资金来源小计	2221064	2201302	3220682
国内贷款	406553	556042	498789
利用外资	12948	20822	1964
#外商直接投资	7250	20822	1964
自筹资金	580665	570102	760359
其他资金来源	1220898	1054336	1959570
二、房地产开发企业(单位)情况			
1.企业个数合计(个)	**665**	**734**	**782**
#一级企业	2	2	5
#二级企业	18	31	45
#三级企业	120	138	163
2.从业人数合计(人)	**14375**	**15223**	**15428**
#一级企业	297	259	260
#二级企业	1191	1941	1672
#三级企业	3224	3775	3386
3.资产合计(万元)	**7573164**		**9772029.4**
#一级企业			
#二级企业			
#三级企业			
4.负债合计(万元)	**5787619**		**7408026**
#一级企业			
#二级企业			
#三级企业			
5.资产负债率(%)	**76.4**		**75.8**
#一级企业			
#二级企业			
#三级企业			
三、土地开发及购置			
本年完成开发土地面积(平方米)			
本年完成土地开发投资(万元)	42427	74800	80289
本年购置土地面积(平方米)			
土地购置费(万元)			

9-20 续表

指　　标	2007年	2008年	2009年
四、商品房屋开发面积(平方米)			
1.施工房屋面积	**21167819**	**22318609**	**26202172**
住宅	16233561	17017258	19528254
#别墅、高档公寓	2293631	1579057	1129683
#经济适用房	1152619	960271	881183
办公楼	583094	482569	757451
商业营业用房	2087675	2234599	2727169
其他	2263489	2584183	3189298
2.新开工房屋面积	**6691557**	**5584928**	**7018583**
住宅	5507997	4299525	5153886
#别墅、高档公寓	530437	239719	151314
#经济适用房	234522	313943	89793
办公楼	171278	67550	206367
商业营业用房	330335	610500	736000
其他	681947	607353	922330
3.竣工房屋面积	**4197744**	**4561295**	**4397078**
住宅	3444055	3712024	3610330
#别墅、高档公寓	502741	444564	116020
#经济适用房	428933	382659	60048
办公楼	62890	66358	47837
商业营业用房	240678	373901	216600
其他	450121	409012	522311
4.待售房屋面积	**629435**	**887838**	**786252**
住宅	122927	217632	235559
#别墅、高档公寓	39590	9326	14218
#经济适用房	306		
办公楼	22504	19140	11255
商业营业用房	263713	389360	315280
其他	220291	261706	224158
五、商品房屋销售			
1.销售面积(平方米)	**6288408**	**4972329**	**7317440**
住宅	5854733	4546551	6850780
#别墅、高档公寓	670670	261828	170856
#经济适用房	324045	280091	331335
办公楼	89637	50091	47262
商业营业用房	232220	184100	209609
其他	111818	191587	209789
2.销售额(万元)	**2140574**	**1965277**	**3334479**
住宅	1916475	1693895	3057481
#别墅、高档公寓	293090	141869	146682
#经济适用房	65401	49631	70655
办公楼	47242	28276	30376
商业营业用房	147996	182598	180846
其他	28861	60508	65776
3.销售价格(元/平方米)	**3404**	**3952**	**4557**
住宅	3273	3726	4463
办公楼	5270	5645	6427
商业营业用房	6373	9918	8628
4.出租面积(平方米)	**23496**	**139434**	**81412**
住宅	3872	35071	11124
#别墅、高档公寓			
#经济适用房			
办公楼	1817	4281	4586
商业营业用房	16843	87588	57739
其他	964	12494	7963

9-21　海口市房地产开发投资综合统计

指　　标	2007年	2008年	2009年
一、本年完成投资额(万元)	**599709**	**761741**	**784406**
1.按用途分			
住宅	396536	567611	683409
#别墅、高档公寓	138296	218640	235049
#经济适用房	9632	2053	
办公楼	24871	26976	12586
商业营业用房	65378	57454	42820
其他	112924	109700	45591
2.商品房屋建设			
#商品房建设投资			
商品房建设投资额比重(%)			
3.资金状况			
本年资金来源合计	1181308	1372134	1496409
#上年末节余资金	260326	264403	239275
#本年资金来源小计	920982	1107731	1257134
本年各项应付款合计		268755	151325
4.资金来源及构成			
本年资金来源小计	920982	1107731	1257134
国内贷款	128655	151324	271702
利用外资	2930	41372	341
#外商直接投资	2923	41372	341
自筹资金	308569	291483	229646
其他资金来源	480828	623552	755445
二、房地产开发企业(单位)情况			
1.企业个数合计(个)	**271**	**910**	**153**
#一级企业		4	
#二级企业	13	24	5
#三级企业	43	64	26
2.从业人数合计(人)	**6469**	**12007**	**4755**
#一级企业		24	
#二级企业	447	464	92
#三级企业	1580	1687	1821
3.资产合计(万元)	**4497159**		**5617898**
#一级企业			
#二级企业			
#三级企业			
4.负债合计(万元)	**3438291**		**4417685.6**
#一级企业			
#二级企业			
#三级企业			
5.资产负债率(%)	**76.5**		**78.6**
#一级企业			
#二级企业			
#三级企业			
三、土地开发及购置			
本年完成开发土地面积(平方米)			
本年完成土地开发投资(万元)	138080	119369	55144
本年购置土地面积(平方米)			
土地购置费(万元)			

9-21 续表

指 标	2007年	2008年	2009年
四、商品房屋开发面积(平方米)			
1.施工房屋面积	**6867505**	**6877258**	**6756076**
住宅	5409960	5281464	5588371
#别墅、高档公寓	1497351	1755896	1869782
#经济适用房	235403	123893	
办公楼	213075	386837	145643
商业营业用房	875564	799811	575328
其他	368906	409146	446734
2.新开工房屋面积	**2000258**	**2155603**	**2071199**
住宅	1705123	1625038	1756737
#别墅、高档公寓	546275	673423	445890
#经济适用房	30000		
办公楼	51428	245060	6875
商业营业用房	159466	156129	171557
其他	84241	129376	136030
3.竣工房屋面积	**1300193**	**1173767**	**1189098**
住宅	1117754	914834	1063090
#别墅、高档公寓	257594	274476	264844
#经济适用房	153461		
办公楼	36244	29507	
商业营业用房	101841	124208	76503
其他	44354	105218	49505
4.待售房屋面积	**361545**	**182477**	**248199**
住宅	215067	95739	177911
#别墅、高档公寓	34600	38168	72036
#经济适用房	2832	14019	
办公楼	40944	8682	9295
商业营业用房	71661	54354	38759
其他	33873	23702	22234
五、商品房屋销售			
1.销售面积(平方米)	**1704645**	**1762937**	**1917773**
住宅	1623940	1684249	1833940
#别墅、高档公寓	302810	440213	475684
#经济适用房	55885	18632	
办公楼	34240	13431	32208
商业营业用房	44738	60598	47620
其他	1727	4659	4005
2.销售额(万元)	**599306**	**799120**	**1024795**
住宅	552569	746992	970735
#别墅、高档公寓	152162	278915	348407
#经济适用房	12472	4562	
办公楼	16483	7832	15986
商业营业用房	29664	42588	35571
其他	590	1708	2503
3.销售价格(元/平方米)	**3516**	**4533**	**5344**
住宅	3403	4435	5293
办公楼	4814	5831	4963
商业营业用房	6631	7028	7470
4.出租面积(平方米)	**150058**	**300370**	**15645**
住宅	29721	132986	15645
#别墅、高档公寓			
#经济适用房			
办公楼	4841	10097	
商业营业用房	47097	153388	
其他	68399	3899	

9-22　重庆市房地产开发投资综合统计

指　　标	2007年	2008年	2009年
一、本年完成投资额(万元)	**8498966**	**9909970**	**12389125**
1.按用途分			
住宅	5218209	6195250	7890183
#别墅、高档公寓	497984	706977	894443
#经济适用房	360456	517201	655887
办公楼	166212	123327	220840
商业营业用房	752126	804351	1167561
其他	2362419	2787042	3110541
2.商品房屋建设			
#商品房建设投资			
商品房建设投资额比重(%)			
3.资金状况			
本年资金来源合计	15546697	15595334	22026661
#上年末节余资金	1969736	3169399	3543613
#本年资金来源小计	13576961	12425935	18483048
本年各项应付款合计		2282438	3014942
4.资金来源及构成			
本年资金来源小计	13576961	12425935	18483048
国内贷款	2518261	2456174	3322374
利用外资	149069	485334	370174
#外商直接投资	122374	408956	359155
自筹资金	3587485	4033145	5403130
其他资金来源	7322146	5451282	9387370
二、房地产开发企业(单位)情况			
1.企业个数合计(个)	**2039**	**2280**	**2359**
#一级企业	26	36	37
#二级企业	344	407	431
#三级企业	910	894	908
2.从业人数合计(人)	**81710**	**85998**	**80979**
#一级企业	7144	5399	6043
#二级企业	26222	27291	27729
#三级企业	30677	29679	25067
3.资产合计(万元)	**30718020**		**53095023.9**
#一级企业			
#二级企业			
#三级企业			
4.负债合计(万元)	**21950800**		**36094073.6**
#一级企业			
#二级企业			
#三级企业			
5.资产负债率(%)	**71.5**		**68.0**
#一级企业			
#二级企业			
#三级企业			
三、土地开发及购置			
本年完成开发土地面积(平方米)			
本年完成土地开发投资(万元)	582832	490171	469958
本年购置土地面积(平方米)			
土地购置费(万元)			

9-22 续表

指　　标	2007年	2008年	2009年
四、商品房屋开发面积(平方米)			
1.施工房屋面积	**105788444**	**116392710**	**130525976**
住宅	81792888	91662054	103381204
#别墅、高档公寓	5563799	5991103	6724656
#经济适用房	7826337	9355426	9740023
办公楼	2562566	2321834	2102887
商业营业用房	13012315	12486376	13444880
其他	8420675	9922446	11597005
2.新开工房屋面积	**35558742**	**35086162**	**38136817**
住宅	29038165	28576980	29897218
#别墅、高档公寓	1341687	1327939	1454117
#经济适用房	3144710	3161020	3846643
办公楼	534933	223290	629813
商业营业用房	3166755	3253703	4041505
其他	2818889	3032189	3568281
3.竣工房屋面积	**22530705**	**23679415**	**29070462**
住宅	17691885	19513454	23845130
#别墅、高档公寓	678448	779821	604504
#经济适用房	1470903	1854078	1540169
办公楼	451655	451806	463647
商业营业用房	2704676	2155618	2583994
其他	1682489	1558537	2177691
4.待售房屋面积	**5514010**	**6074343**	**6623874**
住宅	1175446	1373172	1646030
#别墅、高档公寓	78240	71010	149353
#经济适用房	69194	52355	103283
办公楼	406172	392795	415593
商业营业用房	2739419	2761173	2860230
其他	1192973	1547203	1702021
五、商品房屋销售			
1.销售面积(平方米)	**35529225**	**28721949**	**40028921**
住宅	33101292	26699338	37712236
#别墅、高档公寓	1744556	1173824	2712030
#经济适用房	2358441	3327902	1865042
办公楼	391977	348715	291466
商业营业用房	1696259	1265281	1571541
其他	339697	408615	453678
2.销售额(万元)	**9673125**	**8000006**	**13777615**
住宅	8567327	7048198	12317053
#别墅、高档公寓	918200	742133	1659772
#经济适用房	411709	582674	375546
办公楼	164106	162761	150847
商业营业用房	870984	687333	1122808
其他	70708	101714	186907
3.销售价格(元/平方米)	**2723**	**2785**	**3442**
住宅	2588	2640	3266
办公楼	4187	4667	5175
商业营业用房	5135	5432	7145
4.出租面积(平方米)	**2122330**	**2268338**	**2419270**
住宅	56477	42126	44157
#别墅、高档公寓	352	352	
#经济适用房	309	309	309
办公楼	81848	136940	69145
商业营业用房	1676508	1812104	2041975
其他	307497	277168	263993

9-23　成都市房地产开发投资综合统计

指　　标	2007年	2008年	2009年
一、本年完成投资额(万元)	**9052800**	**9235118**	**9451356**
1.按用途分			
住宅	5989351	6108431	6348234
#别墅、高档公寓	431506	506205	538248
#经济适用房	40657	42040	22247
办公楼	182857	222464	309293
商业营业用房	535866	618451	696467
其他	2344726	2285772	2097362
2.商品房屋建设			
#商品房建设投资			
商品房建设投资额比重(%)			
3.资金状况			
本年资金来源合计	15091650	14549828	18676549
#上年末节余资金	1532442	3049095	2403339
#本年资金来源小计	13559208	11500733	16273210
本年各项应付款合计		2602527	1444219
4.资金来源及构成			
本年资金来源小计	13559208	11500733	16273210
国内贷款	2279336	2434791	2500705
利用外资	575108	597385	119268
#外商直接投资	467906	562997	90601
自筹资金	4727057	3925785	4534096
其他资金来源	5977707	4542772	9119141
二、房地产开发企业(单位)情况			
1.企业个数合计(个)	**943**	**1656**	**1475**
#一级企业	13	16	17
#二级企业	148	242	212
#三级企业	472	757	739
2.从业人数合计(人)	**34437**	**47317**	**41687**
#一级企业	1569	2586	2171
#二级企业	11537	11744	10899
#三级企业	13852	21014	18745
3.资产合计(万元)	**27335516**		**45478620**
#一级企业			
#二级企业			
#三级企业			
4.负债合计(万元)	**21635961**		**34563062.7**
#一级企业			
#二级企业			
#三级企业			
5.资产负债率(%)	**79.1**		**76.0**
#一级企业			
#二级企业			
#三级企业			
三、土地开发及购置			
本年完成开发土地面积(平方米)			
本年完成土地开发投资(万元)	152774	983095	236677
本年购置土地面积(平方米)			
土地购置费(万元)			

9-23 续表

指　　标	2007年	2008年	2009年
四、商品房屋开发面积(平方米)			
1.施工房屋面积	**64725337**	**75551456**	**84056440**
住宅	53431614	60209214	67368222
#别墅、高档公寓	4226778	4511088	4843268
#经济适用房	281794	1187697	173902
办公楼	1495190	2503058	2681189
商业营业用房	4683454	5927484	5229804
其他	5115079	6911700	8777225
2.新开工房屋面积	**20013023**	**21457182**	**15863391**
住宅	16876803	17280228	12710635
#别墅、高档公寓	1021347	1003107	948094
#经济适用房	73161	824707	
办公楼	271066	623789	846321
商业营业用房	966480	1369501	899009
其他	1898674	2183664	1407426
3.竣工房屋面积	**10871672**	**12082878**	**17406133**
住宅	8852903	10265381	14627130
#别墅、高档公寓	844090	878054	1213693
#经济适用房	48848	283702	4066
办公楼	167244	268296	375398
商业营业用房	1072834	681706	680110
其他	778691	867495	1723495
4.待售房屋面积	**1717953**	**2538829**	**3932059**
住宅	547129	1397844	1858602
#别墅、高档公寓	128495	126369	338071
#经济适用房		145	
办公楼	104436	148280	426626
商业营业用房	681895	615514	673660
其他	384493	377191	973171
五、商品房屋销售			
1.销售面积(平方米)	**22255003**	**14594964**	**27087614**
住宅	20848008	13574265	25475937
#别墅、高档公寓	1291983	816625	1340276
#经济适用房	12862	37406	65268
办公楼	367922	247652	578600
商业营业用房	772284	568811	532270
其他	266789	204236	500807
2.销售额(万元)	**9516438**	**7088197**	**13339938**
住宅	8752568	6486065	12392530
#别墅、高档公寓	808512	739055	1169495
#经济适用房	2186	6935	22102
办公楼	214766	168117	340274
商业营业用房	483102	373245	466287
其他	66002	60770	140847
3.销售价格(元/平方米)	**4276**	**4857**	**4925**
住宅	4198	4778	4864
办公楼	5837	6788	5881
商业营业用房	6255	6562	8760
4.出租面积(平方米)	**328812**	**786960**	**247470**
住宅	4788	31035	1020
#别墅、高档公寓		4290	
#经济适用房			
办公楼	46312	292257	40271
商业营业用房	235775	344701	180125
其他	41937	118967	26054

9-24 贵阳市房地产开发投资综合统计

指　　标	2007年	2008年	2009年
一、本年完成投资额(万元)	**1354416**	**1701116**	**2103225**
1.按用途分			
住宅	787132	966751	1364636
#别墅、高档公寓	33712	46856	35206
#经济适用房	195423	201230	165441
办公楼	44625	28675	54876
商业营业用房	93236	104036	150161
其他	429423	601654	533552
2.商品房屋建设			
#商品房建设投资			
商品房建设投资额比重(%)			
3.资金状况			
本年资金来源合计	2699569	3234057	5164168
#上年末节余资金	431898	731774	696532
#本年资金来源小计	2267671	2502283	4467636
本年各项应付款合计		159731	291547
4.资金来源及构成			
本年资金来源小计	2267671	2502283	4467636
国内贷款	569874	433568	806732
利用外资	21715	11375	1059
#外商直接投资	21715	9251	
自筹资金	605022	905119	1046633
其他资金来源	1071060	1152221	2613212
二、房地产开发企业(单位)情况			
1.企业个数合计(个)	**752**	**908**	**881**
#一级企业	1	2	2
#二级企业	35	35	34
#三级企业	128	134	132
2.从业人数合计(人)	**16214**	**16868**	**16374**
#一级企业	471	574	859
#二级企业	2603	1897	1689
#三级企业	3574	3618	3143
3.资产合计(万元)	**6239526**		**11282625.1**
#一级企业			
#二级企业			
#三级企业			
4.负债合计(万元)	**5258110**		**9436689.4**
#一级企业			
#二级企业			
#三级企业			
5.资产负债率(%)	**84.3**		**83.6**
#一级企业			
#二级企业			
#三级企业			
三、土地开发及购置			
本年完成开发土地面积(平方米)			
本年完成土地开发投资(万元)	22881	21589	13795
本年购置土地面积(平方米)			
土地购置费(万元)			

9-24 续表

指　　标	2007年	2008年	2009年
四、商品房屋开发面积(平方米)			
1.施工房屋面积	**19365425**	**24819933**	**30942028**
住宅	15430814	19994038	23612575
#别墅、高档公寓	487600	576638	550386
#经济适用房	3545038	4416021	4024053
办公楼	793060	688059	886120
商业营业用房	1956997	2193443	2769634
其他	1184554	1944393	3673699
2.新开工房屋面积	**5894904**	**7794352**	**7248468**
住宅	4913355	6373626	5582849
#别墅、高档公寓	246221	116334	59650
#经济适用房	819481	868430	721310
办公楼	34639	117937	188050
商业营业用房	496510	548648	633255
其他	450400	754141	844314
3.竣工房屋面积	**2689743**	**3244917**	**7397968**
住宅	2209167	2661880	6416302
#别墅、高档公寓	24101	56365	70118
#经济适用房	272697	495912	1563825
办公楼	51642	48700	168760
商业营业用房	284801	316574	413856
其他	144133	217763	399050
4.待售房屋面积	**431391**	**510471**	**1016496**
住宅	125384	196380	562906
#别墅、高档公寓	7103	11502	92888
#经济适用房	24975	3223	19475
办公楼	28997	19521	25607
商业营业用房	226710	239782	341827
其他	50300	54788	86156
五、商品房屋销售			
1.销售面积(平方米)	**4392821**	**4119305**	**8182242**
住宅	4082936	3895442	7604542
#别墅、高档公寓	97607	92619	210797
#经济适用房	1060045	1301442	531038
办公楼	139443	67006	196923
商业营业用房	154977	145633	286824
其他	15465	11224	93953
2.销售额(万元)	**1274632**	**1297338**	**3078103**
住宅	1069487	1116387	2658602
#别墅、高档公寓	53214	54500	122843
#经济适用房	192802	255656	118456
办公楼	66517	30069	91427
商业营业用房	133337	146214	297474
其他	5291	4668	30600
3.销售价格(元/平方米)	**2902**	**3149**	**3762**
住宅	2619	2866	3496
办公楼	4770	4488	4643
商业营业用房	8604	10040	10371
4.出租面积(平方米)	**339723**	**488314**	**346532**
住宅	8970	12620	10109
#别墅、高档公寓			
#经济适用房	3499	3499	2499
办公楼	38138	43638	35715
商业营业用房	226463	306110	204153
其他	66152	125946	96555

9-25　昆明市房地产开发投资综合统计

指　　标	2007年	2008年	2009年
一、本年完成投资额(万元)	**2280217**	**2742017**	**3821456**
1.按用途分			
住宅	1876183	2223144	3014563
#别墅、高档公寓	314593	327397	322122
#经济适用房	30779	53284	77621
办公楼	51919	93824	153732
商业营业用房	173012	209589	336131
其他	179103	215460	317030
2.商品房屋建设			
#商品房建设投资			
商品房建设投资额比重(%)			
3.资金状况			
本年资金来源合计	4559308	4862166	7195434
#上年末节余资金	1030890	1005834	1445284
#本年资金来源小计	3528418	3856332	5750150
本年各项应付款合计		992278	1136422
4.资金来源及构成			
本年资金来源小计	3528418	3856332	5750150
国内贷款	677370	598644	999786
利用外资	9562	42493	3977
#外商直接投资	9562	42478	3977
自筹资金	950411	1227997	1418195
其他资金来源	1891075	1987198	3328192
二、房地产开发企业(单位)情况			
1.企业个数合计(个)	**429**	**813**	**856**
#一级企业	7	13	13
#二级企业	46	69	78
#三级企业	100	127	134
2.从业人数合计(人)	**11458**	**16568**	**15650**
#一级企业	955	1020	1173
#二级企业	2930	3812	3826
#三级企业	2630	3516	3161
3.资产合计(万元)	**7893418**		**16213704.6**
#一级企业			
#二级企业			
#三级企业			
4.负债合计(万元)	**6518101**		**12762746.3**
#一级企业			
#二级企业			
#三级企业			
5.资产负债率(%)	**82.6**		**78.7**
#一级企业			
#二级企业			
#三级企业			
三、土地开发及购置			
本年完成开发土地面积(平方米)			
本年完成土地开发投资(万元)	245878	346193	267906
本年购置土地面积(平方米)			
土地购置费(万元)			

9-25 续表

指　　标	2007年	2008年	2009年
四、商品房屋开发面积(平方米)			
1.施工房屋面积	**18841042**	**21772880**	**28775796**
住宅	15845127	18270215	23198209
#别墅、高档公寓	3051070	2877951	2863092
#经济适用房	266005	345130	552587
办公楼	358495	584193	724237
商业营业用房	1543433	1492651	2832397
其他	1093987	1425821	2020953
2.新开工房屋面积	**8077967**	**6924900**	**11493795**
住宅	7081411	5763093	8595788
#别墅、高档公寓	1586795	1019528	643153
#经济适用房	144747	219842	56627
办公楼	64863	250190	346620
商业营业用房	587365	417130	1581280
其他	344328	494487	970107
3.竣工房屋面积	**3463896**	**4542132**	**7416432**
住宅	2683155	3771178	6304291
#别墅、高档公寓	615148	282771	730759
#经济适用房	94262	15000	185670
办公楼	117357	132212	225524
商业营业用房	354401	289591	577775
其他	308983	349151	308842
4.待售房屋面积	**571828**	**722984**	**494683**
住宅	330894	477650	276511
#别墅、高档公寓	43044	29848	72734
#经济适用房	11470		
办公楼	56535	38839	31304
商业营业用房	75975	77821	106891
其他	108424	128674	79977
五、商品房屋销售			
1.销售面积(平方米)	**9288243**	**5859172**	**8532696**
住宅	8622731	5214464	7825416
#别墅、高档公寓	780197	760861	686037
#经济适用房	90518	136367	415907
办公楼	80273	191479	198144
商业营业用房	371466	300859	314401
其他	213773	152370	194735
2.销售额(万元)	**2886899**	**2197252**	**3248457**
住宅	2581527	1824706	2806540
#别墅、高档公寓	415065	330290	377986
#经济适用房	12809	16592	97361
办公楼	43771	100797	116979
商业营业用房	194583	216707	250267
其他	67018	55042	74671
3.销售价格(元/平方米)	**3108**	**3750**	**3807**
住宅	2994	3499	3586
办公楼	5453	5264	5904
商业营业用房	5238	7203	7960
4.出租面积(平方米)	**221596**	**94039**	**244338**
住宅			4723
#别墅、高档公寓			623
#经济适用房			
办公楼	58205	7604	57450
商业营业用房	148632	78559	178709
其他	14759	7876	3456

9-26　西安市房地产开发投资综合统计

指　　标	2007年	2008年	2009年
一、本年完成投资额(万元)	**3873342**	**5457103**	**6942341**
1.按用途分			
住宅	3067423	4211291	5667733
#别墅、高档公寓	61038	193544	223421
#经济适用房	171534	169426	272778
办公楼	178493	273009	233406
商业营业用房	371735	536711	659285
其他	255691	436092	381917
2.商品房屋建设			
#商品房建设投资			
商品房建设投资额比重(%)			
3.资金状况			
本年资金来源合计	4905325	7078129	11098780
#上年末节余资金	453751	1082504	1236406
#本年资金来源小计	4451574	5995625	9862374
本年各项应付款合计		1391452	550382
4.资金来源及构成			
本年资金来源小计	4451574	5995625	9862374
国内贷款	757437	977467	1783486
利用外资	43411	18120	51664
#外商直接投资	34200	18120	51664
自筹资金	1903181	2998784	4155018
其他资金来源	1747545	2001254	3872206
二、房地产开发企业(单位)情况			
1.企业个数合计(个)	**443**	**614**	**493**
#一级企业	6	13	41
#二级企业	61	83	64
#三级企业	182	212	152
2.从业人数合计(人)	**19103**	**27729**	**26530**
#一级企业	1203	2523	5280
#二级企业	4118	4445	3716
#三级企业	7474	9081	6534
3.资产合计(万元)	**10058313**		**15691699.8**
#一级企业			
#二级企业			
#三级企业			
4.负债合计(万元)	**7692731**		**12173638.4**
#一级企业			
#二级企业			
#三级企业			
5.资产负债率(%)	**76.5**		**77.6**
#一级企业			
#二级企业			
#三级企业			
三、土地开发及购置			
本年完成开发土地面积(平方米)			
本年完成土地开发投资(万元)	353279	553743	291981
本年购置土地面积(平方米)			
土地购置费(万元)			

9-26 续表

指 标	2007年	2008年	2009年
四、商品房屋开发面积(平方米)			
1.施工房屋面积	**29159540**	**36532409**	**56833144**
住宅	23768164	30928408	48831620
#别墅、高档公寓	547589	1268560	1098758
#经济适用房	1249411	1735521	2371155
办公楼	1781387	1801682	2214633
商业营业用房	2626257	2687921	3639014
其他	983732	1114398	2147877
2.新开工房屋面积	**7276044**	**10769900**	**16680691**
住宅	6114567	9154660	14486036
#别墅、高档公寓	186268	478325	506444
#经济适用房	116244	641834	270937
办公楼	168787	448418	356407
商业营业用房	614005	785087	1105295
其他	378685	381735	732953
3.竣工房屋面积	**4832987**	**4439585**	**5428145**
住宅	4224701	4124612	4534926
#别墅、高档公寓	102059	285684	211214
#经济适用房	217440	246185	98327
办公楼	109607	68568	240889
商业营业用房	405665	201408	547924
其他	93014	44997	104406
4.待售房屋面积	**454242**	**554012**	**406750**
住宅	386193	354024	287267
#别墅、高档公寓	20131	45547	24418
#经济适用房	30203	5000	12946
办公楼	14121	42222	15400
商业营业用房	27906	127190	83050
其他	26022	30576	21033
五、商品房屋销售			
1.销售面积(平方米)	**8339198**	**7672266**	**12560212**
住宅	7829108	7222659	12021163
#别墅、高档公寓	276921	382160	221365
#经济适用房	366455	338011	672650
办公楼	281058	237221	182271
商业营业用房	188240	189823	330144
其他	40792	22563	26634
2.销售额(万元)	**2817880**	**2997050**	**4885458**
住宅	2517411	2721784	4507051
#别墅、高档公寓	146673	214907	122439
#经济适用房	81619	92585	192632
办公楼	130115	135213	96185
商业营业用房	151820	130390	270725
其他	18534	9663	11497
3.销售价格(元/平方米)	**3379**	**3906**	**3890**
住宅	3215	3768	3749
办公楼	4629	5700	5277
商业营业用房	8065	6869	8200
4.出租面积(平方米)	**108370**	**349432**	**382331**
住宅	53554	45294	65549
#别墅、高档公寓			
#经济适用房			917
办公楼	2222	53472	214378
商业营业用房	52594	159569	100368
其他		91097	2036

9-27　兰州市房地产开发投资综合统计

指　　标	2007年	2008年	2009年
一、本年完成投资额(万元)	**744476**	**924272**	**990776**
1.按用途分			
住宅	456270	601565	520366
#别墅、高档公寓	2300	1472	2717
#经济适用房	107423	75681	71539
办公楼	22479	32674	16145
商业营业用房	56160	67242	101344
其他	209567	222791	352921
2.商品房屋建设			
#商品房建设投资			
商品房建设投资额比重(%)			
3.资金状况			
本年资金来源合计	1089922	1204083	1450214
#上年末节余资金	185795	247978	221275
#本年资金来源小计	904127	956105	1228939
本年各项应付款合计		226324	238920
4.资金来源及构成			
本年资金来源小计	904127	956105	1228939
国内贷款	223587	207392	214959
利用外资		1042	
#外商直接投资			
自筹资金	305865	382388	453708
其他资金来源	374675	365283	560272
二、房地产开发企业(单位)情况			
1.企业个数合计(个)	**528**	**462**	**488**
#一级企业	1	1	2
#二级企业	34	47	47
#三级企业	251	211	211
2.从业人数合计(人)	**11076**	**11100**	**10732**
#一级企业	35	118	170
#二级企业	1558	2059	1746
#三级企业	4428	5913	5947
3.资产合计(万元)	**3025858**		**3811077.3**
#一级企业			
#二级企业			
#三级企业			
4.负债合计(万元)	**2041893**		**2786942.9**
#一级企业			
#二级企业			
#三级企业			
5.资产负债率(%)	**67.5**		**73.1**
#一级企业			
#二级企业			
#三级企业			
三、土地开发及购置			
本年完成开发土地面积(平方米)			
本年完成土地开发投资(万元)	53253	34775	20919
本年购置土地面积(平方米)			
土地购置费(万元)			

9-27 续表

指　　标	2007年	2008年	2009年
四、商品房屋开发面积(平方米)			
1.施工房屋面积	**9839622**	**10885712**	**12591920**
住宅	7449242	8658434	9879780
#别墅、高档公寓	34338	34338	34338
#经济适用房	1260037	1268656	1252759
办公楼	327893	321875	408198
商业营业用房	1166676	1137263	1284925
其他	895811	768140	1019017
2.新开工房屋面积	**1998192**	**3369080**	**3832412**
住宅	1724762	2894289	3062633
#别墅、高档公寓			1307
#经济适用房	422930	462451	469318
办公楼	17816	13930	68364
商业营业用房	157733	204124	337517
其他	97881	256737	363898
3.竣工房屋面积	**2280481**	**1301710**	**2095820**
住宅	1912306	1102532	1648932
#别墅、高档公寓	1617		1307
#经济适用房	131935	195338	137432
办公楼	21381	70356	112138
商业营业用房	194117	80426	230787
其他	152677	48396	103963
4.待售房屋面积	**848779**	**627205**	**1131371**
住宅	418688	296198	690426
#别墅、高档公寓	3967	3967	3967
#经济适用房	53115	433	433
办公楼	88487	44522	66045
商业营业用房	286615	255779	298310
其他	54989	30706	76590
五、商品房屋销售			
1.销售面积(平方米)	**2689835**	**1401716**	**2440303**
住宅	2552822	1340506	2246797
#别墅、高档公寓	3068	974	2126
#经济适用房	83164	131373	89830
办公楼	22829	15692	50861
商业营业用房	112940	44004	132237
其他	1244	1514	10408
2.销售额(万元)	**797967**	**440781**	**884400**
住宅	745326	410474	786193
#别墅、高档公寓	1292	300	1034
#经济适用房	12453	21081	19696
办公楼	7737	5585	27056
商业营业用房	44798	24192	68459
其他	106	530	2692
3.销售价格(元/平方米)	**2967**	**3145**	**3624**
住宅	2920	3062	3499
办公楼	3389	3559	5320
商业营业用房	3967	5498	5177
4.出租面积(平方米)	**247422**	**349532**	**170381**
住宅	2580	2580	2580
#别墅、高档公寓			
#经济适用房			
办公楼	53819	64391	59713
商业营业用房	190423	282308	108048
其他		253	40

9-28　西宁市房地产开发投资综合统计

指　　标	2007年	2008年	2009年
一、本年完成投资额(万元)	**315991**	**453923**	**638393**
1.按用途分			
住宅	255414	377589	466005
#别墅、高档公寓	42936	33340	1162
#经济适用房	22121	22854	5144
办公楼	7094	4736	6121
商业营业用房	30669	32469	32002
其他	22814	39129	134265
2.商品房屋建设			
#商品房建设投资			
商品房建设投资额比重(%)			
3.资金状况			
本年资金来源合计	436840	557487	906021
#上年末节余资金	24195	15812	110591
#本年资金来源小计	412645	541675	795430
本年各项应付款合计		29773	36050
4.资金来源及构成			
本年资金来源小计	412645	541675	795430
国内贷款	81825	101972	129306
利用外资			
#外商直接投资			
自筹资金	199212	364774	406461
其他资金来源	131608	74929	259663
二、房地产开发企业(单位)情况			
1.企业个数合计(个)	**255**	**289**	**295**
#一级企业	3	5	5
#二级企业	66	68	69
#三级企业	103	92	91
2.从业人数合计(人)	**5304**	**7062**	**5567**
#一级企业	124	255	294
#二级企业	2176	2080	2035
#三级企业	1837	1500	1573
3.资产合计(万元)	**1628603**		**2667975.1**
#一级企业			
#二级企业			
#三级企业			
4.负债合计(万元)	**861828**		**1844853.9**
#一级企业			
#二级企业			
#三级企业			
5.资产负债率(%)	**52.9**		**69.1**
#一级企业			
#二级企业			
#三级企业			
三、土地开发及购置			
本年完成开发土地面积(平方米)			
本年完成土地开发投资(万元)	55211	69812	19043
本年购置土地面积(平方米)			
土地购置费(万元)			

9-28 续表

指　　标	2007年	2008年	2009年
四、商品房屋开发面积(平方米)			
1.施工房屋面积	**5371307**	**5879631**	**7236422**
住宅	4695114	5189322	6051612
#别墅、高档公寓	764145	365904	113032
#经济适用房	286265	316456	79935
办公楼	112619	77413	79282
商业营业用房	457249	498677	775276
其他	106325	114219	330252
2.新开工房屋面积	**2589275**	**2269239**	**4059797**
住宅	2270863	2073530	3320236
#别墅、高档公寓	167414	45608	4200
#经济适用房	110390	189806	
办公楼	76925	14010	33829
商业营业用房	179350	151502	498624
其他	62137	30197	207108
3.竣工房屋面积	**1610348**	**2103916**	**1462275**
住宅	1385083	1916213	1280578
#别墅、高档公寓	175886	230977	
#经济适用房	50620	114166	22103
办公楼	36970		15432
商业营业用房	173674	148989	143979
其他	14621	38714	22286
4.待售房屋面积	**265659**	**259040**	**618952**
住宅	142202	125803	408502
#别墅、高档公寓	36258	17143	5956
#经济适用房	5979	5831	
办公楼	11155	10895	15230
商业营业用房	92491	102923	146899
其他	19811	19419	48321
五、商品房屋销售			
1.销售面积(平方米)	**1395479**	**1083123**	**1546842**
住宅	1330488	1036376	1480810
#别墅、高档公寓	192570	78683	50153
#经济适用房	8545	148	58000
办公楼	16013	9226	13820
商业营业用房	45615	35761	47137
其他	3363	1760	5075
2.销售额(万元)	**337840**	**314137**	**448513**
住宅	307748	291996	416222
#别墅、高档公寓	50713	21783	12729
#经济适用房	1825	18	6800
办公楼	4924	3043	4949
商业营业用房	24738	18636	26483
其他	430	462	859
3.销售价格(元/平方米)	**2421**	**2900**	**2900**
住宅	2313	2817	2811
办公楼	3075	3298	3581
商业营业用房	5423	5211	5618
4.出租面积(平方米)	**42721**	**102449**	**67312**
住宅		457	
#别墅、高档公寓			
#经济适用房			
办公楼	9188	11945	10470
商业营业用房	33533	88962	56842
其他		1085	

9-29 银川市房地产开发投资综合统计

指　　标	2007年	2008年	2009年
一、本年完成投资额(万元)	**627154**	**786159**	**999584**
1.按用途分			
住宅	443118	569614	745877
#别墅、高档公寓	32595	12427	24303
#经济适用房	10936	25581	31370
办公楼	36136	38523	37819
商业营业用房	111911	135693	138642
其他	35989	42329	77246
2.商品房屋建设			
#商品房建设投资			
商品房建设投资额比重(%)			
3.资金状况			
本年资金来源合计	637645	886615	1395517
#上年末节余资金	32955	53721	65560
#本年资金来源小计	604690	832894	1329957
本年各项应付款合计		86100	129917
4.资金来源及构成			
本年资金来源小计	604690	832894	1329957
国内贷款	86747	118840	203210
利用外资	4610		
#外商直接投资	4610		
自筹资金	184801	280132	327876
其他资金来源	328532	433922	798871
二、房地产开发企业(单位)情况			
1.企业个数合计(个)	**204**	**209**	**192**
#一级企业	9	11	11
#二级企业	44	43	42
#三级企业	51	57	52
2.从业人数合计(人)	**5924**	**6047**	**7235**
#一级企业	627	815	870
#二级企业	2126	2054	1886
#三级企业	1260	1299	2487
3.资产合计(万元)	**2429813**		**4648594.3**
#一级企业			
#二级企业			
#三级企业			
4.负债合计(万元)	**2023191**		**3716626.5**
#一级企业			
#二级企业			
#三级企业			
5.资产负债率(%)	**83.3**		**80.0**
#一级企业			
#二级企业			
#三级企业			
三、土地开发及购置			
本年完成开发土地面积(平方米)			
本年完成土地开发投资(万元)	21957	7030	2326
本年购置土地面积(平方米)			
土地购置费(万元)			

9-29 续表

指　　标	2007年	2008年	2009年
四、商品房屋开发面积(平方米)			
1.施工房屋面积	**8369424**	**10340184**	**12838984**
住宅	5951068	7381805	9472318
#别墅、高档公寓	209004	141776	234819
#经济适用房	251082	370821	453543
办公楼	414321	489187	651230
商业营业用房	1704992	2012364	1762092
其他	299043	456828	953344
2.新开工房屋面积	**4359886**	**5123266**	**6831208**
住宅	3296230	4150536	5127755
#别墅、高档公寓	130448	62416	169086
#经济适用房	143347	294308	88658
办公楼	181539	174376	338227
商业营业用房	712262	617508	767600
其他	169855	180846	597626
3.竣工房屋面积	**3642033**	**4028334**	**5257133**
住宅	2926521	3024013	4194356
#别墅、高档公寓	96672	69765	15661
#经济适用房	129127	36503	371403
办公楼	82091	165076	116314
商业营业用房	534252	731850	771729
其他	99169	107395	174734
4.待售房屋面积	**2681244**	**2934434**	**2410023**
住宅	1493831	1484966	1159148
#别墅、高档公寓	153377	68037	32131
#经济适用房	71071	30632	122248
办公楼	124776	129558	95216
商业营业用房	984256	1232962	1050078
其他	78381	86948	105581
五、商品房屋销售			
1.销售面积(平方米)	**3359689**	**3077312**	**5114308**
住宅	2941956	2693860	4429737
#别墅、高档公寓	67867	76229	133392
#经济适用房	71881	57825	142058
办公楼	95717	61804	104726
商业营业用房	305274	310353	550096
其他	16742	11295	29749
2.销售额(万元)	**808980**	**870211**	**1801537**
住宅	655917	698243	1426133
#别墅、高档公寓	30631	42345	48918
#经济适用房	11299	9394	28776
办公楼	30648	23378	56599
商业营业用房	119922	146110	308434
其他	2493	2480	10371
3.销售价格(元/平方米)	**2408**	**2828**	**3523**
住宅	2230	2592	3219
办公楼	3202	3783	5404
商业营业用房	3928	4708	5607
4.出租面积(平方米)	**186913**	**305085**	**186319**
住宅	15291	14909	14909
#别墅、高档公寓			
#经济适用房			
办公楼	15602	21918	24089
商业营业用房	152713	260195	136886
其他	3307	8063	10435

9-30　乌鲁木齐市房地产开发投资综合统计

指　　标	2007年	2008年	2009年
一、本年完成投资额(万元)	**817958**	**999631**	**1132955**
1.按用途分			
住宅	677793	828447	884269
#别墅、高档公寓	27523	38835	67260
#经济适用房	69716	46458	40748
办公楼	15912	38712	58330
商业营业用房	91738	77036	124891
其他	32515	55436	65465
2.商品房屋建设			
#商品房建设投资			
商品房建设投资额比重(%)			
3.资金状况			
本年资金来源合计	1497614	1428178	2357836
#上年末节余资金	151870	309628	219086
#本年资金来源小计	1345744	1118550	2138750
本年各项应付款合计		84762	118528
4.资金来源及构成			
本年资金来源小计	1345744	1118550	2138750
国内贷款	135548	125389	328352
利用外资			
#外商直接投资			
自筹资金	410826	357445	343575
其他资金来源	799370	635716	1466823
二、房地产开发企业(单位)情况			
1.企业个数合计(个)	**302**	**348**	**351**
#一级企业	6	7	6
#二级企业	27	29	35
#三级企业	85	83	88
2.从业人数合计(人)	**8856**	**9608**	**9377**
#一级企业	642	696	632
#二级企业	1302	1386	1574
#三级企业	3196	2827	2483
3.资产合计(万元)	**3333174**		**4928060.7**
#一级企业			
#二级企业			
#三级企业			
4.负债合计(万元)	**2079452**		**3485133.1**
#一级企业			
#二级企业			
#三级企业			
5.资产负债率(%)	**62.4**		**70.7**
#一级企业			
#二级企业			
#三级企业			
三、土地开发及购置			
本年完成开发土地面积(平方米)			
本年完成土地开发投资(万元)	56989	38886	13031
本年购置土地面积(平方米)			
土地购置费(万元)			

9-30 续表

指　　标	2007年	2008年	2009年
四、商品房屋开发面积(平方米)			
1.施工房屋面积	**9153343**	**10439960**	**12886596**
住宅	7712739	8680366	10362574
#别墅、高档公寓	384629	413510	660485
#经济适用房	1491583	776612	554260
办公楼	219521	577924	572785
商业营业用房	1025558	761283	1126092
其他	195525	420387	825145
2.新开工房屋面积	**5463180**	**5595113**	**6045405**
住宅	4983890	4718008	5303828
#别墅、高档公寓	203863	127175	427522
#经济适用房	210720	337855	214089
办公楼	22239	313353	162226
商业营业用房	339106	355476	313069
其他	117945	208276	266282
3.竣工房屋面积	**3304607**	**3957085**	**3988767**
住宅	3016004	3503793	3447266
#别墅、高档公寓	94612	15599	142848
#经济适用房	769201	241856	262748
办公楼	46097	129095	126781
商业营业用房	171789	186273	185798
其他	70717	137924	228922
4.待售房屋面积	**973554**	**1542462**	**1612022**
住宅	357507	894852	812313
#别墅、高档公寓	72230	26429	70962
#经济适用房	41637	63795	81881
办公楼	97676	71379	152220
商业营业用房	453009	448970	425339
其他	65362	127261	222150
五、商品房屋销售			
1.销售面积(平方米)	**4986926**	**2960976**	**5372697**
住宅	4680800	2650589	5055666
#别墅、高档公寓	254142	158735	136294
#经济适用房	739010	178559	149226
办公楼	91519	57340	65255
商业营业用房	187800	191929	198371
其他	26807	61118	53405
2.销售额(万元)	**1330081**	**960498**	**1851551**
住宅	1183526	803308	1660783
#别墅、高档公寓	96714	72028	84963
#经济适用房	148326	33196	31004
办公楼	42181	37639	48110
商业营业用房	95690	103263	123416
其他	8684	16288	19242
3.销售价格(元/平方米)	**2667**	**3244**	**3446**
住宅	2528	3031	3285
办公楼	4609	6564	7373
商业营业用房	5095	5380	6221
4.出租面积(平方米)	**597374**	**676803**	**463008**
住宅	94619	81370	7431
#别墅、高档公寓		30285	
#经济适用房	37058	28738	1460
办公楼	97092	103784	56440
商业营业用房	371041	466671	383364
其他	34622	24978	15773

9-31 大连市房地产开发投资综合统计

指 标	2007年	2008年	2009年
一、本年完成投资额(万元)	**4078312**	**4958160**	**5789421**
1.按用途分			
住宅	3213005	4020829	4772414
#别墅、高档公寓	344181	417637	657173
#经济适用房	103021	116613	201753
办公楼	76067	147741	139648
商业营业用房	360921	516975	456772
其他	428319	272615	420587
2.商品房屋建设			
#商品房建设投资			
商品房建设投资额比重(%)			
3.资金状况			
本年资金来源合计	6351688	6936007	10146675
#上年末节余资金	841691	1516072	1417972
#本年资金来源小计	5509997	5419935	8728703
本年各项应付款合计		454825	959781
4.资金来源及构成			
本年资金来源小计	5509997	5419935	8728703
国内贷款	1385554	1308947	1686998
利用外资	151116	294995	103390
#外商直接投资	124401	269185	81800
自筹资金	1514271	1961457	2588555
其他资金来源	2459056	1854536	4349760
二、房地产开发企业(单位)情况			
1.企业个数合计(个)	**804**	**1444**	**952**
#一级企业	18	28	21
#二级企业	62	74	59
#三级企业	401	415	385
2.从业人数合计(人)	**18808**	**21556**	**19717**
#一级企业	1571	2131	1640
#二级企业	2404	2255	2414
#三级企业	8319	7589	7685
3.资产合计(万元)	**17346957**		**26722109.9**
#一级企业			
#二级企业			
#三级企业			
4.负债合计(万元)	**13668297**		**20670562.8**
#一级企业			
#二级企业			
#三级企业			
5.资产负债率(%)	**78.8**		**77.4**
#一级企业			
#二级企业			
#三级企业			
三、土地开发及购置			
本年完成开发土地面积(平方米)			
本年完成土地开发投资(万元)	552606	453523	647368
本年购置土地面积(平方米)			
土地购置费(万元)			

9-31 续表

指　　标	2007年	2008年	2009年
四、商品房屋开发面积(平方米)			
1.施工房屋面积	**27544753**	**33349414**	**34890571**
住宅	21418737	26437824	28129811
#别墅、高档公寓	1665812	1780196	1703452
#经济适用房	753740	981288	1911673
办公楼	337785	589237	900222
商业营业用房	3288673	3972811	3589628
其他	2499558	2349542	2270910
2.新开工房屋面积	**11947475**	**11120739**	**11319145**
住宅	10032221	9573071	9209327
#别墅、高档公寓	328473	151533	390023
#经济适用房	500463	177504	554206
办公楼	162169	149712	117319
商业营业用房	1006745	708961	1176728
其他	746340	688995	815771
3.竣工房屋面积	**4283064**	**7555621**	**5496520**
住宅	3562981	6364135	4721457
#别墅、高档公寓	162236	350975	250142
#经济适用房	45322	192770	358597
办公楼	86782	80816	78356
商业营业用房	294913	555488	422610
其他	338388	555182	274097
4.待售房屋面积	**1938546**	**2597188**	**2050738**
住宅	1286358	1769331	1212570
#别墅、高档公寓	56494	57525	35857
#经济适用房	19154	12746	11968
办公楼	43312	70543	82991
商业营业用房	469035	530488	523489
其他	139841	226826	231688
五、商品房屋销售			
1.销售面积(平方米)	**8282375**	**8227065**	**11526834**
住宅	7839121	7708394	10934071
#别墅、高档公寓	528429	459033	359048
#经济适用房	144737	445029	421986
办公楼	36254	42423	79396
商业营业用房	279121	355357	419828
其他	127879	120891	93539
2.销售额(万元)	**4611428**	**4750524**	**7203162**
住宅	4246673	4329806	6751324
#别墅、高档公寓	569031	521789	589003
#经济适用房	37666	109288	104711
办公楼	23713	22592	41373
商业营业用房	273602	336165	357986
其他	67440	61961	52479
3.销售价格(元/平方米)	**5568**	**5774**	**6249**
住宅	5417	5617	6175
办公楼	6541	5325	5211
商业营业用房	9802	9460	8527
4.出租面积(平方米)	**172569**	**614074**	**352311**
住宅	65000	11005	2806
#别墅、高档公寓			214
#经济适用房			
办公楼	1409	227854	13562
商业营业用房	74291	288393	333572
其他	31869	86822	2371

9-32　青岛市房地产开发投资综合统计

指　　标	2007年	2008年	2009年
一、本年完成投资额(万元)	**3223547**	**3805652**	**4594829**
1.按用途分			
住宅	2346004	2828495	3137527
#别墅、高档公寓	186181	178344	253663
#经济适用房	145229	166444	172897
办公楼	173240	206823	246412
商业营业用房	454050	439998	716101
其他	250253	330336	494789
2.商品房屋建设			
#商品房建设投资			
商品房建设投资额比重(%)			
3.资金状况			
本年资金来源合计	5858850	6774498	10504583
#上年末节余资金	1135824	1319125	2038444
#本年资金来源小计	4723026	5455373	8466139
本年各项应付款合计		1329345	1547828
4.资金来源及构成			
本年资金来源小计	4723026	5455373	8466139
国内贷款	1138797	1715785	2311674
利用外资	177958	63592	16465
#外商直接投资	21930	28592	16465
自筹资金	1416665	1808294	1810285
其他资金来源	1989606	1867702	4327715
二、房地产开发企业(单位)情况			
1.企业个数合计(个)	**703**	**1170**	**1025**
#一级企业	7	10	9
#二级企业	40	39	46
#三级企业	154	179	167
2.从业人数合计(人)	**20901**	**22891**	**21727**
#一级企业	2298	899	916
#二级企业	2122	2255	2688
#三级企业	4882	5127	4644
3.资产合计(万元)	**13982670**		**25817734**
#一级企业			
#二级企业			
#三级企业			
4.负债合计(万元)	**11012743**		**20749982.7**
#一级企业			
#二级企业			
#三级企业			
5.资产负债率(%)	**78.8**		**80.4**
#一级企业			
#二级企业			
#三级企业			
三、土地开发及购置			
本年完成开发土地面积(平方米)			
本年完成土地开发投资(万元)	56822	214805	209352
本年购置土地面积(平方米)			
土地购置费(万元)			

9-32 续表

指　　标	2007年	2008年	2009年
四、商品房屋开发面积(平方米)			
1.施工房屋面积	**32237646**	**37727418**	**43099376**
住宅	24647227	27930391	30579809
#别墅、高档公寓	2222817	2002006	1272601
#经济适用房	1739975	1762582	1941522
办公楼	1523271	1753524	1816767
商业营业用房	3520825	4165525	5841760
其他	2546323	3877978	4861040
2.新开工房屋面积	**12788262**	**12073165**	**13298770**
住宅	9501150	9355017	9514292
#别墅、高档公寓	418656	281185	132202
#经济适用房	744946	806746	759378
办公楼	564076	367119	380280
商业营业用房	1850299	1020678	1862660
其他	872737	1330351	1541538
3.竣工房屋面积	**6407041**	**6714919**	**8142384**
住宅	5482352	5020792	6444221
#别墅、高档公寓	358020	472311	150535
#经济适用房	341400	196147	85394
办公楼	179144	387675	323454
商业营业用房	470236	574830	761358
其他	275309	731622	613351
4.待售房屋面积	**1070881**	**1555733**	**2176213**
住宅	765811	1073618	1429306
#别墅、高档公寓	129345	20636	50170
#经济适用房	26041	6451	15395
办公楼	58522	114059	201149
商业营业用房	185880	266724	409519
其他	60668	101332	136239
五、商品房屋销售			
1.销售面积(平方米)	**8332905**	**7702999**	**12618574**
住宅	7697320	6862169	11511482
#别墅、高档公寓	614835	323458	280928
#经济适用房	264503	166111	397754
办公楼	222525	197997	311694
商业营业用房	328457	441248	605470
其他	84603	201585	189928
2.销售额(万元)	**4333566**	**3924175**	**7036744**
住宅	3929436	3285666	6196443
#别墅、高档公寓	484675	378201	488027
#经济适用房	90774	53235	173551
办公楼	167712	155981	303195
商业营业用房	214006	383012	494150
其他	22412	99516	42956
3.销售价格(元/平方米)	**5201**	**5094**	**5576**
住宅	5105	4788	5383
办公楼	7537	7878	9727
商业营业用房	6515	8680	8161
4.出租面积(平方米)	**186050**	**307619**	**274725**
住宅		37338	308
#别墅、高档公寓			
#经济适用房			
办公楼	23612	77018	73946
商业营业用房	53672	111072	151287
其他	108766	82191	49184

9-33 宁波市房地产开发投资综合统计

指 标	2007年	2008年	2009年
一、本年完成投资额(万元)	**3328941**	**3077538**	**3745119**
1.按用途分			
住宅	2072283	1939168	2376419
#别墅、高档公寓	92001	61564	47162
#经济适用房	88372	41790	80355
办公楼	309914	271850	264476
商业营业用房	368183	342509	408990
其他	578561	524011	695234
2.商品房屋建设			
#商品房建设投资			
商品房建设投资额比重(%)			
3.资金状况			
本年资金来源合计	3485543	3194774	3971543
#上年末节余资金	116583	133793	108492
#本年资金来源小计	3368960	3060981	3863051
本年各项应付款合计		355302	363453
4.资金来源及构成			
本年资金来源小计	3368960	3060981	3863051
国内贷款	630646	524207	923525
利用外资	29582	98128	50009
#外商直接投资	29582	98128	50009
自筹资金	1249688	1054095	1236259
其他资金来源	1459044	1384551	1653258
二、房地产开发企业(单位)情况			
1.企业个数合计(个)	**537**	**786**	**656**
#一级企业	13	15	15
#二级企业	50	56	58
#三级企业	192	253	258
2.从业人数合计(人)	**10965**	**12152**	**12138**
#一级企业	726	779	782
#二级企业	1987	1737	1844
#三级企业	4078	4886	4783
3.资产合计(万元)	**15383104**		**23568346**
#一级企业			
#二级企业			
#三级企业			
4.负债合计(万元)	**11829906**		**17803296.4**
#一级企业			
#二级企业			
#三级企业			
5.资产负债率(%)	**76.9**		**75.5**
#一级企业			
#二级企业			
#三级企业			
三、土地开发及购置			
本年完成开发土地面积(平方米)			
本年完成土地开发投资(万元)	26720	35149	51128
本年购置土地面积(平方米)			
土地购置费(万元)			

9-33 续表

指　　标	2007年	2008年	2009年
四、商品房屋开发面积(平方米)			
1.施工房屋面积	**30143301**	**31053453**	**31043378**
住宅	19539800	20069943	19116402
#别墅、高档公寓	419225	449828	419572
#经济适用房	1342148	1348113	1242699
办公楼	2559338	2144597	2196106
商业营业用房	2987188	3005088	3339661
其他	5056975	5833825	6391209
2.新开工房屋面积	**9864600**	**7640593**	**8120256**
住宅	6102465	4879923	5021010
#别墅、高档公寓	83379	107048	62388
#经济适用房	157429	143652	292629
办公楼	971745	260144	454706
商业营业用房	1133633	857358	817517
其他	1656757	1643168	1827023
3.竣工房屋面积	**7427954**	**8336308**	**6659621**
住宅	4828585	5944757	4232164
#别墅、高档公寓	23521	213400	36859
#经济适用房	262187	409416	612897
办公楼	609317	447594	453564
商业营业用房	909299	532052	590012
其他	1080753	1411905	1383881
4.待售房屋面积	**1451142**	**1541871**	**1445603**
住宅	537641	519856	362491
#别墅、高档公寓			
#经济适用房			15704
办公楼	158402	147071	205906
商业营业用房	331876	345275	394127
其他	423223	529669	483079
五、商品房屋销售			
1.销售面积(平方米)	**8044283**	**4483780**	**8151769**
住宅	6579517	3570779	6519721
#别墅、高档公寓	225924	87591	157749
#经济适用房	56628	115286	130852
办公楼	489234	253712	570602
商业营业用房	521321	414324	594365
其他	454211	244965	467081
2.销售额(万元)	**5028878**	**3239083**	**7329806**
住宅	4011641	2443518	5911842
#别墅、高档公寓	320413	89474	153116
#经济适用房	13032	27720	44439
办公楼	369544	268814	535342
商业营业用房	468744	402738	647858
其他	178949	124013	234764
3.销售价格(元/平方米)	**6251**	**7224**	**8992**
住宅	6097	6843	9068
办公楼	7554	10595	9382
商业营业用房	8991	9720	10900
4.出租面积(平方米)	**550750**	**540912**	**470339**
住宅	80908	7024	3106
#别墅、高档公寓			
#经济适用房			
办公楼	60325	62760	57504
商业营业用房	380281	415795	367030
其他	29236	55333	42699

9-34　厦门市房地产开发投资综合统计

指　标	2007年	2008年	2009年
一、本年完成投资额(万元)	**3457362**	**3270160**	**2674171**
1.按用途分			
住宅	2586569	2106927	1820956
#别墅、高档公寓	90751	97275	37740
#经济适用房	28519	57179	24544
办公楼	148735	180017	292694
商业营业用房	229392	265913	193571
其他	492666	717303	366950
2.商品房屋建设			
#商品房建设投资			
商品房建设投资额比重(%)			
3.资金状况			
本年资金来源合计	7684806	5980327	6202395
#上年末节余资金	1251880	2191601	1037278
#本年资金来源小计	6432926	3788726	5165117
本年各项应付款合计		248035	64284
4.资金来源及构成			
本年资金来源小计	6432926	3788726	5165117
国内贷款	2272795	882299	1408649
利用外资	3635	190540	7849
#外商直接投资	1340	185308	6309
自筹资金	1390347	1134408	1170986
其他资金来源	2766149	1581479	2577633
二、房地产开发企业(单位)情况			
1.企业个数合计(个)	**549**	**589**	**613**
#一级企业	9	12	14
#二级企业	17	19	31
#三级企业	41	48	71
2.从业人数合计(人)	**13104**	**11490**	**11818**
#一级企业	737	529	318
#二级企业	2081	722	745
#三级企业	1361	1420	2507
3.资产合计(万元)	**17578975**		**28312574.5**
#一级企业			
#二级企业			
#三级企业			
4.负债合计(万元)	**13113774**		**19920086.1**
#一级企业			
#二级企业			
#三级企业			
5.资产负债率(%)	**74.5**		**70.4**
#一级企业			
#二级企业			
#三级企业			
三、土地开发及购置			
本年完成开发土地面积(平方米)			
本年完成土地开发投资(万元)	263	2548	
本年购置土地面积(平方米)			
土地购置费(万元)			

9-34 续表

指　　标	2007年	2008年	2009年
四、商品房屋开发面积(平方米)			
1.施工房屋面积	**28387831**	**34478774**	**30949643**
住宅	19350808	21266895	19457049
#别墅、高档公寓	776028	799959	776066
#经济适用房	599456	863612	913433
办公楼	1969904	2617389	2102936
商业营业用房	2069748	2155887	2068604
其他	4997371	8438603	7321054
2.新开工房屋面积	**10068160**	**4368914**	**2492704**
住宅	7598376	2892351	1353425
#别墅、高档公寓	102731	155082	39599
#经济适用房	239056	139860	49522
办公楼	187177	233649	414716
商业营业用房	613075	128976	325200
其他	1669532	1113938	399363
3.竣工房屋面积	**3785918**	**6250425**	**7110799**
住宅	2413581	3679807	4756227
#别墅、高档公寓	146482	318376	208608
#经济适用房	16418		168750
办公楼	439148	795409	256962
商业营业用房	336379	556030	416287
其他	596810	1219179	1681323
4.待售房屋面积	**380431**	**708788**	**1472713**
住宅	74837	180102	390408
#别墅、高档公寓	3350	557	21955
#经济适用房			8331
办公楼	106770	299032	355720
商业营业用房	181589	125334	200260
其他	17235	104320	526325
五、商品房屋销售			
1.销售面积(平方米)	**4977011**	**3894664**	**5292878**
住宅	3695570	1502053	4013036
#别墅、高档公寓	460421	61997	158251
#经济适用房	83903		997
办公楼	700214	562451	219980
商业营业用房	223790	92222	141624
其他	357437	1737938	918238
2.销售额(万元)	**4105856**	**2046956**	**4208206**
住宅	3291651	1342910	3585701
#别墅、高档公寓	643225	103048	268411
#经济适用房	36128		708
办公楼	348013	320443	151579
商业营业用房	359802	133109	243908
其他	106390	250494	227018
3.销售价格(元/平方米)	**8250**	**5256**	**7951**
住宅	8907	8940	8935
办公楼	4970	5697	6891
商业营业用房	16078	14434	17222
4.出租面积(平方米)	**1047083**	**1820985**	**301910**
住宅	2021	443508	4234
#别墅、高档公寓		31468	
#经济适用房		119	1668
办公楼	101164	565023	1102
商业营业用房	276873	287256	155169
其他	667025	525198	141405

9-35　深圳市房地产开发投资综合统计

指　　标	2007年	2008年	2009年
一、本年完成投资额(万元)	**4610422**	**4404897**	**4374590**
1.按用途分			
住宅	3317611	3126089	2897848
#别墅、高档公寓	25037	60819	54915
#经济适用房		13789	12375
办公楼	300812	261151	353388
商业营业用房	534797	520209	532194
其他	457202	497448	591160
2.商品房屋建设			
#商品房建设投资			
商品房建设投资额比重(%)			
3.资金状况			
本年资金来源合计	10434513	9286081	10540761
#上年末节余资金	1955363	2406286	1723168
#本年资金来源小计	8479150	6879795	8817593
本年各项应付款合计		745555	581037
4.资金来源及构成			
本年资金来源小计	8479150	6879795	8817593
国内贷款	1698289	2411473	2588321
利用外资	117778	14877	13850
#外商直接投资	117778		10077
自筹资金	2414320	1940724	1719541
其他资金来源	4248763	2512721	4495881
二、房地产开发企业(单位)情况			
1.企业个数合计(个)	**964**	**614**	**570**
#一级企业	57	40	43
#二级企业	62	49	45
#三级企业	57	51	54
2.从业人数合计(人)	**45518**	**34481**	**43161**
#一级企业	7452	6730	16378
#二级企业	7123	4106	3680
#三级企业	1947	2013	1837
3.资产合计(万元)	**46926981**		**55047204.4**
#一级企业			
#二级企业			
#三级企业			
4.负债合计(万元)	**32584938**		**39384444**
#一级企业			
#二级企业			
#三级企业			
5.资产负债率(%)	**69.4**		**71.5**
#一级企业			
#二级企业			
#三级企业			
三、土地开发及购置			
本年完成开发土地面积(平方米)			
本年完成土地开发投资(万元)	102268	66673	73094
本年购置土地面积(平方米)			
土地购置费(万元)			

9-35 续表

指　　标	2007年	2008年	2009年
四、商品房屋开发面积(平方米)			
1.施工房屋面积	**31495588**	**32721236**	**31123586**
住宅	21777726	22060792	20874653
#别墅、高档公寓	89624	194315	129158
#经济适用房		136583	98068
办公楼	1896541	2015542	1890883
商业营业用房	3359850	3465518	3282707
其他	4461471	5203761	5075343
2.新开工房屋面积	**8763984**	**7526008**	**4924044**
住宅	6219063	4718006	3280378
#别墅、高档公寓	11883	43224	73724
#经济适用房		21836	39664
办公楼	400585	466131	317892
商业营业用房	729405	849046	610452
其他	1414931	1492825	715322
3.竣工房屋面积	**6360231**	**6297330**	**4020109**
住宅	4371438	4437717	2695448
#别墅、高档公寓	32504	29296	7624
#经济适用房			
办公楼	323814	275484	250463
商业营业用房	739859	597882	322033
其他	925120	986247	752165
4.待售房屋面积	**1523587**	**2315836**	**1419515**
住宅	589171	1211636	636043
#别墅、高档公寓		3439	10175
#经济适用房			
办公楼	158105	150236	154075
商业营业用房	552977	692237	495604
其他	223334	261727	133793
五、商品房屋销售			
1.销售面积(平方米)	**5551102**	**4667068**	**7621518**
住宅	5003483	4136473	7173887
#别墅、高档公寓	18039		45576
#经济适用房			
办公楼	208725	55863	196288
商业营业用房	306356	335793	180699
其他	32538	138939	70644
2.销售额(万元)	**7799127**	**5910911**	**11138757**
住宅	6689474	5304125	10322849
#别墅、高档公寓	75431		242262
#经济适用房			
办公楼	491237	106537	409948
商业营业用房	585218	385131	336151
其他	33198	115118	69809
3.销售价格(元/平方米)	**14050**	**12665**	**14615**
住宅	13370	12823	14389
办公楼	23535	19071	20885
商业营业用房	19103	11469	18603
4.出租面积(平方米)	**2487139**	**2930558**	**1882242**
住宅	505684	491004	166192
#别墅、高档公寓		55109	46073
#经济适用房			
办公楼	565887	527465	542526
商业营业用房	1151781	996796	961079
其他	263787	915293	212445

第四部分

附　录

附录一 2010 中国房地产百强企业研究报告

主报告

1 研究背景与目的

由中国房地产业协会、国务院发展研究中心企业研究所、清华大学房地产研究所和中国指数研究院四家单位共同主办的“中国房地产百强企业研究”，自 2004 年来已连续进行了七年，引起了社会各界的广泛关注，相关研究成果已经成为评判房地产企业经营实力及行业地位的重要标准。

中国房地产 TOP10 研究组启动“2010 中国房地产百强企业研究”，在总结历年研究经验的基础上，以“理性成长”为主旨，进一步完善研究方法和评价指标体系，适当提高稳健性的评价权重，更全面、客观地评价企业的规模性、盈利性、成长性、稳健性、运营效率和综合实力；通过发掘综合实力强、成长稳健的优秀房地产企业群体，鼓励、引导广大房地产企业理性把握成长速度，以企业的稳健经营促进行业的平稳健康发展，为企业成长创造更和谐的发展环境。

中国房地产百强企业研究目的

（1）通过企业规模性、盈利性、成长性、稳健性、运营效率和社会责任等指标的量化研究，发掘综合实力强、经营稳健以及具备较强社会责任感的优秀企业群体；

（2）通过系统研究，打造“中国房地产百强企业”品牌，提升企业知名度和影响力，发挥百强企业的行业示范效应，推动房地产企业做强做好做大；

（3）通过企业评价，鼓励企业为社会多做贡献，以营造行业重视社会责任的氛围，发挥房地产业作为国民经济重要支柱产业和重要民生行业的作用。

2 研究方法体系

2.1 标准和门槛值

中国房地产百强企业研究坚持以数据为依据，秉承客观、公正、准确、全面的研究原则。TOP10 研究组依照国际惯例，对中国房地产百强企业设立如下筛选标准和门槛值：

（1）依法设立并登记注册的房地产开发经营企业作为本次的研究对象；

（2）按照国际惯例，对进入研究的企业给予一个门槛指标，TOP10 研究组根据近 5 年百强企业实际状况，确定近 3 年每年的房地产销售额均须达到 3 亿元或销售面积 10 万平方米为入选门槛值；

（3）为了引导房地产开发企业做好做强做大，TOP10 研究组鼓励以集团的名义参与；

（4）符合上述 1~3 条，但是有严重拖欠工程款，或有重大偷漏税等违规行为问题的企业，取消评审资格。

2.2 评价指标体系

2.2.1 评价指标体系设立原则

2010 中国房地产百强企业研究以 2007-2009 年度为研究时间段，涵盖规模性、盈利性、成长性、稳健性、运营效率、社会责任在内的六个二级指标，评价指标体系的设计主要把握以下几个基本原则：

（1）企业规模与运营效率相结合。规模与效率是企业向前发展的双驱动力，规模经济的获取离不开高效率的经营管理。基于资金密集型特性，房地产企业只有在不断提高经营管理的运转效率、更好地实现资本的良性增值循环的基础上，才能稳健扩张规模。TOP10 研究组在此采用净资产、房地产业务收入、总资产周转率等指标来反映企业的规模与运营效率状况，新增房屋销售面积指标，结合竣工面积等反映市场供求变化。

（2）成长潜力与经营稳健相结合。房地产是资金密集型行业，也是一个容易受政策影响的行业。企业的高杠杆运营，在市场调整期往往带来资金链断裂的巨大压力；而一旦市场向好，企业为补偿资本所承受的风险，又容易诱发提高房价、盲目囤地，进一步推高了行业的不确定性风险，增加了企业的经营难度。因此，此次研究突出“理性成长”的主旨，将现金流动负债比率等偿债能力指标并入稳健性指标，在以新开工面积等指标衡量企业成长潜力的同时，鼓励企业更好地平衡稳健经营与快速成长之间的关系，以维护整个行业的平稳健康发展。

（3）盈利能力与社会责任相结合。企业必须稳步盈利才能实现永续经营，研究组对房地产企业盈利能力的评价，将从净利润、净资产收益率、营业利润率等角度来进行，更全面地衡量企业在不同市场形势下的盈利变化情况。同时研究组坚持从纳税与慈善捐赠两个基本层面引导企业重视社会责任，积极构建和谐社会，并将其作为企业综合实力评价的重要内容。

2.2.2 评价指标体系

在 2010 中国房地产百强企业研究中，中国房地产 TOP10 研究组根据企业规模与运营效率相结合、成长潜力与经营稳健相结合、盈利能力与社会责任相结合的原则，全面客观地评价企业的综合实力。

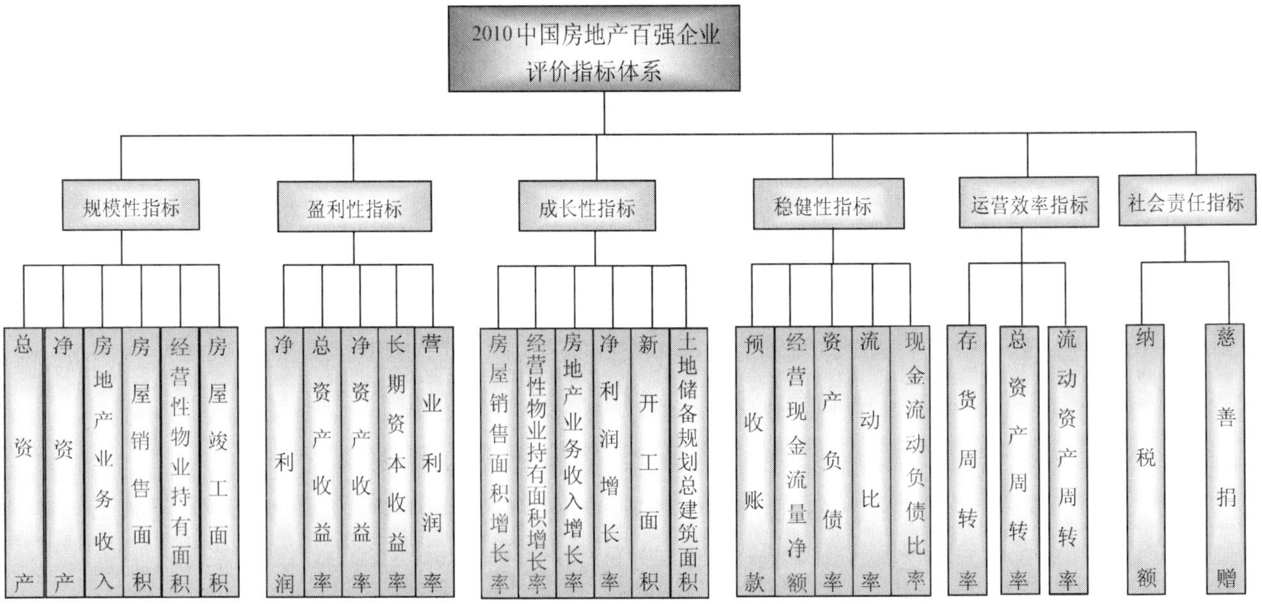

2.3 数据来源和复核

2.3.1 数据来源

（1）房地产开发企业的填报数据；

（2）中国房地产指数系统（CREIS）数据库及监测数据；

（3）房地产企业对外公布的信息（包括公司年报、企业网站公布的信息和对外的宣传资料等）；

（4）有关政府部门（包括建委、房管局和统计局等）的公开数据；

（5）2007、2008、2009 中国房地产百强企业研究收集的企业数据资料；

（6）2007、2008、2009 中国房地产上市公司研究收集的企业数据资料；

（7）2007、2008、2009 中国房地产品牌价值研究收集的企业数据资料。

2.3.2 数据复核

企业填报的数据须如实客观，同时，TOP10 研究组将对企业填报数据进行复核。

（1）企业财务数据通过会计师事务所出具的报表进行复核；

（2）通过税单复核企业经营收入及利润；

（3）对收集的数据坚持交叉复核：通过各地房地产交易中心公开的项目交易情况复核企业提供的销售数据；通过统计局的企业直报数据进行交叉复核；对有疑问的数据研究组可要求进行现场复核。

2.4 计量评价方法

（1）在研究方法上，为增加研究的严谨性，采用因子分析（Factor Analysis）的方法进行。因子分析是一种从变量方差——协方差结构入手，在尽可能多地保留原始信息的基础上，用少数新变量解释原始变量方差的多元统计分析方法。它将原始变量分解为公共因子和特殊因子之和，并通过因子旋转，得到符合现实意义的公共因子，然后用这些公共因子去解释原始变量的方差。计算中国房地产百强综合实力时，主要是计算各构成要素的相关矩阵，通过相关矩阵得到特征值、累计特征值及因子载荷。根据最初几个特征值在全部特征值的累计百分率大于或等于某百分比的原则，确定公共因子的具体个数。然后再根据因子载荷矩阵确定各个因子的现实意义并进行重新命名，最后根据不同企业各个因子的得分及载荷矩阵，通过加权累加构成 2010 中国地产百强企业综合实力指数。

（2）企业按评价指标体系排序出现相同时，依照慈善捐赠数据确定排序；当上述累加计算又基本相同时，按西部、中部、东部排序确定。

3 主要研究成果

3.1 2010 中国房地产百强企业

在 2010 中国房地产百强企业研究中，中国房地产 TOP10 研究组根据近 5 年百强企业实际状况，以 2007~2009 年每年房地产销售额均须达到 3 亿元或销售面积 10 万平方米为入选门槛值，初选了 500 家符合要求的开发企业，依据规模与运营效率相结合、成长潜力与经营稳健相结合、经营实力与社会责任相结合的原则，运用因子分析法及相关数学模型，对全国 500 家房地产企业（集团）的规模性、盈利性、成长性、稳健性、运营效率和社会责任等六个方面的 27 个指标和其他数据信息进行深入的分析研究，科学全面地计算出房地产企业的综合实力指数，研究产生了 2010 中国房地产综合实力百强企业。

“2010 中国房地产百强企业” 名单

万科企业股份有限公司	建发房地产集团有限公司
中国海外发展有限公司	上海三盛宏业投资（集团）有限责任公司
保利房地产（集团）股份有限公司	厦门禹洲集团股份有限公司
绿地集团	武汉地产开发投资集团有限公司
恒大地产集团有限公司	花样年集团（中国）有限公司
绿城房地产集团有限公司	福建正荣集团有限公司
合生创展集团有限公司	上海爱家豪庭房地产集团发展有限公司
广州富力地产股份有限公司	南京栖霞建设股份有限公司
金地（集团）股份有限公司	深圳市富通房地产集团有限公司
北京首都开发控股（集团）有限公司	上海中房置业股份有限公司
龙湖集团	永泰房地产（集团）有限公司
远洋地产控股有限公司	百步亭集团有限公司
大华（集团）有限公司	深圳香江控股股份有限公司
中信房地产股份有限公司	河南正商置业有限公司
首创置业股份有限公司	旭辉集团股份有限公司
招商局地产控股股份有限公司	浙江昆仑置业集团有限公司
北京北辰实业股份有限公司	广州颐和集团有限公司
广东珠江投资股份有限公司	武汉三江航天房地产开发有限公司
金科地产	上海市上投房地产有限公司
江苏新城地产股份有限公司	浙江佳源房地产集团有限公司
SOHO 中国有限公司	云南俊发房地产有限责任公司
金融街控股股份有限公司	广西东方航洋实业集团有限公司
复地（集团）股份有限公司	天津塘沽贻成实业有限公司
阳光 100 置业集团有限公司	海亮地产控股集团有限公司
江苏苏宁环球集团有限公司	重庆光华控股（集团）有限公司
卓越置业集团有限公司	上海三湘股份有限公司
上置集团有限公司	广州市海伦堡房地产开发有限公司
农工商房地产（集团）股份有限公司	青岛伟东置业有限公司
融侨集团股份有限公司	奥宸地产（集团）有限公司
北京金隅嘉业房地产开发有限公司	联发集团有限公司
宁波银亿集团有限公司	天津津滨发展股份有限公司
恒盛地产控股有限公司	杭州宋都房地产集团有限公司
合景泰富地产控股有限公司	广东利海集团有限公司
盛高置地(控股)有限公司	深圳市合正房地产集团有限公司
建业地产股份有限公司	广州百嘉信集团有限公司
佳兆业集团控股有限公司	力高（中国）地产有限公司
杭州滨江房产集团股份有限公司	上海中锐地产集团有限公司
四川蓝光和骏实业股份有限公司	中骏置业控股有限公司

续表

深业集团有限公司	众安房产有限公司
金都房产集团有限公司	大发集团有限公司
鑫苑（中国）置业有限公司	重庆长安房地产开发有限公司
沿海绿色家园集团	宁波奥克斯置业有限公司
天津市房地产开发经营集团有限公司	莱蒙鹏源国际集团有限公司
宝龙地产控股有限公司	重庆市兴茂产业发展（集团）有限公司
福星惠誉房地产有限公司	浙江祥生房地产开发有限公司
上海城开（集团）有限公司	江西恒茂房地产开发有限公司
浙江广厦股份有限公司	上海凯迪企业（集团）有限公司
青岛海尔地产集团有限公司	莱茵达置业股份有限公司
重庆隆鑫地产（集团）有限公司	福建华辰房地产有限公司
方圆地产控股有限公司	上海保集（集团）有限公司
重庆协信控股（集团）有限公司	

3.2 百强企业整体发展特点分析

3.2.1 销售业绩：百强企业销售业绩大幅增长，推动房地产市场与国民经济回暖

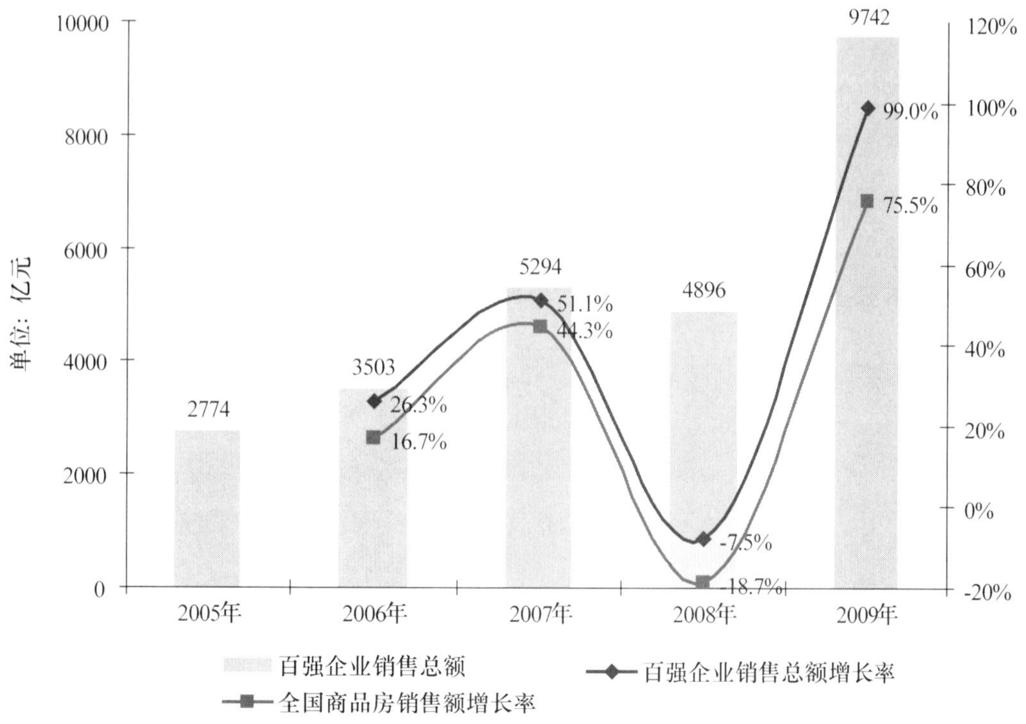

图 1 百强企业 2005-2009 年销售额及变化

2009 年，在政策支持、信贷宽松、刚性需求及通胀预期等因素的影响下，中国房地产市场强势回暖，房地产开发投资直接拉动 GDP 增长达 1.12%[1]，对经济增长的拉动力度和贡献率都非常显著。作为房地产企业的优秀代表，百强企业[2]销售业绩普创新高，销售总额达 9742 亿元，销售面积 9877 万平方米，同比分别

[1] 据中国房地产动态政策设计研究组的测算结果。

[2] 如无特别说明，本报告中的"百强企业"均指"2010 中国房地产百强企业"；数据为"2010 中国房地产百强企业"的历年数据。

增长 99.0%、77.0%（图 1）。与全国商品房 75.5%的销售额增长率、42.1%的销售面积增长率相比，百强企业销售额与销售面积的增长率分别高出行业水平 23.5 与 34.9 个百分点。继 2008 年以领先优势跑赢市场低谷大势之后，百强企业在 2009 年以更快的速度引领行业发展，为推动房地产市场回暖、实现国民经济增长"保八"做出突出贡献。

3.2.2 规模性：融资活跃扩大百强企业规模，总资产、净资产同比增长近 40%

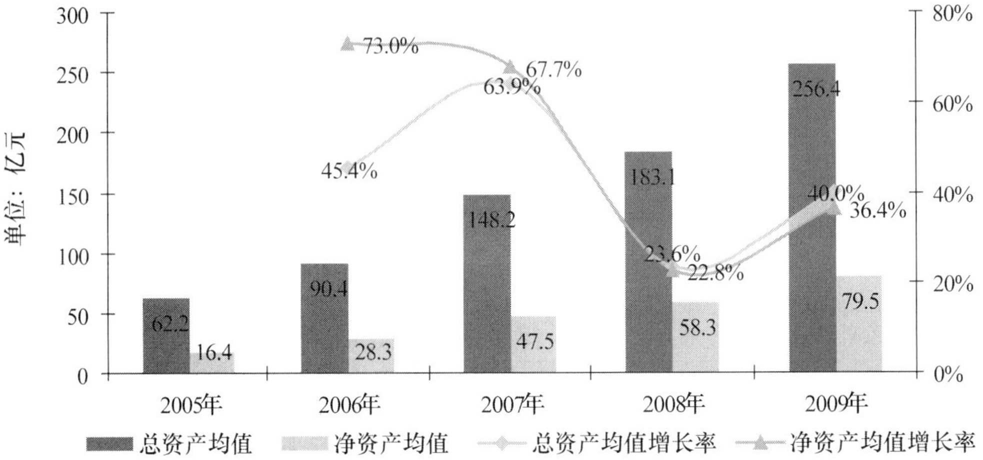

图 2　百强企业 2005-2009 年资产状况及变化

2009 年，百强企业总资产、净资产实现强劲增长：总资产均值为 256.4 亿元，同比增长 40.0%，近 5 年年度复合增长率达到 37.7%，5 年内总资产翻了两番；净资产均值为 79.5 亿元，同比增长 36.4%（图 2），显示了良好的发展势头。

总资产尤其是净资产的快速增长反映了百强企业经营规模与企业实力的提升。其中，净资产的增长主要源于本年结算规模扩大带来的净利润转增以及 2009 年活跃的融资活动对百强企业资产规模的提升，主要特点如下：（1）银行大额授信。（2）借壳上市受青睐。（3）赴港 IPO 热潮再起。（4）再融资方面呈现增发配售与债券融资并举格局。

3.2.3 盈利性：百强企业盈利质量面临挑战，净利润增长但毛利率下降

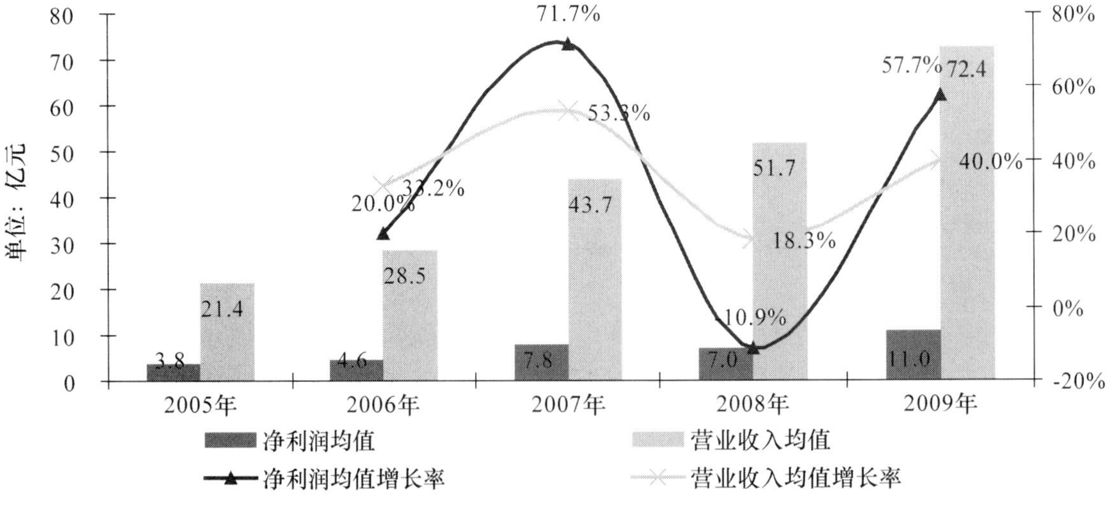

图 3　百强企业 2005-2009 年营业收入与净利润及变化

随着企业资产规模的扩大，百强企业的盈利规模也出现了大幅提升，营业收入均值 72.4 亿元，同比增长 40.0%；净利润均值 11.0 亿元，增幅高达 57.7%。百强企业中，净利润超过 10 亿元的企业数量为 26 家，

较上年增加 9 家。保利、SOHO 中国、绿地等 10 家企业均实现 30 亿元以上的净利润；万科的净利润更是达到 63.1 亿元，比上年增长了 17.9 亿元。

3.2.4 成长性：百强企业成长速度显著，土地储备满足 2-3 年增长需要

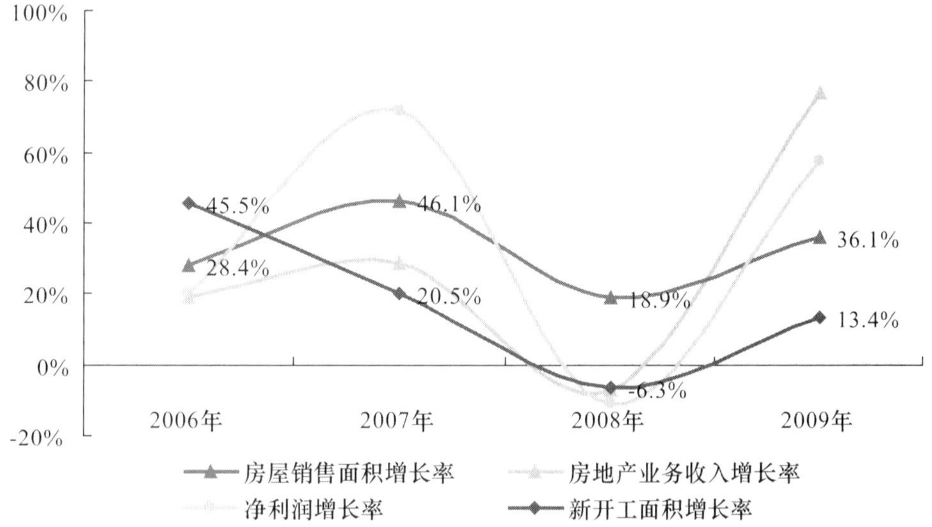

图 4 百强企业 2006-2009 年成长性指标

2009 年既是百强企业的丰收之年，也是百强企业的快速成长之年，其房屋销售面积同比增长 77.0%，房地产业务收入同比增长 36.1%，净利润同比增长 57.7%（图 4），均出现显著增长。同时，随着市场形势的变化，百强企业普遍上调年初制定的开工计划，新开工面积在 2009 年平均达到 90.1 万平方米，较 2008 年的 79.4 万平方米上升 13.4% ，也超过了 2007 年 84.8 万平方米的平均水平，将为 2010 年的市场供给提供保障。

3.2.5 稳健性：百强企业财务稳健性提高，经营性现金流净额首次由负转正

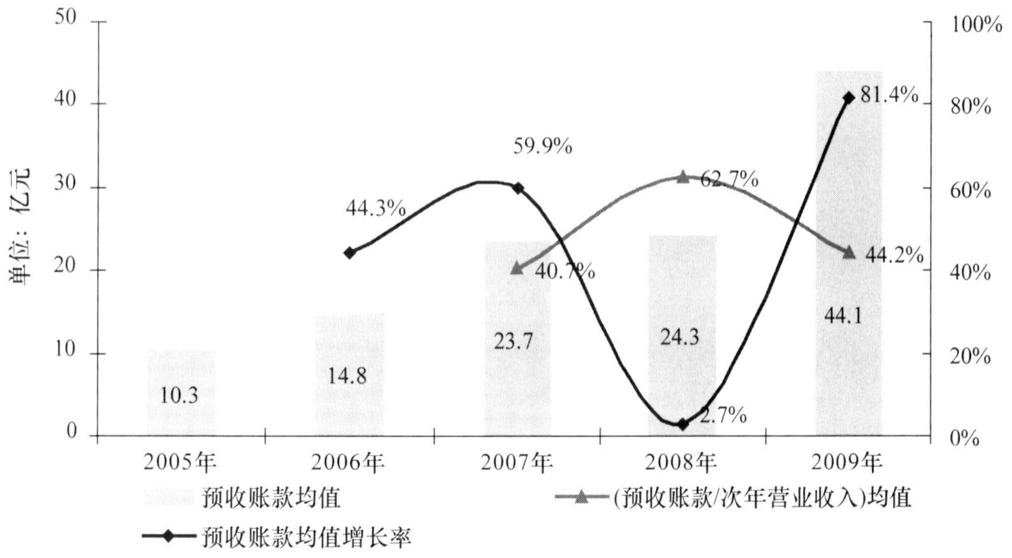

图 5 百强企业 2005-2009 年预收账款均值及变化

2009 年百强企业预收账款均值达 44.1 亿元，与上年相比增长 81.4%，是 2005 到 2009 年来增长幅度最大的一年。预收账款影响房地产企业未来可结转销售收入的变化给企业未来的营业收入结转和会计利润留下一定余地，有利于报表业绩的平滑和稳定。百强企业 2009 年预收账款的增长，在一定程度上保障了企业

今明两年的营业收入和利润额，为企业的稳健发展奠定了基础。

房地产行业在我国处于快速发展阶段，企业为了增加土地储备的需要，经营性现金流历来负值居多，然而这一状况在 2009 年有了显著变化。2009 年百强企业经营性现金流 5 年来首次转正，均值为 6.9 亿元；从经营性现金流净额为正值的百强企业个数来看， 2007、2008 年分别为 47 家与 46 家，但到 2009 年底，经营性现金流净额为正值的百强企业已经达到 81 家，体现了百强企业 2009 年现金流状况的明显改善。

3.2.6 运营效率：百强企业资产周转加快，存货消化周期明显缩短

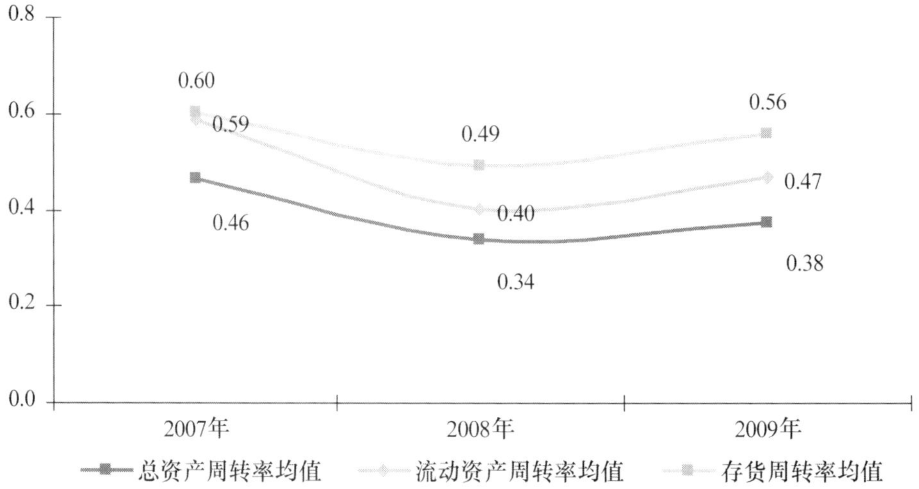

图 6　百强企业 2007-2009 年 运营效率指标分析

如图所示，百强企业 2009 年总资产周转率均值为 0.38，较 2008 年的 0.34 略有提高；流动资产周转率均值由上年的 0.40 提高到 0.47，周转速度加快对企业盈利能力起到增强作用。存货周转率均值为 0.56，较 2008 年有所上升，存货的消化速度加快，存货消化周期也由上年的 106 周下降到 93 周。存货消化周期的缩短同时也要求企业的土地储备保持适度增长，以满足未来市场供应需要。

3.2.7 社会责任：百强企业纳税贡献保障地方财政稳定，积极践行责任地产与公益事业

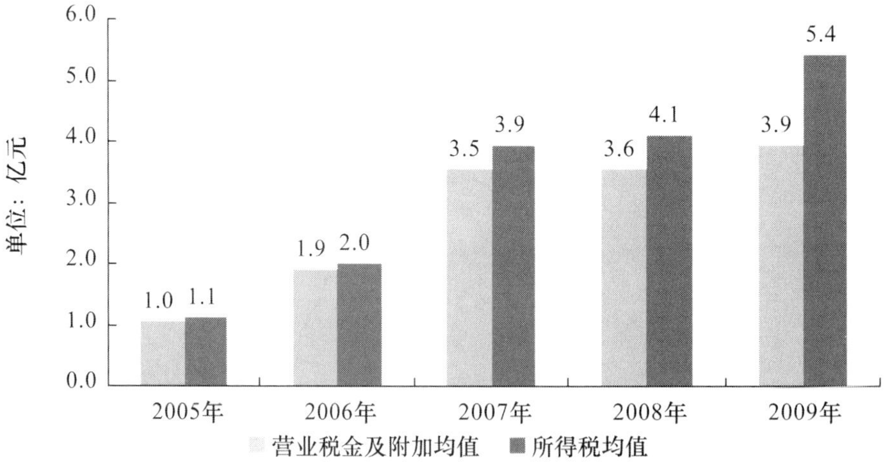

图 7　百强企业 2005-2009 年营业税及所得税

2009 年，百强企业继续引领行业发展，积极带动相关市场投资与需求的快速增长，对我国国民经济摆脱金融危机影响、实现稳定增长做出了重要贡献。从纳税情况来看，房地产企业在国家财政收入中的贡献继续稳步提升，2009 年房地产有关税收已占到国家税收总额的 11%；全年百强企业缴纳的营业税金及附加均值为 3.9 亿元，所得税均值为 5.4 亿元，共计 9.3 亿元，增长率达 20.8%，为政府财政实现保增长目标提供了重要支持。

4 结语：百强企业理性发展任重道远

（1）房地产政策环境由宽松回归常态，百强企业需积极防范市场调整风险

2007-2009 年中国房地产市场经历了由高到低再到快速上扬的起伏行情，房地产企业也经历了由欢喜到茫然再到惊喜交加的心理剧变。2009 年初，很多房地产企业还面临资金压力甚至现金流断裂的风险，而盘点全年，全国房地产市场销售量及销售价格已达到了前所未有的高度，百强企业获得了鼓舞人心的发展业绩，市场份额进一步加大，企业规模快速扩张，区域布局上加大了对二三线城市的投资与开发，成长速度非常显著，为带动房地产市场回暖、国民经济"保八"增长做出突出贡献。

从城市化发展进程来看，我国正处在快速发展的阶段与人口红利峰值的前期，对房地产的需求将继续增加，房地产业发展前景广阔。但从长远来说，我国房地产业仍处于起步阶段，百强企业的发展仍将面临持久战的考验。2010 年 1 月 7 日，国务院办公厅下发《关于促进房地产市场平稳健康发展的通知》（"国十一条"），标志着房地产业政策从"鼓励"转为"趋紧"，表明我国房地产政策环境整体发生了变化。作为国民经济的重要支柱产业和社会各方面高度关注的民生行业，房地产业无疑将在国家加强和改善房地产调控中发展。

顺势而为方能四两拨千斤。基于长期房地产企业研究经验，研究组建议百强企业一定要密切关注政策变化，关注政策变化给市场环境带来的影响，以积极心态应对政策、市场变化，理性处理成长速度与战略目标的关系，谋求企业的长期稳健发展。

（2）百强企业应提高资产周转效率，土地储备合理增长，促进企业可持续发展

2009 年，百强企业的现金流状况明显改善，企业预收账款的大幅上涨为 2010 年的平稳发展奠定了基础。但值得一提的是，百强企业 2009 年资产周转率均值为 0.38，存货周转率约 0.56，低于 2007 年相应指标的 0.46 和 0.60。相比国外房地产开发公司，美国 TOP10 的房地产开发企业资产周转率为 1-2 倍，是中国企业的 3 倍以上。

因为资产周转率较低，自身的资金积累难以满足成长目标需要，百强企业只能到资本市场上寻求外部资金支持，体现在 2009 年百强企业出现了港股 IPO 与借壳上市热潮，以及增发配售与债券融资并举的形势。尽管在资本市场上获取外部资产注入是企业发展的手段之一，但是这种大规模借助外部融资的增长是难以持久而且是蕴含了很高风险的。百强企业要想持续长久的发展，需要企业根据自身经营能力挖掘潜力成长因子，提高资产周转效率；而资产周转率的提高，又需要企业合理制定土地储备的扩张速度，把握拿地节奏并科学布局，既要保障发展的需要，又不要因为过度的土地储备沉积大量资金。

（3）百强企业需科学规划成长速度，遵守财务稳健原则

成长速度目标决定企业经营的战略战术。合理的成长速度需要科学设计，百强企业需要综合考虑企业成长规律、现有资源条件、财务安全要求、发展战略要求、行业竞争情况等方面的情况，科学规划企业的理性成长速度，并根据理性成长速度测算企业未来 1-2 年的经营目标，为企业 3-5 年的发展战略提供依据，指导企业科学制定年度经营指标。在当前的房地产市场环境下，行业发展机遇与风险并存，百强企业要想持续地位于行业发展的前列，不仅要抓住行业机遇积极扩张，也要警惕行业风险，把握好扩张的节奏。在中外房地产发展史上，因为发展过于激进，导致行业波动时陷于资金困境的企业比比皆是。而那些遵守财务稳健原则，将企业发展建立在健康的财务安全结构基础上的企业则在历史的长河中逐渐脱颖而出。在理性成长速度指导下，百强企业要能够坚持不懈地恪守自身的财务稳健原则，提高周转效率，防范经营风险，实现更为有序、稳健的发展，赢得企业长期发展目标的实现。

副报告

1 2010 中国房地产百强企业 TOP10 研究

中国房地产 TOP10 研究组对规模性、盈利性、成长性、稳健性和运营效率等方面进行了深入研究，评价产生了 2010 中国房地产百强企业"综合实力 TOP10"、"规模性 TOP10"、"盈利性 TOP10"、"成长性 TOP10"、"稳健性 TOP10"、"运营效率 TOP10"和"年度社会责任感企业"。

1.1 2010 中国房地产百强企业 "综合实力 TOP10"

排名	公司名称
1	万科企业股份有限公司
2	中国海外发展有限公司
3	保利房地产（集团）股份有限公司
4	绿地集团
5	恒大地产集团有限公司
5	绿城房地产集团有限公司
7	合生创展集团有限公司
8	广州富力地产股份有限公司
9	金地（集团）股份有限公司
10	北京首都开发控股（集团）有限公司

综合实力 TOP10 企业特别表现出了规模大、盈利性好、成长迅速、稳健性强、运营效率高等特点。规模性方面，综合实力 TOP10 企业总资产规模达到 783.7 亿元，同比增长 42.2%，远高于百强企业均值 256.4 亿元；盈利能力方面，综合实力 TOP10 企业净利润均值为 38.1 亿元，同比增长 32.3%；成长能力方面，综合实力 TOP10 企业房地产业务收入均值超过 200 亿元，同比增长 40.2%，远高于百强企业平均水平。稳健性方面，综合实力 TOP10 企业在 2009 年资产负债率均值保持在 60%左右，合理有效利用了财务杠杆；运营效率，综合实力 TOP10 企业存货周转率均值为 0.6，高出百强平均水平 4 个百分点。

1.2 2010 中国房地产百强企业 "规模性 TOP10"

排名	公司名称
1	万科企业股份有限公司
2	中国海外发展有限公司
3	保利房地产（集团）股份有限公司
4	绿地集团
5	绿城房地产集团有限公司
6	广州富力地产股份有限公司
7	金地（集团）股份有限公司
8	龙湖集团
9	北京首都开发控股（集团）有限公司
10	首创置业股份有限公司

规模性 TOP10 企业在完成全国化布局后继续深化已进入市场。2009 年总资产均值高达 715.6 亿元，是同期百强企业平均总资产的 2.8 倍；房地产业务收入均值超过 200 亿元，是同期百强企业的 3.2 倍；房屋销

售面积均值近350万平方米，是同期百强企业的3.5倍，优势明显。

1.3 2010中国房地产百强企业“盈利性TOP10”

排名	企业名称
1	中国海外发展有限公司
2	万科企业股份有限公司
3	合生创展集团有限公司
4	保利房地产（集团）股份有限公司
5	卓越置业集团有限公司
6	上海三盛宏业投资（集团）有限责任公司
7	合景泰富地产控股有限公司
8	阳光100置业集团有限公司
9	杭州滨江房产集团股份有限公司
10	复地（集团）股份有限公司

盈利性TOP10企业在2009年净利润快速增长，均值达到30.9亿元，为百强企业净利润均值的2.8倍，盈利水平优势突出。TOP10企业总资产收益率均值达到7%以上，比同期百强企业高出1个百分点；净资产收益率均值比同期百强企业高出2个百分点以上，三年净资产收益率均值为21.3%。

1.4 2010中国房地产百强企业“成长性TOP10”

排名	公司名称
1	绿城房地产集团有限公司
2	保利房地产（集团）股份有限公司
3	青岛海尔地产集团有限公司
4	中信房地产股份有限公司
5	盛高置地(控股)有限公司
6	江苏苏宁环球集团有限公司
7	上海城开（集团）有限公司
8	重庆协信控股（集团）有限公司
9	恒盛地产控股有限公司
10	重庆隆鑫地产（集团）有限公司

成长性TOP10企业在2009年房地产市场中表现尤为突出，实现了快速增长，房地产业务收入增长率均值达到112.1%，同比增长80.9%；销售面积增长率为151.5%，近三年的销售面积增长率均值为105.4%，展现了良好的发展势头。

1.5 2010中国房地产百强企业“稳健性TOP10”

排名	公司名称
1	中国海外发展有限公司
2	万科企业股份有限公司
3	上置集团有限公司
4	北京北辰实业股份有限公司
5	上海爱家豪庭房地产集团发展有限公司
6	金融街控股股份有限公司
7	龙湖集团
8	农工商房地产（集团）股份有限公司
9	福星惠誉房地产有限公司
10	建业地产股份有限公司

稳健性 TOP10 企业三年来持续保持稳健的资本结构和财务风险控制能力，2009 年资产负债率均值为 0.61，低于同期百强企业 0.68 的平均水平，负债规模较百强企业更加合理；预收账款均值为 74.3 亿元，是同期百强企业的 1.68 倍，预收账款的优势为稳健性 TOP10 企业提供了现金流保障，确保了企业经营的稳定。

1.6 2010 中国房地产百强企业“运营效率 TOP10”

排名	公司名称
1	万科企业股份有限公司
2	恒大地产集团有限公司
3	金科地产
4	江苏新城地产股份有限公司
5	宁波银亿集团有限公司
6	鑫苑（中国）置业有限公司
7	SOHO 中国有限公司
8	旭辉集团股份有限公司
9	金都房产集团有限公司
10	上海中锐地产集团有限公司

在企业规模不断扩张的形势下，如何保证运营效率的提升成为百强企业面临的重要挑战。运营效率 TOP10 企业 2009 年总资产周转率均值为 0.58，高于百强企业 0.38 的平均水平，近三年总资产周转率均值也达到 0.45 以上；存货周转率均值为 0.75，高于 0.56 的百强企业平均水平，实现了更高的运营效率。

1.7 2009-2010 中国房地产年度社会责任感企业

公司名称	公司名称
恒大地产集团有限公司	恒盛地产控股有限公司
万科企业股份有限公司	宝龙地产控股有限公司
中国海外发展有限公司	永泰房地产（集团）有限公司
佳兆业集团控股有限公司	武汉地产开发投资集团有限公司
北京首都开发控股（集团）有限公司	百步亭集团有限公司

在经营业绩大幅提升，企业实力不断增强，房地产业作为国民经济支柱产业的地位日益突出的情况下，百强企业现代企业公民意识显著增强，承担了更多的社会责任，通过实际行动来回报社会，谋求社会与企业的和谐进步。在纳税额方面，2009-2010 中国房地产年度社会责任感企业纳税额占百强企业纳税额比例超过 25%。

2 2010 中国房地产百强之星

公司名称	公司名称
北京北辰实业股份有限公司	浙江佳源房地产集团有限公司
广东珠江投资股份有限公司	广西东方航洋实业集团有限公司
深业集团有限公司	天津塘沽贻成实业有限公司
沿海绿色家园集团	海亮地产控股集团有限公司
天津市房地产开发经营集团有限公司	上海三湘股份有限公司
浙江广厦股份有限公司	天津津滨发展股份有限公司
建发房地产集团有限公司	杭州宋都房地产集团有限公司
方圆地产控股有限公司	广州百嘉信集团有限公司

续表

厦门禹洲集团股份有限公司	众安房产有限公司
上海中房置业股份有限公司	中骏置业控股有限公司
深圳香江控股股份有限公司	大发集团有限公司
河南正商置业有限公司	重庆长安房地产开发有限公司
上海市上投房地产有限公司	莱蒙鹏源国际集团有限公司
浙江昆仑置业集团有限公司	上海凯迪企业（集团）有限公司
武汉三江航天房地产开发有限公司	莱茵达置业股份有限公司

➢ **百强之星强化区域布局**

百强之星企业结合品牌影响力和企业自身优势，在区域布局上探索出适合企业发展的道路。百强之星企业以区域核心城市为基础，强化区域内市场布局，根据不同区域特点采用因地制宜措施，打造适宜当地的产品，有效地提高了品牌的知名度，推动了企业的快速发展。

➢ **百强之星优化管理体制**

百强之星规模日益壮大，实力不断发展，并纷纷采用科学高效的管理制度。百强之星管理模式由之前的粗放式管理向精细化迈进，在管理运作中，加强企业的执行力，实施管理流程可操控性，加入了考核管理。

特别声明:

2010 中国房地产策划代理百强企业研究报告

1 研究简介

1.1 研究背景与目的

由中国房地产业协会、国务院发展研究中心企业研究所、清华大学房地产研究所和中国指数研究院四家单位共同主办的“中国房地产百强企业研究”，自 2004 年来已连续进行七年，引起了社会各界的广泛关注。“中国房地产策划代理百强企业研究”作为“百强企业系列研究”重要组成部分，也已连续进行六年，相关研究成果成为评判房地产策划代理企业经营实力及行业地位的重要标准，对房地产开发企业选择策划代理合作伙伴具有重要的参考价值。

2010 中国房地产策划代理百强企业研究目的

通过企业规模性、盈利性、成长性、策划能力和一手物业代理能力五大指标体系的量化研究，客观地反映房地产策划代理企业的整体状况和发展趋势，综合评价房地产策划代理企业的综合实力。

通过系统研究，分析企业自身的营运状况及优劣势，帮助企业了解当前形势下策划代理企业的最新发展状况，加强策划代理企业与房地产开发百强企业的深度合作。

通过百强企业研究成果发布，树立房地产策划代理标杆企业，全面提升房地产策划代理行业运作水平和服务质量，促进行业健康发展，实现房地产行业资源的优化组合。

1.2 研究方法体系

1.2.1 研究方法概述

✓ 基本原则

坚持以数据为依据，坚持客观、公正、准确、全面的研究原则。

✓ 门槛值

（1）依据《公司法》建立、经过省级（含副省级省辖市）以上有关部门批准并登记注册的房地产代理企业作为本次的研究对象；

（2）按照国际惯例，对进入研究的企业给予一个门槛指标，TOP10 研究组确定连续三年平均一手物业代理总建筑面积 10 万平方米为入选门槛值；

（3）为了引导房地产策划代理企业做强做大，TOP10 研究组鼓励以集团的名义参与。

✓ 计量评价方法

（1）在研究方法上，为增加研究的严谨性，采用因子分析（Factor Analysis）的方法进行。因子分析是一种从变量方差——协方差结构入手，在尽可能多地保留原始信息的基础上，用少数新变量解释原始变量方差的多元统计分析方法。它将原始变量分解为公共因子和特殊因子之和，并通过因子旋转，得到符合现实意义的公共因子，然后用这些公共因子去解释原始变量的方差。计算中国房地产策划代理百强综合实力时，主要是计算各构成要素的相关矩阵，通过相关矩阵得到特征值、累计特征值及因子载荷。根据最初几个特征值在全部特征值的累计百分率大于或等于某百分比的原则，确定公共因子的具体个数。然后再根据因子载荷矩阵确定各个因子的现实意义并进行重新命名，最后根据不同企业各个因子的得分及载荷矩阵，通过加权累加构成 2010 中国房地产策划代理百强综合实力指数。

（2）企业按评价指标体系排序出现相同时，依照慈善捐赠数据确定排序；当上述累加计算又基本相同时，按西部、中部、东部排序确定。

✓　数据来源

（1）由房地产策划代理企业填报的数据；

（2）房地产策划代理企业对外公布的信息（包括公司年报、企业网站公布的信息和对外派发的宣传资料）；

（3）中国房地产指数系统（CREIS）数据库；

（4）有关政府部门（包括建委、房管局和统计局等）的公开数据；

（5）2007、2008、2009 中国房地产百强企业研究收集的企业数据资料；

（6）2007、2008、2009 中国房地产品牌价值研究收集的企业数据资料。

1.2.2 评价指标体系

✓　评价指标体系设计原则

2010 中国房地产策划代理百强企业研究以 2007-2009 年度为研究时间段，涵盖规模性、盈利性、成长性、策划能力、一手物业代理能力在内的 5 个二级指标、18 个三级指标，全面评价企业的综合实力。

✓　评价指标体系

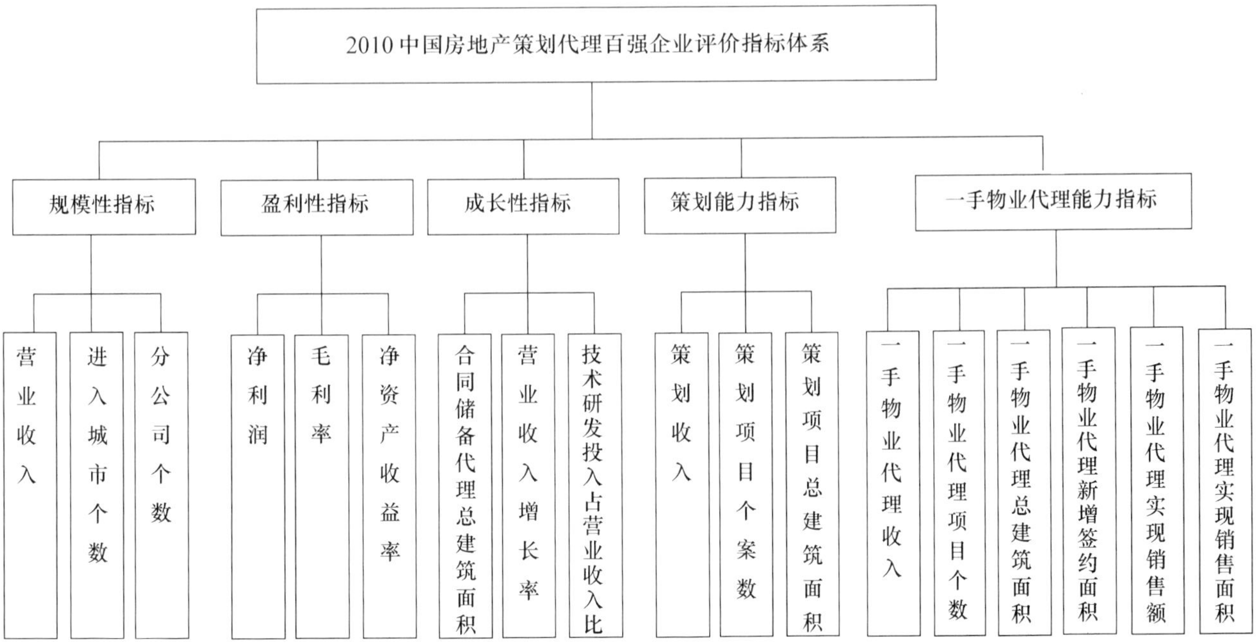

2 研究成果及分析

2.1 2010中国房地产策划代理百强企业

"2010 中国房地产策划代理百强企业"前50强

易居（中国）控股有限公司	宁波银策房地产销售代理服务有限公司
深圳世联地产顾问股份有限公司	深圳市尊地地产咨询有限公司
上海同策房产咨询股份有限公司	经纬物业（中国）有限公司
合富辉煌集团控股有限公司	南宁宝资通项目咨询集团有限责任公司
北京伟业联合房地产顾问有限公司	广州凌峻房地产咨询有限公司
上海新联康投资顾问有限公司	北京金融街房地产顾问有限公司
策源地产	上海锦和房地产经纪有限公司
北京金网络置业投资顾问有限公司	杭州汉嘉地产咨询有限公司
新景祥投资控股有限公司	北京华远房地产经纪有限公司
广州保利地产代理有限公司	深圳市同致行物业顾问有限公司
上海华燕置业发展有限公司	中广信地产服务机构
上海普润房地产顾问有限公司	瑞尔特房地产顾问机构
中原地产代理（深圳）有限公司	上海杰星房地产经纪有限公司
上海聚泰房地产经纪有限公司	深圳市新峰地产顾问有限公司
上海开启房地产投资咨询有限公司	上海中天行鸿光房地产顾问有限公司
博思堂地产综合服务股份有限公司	北京成业行房地产投资控股有限公司
深圳市星彦地产顾问有限公司	深圳市华彦房地产顾问有限公司
北京远洋嘉业房地产经纪有限公司	大汉隆城企业机构
厦门同舟济置业顾问有限公司	上海弘策房地产咨询有限公司
北京亚豪房地产经纪有限公司	深圳众厦实业发展有限公司
广州中地行房产代理有限公司	北京华业行房地产经纪有限公司
信立怡高房地产顾问机构	珠海百脑会房地产策划有限公司
置业国际（中国）有限公司	沈阳精诚置业顾问有限公司
北京协成房地产经纪有限责任公司	浙江九天房地产顾问有限公司
深圳市德思勤投资咨询有限公司	上海中瑞房地产经纪有限公司

2.2 2010中国房地产策划代理百强企业发展状况分析

2.2.1 经营业绩：整体业绩大幅上涨，百强企业尽显恒强之势

在宽松货币政策及内需刺激政策的引导下，2009 年房地产市场实现强势回暖并迎来销售高峰，服务于房地产开发企业的策划代理行业也随之实现了快速发展，作为行业领先的百强企业[1]收入规模和盈利水平均有大幅提升。

[1]除有特殊说明，本报告所出现"百强企业"均为 2010 中国房地产策划代理百强企业"。

（1）收入规模：代理业务大幅上升，带动百强企业收入规模快速增长

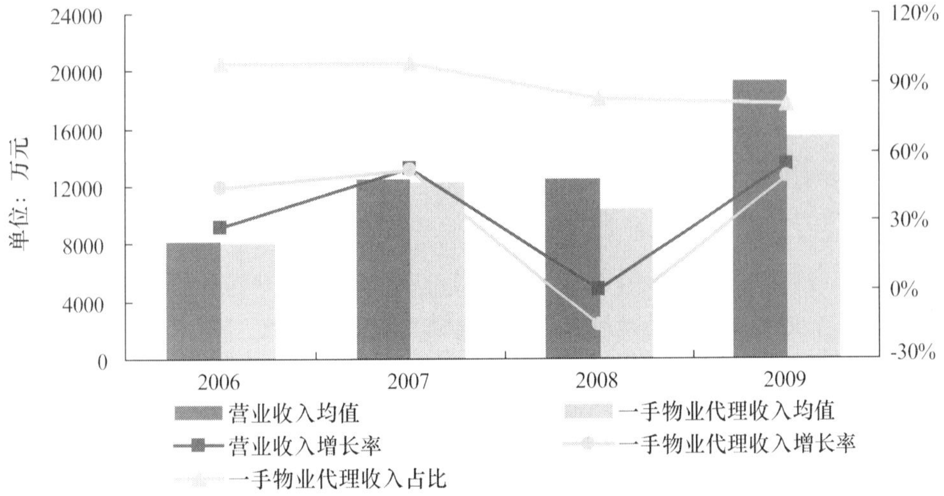

图 1 2006-2009 年百强企业收入规模及其变化

2009 年，策划代理百强企业平均实现营业收入 19242.42 万元，同比增长 53.91%，增幅较 2008 年大幅上升，且增速创下 2006 年以来的新高，百强企业营业收入规模快速扩大。作为策划代理企业主要收入来源的一手物业代理收入增长是推动年度营业收入规模快速上升的主要因素。近几年策划代理百强企业一手物业代理收入占营业收入比例保持在 80%以上，2009 年受益于房地产市场良好的销售局面，百强企业一手代理收入均值达 15483.37 万元，同比增长 48.95%，促进了企业整体收入规模的快速上升。

（2）盈利水平：利润增速快于收入增速，百强企业实现有质量的增长

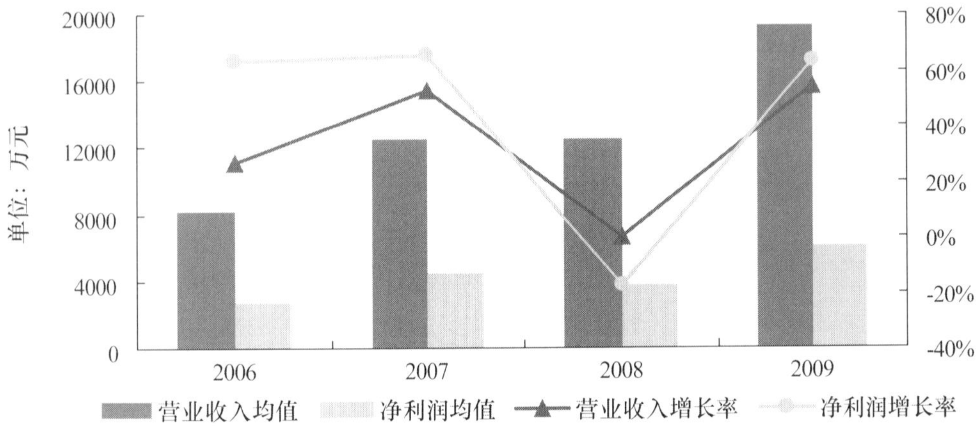

图 2 2006-2009 年百强企业盈利水平及其变化

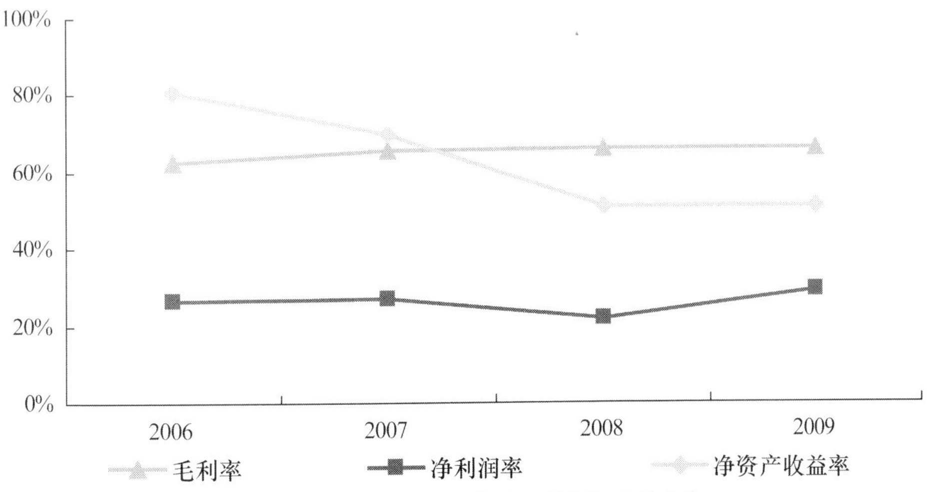

图 3 2006-2009 年百强企业盈利指标及其变化

2009 年，百强企业实现净利润均值 5923.07 万元，同比增长 63.23%，快于营业收入 53.91%的增长速度，净利润增长速度快于营业收入增速，说明百强企业在收入规模快速扩张的同时，企业成本和费用控制能力增强，规模水平和盈利水平同步提升，企业实现有质量的增长。

2009 年，百强企业平均净资产收益率高达 51.19%，继续发挥轻资产行业的优势，体现其高获利性的特点；同期百强企业平均毛利率为 66.13%，与 2007、2008 年的水平基本持平；平均净利润率为 28.93%，同比增长 6.82%，毛利率和净资产收益率趋于稳定的情况下净利润率出现较大幅度的上升，表明百强企业规模扩张中主营业务获利能力保持稳定，各项费用控制有效，为企业健康持续发展奠定了基础。

2.2.2 专业能力：策划代理能力持续增强，百强企业引领行业成长

策划代理企业为以专业能力服务于房地产开发商，其专业性成为房地产开发企业日益看重的能力因素。2009 年，策划代理百强企业以优异的业绩展现了其强大的专业实力，策划能力和代理能力均有明显增强，引领行业整体业务和发展速度迈向更高水平。

(1)代理能力：代理业务强势增长，提升企业“生命力”

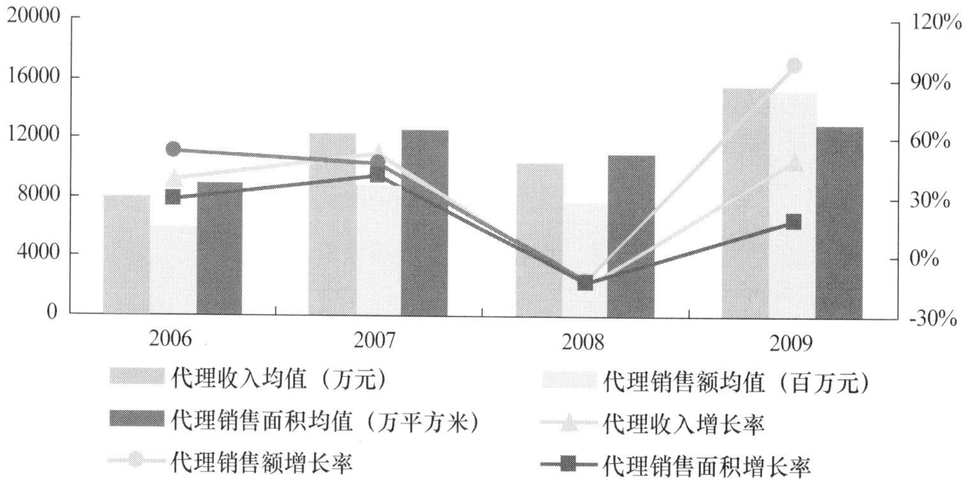

图 4　2006-2009 年百强企业代理业务指标及变化

代理业务是企业永驻“生命力”的主要源泉，为企业整体规模和实力发展壮大奠定坚实的基础。2009 年，百强企业一手物业代理销售额、销售面积和代理收入增长率分别为 97.73%、18.49%和 48.95%，各项主要指标同比均有显著提高。在经历了 2008 年代理业务的下滑后，百强企业积极把握房地产市场强势复苏机遇，年内大力拓展一手物业代理业务，实现代理销售额和代理销售面积的快速增长，并在行业竞争不断加剧和平均代理费率有所下滑的情况下，凭借强大的专业能力实现了代理业务收入的强势增长。

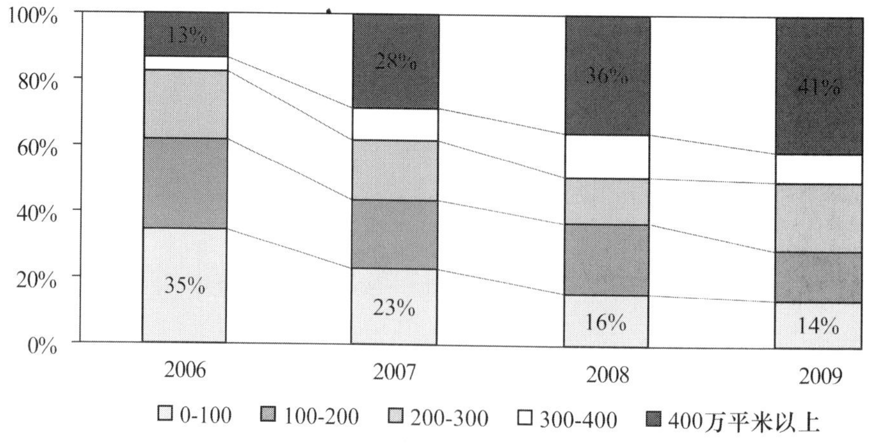

图 5　2006-2009 年百强企业一手物业代理总建筑面积分布

2009 年，百强企业中一手物业代理总建筑面积超过 400 万平方米的企业占比达到 41%，同比增加 5 个百分点，高出 2006 年 28 个百分点；同期，百强企业中一手物业代理总建筑面积低于 100 万平方米的企业继续减少，占比降至 14%，比 2006 年降低 21 个百分点。百强企业总体项目代理面积的上升，反映随着业务的不断拓展百强企业销售力不断提升，代理销售能力受到更多大中房地产开发企业的认可，专业能力更加突出。

（2）策划能力：策划业务优势突出，增强企业“智慧力”

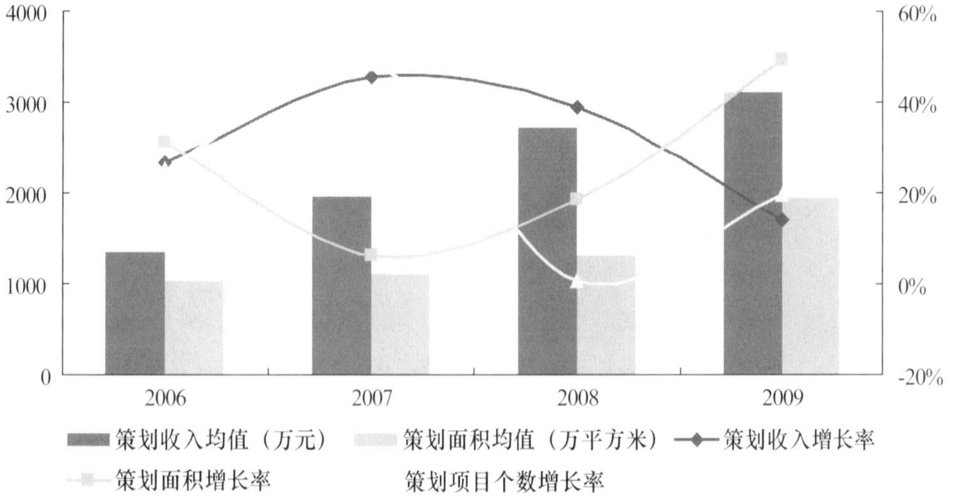

图 6 2006-2009 年百强企业策划业务指标及其变化

作为策划代理企业业务构成中的重要组成部分，策划能力是证明企业专业能力的重要方面。2009 年，百强企业策划业务延续自 2005 年度以来的持续增长态势，策划收入均值达 3104.14 万元，同比增长 13.93%；策划面积均值达 1949.50 万平方米，同比增长 49.13%，平均策划项目个数近 69 个，同比增长 19.48%。表明百强企业代理业务快速增长的同时，策划业务实力也在不断增强。

房地产策划业务的快速发展，直接促使策划代理百强企业在房地产业务链上作用的扩大与延长，从单独的一手物业代理向上延伸到房地产项目全程策划，更加突出了百强企业在智力服务上面的专业优势。

2.2.3 战略布局：稳步推进全国化布局，百强企业二三线城市扩张步伐加快

在经历了 2008 年房地产市场的调整之后，策划代理行业在 2009 年房地产市场的新一轮上升中，企业扩张步伐有所加快，百强企业领衔加紧布局有潜力的二三线城市，稳步推进全国化布局战略。

（1）区域拓展：启动业务扩张战略，百强企业全国化布局更进一步

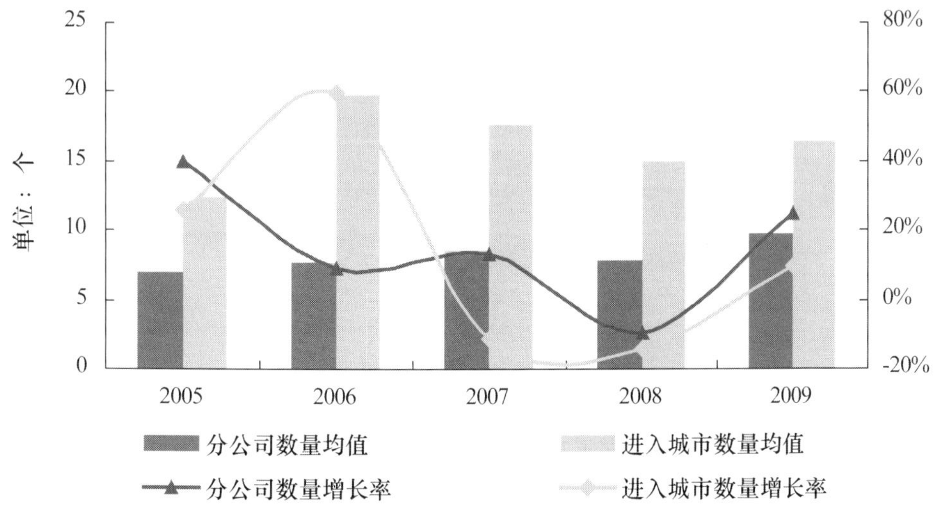

图 7 百强企业分公司、进入城市数量及其变化

2009 年，百强企业平均分公司数量近 10 个，同比增长 24.79%，与此同时，百强企业平均业务分布城市个数改变了 2007 年、2008 年逐年下降趋势，达到 16 个。经过发展，百强企业在规模实力、专业能力等方面均有了大幅提升，在全国房地产市场快速发展的大环境下，百强企业强势发力，加速推进全国化布局，积极推进业务扩张战略，分公司个数与业务分布城市个数大幅增加，区域拓展速度成为证明百强企业发展能力的重要方面。

(2)扩张方向：百强企业二三线城市扩张趋势明显

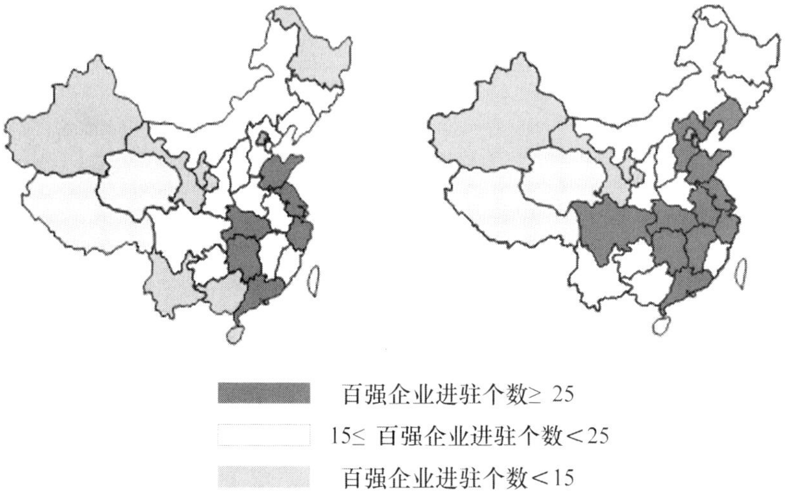

图 8　2007 年（左图）与 2009 年（右图）百强企业全国分布热度对比

从 2007、2009 年百强企业全国分布热度图（不含港澳台地区）对比来看，百强企业进驻个数大于或等于 25 个的省份数量大幅增加，数量达 14 个，其中新增加了辽宁、河北、天津、安徽、江西、四川、重庆等 7 个省份。而百强企业进驻个数少于 15 个的省份数量快速减少，目前仅有新疆、甘肃、宁夏、青海和西藏等 5 个省份。

随着近年房地产开发企业向二三线城市发展的趋势逐步明显，策划代理企业的业务布局也逐步拓展至房地产市场相对活跃和具有成长潜力的二三线城市，未来，策划代理企业二三线城市的业务收入占比将不断扩大。

2.3　2010 中国房地产策划代理百强企业综合实力 TOP10 分析

2010 中国房地产策划代理综合实力 TOP10

公司名称
易居（中国）控股有限公司
深圳世联地产顾问股份有限公司
上海同策房产咨询股份有限公司
合富辉煌集团控股有限公司
北京伟业联合房地产顾问有限公司
上海新联康投资顾问有限公司
策源地产
北京金网络置业投资顾问有限公司
新景祥投资控股有限公司
广州保利地产代理有限公司
上海华燕置业发展有限公司

2009年，中国房地产策划代理综合实力TOP10企业在房地产市场全面复苏的市场环境下，规模性、盈利性与专业性等方面均有明显提高，行业地位进一步巩固。

易居中国成为营业收入最多的策划代理企业；世联地产在策划业务增长良好的同时，代理业务所占市场份额有所提升，并成功登陆国内A股市场；同策开展营销咨询与销售代理、金融投资管理、商用物业运营等综合业务，并成为行业中首家荣获省级著名商标认证的企业；合富辉煌以独特的房地产运营服务模式，提供基于实践突破现实的专业服务，系统解决房地产项目开发各个环节的发展问题，为客户实现理想价值；伟业不断提高服务水平和资源整合能力，将服务体系延伸至商业管理、地产金融、资产管理等众多领域，积极为开发企业提供多领域增值服务；新联康代理销售额大幅上升，展现了强劲的代理销售能力；策源地产依托复星集团，主营业务涵盖一手代理、地产咨询、商用地产三大板块，并在行业资源、媒体资源与高端客户数据资源上具有突出领先优势；金网络代理销售额增长超过200%，业务优势进一步巩固；新景祥公司总部从厦门迁至北京，提升了在全国市场的竞争力；保利地产代理依托于保利地产的综合实力，形成了强大的专业与资源整合能力和区域联动的辐射结构，一手物业代理业务快速增长；华燕以全新的商业模式，将经纪、金融两大领域服务结合，实现房地产流通领域一站式服务，带动了企业跨越式发展。

此外，中国房地产TOP10研究组针对策划代理行业区域发展的特点，对策划代理市场已较成熟的华南、华北、华东区域展开深入研究，发掘具有区域和特色服务优势的企业，旨在为更多企业的发展提供可以借鉴的参考。

特色服务企业
上海同策房产咨询股份有限公司
北京伟业联合房地产顾问有限公司
中原地产代理（深圳）有限公司
新景祥投资控股有限公司
上海华燕置业发展有限公司
北京远洋嘉业房地产经纪有限公司
信立怡高地产顾问机构
北京协成房地产经纪有限责任公司
经纬物业（中国）有限公司
上海弘策房地产咨询有限公司

华东区域集中了大批专业服务特色明显的区域领先企业：同策为持有商业物业产权的业主提供包括策划咨询、招商代理、经营管理三大核心服务在内的商业地产综合服务；华燕坚持“研究、代理、金融”一体化的运营理念，成功开发出房地产金融信息化创新服务平台——“房盟中国”，为终端客户、银行、开发商提供了共赢的地产金融服务模式；弘策坚持以住宅+商业的复合型地产项目全程一体化营销，形成了前期策划、营销代理到营运管理的一体化服务特色。华南区域是国内策划代理发展最早的区域，拥有国内最为成熟完善的策划代理市场，区域内企业普遍拥有成熟且独具特色的服务链，特别是在综合服务方面。其中，中原地产在成熟的港式管理模式下稳步发展，提供全程策划及销售代理服务，是华南规模实力突出的大型专业策划代理公司之一。华北区域策划代理行业较之华南、华东成熟度仍较低，是全国性策划代理百强企业最为活跃的区域，吸引了华南、华东的众多优秀企业，华北本地百强企业则以区域性企业为主，密集分布于

北京及其周围的天津、河北、山东等地区。其中，伟业顾问定位于提供综合服务，深度整合专业资源，全面实现市场研究与产品设计的互动、前期投资顾问与后期营销的互动、技术服务于房地产金融服务的互动，全面深度介入住宅、写字楼、商业物业领域，成为华北乃至全国最优秀的房地产综合服务商之一。

3 结语

2009 年是策划代理行业快速发展的一年，策划代理百强企业抓住房地产市场回暖的机遇积极发展，在经营业绩、专业能力、战略布局和资源整合等方面均有明显提升，展现了强者恒强之势，百强企业整体实力进一步增强。2010 年，随着国家和各地政府多项房地产调控政策的接连出台，房地产市场面临更为复杂的发展环境。对策划代理企业来说，也是机遇与挑战并存的一年，企业需要积极拓展市场空间，确定合理的成长速度，争取实现持续快速的增长与发展。

附录二　2010 中国房地产上市公司 TOP10 研究报告

1 研究背景与目的

2009年12月国务院先后出台的“营业税优惠政策调整”及“国四条”，拉开了新一轮房地产市场宏观调控的序幕。2010年4月17日国务院又发布了新“国十条”，对近期房地产市场产生明显影响。房地产企业所处的政策与市场环境已经发生了显著变化，并直接影响房地产上市公司的业绩成长。

由国务院发展研究中心企业研究所、清华大学房地产研究所和中国指数研究院三家研究机构共同组成的“中国房地产TOP10研究组”，自2003年开展中国房地产上市公司TOP10研究以来，已连续进行了8年。“2010中国房地产上市公司TOP10研究”以“成长质量”为主旨,本着“客观、公正、准确、全面”的原则，发掘综合实力强、成长质量佳的优秀房地产上市公司。研究组认为，2009年经营业绩的快速成长固然鼓舞人心，但2010年房地产上市公司面临更大的挑战；企业需要适时而动，适度控制成长速度、约束规模的扩张、提高成长的质量，推动企业稳健成长，才是更明智的成长策略。

2 研究结果及分析

2.1 整体发展状况分析

“2010 中国房地产上市公司 10 强研究”的研究对象主要包括 119 家沪深房地产上市公司和 33 家大陆在港上市房地产公司。**研究结果显示：2009 年，房地产上市公司的经营业绩突出表现为资产规模、收入规模、利润规模的快速增长，存货消化周期的缩短，以及现金流状况的明显改善。但受目前楼市新政的影响，房地产上市公司融资和拿地受限，资金压力加大，投资信心下降，尽管上年的预收账款为 2010 年的营业收入结转打下了良好基础，但如严厉的房地产调控政策延续，预计 2010 年房地产上市公司的业绩将呈现规模扩张减速、存货周转放缓、流动性风险加大、市值缩水明显四个主要特征。**

2.1.1 经营规模：资产规模与收入规模平均增长 25%以上，强者愈强格局凸显

2009 年，沪深房地产上市公司平均总资产为 91.36 亿元，同比增长 29.68%，大陆在港上市房地产公司平均总资产为 337.13 亿元，同比增长 25.42%，资产规模增长幅度明显。随着资产规模的扩大，房地产上市公司的营业收入也出现大幅增长，并呈现更加明显的分化态势。沪深房地产上市公司中，有 10 家企业的营业收入超过了 50 亿元，其营业收入总和占总体规模的比重为 48.93%，而营业收入在 20 亿元以下的 82 家企业仅占总体收入规模的 22.32%。大陆在港上市房地产公司营业收入在 100 亿元以上的 7 家企业占整体收入规模的比例达到 52.90%，而收入规模在 50 亿元以下的 17 家企业占总体收入规模比例仅为 19.30%。

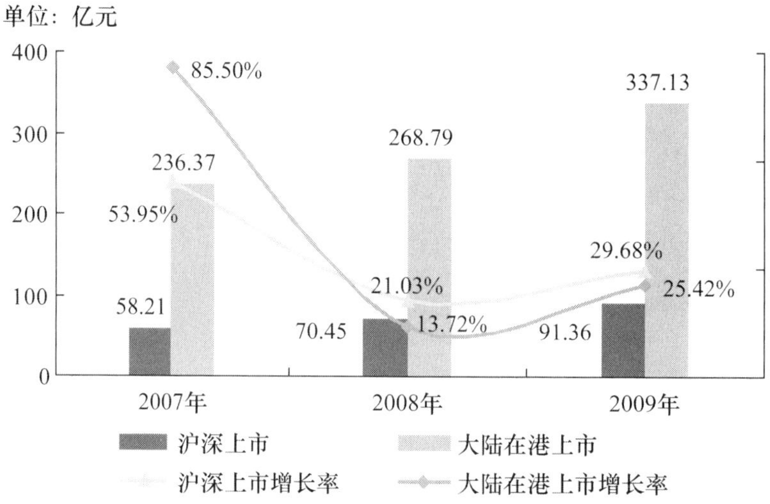

2007-2009 年沪深及大陆在港上市公司总资产均值及其增长率

2.1.2 运营效率：存货消化周期缩短 3 个月，资产周转速度加快

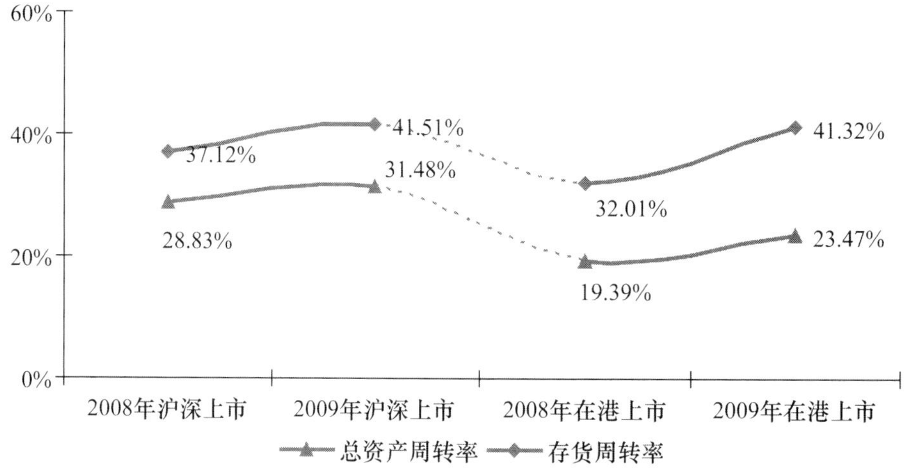

2008-2009 年沪深及大陆在港上市公司运营效率指标

2009 年，上市房地产公司的存货周转和资产周转速度都稳步提升，有效促进了现金的快速回流。沪深房地产上市公司的存货周转率为 41.51%，存货消化周期由 140 周下降到 125 周；总资产周转率为 31.48%，较前一年提高 3 个百分点。大陆在港上市房地产公司的存货周转率为 41.32%，存货消化周期由 162 周下降到 126 周；总资产周转率达到 23.47%，提高 4 个百分点。

2010 年以来，受房地产调控政策的影响，房地产上市公司销售面积已经开始出现明显下降，存货消化周期加长，部分企业已开始调整销售策略，不仅结合市场需求合理定价，加快存货消化速度，加快资金回笼，同时企业在增加土地储备方面也渐趋谨慎。

2.1.3 盈利能力：土地成本提升拉低毛利率水平，盈利质量面临挑战

2009 年，在营业收入较快增长影响下，多数房地产上市公司的净利润增长显著，进一步提升了企业的净资产收益和每股收益水平。沪深房地产上市公司平均净资产收益率（ROE）为 12.90%，较上年提升 4.8 个百分点；大陆在港上市房地产公司平均净资产收益率（ROE）为 15.09%，较上年提升 6.22 个百分点。沪深上市公司的毛利率为 38.07%，较上年下降近一个百分点；大陆在港上市公司的毛利率下降 2.71 个百分点至 37.82%，低于沪深上市公司的毛利率水平。 较高的土地成本、过快的扩张速度是房地产上市公司毛利率下降的主要原因。

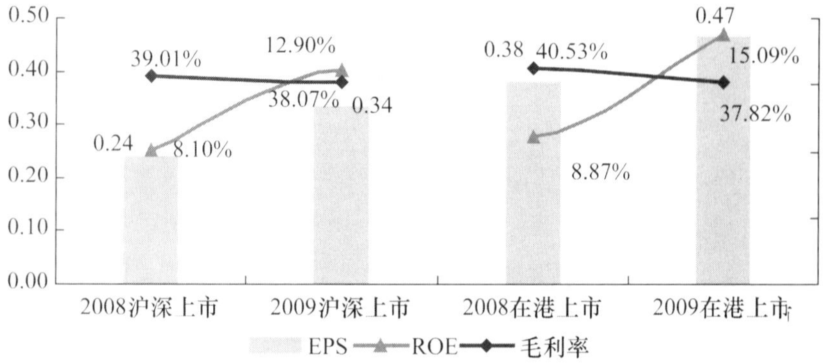

2008-2009 年沪深及大陆在港上市公司盈利指标

2.1.4 财富创造能力：在港上市公司经济增加值（EVA）优势明显

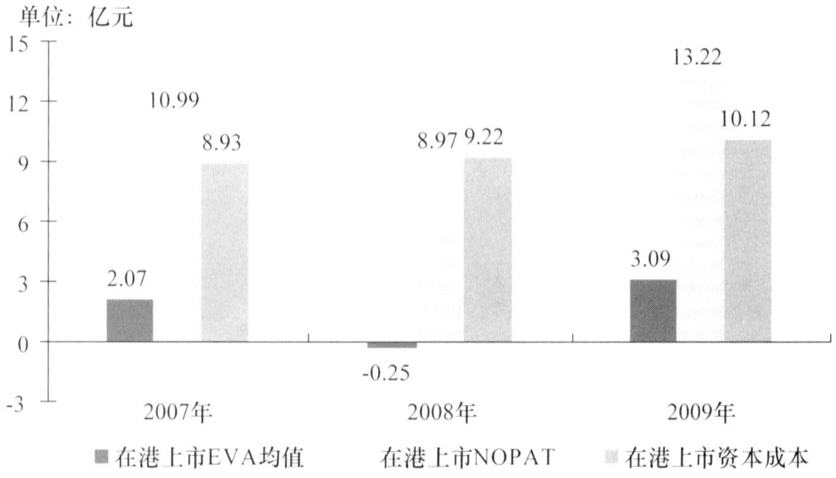

2007-2009 年在港上市房地产公司 EVA、NOPAT 与资本成本

经济增加值(EVA)是公司扣除了包括股权在内的所有资本成本之后的沉淀利润（Residual Income），能更真实地反映公司的财富创造能力。2009 年，沪深房地产上市公司的 EVA 均值由 2008 年的 1.18 亿元下滑到 0.89 亿元，其财富创造能力略有下降。同期，在港上市房地产公司的 EVA 均值大幅增长，由 2008 年的-0.25 亿元增长到 3.09 亿元，财富创造能力表现良好。

2.1.5 财务稳健性：短期现金充裕，但需警惕 2010 年流动性风险

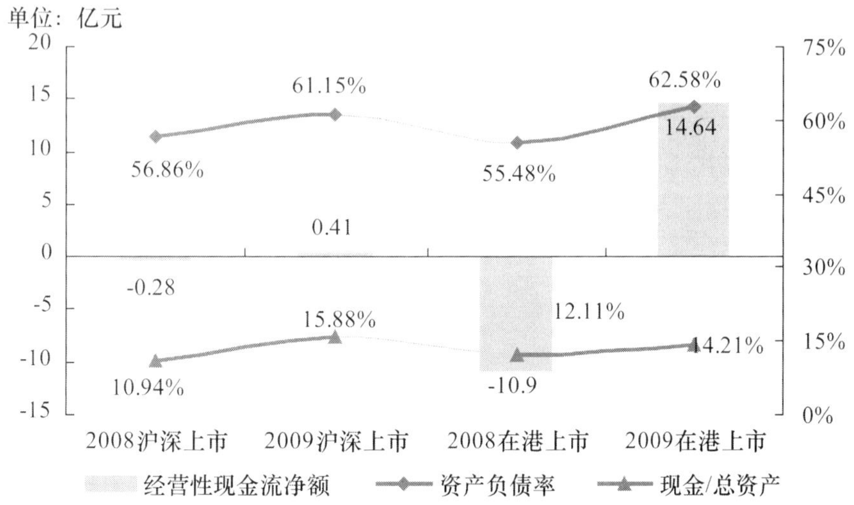

2008-2009 年沪深及大陆在港上市公司财务稳健性指标

2009 年，沪深上市公司和大陆在港上市公司的经营性现金流均值都由负转正，分别达到 0.41 亿元和 14.64 亿元，沪深房地产上市公司的现金与总资产比值从 10.94%提高到 15.88%，大陆在港上市公司的现金与总资产比值也提升两个百分点达到 14.21%，短期抗风险能力明显提升。

2010 年一季度沪深上市公司的净负债率达到 41.08%，较 2009 年末提高 8 个百分点，未来房地产上市公司的债务风险值得警惕。建议企业调整心态，积极适应市场变化，科学制定企业成长速度，恪守财务稳健原则，防范经营风险，以实现企业长期稳健的发展。

2.1.6 资本市场表现：政策调整带来股市震荡，2007-2010 年市值经历“过山车”变化

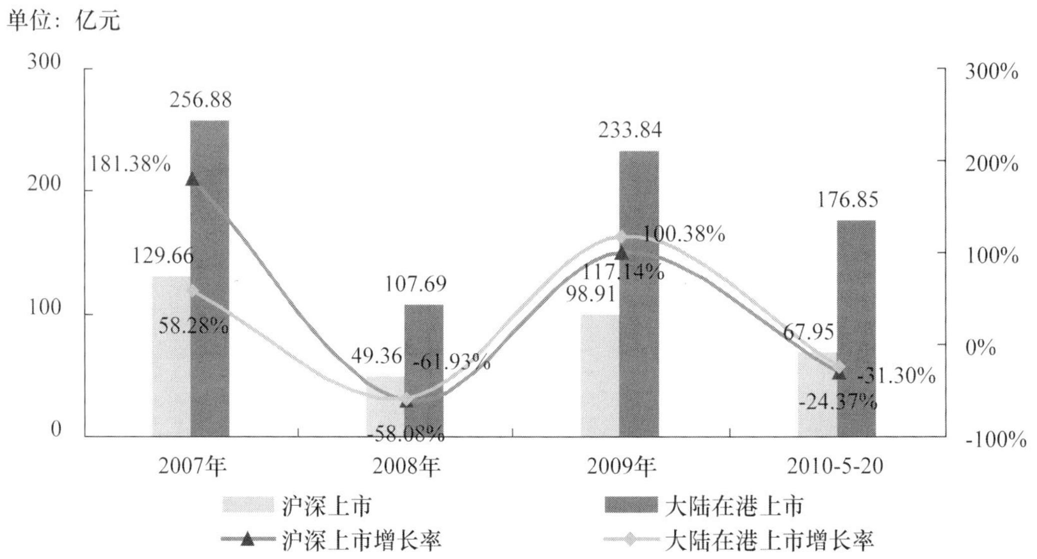

2007-2010 年 5 月沪深及在港上市公司平均市值及其增长率

2007 年以来，沪深及大陆在港上市房地产公司的市值犹如经历“过山车”的变化。在信贷支持、政策宽松的背景下，2009 年房地产上市公司总市值大幅上涨，截至年底，沪深房地产上市公司平均市值为 98.9 亿元，大陆在港上市房地产公司平均市值为 233.8 亿元，市值同比均实现翻番。但 2010 年 4 月以来，随着房价调控政策的密集出台，房地产板块连续走低，至 5 月 20 日，沪深房地产上市公司市值与年初相比下跌逾 30%，大陆在港上市公司市值下挫近 25%。

2.2 2010 沪深房地产上市公司 TOP10 研究

(1) 2010 沪深房地产上市公司综合实力 TOP10

2010 排名	股票代码	股票简称
1	000002	万科 A
2	600048	保利地产
3	600383	金地集团
4	000024	招商地产
5	000402	金融街
6	000069	华侨城
7	600376	首开股份
8	600663	陆家嘴
9	600208	新湖中宝
10	600266	北京城建

2010 综合实力 TOP10 企业各项业绩指标都取得较大突破，与沪深房地产上市公司整体水平相比优势明显。截至 2009 年末，综合实力 TOP10 企业总资产均值达 493.52 亿元，为同期沪深房地产上市公司总资产均值的 5.40 倍；营业利润均值达 25.71 亿元，是同期沪深房地产上市公司营业利润均值的 5.86 倍。万科逐步从规模速度型向质量效益型转变，保利和招商地产继续专注于住宅产品开发，金地集团 2009 年实现净利润 19.33 亿元，较上年增长 76.68%，发展势头良好，企业综合实力获得全面提升。

（2）2010 沪深房地产上市公司经营规模 TOP10

2010 排名	股票代码	股票简称
1	000002	万科 A
2	600048	保利地产
3	600383	金地集团
4	000024	招商地产
5	000069	华侨城
6	000402	金融街
7	600376	首开股份
8	000918	嘉凯城
9	600663	陆家嘴
10	601588	北辰实业

2010 沪深房地产上市公司经营规模 TOP10 企业 2009 年总资产均值达到 497.50 亿元，为同期沪深房地产上市公司均值的 5.45 倍；营业收入均值为 132.23 亿元，是同期沪深房地产上市公司均值的 5.68 倍；实现利润总额 29.42 亿元，为同期沪深房地产上市公司均值的 5.73 倍，规模优势更加明显。但在 2010 年一系列房地产调控新政出台后，这些规模型地产企业需密切关注市场走势，适当控制开工建设和土地储备总量，维持合理的资产结构与规模，平稳渡过市场波动期。

（3）2010 沪深房地产上市公司财富创造能力 TOP10

2010 排名	股票代码	股票简称
1	000002	万科 A
2	600048	保利地产
3	600663	陆家嘴
4	000069	华侨城
5	600383	金地集团
6	600675	中华企业
7	000024	招商地产
8	900950	新城 B 股
9	600266	北京城建
10	000616	亿城集团

2010 沪深房地产上市公司财富创造能力 TOP10 企业全年的 EVA（经济增加值）均值达到 10.33 亿元，是沪深房地产上市公司 EVA 均值的 11.61 倍，体现出这些企业积极把握市场机会，不断优化现有业务的运营模式和资金使用效率，将财富创造能力提升到一个新的高度。招商地产在业绩规模增长的同时有效的控制了管理费用的增长，北京城建在不断提升产品品质，积极优化股权投资结构，全年营业利润同比增长 170.16%，财富创造能力增强。

(4) 2010 沪深房地产上市公司投资价值 TOP10

2010 排名	股票代码	股票简称
1	000002	万科 A
2	600048	保利地产
3	600663	陆家嘴
4	600383	金地集团
5	000069	华侨城
6	000024	招商地产
7	000402	金融街
8	000718	苏宁环球
9	600266	北京城建
10	600376	首开股份

2010 沪深房地产上市公司投资价值 TOP10 企业不仅具备良好的业绩成长潜力，企业的运营状态也日趋稳健，受到资本市场的较高关注。在总资产增长率方面，投资价值 TOP10 企业均值达到 37.2%，高于同期沪深房地产上市公司均值 7.52 个百分点，成长步伐较快。首开股份 2009 年实现归属母公司净利润 9.32 亿元，同比上升 63.3%，盈利增长突出。

(5) 2010 沪深房地产上市公司财务稳健 TOP10

2010 排名	股票代码	股票简称
1	000002	万科 A
2	000024	招商地产
3	000402	金融街
4	600663	陆家嘴
5	601588	北辰实业
6	000069	华侨城
7	600208	新湖中宝
8	600383	金地集团
9	000926	福星股份
10	000046	泛海建设

财务稳健 TOP10 企业 2009 年的经营性现金流净额均值为 18.88 亿元，远远高于沪深房地产上市公司 0.41 亿元的均值，企业经营稳健，抗风险能力增强。金融街稳步推进持有物业发展战略，现金流稳定。福星股份运营稳健，现金流保持在较好水平。

(6) 2010 园区开发上市公司竞争力 TOP10

2010 排名	股票代码	股票简称
1	600663	陆家嘴
2	600895	张江高科
3	600639	浦东金桥
4	600736	苏州高新
5	600133	东湖高新
6	600082	海泰发展
7	000897	津滨发展
8	000573	粤宏远
9	002077	大港股份
10	600215	长春经开

园区开发上市公司与房地产开发销售型企业一个显著的不同在于其业务主要是对一定区域的开发与经营，园区经营为区域经济 GDP 的重要组成部分。陆家嘴、张江高科、浦东金桥均位于上海浦东，在浦东开发区的开发与经营上表现突出。天津海泰发展为滨海高新产业园的开发与运营商，2009 年滨海产业园实现总收入 2354 亿元，同比增长 37％；完成地区生产总值 500 亿元，同比增长 30％，体现出海泰发展在园区开发与经营竞争力上的优势。

2.3 2010 中国大陆在港上市房地产公司 TOP10 研究

（1）2010 中国大陆在港上市房地产公司综合实力 TOP10

2010 排名	股票代码	股票简称
1	0688	中国海外发展
2	1109	华润置地
3	0754	合生创展
4	2777	富力地产
5	2007	碧桂园
6	0960	龙湖地产
7	3383	雅居乐
8	3900	绿城中国
9	0410	SOHO 中国
10	3377	远洋地产

2010大陆在港上市房地产公司综合实力TOP10的总资产均值达到639.79亿元，营业收入均值142.81亿元，净利润均值32.00 亿元，相比去年大陆在港综合实力TOP10分别增长 33.47%、51.05% 和 51.66%，随着企业资产规模与营业规模的增长，企业盈利能力的提升也较为显著，从而促进了TOP10企业综合实力的进一步提升。中国海外发展2009年实现营业收入328.6亿元，同比增长97.4%，总资产增长17.4% 达到 1004.8亿元。

（2）2010 中国大陆在港上市房地产公司财富创造能力 TOP10

2010 排名	股票代码	股票简称
1	0688	中国海外发展
2	0754	合生创展
3	2777	富力地产
4	0410	SOHO 中国
5	2007	碧桂园
6	0960	龙湖地产
7	3383	雅居乐
8	0817	方兴地产
9	3900	绿城中国
10	0755	上海证大

大陆在港上市房地产公司在 2009 年财富创造能力整体提升明显，其中，财富创造能力 TOP10 企业 EVA 均值 20.69 亿元，远超大陆在港上市房地产公司均值的 3.09 亿元，体现出显著的优势。中国海外发展经营稳健，EVA 达 34.4 亿元，稳居财富创造能力 TOP10 首位。合生创展 2009 年实现净利润 53.6 亿元，较上年增长 182.0%，公司资本成本控制得当，财富创造能力突出。

（3）2010 中国大陆在港上市房地产公司投资价值 TOP10

2010 排名	股票代码	股票简称
1	0688	中国海外发展
2	1109	华润置地
3	0754	合生创展
4	3383	雅居乐
5	2777	富力地产
6	0960	龙湖地产
7	2007	碧桂园
8	0845	恒盛地产
9	0755	上海证大
10	1638	佳兆业集团

2009 年，大陆在港上市房地产公司投资价值 TOP10 每股收益（EPS）和净资产收益率（ROE）分别为 0.75 元和 18.7%，远高于同期大陆在港上市房地产公司这两项指标均值的 0.46 元和 15.1%，企业资产周转率为 0.30，存货周转率 0.48，高于大陆在港上市房地产公司均值 6-7 个百分点，存货出清周期减少 4 个月，运营效率优势明显。

（4）2010 中国大陆在港上市房地产公司财务稳健 TOP10

2010 排名	股票代码	股票简称
1	0688	中国海外发展
2	0410	SOHO 中国
3	0960	龙湖地产
4	0754	合生创展
5	3377	远洋地产
6	1109	华润置地
7	2777	富力地产
8	2868	首创置业
9	0832	建业地产
10	1238	宝龙集团

2010 大陆在港上市房地产公司财务稳健 TOP10 近三年来坚持稳健的经营策略，体现了较强的财务风险控制能力。从现金占总资产的比率来看，财务稳健 TOP10 的均值为 0.17，高于大陆在港上市房地产公司平均水平 3 个百分点，体现其现金储备更为充裕。SOHO 中国近三年资产负债率均值为 0.50，2009 年净负债率仅为 0.098，负债水平较低。

2.4 2010 外资在华投资房地产公司综合实力 TOP10

2010 排名	股票代码	股票简称
1	0917．HK	新世界中国
2	0272.HK	瑞安房地产
3	Z25.SI	仁恒置地
4	C31.SI	凯德置地（中国）
5	0013.HK	和记黄埔（中国）
6	0001.HK	长江实业（中国）
7	0004.HK	九龙仓（中国）
8	0683.HK	嘉里建设（中国）
9	0012.HK	恒基兆业（中国）
10	0016.HK	新鸿基（中国）

随着中国房地产市场政策的规范和相关制度透明性的增强，外资房地产公司普遍看好中国房地产市场的发展前景。外资在华投资房地产公司综合实力 TOP10 多定位于高端物业，并通过住宅与商业地产并重的组合，降低经营风险。仁恒置地 2009 年加大了在中国的投资物业比例，并通过一线和二三线城市的区域布局降低经营风险。

2.5 2010 值得资本市场关注的拟上市房地产公司

企业名称
绿地集团
阳光壹佰置业集团有限公司
卓越置业集团有限公司
融创中国控股有限公司
农工商房地产（集团）股份有限公司
宁波银亿集团有限公司
金都房产集团有限公司
重庆协信控股（集团）有限公司
上海凯迪企业（集团）有限公司
长甲地产集团有限公司

在对房地产上市公司进行研究的同时，研究组也关注着拟上市房地产公司的成长。上表中的企业，如绿地、阳光 100、卓越、融创中国、农工商等，不仅经营业绩良好，区域优势明显，经营也往往独具特色。绿地集团 2009 年底总资产接近 650 亿元，同比增长 53.83%，净利润超过 30 亿元，企业盈利能力突出。融创中国立足天津，布局北京、重庆、无锡、苏州，企业存货周转率高达 1.5，资产周转率 1.09，发展前景看好。

3 结语

2010 年 4 月中旬以来，受宏观调控政策影响，商品住宅成交量持续下行，加之资本市场低迷的状况在短期内很难有一个根本的改变，房地产上市公司的销售业绩及融资都将面临挑战。研究组仍看好行业龙头企业的发展，并相信房地产上市公司在经历本轮理性调整与优胜劣汰的考验后，内部经营能力、财务风险控制能力、以及品牌建设等整体综合实力将有所提升，成长更具质量，更能引导行业的长期稳健发展。

附录三　2010 中国房地产品牌价值研究报告

1 研究背景

2010 年 4 月“新国十条”出台后，中国房地产市场进入深度调整期。市场高潮做利润，市场调整做品牌。市场调整蕴含机遇，品牌作为产品分辨器、信誉保证书，将成为企业抓住市场机遇、提高市场份额的“利器”，推动品牌优、实力强的企业提升客户忠诚、聚集社会资源、扩大市场优势。加强品牌建设、沉淀品牌资产成为企业赢得市场先机、提升竞争优势的制胜法宝。

2010 中国房地产品牌价值研究全面启动以来，国务院发展研究中心企业研究所、清华大学房地产研究所和中国指数研究院三家单位，在深入理解国家政策的基础上，针对中国房地产企业的整体发展状况，进一步完善了 2010 中国房地产品牌价值研究的方法体系，为更加客观地评价企业品牌实力提供了理论与实践依据，通过品牌价值的客观评价促进企业抓市场机遇，推动中国房地产行业健康有序发展。这也是继 2004 以来中国房地产 TOP10 研究组连续第七年对中国房地产企业的品牌价值开展研究。

2　2010 中国房地产品牌价值研究成果

2.1 2010 中国房地产公司品牌价值 TOP10

中国房地产行业领导公司品牌是理念前瞻、管理优秀、规模发展、成长迅速等优秀企业品格的象征。中海地产、万科、保利地产在价值创造、规模效益、成长速度方面引领中国房地产业发展，成为 2010 中国房地产行业领导公司品牌。

表 2-1　2010 中国房地产行业领导公司品牌

领导品牌属性	品牌	企业名称	品牌价值（亿元）
价值创造	中海地产	中国海外发展有限公司	155.85
规模效益	万科	万科企业股份有限公司	155.77
成长速度	保利地产	保利房地产（集团）股份有限公司	136.89

中海地产的营业利润率、净资产收益率一直保持较高水平，价值创造能力得到资本市场充分认可：早在 2005 年，企业获得穆迪和标准普尔给予的“Baa3”和“BBB-”投资级评级，2009~2010 年，穆迪和标准普尔再度调升企业投资评级。

万科则是中国房地产企业规模化发展的典范。2009 年，万科以 634.20 亿元的销售额继续领跑同行，即使 2010 年市场进入新政调控阶段，万科 1~8 月仍累计实现销售额 572.00 亿元，遥遥领先于其他房地产企业。

保利地产在企业发展方面坚信“成长比成功更重要”，企业总资产由 2006 年的 165.08 亿元上升到 2009 年的1237.82亿元，复合增长率达到95.73%；销售额由83.65亿元增长至513.82亿元，复合增长率达到83.14%；品牌价值由 19.62 亿元增长至目前的 136.89 亿元，复合增长率达到 62.52%，成长速度显著领先于其他品牌企业。

表 2-2　2010 中国房地产品牌效益创造力典范

品牌	企业名称	品牌价值（亿元）
绿城	绿城集团	80.08

绿城大力拓展“商业代建”新模式，2009 年企业实现品牌使用费收入 9.2 亿元，同比增长了 8.2 倍。绿城通过“商业代建”等方式输出品牌，获得了丰厚的品牌收益，成为 2010 中国房地产品牌效益创造力典范。

表 2-3　2010 中国房地产公司品牌价值 TOP10（混合所有）

品牌	企业名称	品牌价值（亿元）
恒大地产	恒大地产集团有限公司	80.16
绿城	绿城集团	80.08
合生创展	合生创展集团有限公司	76.19
阳光 100	阳光 100 置业集团有限公司	51.27
金地集团	金地（集团）股份有限公司	42.25
富力地产	广州富力地产股份有限公司	40.97
龙湖地产	龙湖地产有限公司	36.83
星河湾	星河湾地产控股有限公司	30.99
金科地产	重庆市金科实业（集团）有限公司	30.38
沿海绿色家园	沿海绿色家园集团	30.18

混合所有品牌企业 2010 年品牌价值均值为 49.93 亿元，同比增长了 35.80%，企业实现了品牌价值和经营业绩的联动提升。恒大地产、绿城、金地集团、富力地产、沿海绿色家园等通过打造产品系列品牌，合生创展、龙湖地产、星河湾、金科地产通过品牌延伸形成多业务组合，绿城、阳光 100 通过品牌输出，促进了企业品牌效益的提升。

表 2-4　2010 中国房地产公司品牌价值 TOP10（国有）

品牌	企业名称	品牌价值（亿元）
绿地	绿地集团	66.76
华润置地	华润置地有限公司	53.28
远洋地产	远洋地产控股有限公司	51.20
中信地产	中信房地产股份有限公司	50.89
招商地产	招商局地产控股股份有限公司	50.47
首开	北京首都开发控股（集团）有限公司	34.90
金融街控股	金融街控股股份有限公司	34.46
北京城建地产	北京城建投资发展股份有限公司	33.59
首创置业	首创置业股份有限公司	32.98
中华企业	中华企业股份有限公司	22.08

国有品牌企业 2010 年品牌价值均值为 43.06 亿元，同比增长了 33.94%。绿地、华润置地、远洋地产、首创置业也通过打造产品系列品牌，中信地产、招商地产、首开、金融街控股通过品牌延伸形成多业务组合；北京城建地产和中华企业通过借牌造牌、整合资源，推动了品牌实力的提升。

表 2-5　2010 海外在华投资房地产优秀品牌典范

品牌	企业名称	品牌价值（亿元）
仁恒	仁恒置地集团有限公司	50.49

海外在华投资品牌企业通过住宅与商业地产并重的组合，以及一线和二三线城市相结合的区域布局，有效提升自身品牌形象。海外在华 TOP10 品牌仁恒确立了在高端精装修住宅、酒店、办公楼、商业中心等综合物业领域的品牌优势地位。

2.2　2010 中国区域房地产公司品牌价值 TOP10

房地产业具有明显的地域性特征，研究组根据中国房地产市场发展格局及企业区域布局情况，将 2010 中国区域房地产公司品牌价值研究细分至华东区域、华南区域、华北区域及中西部区域，并对经济较发达省市的房地产企业品牌进行研究。

表 2-6　2010 中国华东房地产公司品牌价值 TOP10

品牌	企业名称
新城	江苏新城地产股份有限公司
上置集团	上置集团有限公司
滨江集团	杭州滨江房产集团股份有限公司
爱家	上海爱家豪庭房地产集团发展有限公司
上投房产	上海市上投房地产有限公司
景瑞地产	上海景瑞地产（集团）股份有限公司
众安房产	众安房产有限公司
旭辉集团	旭辉集团股份有限公司
宋都	杭州宋都房地产集团有限公司
佳源集团	浙江佳源房地产集团有限公司

2010 年华东企业品牌价值均值为 13.19 亿元，同比增长 10.95%。新城地产、滨江集团、爱家、上投房产、景瑞地产、旭辉集团、宋都、佳源集团向客户提供高品质、高品位的现代生活，上置集团、众安房产拓宽产品线宽度，开辟新的业务增长点。

表 2-7　2010 中国华南房地产公司品牌价值 TOP10

品牌	企业名称
碧桂园	碧桂园控股有限公司
融侨金辉	融侨集团股份有限公司
卓越集团	卓越置业集团有限公司
佳兆业	佳兆业集团控股有限公司
深业	深业集团有限公司
联发	联发集团有限公司
建发	建发房地产集团有限公司
花样年	花样年集团（中国）有限公司
中航地产	中航地产股份有限公司
海伦堡地产	广东海伦堡地产集团有限公司

2010 年华南企业品牌价值均值达到 16.26 亿元，同比增长 24.23%。碧桂园、卓越集团、佳兆业、联发、海伦堡地产坚持客户导向和服务导向，奠定了品牌成功的基础，深业、花样年、中航地产依托品牌资产强势地位，不断丰富业务组合。

表 2-8　2010 中国华北房地产公司品牌价值 TOP10

品牌	企业名称
SOHO 中国	SOHO 中国有限公司
海尔地产	青岛海尔地产集团有限公司
融创中国	融创中国控股有限公司
金隅嘉业	北京金隅嘉业房地产开发有限公司
万通地产	北京万通地产股份有限公司
鑫苑（中国）置业	鑫苑（中国）置业有限公司
泰达建设	天津泰达建设集团有限公司
泛海建设	泛海建设集团股份有限公司
居易国际	居易国际集团控股有限公司
阳光新业	阳光新业地产股份有限公司

2010 年华北企业品牌价值均值为 13.74 亿元，同比大幅提升 26.55%。海尔地产、泰达建设、居易国际通过不断创新经营模式，适应日益激烈的市场竞争，融创中国、鑫苑（中国）置业、泛海建设借稳健经营，持续巩固和提升在区域内的优势地位。

表 2-9　2010 中国中西部房地产公司品牌价值 TOP10

品牌	企业名称
建业地产	建业地产股份有限公司
福星惠誉	福星惠誉房地产有限公司
蓝光地产	四川蓝光和骏实业股份有限公司
武汉地产集团	武汉地产开发投资集团有限公司
百步亭	百步亭集团有限公司
长房集团	长沙房产（集团）有限公司
奥宸地产	奥宸地产（集团）有限公司
东原地产	重庆东原房地产开发有限公司
航天地产	武汉三江航天房地产开发有限公司
隆鑫地产	重庆隆鑫地产（集团）有限公司

2010 年中西部企业品牌价值均值为 12.59 亿元，同比增长 33.96%。福星惠誉、蓝光地产、百步亭、奥宸地产、东原地产、航天地产密切关注客户需求，稳健中求创新，深耕区域市场。

表 2-10　2010 中国省市房地产公司品牌价值 TOP10

省市	品牌	企业名称
上海	农工商房产	农工商房地产（集团）股份有限公司
北京	北京住总	北京住总集团有限责任公司
	兆泰置地	北京兆泰置地（集团）股份有限公司
	京汉置业	京汉置业集团股份有限公司
广东	方圆	方圆地产控股有限公司
	光耀地产	深圳市光耀地产集团有限公司
浙江	绿都	绿都控股集团有限公司
	中大地产	中大房地产集团有限公司
福建	禹洲	禹洲集团股份有限公司
	福晟	福晟集团有限公司

目前，经济较发达省市的房地产企业市场竞争激烈，企业受资源、品牌等因素的制约，跨区域发展扩张比较谨慎，它们选择深耕本土、为规模化发展夯实基础。北京住总、兆泰置业、京汉置业、光耀地产、绿都、中大、福晟利用对本土市场的深刻理解，为客户提供优质、特色的产品。

2.3 2010中国房地产专业领先品牌价值TOP10

随着房地产市场不断发展、成熟，消费者对产品需求的个性化和多样化趋势日益明显，受企业管控幅度限制，任何一家企业都不可能以自己有限的资源满足市场上所有消费者的需求。因此，越来越多的品牌企业将竞争的焦点由规模转向专业，将业务模式、产品定位、技术创新、规划设计等方面优势和产品有效地融合，在细分专业领域打造出独有的品牌特质。

表2-11 2010中国房地产专业领先品牌价值TOP10

品牌	企业名称	专业领域
北辰实业	北京北辰实业股份有限公司	复合地产
沿海绿色家园	沿海绿色家园集团	健康住宅
卓越集团	卓越置业集团有限公司	CBD商务地产
颐景园	上海三盛宏业投资（集团）有限责任公司	园林地产
宝龙地产	宝龙地产控股有限公司	商旅地产
融创中国	融创中国控股有限公司	都市综合体
上海城开	上海城开（集团）有限公司	核心区域运营
福星惠誉	福星惠誉房地产有限公司	城中村旧城改造
开元房产	杭州开元房地产集团有限公司	酒店旅游地产
宝安集团	中国宝安集团股份有限公司	中式江南建筑

北辰实业、宝龙地产、上海城开、福星惠誉、开元房产通过业务模式创新，形成了自身独特的品牌经营特色；沿海绿色家园、卓越集团、颐景园、融创中国、宝安集团在产品定位、技术创新等方面开拓创新，形成了独特的产品特色；上海城建置业、恒盛凭借着专业特色深耕区域市场，成为2010中国区域房地产专业领先品牌。

2.4 2010中国房地产项目品牌价值TOP10

房地产品牌有其特殊性，既有公司品牌又有项目品牌，可以说优秀的房地产公司品牌是在一个个被市场认同的项目的基础上逐步建立起来的。项目品牌是公司品牌的真正内涵，是房地产企业与客户建立更紧密联系的产品载体。中国房地产市场不断涌现出在客户定位、规划设计、营销推广等方面表现突出的品牌项目，成为中国房地产项目的优秀代表。

在住宅市场，金色家园、保利香槟系列、阳光100国际新城、蔚蓝海岸系列等产品系列品牌依靠产品复制生根全国；汤臣一品、协信公馆、金大元•香梅系列依靠“极品资源+人文关怀”的优势，深化项目品牌价值；金科·廊桥水乡、峨秀湖国际度假区凭借“高端物业+文化地产”的特色，尽显品牌魅力。

表 2-12 2010 中国房地产住宅项目品牌价值 TOP10

项目品牌	企业名称
金色家园	万科企业股份有限公司
中海华庭系列	中国海外发展有限公司
汤臣一品	汤臣集团有限公司
保利香槟系列	保利房地产（集团）股份有限公司
协信公馆	重庆协信控股（集团）有限公司
阳光 100 国际新城	阳光 100 置业集团有限公司
蔚蓝海岸系列	卓越置业集团有限公司
金大元•香梅系列	金大元（上海）有限公司
金科·廊桥水乡	重庆市金科实业（集团）有限公司
峨秀湖国际度假区	四川蓝光和骏实业股份有限公司

表 2-13 2010 中国房地产商业项目品牌价值 TOP10

项目品牌	企业名称
万达广场	大连万达商业地产股份有限公司
SOHO 系列	SOHO 中国有限公司
宝龙城市广场	宝龙地产控股有限公司
中国国际贸易中心	中国国际贸易中心股份有限公司
富力中心	广州富力地产股份有限公司
华润万象城	华润置地有限公司
大悦城	中粮置业投资有限公司
中海广场	中国海外发展有限公司
新业广场	阳光新业地产股份有限公司
卓越·世纪中心	卓越置业集团有限公司

随着中国房地产市场发展的日趋成熟，企业改变了以往单一的住宅开发销售模式，加大在商业地产领域的投资力度，商业地产发展迎来春天。万达广场、宝龙城市广场、华润万象城是都市综合体的典范，富力中心、卓越·世纪中心是高端写字楼的代表，这些商业地产项目代表着商业地产发展的标杆。

表 2-14 2010 中国房地产地方项目品牌价值 TOP10

区域	项目品牌	企业名称
华东	仁恒河滨城	仁恒置地集团有限公司
	绿地 90 墅	绿地集团
	瑞仕系列	上海城建置业发展有限公司
华北	孔雀城	华夏幸福基业股份有限公司
	金科王府	重庆市金科实业（集团）有限公司
华南	福晟钱隆	福晟集团有限公司
	光耀城	深圳市光耀地产集团有限公司
	格力广场	格力地产股份有限公司
中西部	奥宸·纳帕溪山	奥宸地产（集团）有限公司
	东原 1891	重庆东原房地产开发有限公司

房地产项目具有区域性强的特点，开发企业往往因地制宜，打造出符合本土化需求的、风格独特的项目，金科王府、光耀城、奥宸•纳帕溪山、东原 1891 是其中的代表；部分企业在总结开发经验的基础上，对成熟项目实现了区域内的复制，瑞仕系列、孔雀城、福晟钱隆均实现项目的复制、联动和嫁接。

3 2010 中国房地产品牌价值研究成果分析

品牌是企业长期的有形和无形投入积累的结果，企业对品牌的投入与产出在内容和数量上都发生着变化。随着中国房地产企业品牌建设力度加强和能力提升，品牌价值转化为现实效益将逐步实现由“投入＞产出”向“投入＜产出”的转变。为此，2010 中国房地产品牌价值研究报告主要围绕“品牌创造效益”主题来展开，从品牌价值、品牌份额、品牌扩张、品牌延伸、品牌管理等方面，深入探讨品牌企业的品牌效益实现情况，帮助企业增强竞争能力、提高经济效益、提升企业价值。

3.1 品牌价值持续增长，推动企业价值提升

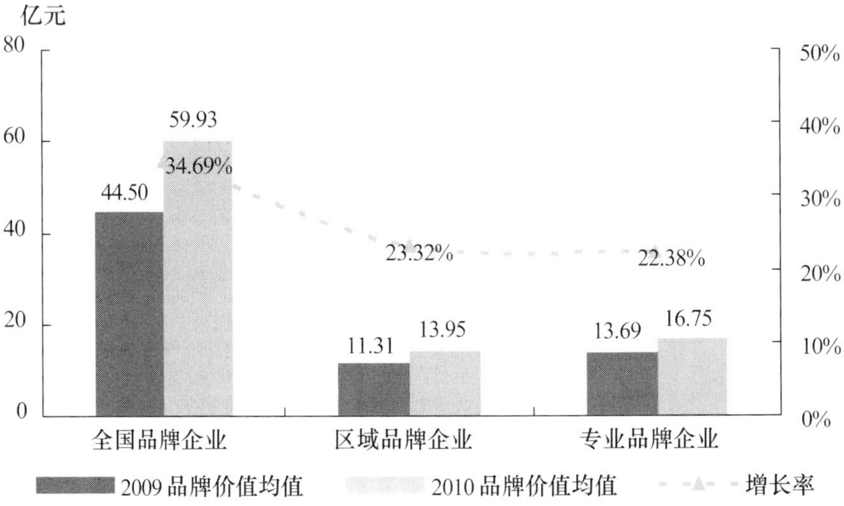

图 3-1 全国、区域、专业品牌企业品牌价值均值及其变化

全国品牌企业[1]2010 年品牌价值均值为 59.93 亿元，同比大幅增长 34.69%，其中，行业领导公司品牌中海地产的品牌价值为 155.85 亿元，同比增长 30.04%；万科的品牌价值为 155.77 亿元，同比增长 30.30%；保利地产品牌价值为 136.89 亿元，增幅高达 51.71%。相比国有品牌企业、混合所有品牌企业，行业领导公司品牌的品牌价值继续保持 3 倍以上的领先优势。全国品牌企业不但品牌价值高，而且品牌价值增速也较快，可以预见，未来全国品牌企业品牌价值优势将愈加明显。

区域品牌企业 2010 年品牌价值均值达到 13.95 亿元，同比增长 23.32%，保持较快增长的态势。华东、华南、中西部、华北区域品牌企业 2010 年的品牌价值均值均突破 10 亿元大关，分别达到 13.19、16.26、13.74 和 12.59 亿元，华南品牌企业依靠市场发展成熟、企业管控缜密等优势继续领跑区域品牌企业的发展。

专业领先品牌企业的品牌价值均值为 16.75 亿元，同比增长了 23.38%，专业领先品牌企业虽然受限于规模化发展，品牌价值增幅低于全国品牌企业，但是，随着消费者需求的日趋多元化，专业领先品牌企业将凭借专业特色优势获得良好的发展前景，品牌影响力不断扩大，品牌价值持续提升。

3.2 品牌份额不断扩大，稳定企业经营业绩

（1）品牌是市场高峰期企业经营业绩的加速器

[1]全国品牌企业包括行业领导品牌企业、混合所有品牌企业和国有品牌企业。

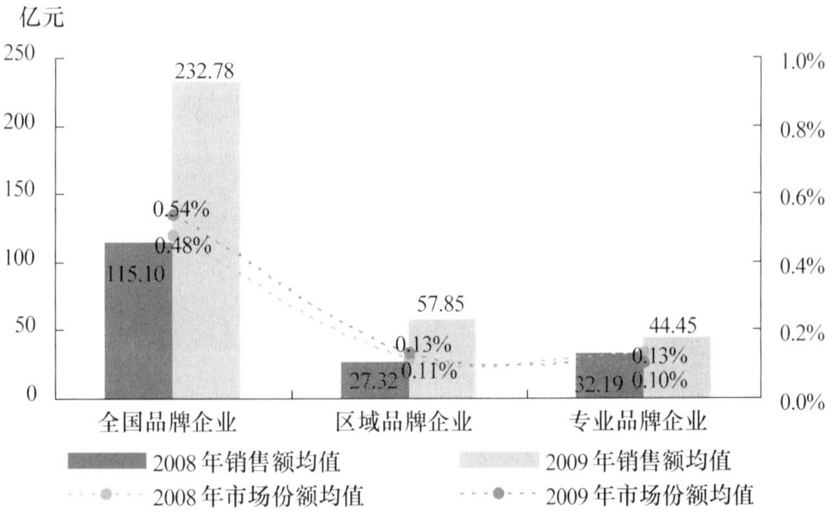

图 3-2　全国、区域、专业品牌企业销售额&市场份额均值

品牌是市场高峰期企业经营业绩的加速器。2009 年，中国房地产市场在政策支持等多种因素刺激下强势回暖，全国商品房销售额同比增长了 75.50%；同期，全国品牌企业房屋销售额均值由 2008 年的 115.10 亿元上升至 2009 年的 232.78 亿元，大幅增长 102.24%，高出全国平均水平近 30 个百分点；区域品牌企业销售额均值由 27.32 亿元上升至 57.85 亿元，增幅高达 111.73%，超出全国平均水平逾 40 个百分点。品牌作为产品分辨器、信誉保证书，帮助企业快速提升市场优势地位，全国品牌企业 2009 年的销售额均值是区域品牌企业的 4.02 倍，是专业品牌企业的 5.24 倍，全国品牌企业品牌效益转换优于其他企业。

（2）市场调整期品牌又成为企业业绩的维稳器

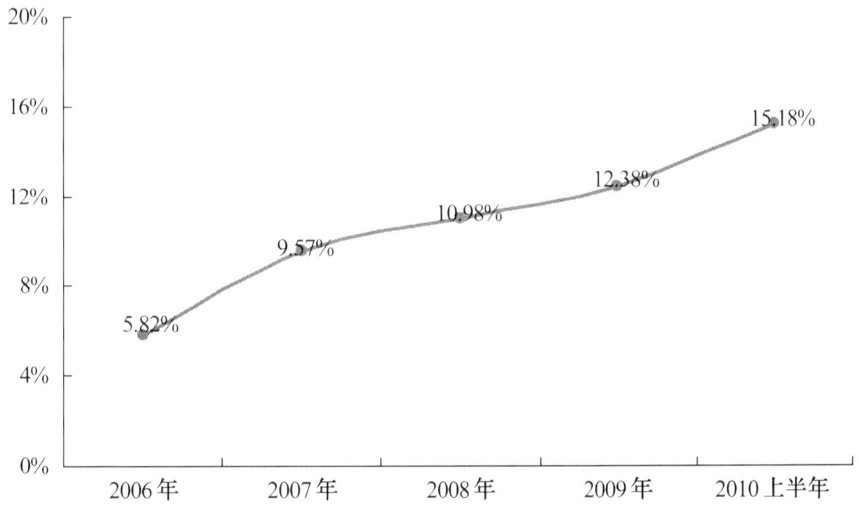

图 3-3　2006~2010 上半年全国品牌企业市场份额分析

品牌强化消费者对企业的信心，尤其在市场调整期，消费者品牌偏好明显增强，品牌作为企业经营业绩的维稳器，成为企业市场份额逆势提升的重要保障。以 2008 年为例，受房地产市场自身规律变化、国际经济形势下行和国内宏观经济调整等因素的影响，当年中国房地产企业销售业绩普遍下滑，全国商品房销售额同比下降 19.47%；而多数品牌企业销售业绩不降反增，全国品牌企业的市场份额逆势提升至 10.98%，总共提高了 1.41 个百分点；其中，中海地产销售额强势增长 8.20%，市场份额逆市提升 0.19 个百分点；保利地产销售额大幅增长 24.36%，市场份额强势提升 0.29 个百分点。

3.3 品牌扩张布局加速，二三线渐成主战场

（1）全国品牌企业进入城市数量均值达到 18.89 个，合理区域扩张成共识

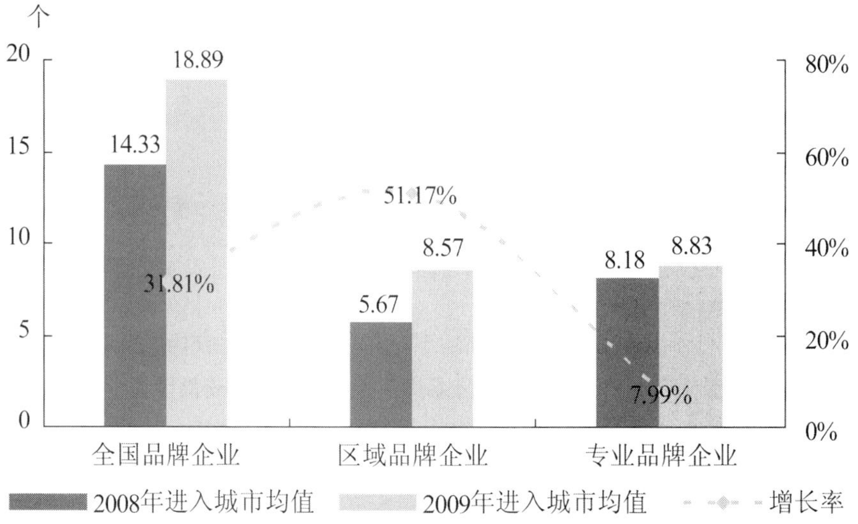

图 3-4 全国、区域、专业品牌企业市场布局比较

2009 年，中国房地产市场强势回暖背景下，品牌企业销售业绩大增，现金流充裕，企业纷纷加快区域扩张步伐。全国品牌企业进入城市数量均值达到 18.89 个，较去年同期增加 4.56 个，同比增幅达到 31.81%；区域品牌企业进入城市数量均值达到 8.57 个，同比增加近 3 个，增长率达到 51.17%；专业品牌企业城市扩张增幅虽然略低（为 7.99%），但进入城市数量均值仍达到 8.83 个的水平。而在 2008 年，虽然房地产市场处于低谷，品牌企业仍通过公开市场和兼并收购等方式推进市场扩张，全国品牌企业进入城市均值同比增加 1.28 个，企业借助品牌效用实现逆势扩张。

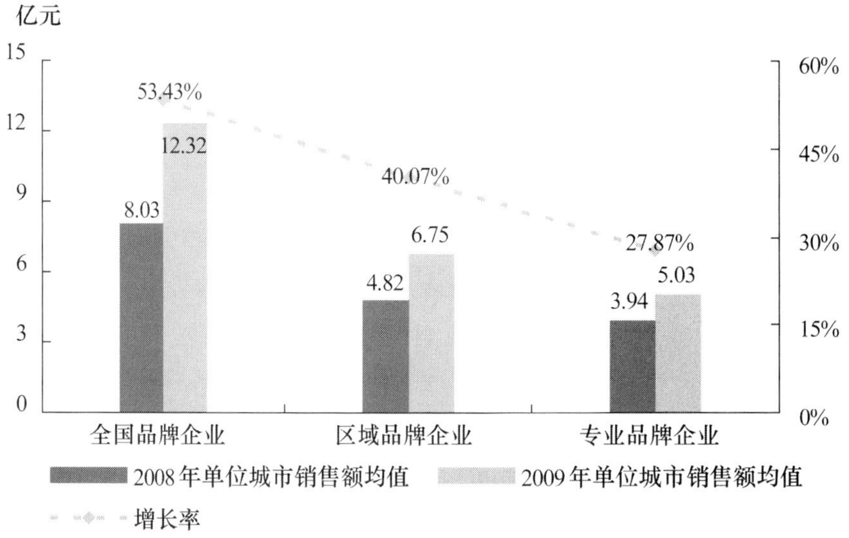

图 3-5 全国、区域、专业品牌企业单位城市销售额

品牌企业不但注重市场布局的广度（进入城市数量），而且重视市场布局的深度（单位城市业绩）。2009 年，全国品牌企业单位城市销售额达到 12.32 亿元，同比增长 53.43%；区域品牌企业和专业品牌企业单位城市销售额分别为 6.74 亿元和 5.03 亿元，增幅分别达到 40.07%和 27.87%。同时，研究组发现，全国品牌企业和专业品牌企业 2009 年的新城市拓展速度落后于单位城市销售额增幅，显示城市扎根、做深做透策略的实效性。

（2）品牌引导资源聚集，加速全国品牌企业二三线城市市场布局进程

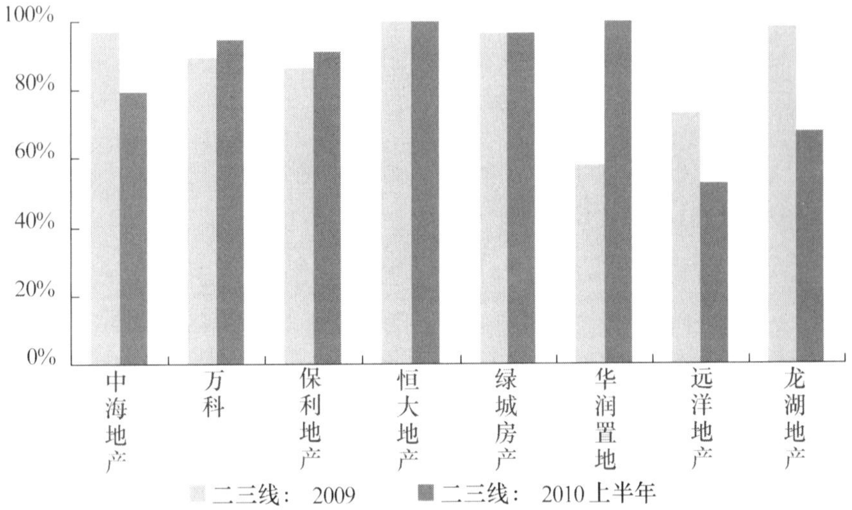

图 3-6 2009~2010 上半年全国品牌企业二三线城市新增土地储备比重

受一线城市拿地成本高、销售价格高位运行等因素的影响，品牌企业加快二三线城市布局成为主流。二三线城市房地产市场发展起步比较晚，品牌企业进入二三线城市，可以带来前瞻的品牌理念、先进的开发技术、成熟的产品服务，有利于提升当时房地产市场发展水平，得到当地市场的欢迎。从全国品牌企业拿地城市分布来看，二三线城市项目占比基本在 60%以上，万科 2009 年新增项目 45 个，其中 37 个位于二三线城市；华润置地 2010 上半年新增项目全部位于二三线城市。

3.4 品牌延伸趋势明显，业务产品整合拓展

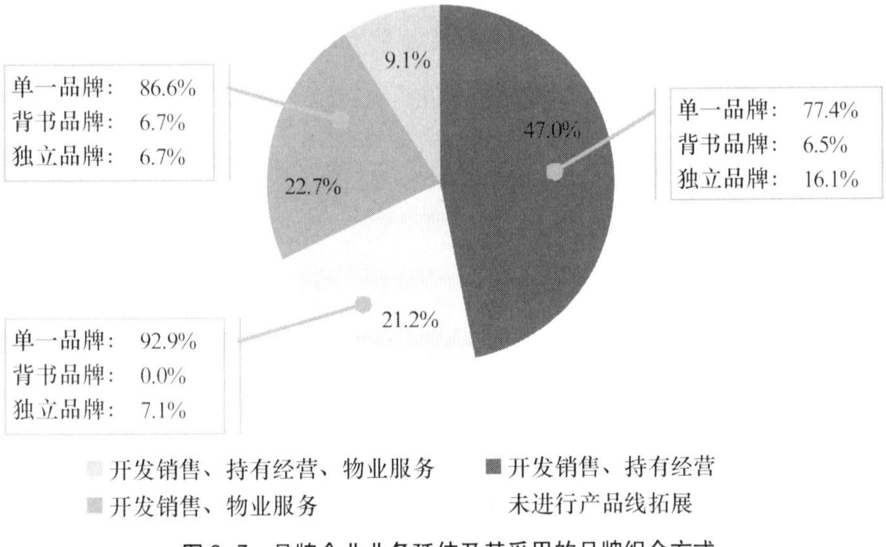

图 3-7 品牌企业业务延伸及其采用的品牌组合方式

21.2%的品牌企业将业务范围由“开发销售”延伸至“开发销售+持有经营”。这种业务延伸可以规避住宅市场波动的风险，使企业获得持续稳定的经营收益：2009 年中海地产持有经营收入从 2007 年的 1.2 亿元上升至 1.7 亿元，复合增长率为 21.8%；另一方面，企业通过打造标志性“持有经营”的商业地产项目，可使自身品牌影响力得到较大提升，在今后的项目资源获取方面，能得到更多的便利。

22.7%的品牌企业将业务范围由“开发销售”延伸至“开发销售+物业服务”。随着中国房地产行业操作水平的提升和市场竞争的日趋激烈，物业服务品质成为继价格、地段、环境之后的第四大竞争焦点，成为提升产品品牌和公司品牌价值的关键要素，品牌企业不断强化物业服务品牌建设。房地产开发企业加快品牌向

物业服务延伸进程，将有助于丰富企业品牌内涵、强化品牌形象，同时也可以通过品牌价值的有效释放，提高企业综合竞争力。

另有 47.0%的品牌企业将业务范围由"开发销售"延伸至"开发销售+持有经营+物业服务"，打造涵盖房地产价值链的服务能力。

2010 中国房地产品牌价值研究显示，品牌企业采取的品牌延伸模式虽然呈现多元化发展趋势，但"单一品牌"模式占主流地位，采用单一品牌方式进行业务延伸的分别占"开发销售+持有经营+物业服务"企业的77.4%、"开发销售+持有经营"企业的 92.9%和"开发销售+物业服务"企业的 86.6%。品牌企业采取"单一品牌"方式进行业务延伸，优势在于最大限度共享已有品牌知名度、美誉度与影响力，降低品牌延伸过程中的风险成本，产生事半功倍的推广效果，借助优势品牌迅速抢占市场先机。但品牌企业使用单一品牌延伸模式，由于持有经营、物业服务业务的动态性、长期性特征，将使品牌维护难度显著增加；出现负面事件时，也难以对不同业务进行有效区隔。

3.5 品牌管理更加完善，科学投入有效产出

（1）完善的品牌管控体系为实现品牌效益提供组织保障

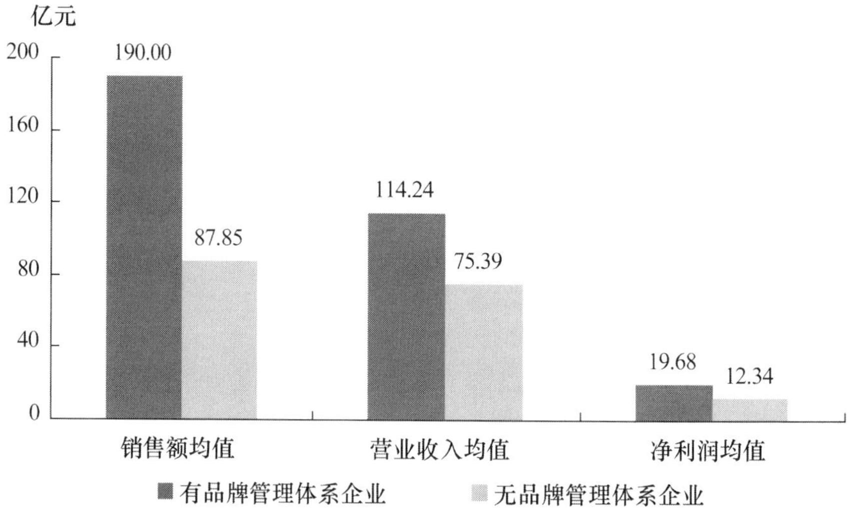

图 3-8 有无品牌管理体系的品牌企业经营业绩比较

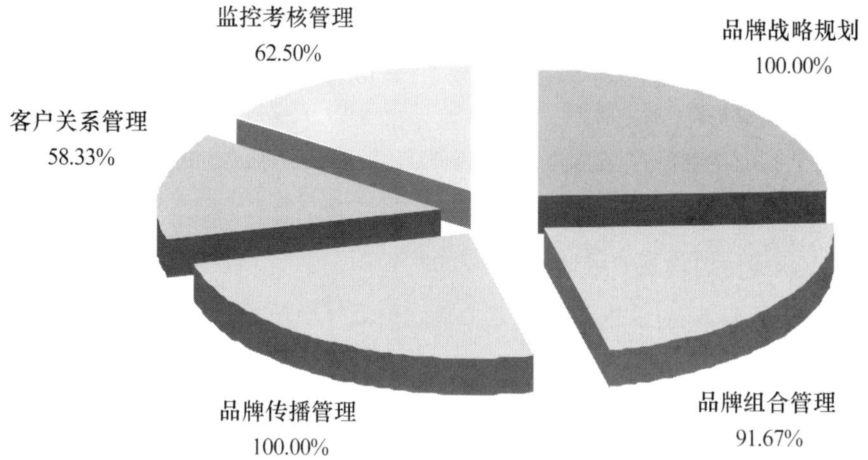

图 3-9 有品牌管理体系企业品牌管理职能分析

专业的品牌管理体系是持续沉淀品牌资产、有效转换品牌效益的组织保障。研究数据显示，品牌企业中有完善品牌管理体系企业的经营业绩显著优于无完善品牌管理体系的企业——有品牌管理体系企业 2009 年销售额均值为 190.00 亿元，是后者销售额均值的 2.16 倍；有品牌管理体系企业 2009 年营业收入均值为 114.24 亿元，是后者营业收入均值的 1.51 倍；有品牌管理体系企业 2009 年净利润均值为 19.68 亿元，是后者净利润均值 12.34 亿元的 1.59 倍。完善的品牌管理体系可以保障企业品牌资产的保值增值，帮助企业提升品牌实力，促进企业实现超额收益，促进品牌资产向经营效益的转换。

品牌管理贯穿品牌创造和维护的全过程，需承担品牌战略规划、品牌组合管理、品牌传播管理、客户关系管理与监控考核等职能，各品牌管理职能环环相扣、互为补充。此次研究发现，有品牌管理体系的品牌企业基本建立了完善的品牌管理职能：其中，100%的企业建立了品牌战略规划、品牌传播管理职能，战略管理是要明确企业品牌建设的方向，传播管理可以快速提升品牌形象、促进产品销售，企业对此比较重视；91.67%的企业建立了品牌组合管理职能，梳理和嫁接公司品牌、产品品牌，实现品牌资产的整合效应；但是，仅有 60%左右的企业建立客户关系管理和监控考核管理职能，是企业品牌建设相对较弱的环节。这两个环节投入大、环节多，管理难度较大，但却是品牌效益实现的关键点，企业需完善自身品牌管理体系，提高品牌建设成效。

3.6 品牌“三度”树立形象，促进企业效益转换

（1）优质物业服务提升品牌“三度”，全国品牌企业美誉度和忠诚度明显提升

随着中国房地产业逐渐实现以品牌和产品为核心的产业化，物业服务成为房地产企业提升产品附加价值、实现差异化竞争的重要因素。首先，高品质物业服务为业主提供舒适的居住环境和良好的居住氛围，将直接提升业主对房地产开发企业的美誉度与忠诚度水平；其次，业主对享用满意和忠诚的产品与服务进行“口碑传播”，将有效提升房地产开发企业的品牌认知度水平。2010 中国房地产品牌调查结果显示，万科物业、中海物业、金地物业等物业服务企业对品牌企业的品牌提升起到重要作用。

表 3-1 2010 中国物业服务优秀品牌企业

品牌	企业名称
万科物业	深圳市万科物业服务有限公司
中海物业	中海物业管理有限公司
金地物业	深圳市金地物业管理有限公司
长城物业	长城物业集团股份有限公司
中航物业	深圳市中航物业管理有限公司
卓越物业	深圳市卓越物业管理有限公司
彩生活	深圳市花样年彩生活科技有限公司

2009 年，品牌物业服务企业服务规模快速增长，品牌影响力进一步扩大：平均在管项目个数 122 个，同比增长 22.6%；平均在管项目总建筑面积达 1955 万平方米，同比增长 35.5%。其中，万科物业 2010 年启用全新品牌标识，进一步强化自身的独立品牌形象，成为万科集团品牌体系中更为重要的组成部分；金地物业重视品牌建设与服务水平的同步提高，2009 年在客户关系管理等方面的品牌建设投入远远超过其他企业水平；长城物业服务开发企业数量即将超过 150 个，是品牌物业服务企业中服务对象最多的企业；卓越物业倡导“关爱、和谐、成长”的社区文化理念，在社区软环境建设方面获得业主和开发企业的广泛认可；花样年彩生活科技通过整合发展商、业主、供应商以及物业项目的优势资源，创建了独特的彩生活服务经营

模式。

研究组对品牌企业品牌“三度”水平进行了调查，数据显示：行业领导品牌“三度”优势突出，而国有、混合所有品牌企业通过提升物业服务品质等品牌建设手段，品牌美誉度和忠诚度水平有较大提升。在以中海地产、万科为代表的全国品牌企业品牌“三度”提升过程中，中海物业、万科物业起到了建立与客户信息通路和情感纽带的重要作用。

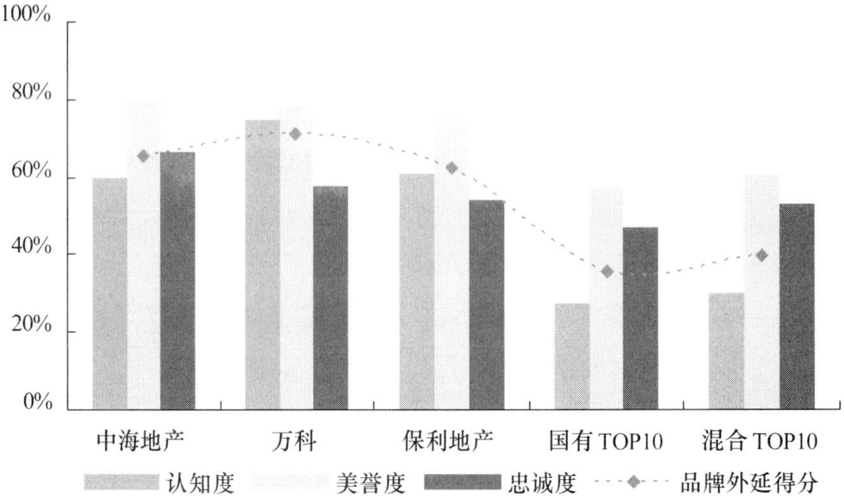

图 3-10 全国品牌企业的品牌外延分析

调查数据显示，行业领导品牌的品牌外延得分显著高于全国品牌企业。中海地产、万科和保利地产的品牌认知度、美誉度和忠诚度均在 60%~80%之间，得分显著高于国有品牌企业和混合所有品牌企业，说明在消费者心目中行业领导品牌的深度和广度均有很大的影响力，尤其中海地产、万科的优质物业品牌促进地产品牌“三度”达到较高水平。

全国品牌企业在美誉度和忠诚度方面相比去年有较大提升。调查数据显示，国有品牌企业的品牌美誉度和忠诚度得分分别为 57.36%和 46.94%，相比去年分别提升了 10 个百分点；混合所有品牌企业品牌美誉度和忠诚度得分分别为 60.43%和 52.86%，相比去年也提升了 10 个以上百分点。全国品牌企业美誉度和忠诚度水平提升与其大力提升物业服务品质密不可分，但国有品牌企业和混合所有品牌企业的品牌认知度均低于 30%，其品牌认知度水平仍有待进一步提升。国有品牌企业和混合所有品牌企业可制定切实可行的品牌传播计划，进一步提升物业服务水平，并充分利用较高的物业服务水平、品牌美誉度和忠诚度水平引导口碑传播，以最大化品牌传播效果。

4 结语

自 2007 年底以来，中国房地产市场进入比较密集的市场调整期：2007 年 10 月~2008 年 12 月，市场全面调整，调控政策从紧；2009 年 1 月~2009 年 11 月，刺激性政策带动市场复苏；2009 年 12 月至今，房地产调控政策不断出台，多数城市成交量下滑，但房价依然高企。近 3 年以来，中国房地产市场波动、反复，房地产企业经历着严峻的考验，在此过程中，品牌为企业业绩表现保驾护航，为企业市场扩张提供资源保障。

市场调整还在继续，品牌打造更需要持之以恒。随着中国房地产企业的规模化发展不断深入，品牌企业在增强品牌经营维护、提高品牌抵御风险能力的基础上，应注重品牌资产价值的有效利用和综合开发，致力于打造长青品牌，赢得竞争先机。

2010 中国房地产策划代理品牌价值研究报告

1 研究背景

2010 年 4 月“新国十条”出台后，中国房地产市场进入调整期，策划代理企业再次经受行业大势变化的考验。市场高潮做利润，市场调整做品牌。市场调整蕴含机遇，品牌作为产品分辨器、信誉保证书，将成为企业抓住市场机遇、逆市扩大优势的“利器”，推动品牌优、实力强的企业提升客户忠诚、聚集社会资源、提高市场份额。加强品牌建设、沉淀品牌资产成为策划代理企业赢得市场先机、提升竞争优势的制胜法宝。

由国务院发展研究中心企业研究所、清华大学房地产研究所和中国指数研究院三家研究机构共同组成的“中国房地产 TOP10 研究组”，自 2005 年开展中国房地产策划代理品牌价值研究以来，已持续进行了六年，研究成果引起了社会各界的广泛关注，对品牌企业提升品牌形象、沉淀品牌资产、强化行业地位发挥了重要作用。2010 中国房地产策划代理品牌价值研究在深入理解国家政策的基础上，针对中国房地产企业的整体发展状况，进一步完善了 2010 中国房地产策划代理品牌价值研究的方法体系，为客观评价企业品牌实力提供理论与实践的依据。

2 2010 中国房地产策划代理品牌价值研究结果

2.1 2010 中国房地产策划代理公司品牌价值 TOP10

2009 年房地产市场实现强势回暖并迎来销售高峰，服务于房地产开发企业的策划代理行业也随之实现了快速发展，品牌企业作为行业优秀群体收入规模和盈利水平均有大幅提升，发展模式也由单纯注重业务规模的增长转变为追求企业价值的全面增长，创新成为品牌企业价值全面增长的重要保障之一。其中，易居中国不断创新丰富自身业务构成，以适应房地产开发企业日益多元化的需求，逐步成长为中国房地产现代服务业品牌企业。

易居中国在房地产流通领域服务商概念下，构筑起了一个以现代信息技术为依托，以营销代理、房地产信息及咨询、房地产互联网、房产经纪、旅游地产服务、商业地产顾问、房地产广告传媒、投资管理为业务流的房地产服务体系。

表 1 2010 中国房地产现代服务业品牌企业

品牌	公司名称
易居中国	易居（中国）控股有限公司

2010 中国房地产策划代理公司品牌价值 TOP10 企业品牌价值均值由上年的 10.6 亿元上升至 11.71 亿元。

表 2　2010 中国房地产策划代理公司品牌价值 TOP10

品牌	公司名称
世联地产	深圳世联地产顾问股份有限公司
思源经纪	北京思源兴业房地产经纪有限公司
同策咨询	上海同策房产咨询股份有限公司
伟业顾问	北京伟业联合房地产顾问有限公司
合富辉煌	合富辉煌集团控股有限公司
策源	上海策源置业顾问有限公司
华燕置业	上海华燕置业发展有限公司
新景祥	新景祥投资控股有限公司
深圳中原	深圳中原房地产经纪有限公司
新聚仁	新聚仁机构

世联地产运用“咨询+实施”的业务模式、凭借本地智慧和全国共享的知识平台，2009 年成为第一家登陆 A 股市场的房地产综合服务企业，品牌价值提升至 20.55 亿元；思源经纪以品牌为依托，为房地产开发企业提供完善的全价值链专业服务，近年来实现了经营业绩与品牌价值的快速提升，2010 品牌价值为 15.22 亿元；同策咨询始终秉承“专业至上，服务至诚”的经营理念，在完善全国化布局的同时持续强化品牌建设，“TOSPUR”同策被认定为上海市著名商标，2010 品牌价值达到 15.05 亿元；伟业顾问以“中国最优秀的房地产综合服务商”为品牌愿景，逐步形成以房地产投资顾问、营销代理、商业策划、资产管理及二手房经纪五大联合互动的专业服务体系，2010 品牌价值提升至 11.92 亿元；策源通过调研、决策、评估等全程、全方位的跟踪式服务形成了以高端公寓为核心的一手代理业务、地产咨询业务及商用地产业务三大业务体系，品牌价值达到 9.02 亿元；华燕置业致力于将营销代理与房地产金融服务完美结合，通过“研究、代理、金融”一体化的运营理念，形成房地产流通领域一站式服务，品牌价值提升至 8.68 亿元；新景祥在“成为最值得尊敬的世界一流的房地产服务商”的品牌愿景引导下积极开展品牌建设，2010 年企业将总部从厦门迁至北京，品牌辐射力度显著增强，品牌价值提为 8.50 亿元。品牌价值 TOP10 企业成为中国房地产策划代理行业最优秀品牌企业群体。

2.2 2010 中国房地产策划代理区域公司品牌

表 3　2010 中国房地产策划代理区域公司品牌

区域	品牌	公司名称
华北	金网络	北京金网络房地产经纪有限公司
	远洋嘉业	北京远洋嘉业房地产经纪有限公司
	亚豪	亚豪机构
华东	新联康	上海新联康投资顾问有限公司
	天启	天启&开启机构
	普润地产	上海普润房地产顾问有限公司
华南	星彦地产	深圳市星彦地产顾问有限公司
	中地行	广州中地行房产代理有限公司
	经纬物业	经纬物业（中国）有限公司
中西部	至祥置业	昆明市至祥房地产经纪有限公司

房地产行业的发展具有较强的地域性，策划代理行业作为房地产行业的服务商，承袭了这一特征。中国房地产 TOP10 研究组针对策划代理行业的区域性特点，对华北、华东、华南、中西部等区域策划代理品牌企业进行研究，产生“2010 中国房地产策划代理区域公司品牌”。金网络坚持向房地产开发企业提供整合型服务，为开发商提供专业、全面、系统的顾问和执行服务，不断提升开发商的品牌知名度、为开发商实现利润最大化和品牌价值的快速提升；星彦地产以顾问力量、专业平台、渠道资源，倾注于为上下游客户发现并且实现土地和房产的价值，全程提供最为适配的服务，赢得了客户的认可和行业的尊重。

2.3 2010 中国房地产特色服务品牌

随着房地产行业专业化分工的深入，房地产开发企业需求的专业性和多样性日趋加强，为了更好的适应市场细分的趋势，品牌企业将业务重心从大而全的业务布局转变为在特定服务中不断求精求新，形成了特定领域的专业企业。

品牌	公司名称	专业领域
华燕置业	上海华燕置业发展有限公司	地产金融

华燕置业在“地产金融”领域进行“地产+金融”的探索和实践，致力于将房地产流通领域和房地产金融服务进行整合，与国内众多知名金融机构、银行和金融类院校进行了广泛合作，成功开发出房地产金融信息化创新服务平台“房盟中国”，为终端客户、金融机构和开发企业提供了共赢的创新服务模式，构建了房地产流通领域一站式服务。

品牌	公司名称	专业领域
中凯开发管理	上海中凯房地产开发管理有限公司	代开发

中凯开发管理倡导投资、开发分离的双甲方地产模式，率先实践全链资源输出、全链技术嫁接、全链专业管理的全程代开发模式，已在全国五个省市代开发项目达一百五十万平方米。

3 2010 中国房地产策划代理品牌价值研究结果分析

（1）品牌价值持续增长，全国性品牌企业优势更加明显

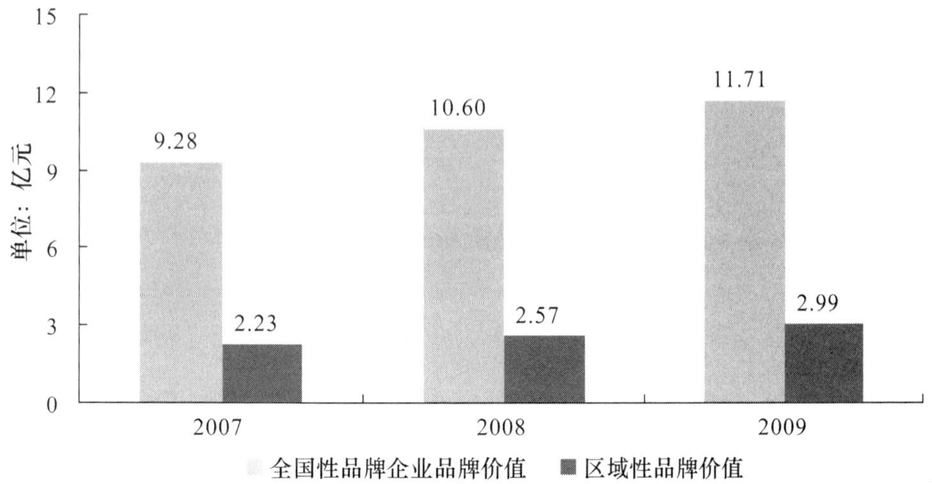

图 1 2007—2009 年策划代理全国性、区域性品牌企业品牌价值

2009 年国内房地产市场迅速回暖，作为直接受益的下游企业，策划代理品牌企业的经营业绩实现了快速发展，在经历 2008 年的市场调整与 2009 年的市场复苏后，专业能力和市场应对能力均得到较大提升，品牌价值快速增长，全国性品牌企业品牌价值均值达到 11.71 亿元，区域性品牌企业品牌价值均值为 2.99 亿元，品牌企业品牌价值持续提升，企业品牌实力进一步增强。

从品牌企业群体内部分析，全国性品牌企业品牌价值的领先优势更加明显。从全国性品牌企业与区域性品牌企业的品牌价值均值比较来看，2009 年两者之间的品牌价值均值差距达到 8.72 亿元，而 2007、2008 年的差距仅分别为 7.05 亿元和 8.03 亿元。虽然品牌价值基础和提升加速度略逊于全国性品牌企业，但区域性品牌企业品牌价值连续三年保持了 15%以上的增长，品牌区域辐射力稳步增强，稳定的增长为企业带来良好的未来预期。

（2）品牌助推企业强强联合，市场份额稳步提升

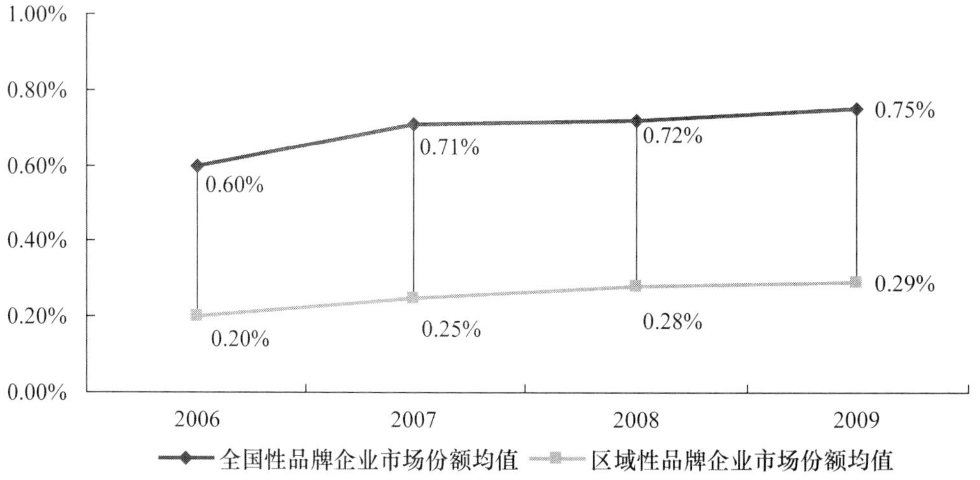

图 2　策划代理全国性、区域性品牌企业 2006-2009 年市场份额

2009 年，全国商品房销售额达到 4.4 万亿元，同比大幅增长 75.5%，一举摆脱 2008 年的低迷，策划代理品牌企业积极抓住房地产市场快速发展的机遇，充分展现了品牌企业的领先优势，经营业绩实现了快速增长，一手物业代理整体市场份额实现了稳步提升，超过 10%。全国性品牌企业市场份额均值占比达到 0.75%，较上年的 0.72%有较为明显的提升；区域性品牌企业在区域内的领先优势更加突出，市场份额均值也有了进一步提升，达到 0.29%。

对比全国性品牌企业与区域性品牌企业的平均市场份额，2009 年全国性品牌企业的增速明显快于区域性品牌企业，二者之间平均市场份额的“剪刀差”达到 0.46%，达到 2006 年以来的最高值。这是源于全国性品牌企业的市场布局更为完善，优质客户资源更为丰富，在房地产市场全面快速发展的情况下，其品牌优势更加突出，有效推动了企业一手物业代理市场规模的迅速扩大；相比之下，区域性品牌企业受到品牌辐射力的限制，市场份额提升弱于全国性品牌企业。

（3）品牌企业业务构成日渐丰富，业务模式创新成为发展新动力

策划代理品牌企业普遍以“综合服务商”作为发展方向，开始向产业链上下游延伸，进行业务创新，向房地产开发企业提供多元化的综合服务。从 2010 中国房地产策划代理品牌企业开展的业务情况来看，除了策划顾问和一手物业代理这两个策划代理企业的“看家业务”外，二手房经纪和商业运营等业务也受到品牌企业的重视，分别有 46.15%和 61.54%的品牌企业开展；而资产管理、金融服务与物业管理等业务领域也有不少企业涉足，并且取得了不小的成果，如华燕置业的地产金融业务已在行业处于领先位置、合富辉煌创建的港联物业已成为优秀物业服务企业。

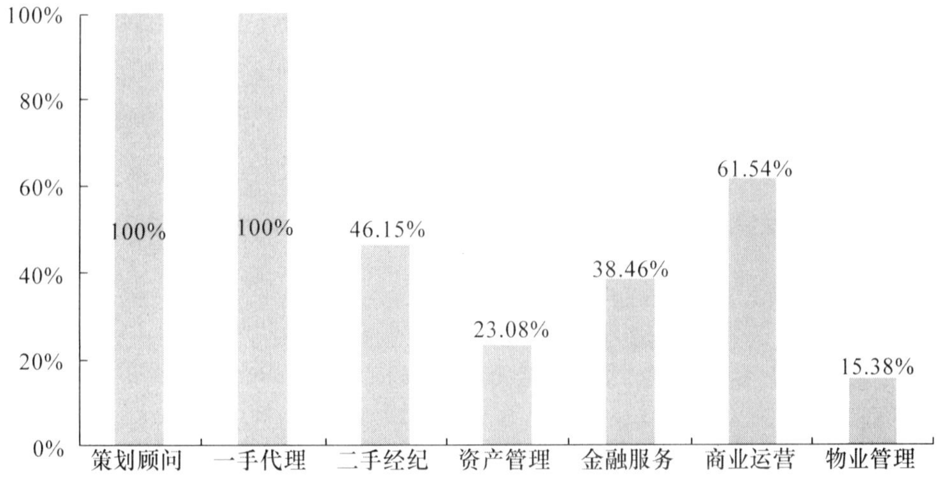

图 3　策划代理品牌企业 2009 年开展各项业务比例

（4）时间积淀品牌优势，服务价值厚积薄发

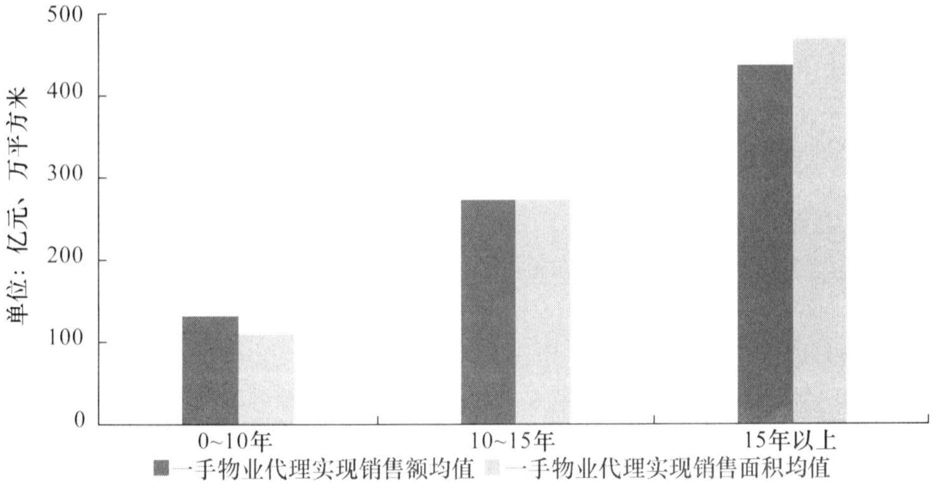

图 4　各品牌年龄段企业 2009 年一手物业代理业务比较

策划代理行业是典型的"智力服务"行业，企业的发展依赖于高质量且富有经验的人才和大量的房地产开发企业客户资源，而这些均需要企业利用大量的时间进行积累，品牌年龄的积累成效在策划代理企业的主营业务一手物业代理业务上面体现的更为突出。研究结果显示：品牌年龄在 15 年以上的企业，一手物业代理实现销售额均值超过 400 亿元，是品牌年龄在 10-15 年之间的企业一手物业代理实现销售额均值的 1.60 倍，后者一手物业代理实现销售额均值是品牌年龄在 10 年以下的企业一手物业代理实现销售额均值的 2.06 倍，不同品牌年龄的企业，其一手物业代理规模级差关系非常明显。

（5）品牌管理渐成体系，企业系统化开展品牌建设

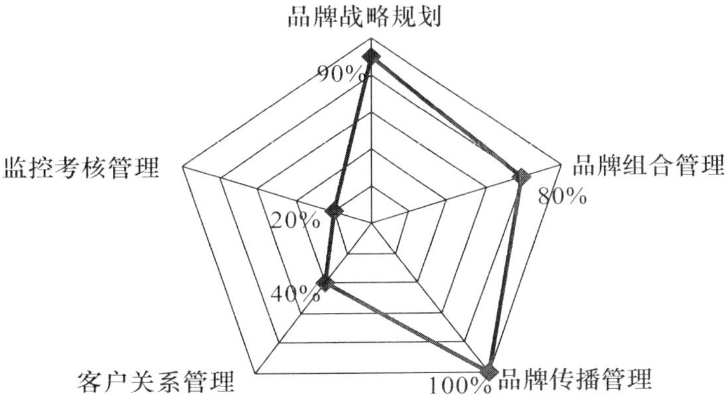

图 5　策划代理品牌企业品牌管理部门职责

企业的未来发展需要强势品牌的支撑，而强势品牌的建立需要依托专业的品牌管理部门进行系统建设。策划代理企业的品牌建设通常包括企业形象与能力的宣传推广、房地产开发企业客户关系维护、监控企业品牌形象和进行危机公关等内容，专业品牌部门的设立可以有效地进行品牌整体建设，帮助策划代理企业建立强势品牌，推动企业实现快速发展。从策划代理品牌企业的品牌管理部门职责分析来看，品牌传播是各个企业最为看重的、也是品牌建设最为基础的内容，所有企业的品牌管理部门均具有这一职责；品牌战略规划与品牌组合管理将为企业提供明确的品牌定位和发展方向，同时提高品牌质量，所以也成为众多策划代理品牌企业关注的焦点，分别有 90%和 80%的品牌企业的品牌管理部门拥有这两个职能。

4 结语

在经历了房地产市场 2008 年的低迷、2009 年的快速回暖，策划代理品牌企业面对市场环境变化的应对能力逐步提高，品牌发展意识强烈，并取得了显著成就，以易居中国、世联地产、思源经纪、同策咨询等为代表的策划代理品牌企业在房地产市场的影响力越来越突出，为其他策划代理企业的发展树立了学习榜样，也为行业的发展夯实了基础。2010 年上半年，房地产市场受政策调控影响再次进入调整期，作为专业代理销售服务企业，策划代理企业在提升开发企业销售业绩方面无疑将发挥更重要的作用，品牌优势和综合实力已成为策划代理企业赢得开发企业与消费者的核心竞争力。

附录四　2010中国物业服务百强企业研究报告

1　研究背景与目的

中国房地产TOP10研究组自2008年以来已经连续两年开展了“中国物业服务百强企业研究”，引起了社会各界的广泛关注，同时也得到了行业内优秀企业的认可，对促进市场资源向物业服务百强企业聚集和房地产开发百强企业与物业服务百强企业的强强联合起到了重要作用。

2010年，温家宝总理在《政府工作报告》中再一次强调“要大力发展市政公用事业、房地产和物业服务、社区服务等面向民生的服务业”，这不仅表明物业服务行业的地位和作用受到国家的高度重视，同时被赋予了转变经济发展方式，调整优化经济结构和保障民生的历史重任。

面对发展的新契机，物业服务行业更需要一批规模大、实力强、品牌优的物业服务企业，发挥示范带头作用，引领行业健康、快速发展。在此背景下，研究组以“提质增效”为主题，启动“2010中国物业服务百强企业研究”，意义更显重大。在总结2008、2009年研究经验的基础上，研究组进一步完善了“2010中国物业服务百强企业研究”方法体系，更加全面、客观地评价企业的综合实力。

2010中国物业服务百强企业研究的目的是：

（1）以客观的数据和研究结果，反映行业发展最新状况和主流企业的发展态势，为政府部门研究制定行业政策、有关部门加强行业指导提供参考和依据；

（2）科学评价企业的真实实力，发掘一批综合实力强、服务水平高、业主满意度高的优秀物业服务企业；

（3）系统总结优秀企业的服务理念和经营模式，供广大物业服务企业学习借鉴，促进物业服务企业提升运作水平和服务质量。

2　研究方法体系

2.1 标准和门槛值

中国房地产TOP10研究组坚持以客观数据和社会评价为依据，坚持客观、公正、准确、全面、自愿的研究原则。研究组按照国际惯例和《物业服务企业资质管理办法》，确定现阶段纳入研究范围企业的门槛值：

（1）依法设立、具有独立法人资格，从事物业服务活动的企业；

（2）具有房地产行政主管部门颁发的一级资质证书的物业服务企业及有特色的二级资质物业服务企业；

（3）凡符合入选门槛值的物业服务企业，须按要求提供相应的数据报表，方可参与此次研究；

（4）为了引导物业服务企业做强做大，TOP10 研究组鼓励企业以集团的名义参与。

2.2 评价指标体系

2.2.1.评价指标体系设计原则

（1）服务规模与服务质量相结合。规模与质量是衡量物业服务企业服务能力和水平的关键因素，研究组采用物业管理项目总数、总建筑面积两项指标来评价企业的服务规模（含物业类型）。同时，研究组采用业主满意度、物业服务费收缴率及物业管理项目续约率来评价企业的服务质量。

（2）研究组采用营业收入、人均产值以及毛利率进行经营绩效评价，与服务规模相结合，更准确地反映企业的经营现状。

（3）研究组完善了发展潜力指标，采用营业收入增长率、物业管理项目总建筑面积增长率、合同储备项目总建筑面积和物业管理相关专业人员占比等指标，全面评价企业的发展潜力。

2.2.2.评价指标体系

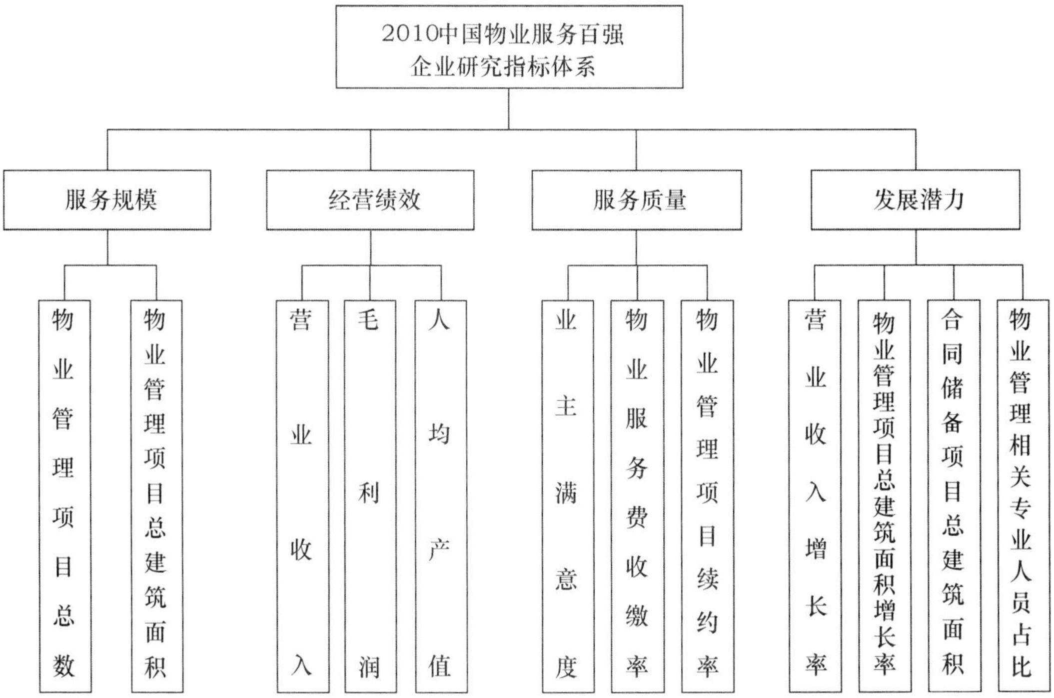

2.3 数据来源及复核

2.3.1.数据来源

（1）物业服务企业填报的数据；

（2）中国房地产 TOP10 研究组对业主进行的满意度调查（网上调查与网下调查相结合）数据；

（3）中国房地产指数系统（CREIS）数据库及中国房地产统计年鉴；

（4）物业服务企业对外公布的信息（包括企业网站公布的信息和对外派发的宣传资料）；

（5）有关政府部门（包括建委、房管局和统计局等）的公开数据；

2.3.2. 数据复核

企业填报的数据须如实客观，同时研究组将对填报数据进行复核。

（1）企业财务数据通过会计师事务所出具的报表进行复核；

（2）通过各地物业管理协会的公开信息及统计局经济普查数据对企业填报数据交叉复核；

（3）对有疑问的数据研究组将进入社区进行业主一对一访谈现场复核。

2.4 计量评价方法

在研究方法上，为增加研究的严谨性，采用因子分析（Factor Analysis）的方法进行。因子分析（Factor Analysis）是一种从变量方差——协方差结构入手，在尽可能多地保留原始信息的基础上，用少数新变量解释原始变量方差的多元统计分析方法。它将原始变量分解为公共因子和特殊因子之和，并通过因子旋转，得到符合现实意义的公共因子，然后用这些公共因子去解释原始变量的方差。

计算中国物业服务百强企业综合实力时，主要是计算各构成要素的相关矩阵，通过相关矩阵得到特征值、累计特征值及因子载荷。根据最初几个特征值在全部特征值的累计百分率大于或等于某百分比的原则，确定公共因子的具体个数。然后再根据因子载荷矩阵确定各个因子的现实意义并进行重新命名，最后根据不同企业各个因子的得分及载荷矩阵，通过加权累加构成企业综合实力指数。

3 主要研究成果及分析

3.1 2010 中国物业服务百强企业

“2010 中国物业服务百强企业”　前 60 强

序号	企业名称	序号	企业名称
1	深圳市万科物业服务有限公司	31	长江三峡实业有限公司
2	中海物业管理有限公司	32	重庆隆鑫物业管理有限公司
3	长城物业集团股份有限公司	33	深圳市花样年彩生活科技集团
3	中航物业管理有限公司	34	江苏新城物业服务有限公司
5	浙江绿城物业管理有限公司	35	重庆新东原物业管理有限公司
6	深圳市金地物业管理有限公司	36	河南建业物业管理有限公司
7	上海陆家嘴物业管理有限公司	37	鑫苑物业服务有限公司
8	上海明华物业公司	38	北京世纪凯晨物业管理有限公司
9	广州天力物业发展有限公司	39	重庆大正物业管理有限公司
10	北京市均豪物业管理有限责任公司	40	上海银湾物业连锁集团
11	北京首欣物业管理有限责任公司	41	港联物业（中国）有限公司
12	上海东湖物业管理公司	42	浙江耀江物业管理有限公司
13	深圳市龙城物业管理有限公司	43	浙江金都物业管理有限公司
14	北京凯莱物业管理有限公司	44	天津津滨联合物业服务有限公司
15	深圳市万厦居业有限公司	45	浙江嘉信物业服务有限公司
16	上海科瑞物业管理发展有限公司	46	深圳市泰然物业管理服务有限公司

续表

17	北京亿方物业管理有限责任公司	47	厦门联发（集团）物业服务有限公司
18	深圳市卓越物业管理有限公司	48	上海复瑞物业管理有限公司
19	国贸物业酒店管理有限公司	49	浙江开元物业服务有限公司
20	广州广电物业管理有限公司	50	河北卓达物业服务有限公司
21	上海上房物业管理有限公司	51	北京新世界物业管理有限公司
22	北京天鸿宝地物业管理经营有限公司	52	上海新世纪物业管理有限公司
23	深圳市赛格物业管理有限公司	53	美佳物业管理（深圳）有限公司
24	深圳市鹏基物业管理有限公司	54	上海紫泰物业管理有限公司
25	深业集团（深圳）物业管理有限公司	55	北京东光物业管理有限公司
26	广东中奥物业管理有限公司	56	吉林亚泰物业管理有限公司
27	北京方庄物业管理有限责任公司	57	北京中天如日物业管理有限公司
28	佳兆业物业管理（深圳）有限公司	58	北京市圣瑞物业服务有限公司
29	重庆金科物业管理有限公司	59	杭州佰全物业管理有限公司
30	宁波银亿物业管理有限公司	60	西安天地源物业服务管理有限责任公司

3.2 2010中国物业服务百强企业发展特点分析

3.2.1 服务规模：百强企业[1]在管项目规模持续扩大，管理面积均值超800万平方米

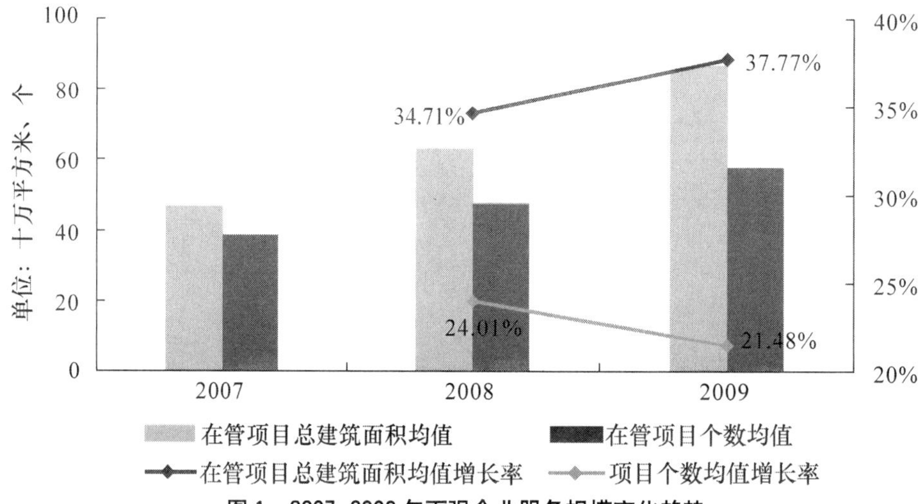

图1 2007-2009年百强企业服务规模变化趋势

2009年，百强企业在管项目数量均值达到57.90个，同比增长21.48%；在管项目总建筑面积均值达到868.11万平方米，同比增长37.77%。市场的回暖推动当年房地产企业新开工面积和销售面积分别同比增长12.5%和42.1%，对物业服务的需求也随之快速增长；物业服务百强企业积极抓住上游行业回暖机遇，加强与房地产开发企业的合作，在管项目数量和在管项目总建筑面积保持快速增长，服务规模迅速扩大。

2009年，百强企业在管项目数量中值为41个，2008年和2007年分别为29个、27个，连续三年实现增长。其中，在管项目100个以上的企业达到21家，明显高于2008年的17家和2007年的9家，百强企业规模优势愈发明显，万科物业、长城物业、中航物业和中奥物业等管理项目数量超过130个。

[1]除有特殊说明，本报告中"百强企业"均特指"2010中国物业服务百强企业"。

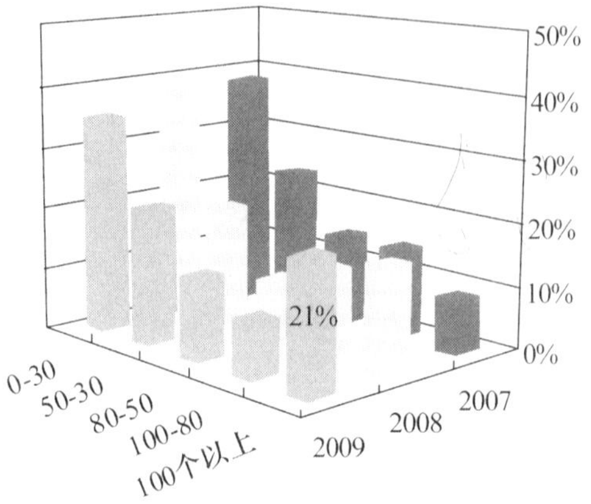

图 2　2007-2009 年百强企业管理项目数量分布

3.2.2　经营绩效：营业收入连续三年实现增长，百强企业净利润同比提升 56.69%

（1）服务规模带动营业收入增长 27.78%，百强企业业务构成持续优化

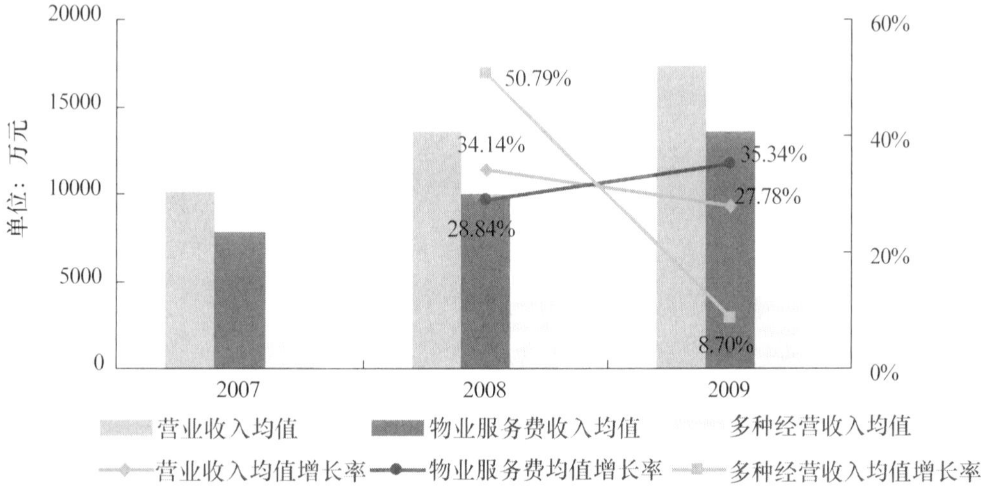

图 3　2007-2009 年百强企业收入构成及变化

2009 年，得益于在管项目总建筑面积 37.77%的同比增长，百强企业物业服务费收入均值达到 13585.33 万元，同比增长 35.34%，增速超过去年同期。物业服务费收入是物业服务企业的主要收入来源，其增长带动百强企业营业收入同比增长 27.78%，达到 17357.66 万元。

（2）百强企业净利润均值首次突破千万，多种经营业务贡献突出

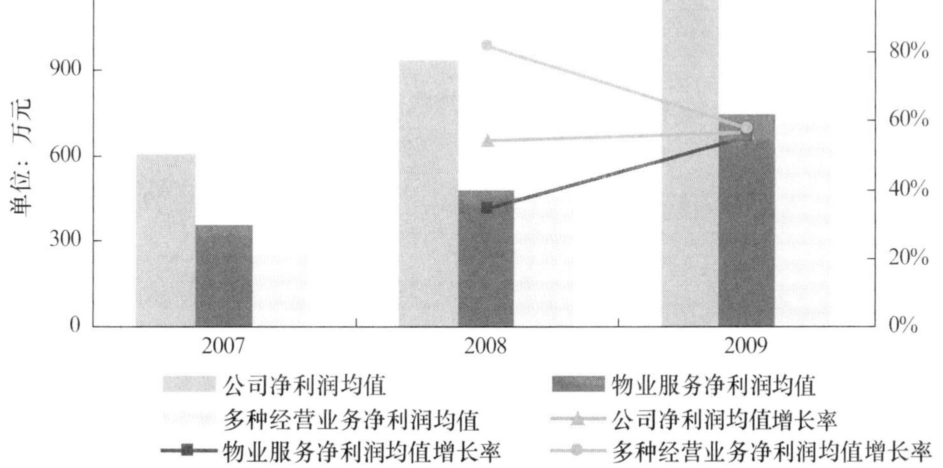

图 4　2007—2009 年百强企业公司净利润及主要业务净利润变化趋势

2009 年，百强企业公司净利润均值同比增长 56.69%，历史上首次突破 1000 万元。其中，物业服务业务净利润实现快速增长，均值达到 745.06 万元，增速为 55.53%，高于 2008 年 35.54%的同比增幅；多种经营业务对净利润的贡献也非常突出，在 2009 年多种经营业务收入均值仅同比增长 8.70 个百分点的情况下，多种经营业务净利润均值实现了 57.90%的同比大幅增长，成为百强企业净利润的重要增长点。

3.2.3 区域布局：三大区域成百强企业竞争热点，四成企业扩张初具规模

以珠三角为中心的华南地区、以上海为中心的华东地区和以北京为中心的华北地区，是中国房地产发展最为快速和成熟的地区，也是最早开展物业服务的区域，成为百强企业竞争的热。中西部的四川、重庆地区吸引了众多东部优秀百强企业进驻，成为物业服务发展热点区域。

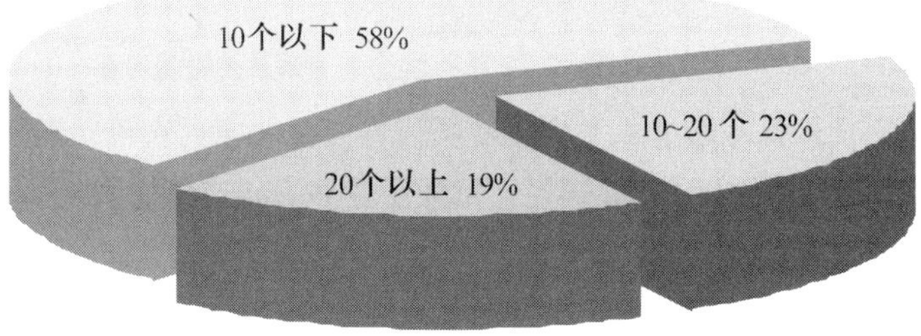

图 5　2009 年百强企业进入城市数量分布

近年来，房地产市场快速发展以及物业管理覆盖率的提高，物业管理行业得到快速发展，百强企业作为行业优秀企业代表，经过之前的发展积累，在规模实力、专业能力、品牌影响力等方面均有了较大提升，在全国房地产市场快速发展的大环境下，强势发力，加速推进全国化布局或完善区域布局，积极推进业务扩张战略。其中，进驻城市个数超过 20 个（含）的企业占比达到 19%，进驻城市个数在 10-20 个之间的企业数量达到 23 家，四成百强企业扩张已初具规模。

3.2.4 成长潜力：合同储备项目数量达 13 个，专业人才提升百强企业发展潜力

（1）合同储备项目数量同比增长 80.31%，服务资源加速向大型企业集中

2007—2009 年，百强企业合同储备项目数量均值分别为 5.2 个、7.3 个和 13.2 个，2009 年同比大幅增长 80.31%，比 2008 年增长率提高 35 个百分点以上，总体来看，百强企业合同储备项目数量呈现加速增长态势，这将为百强企业今后的快速发展提供有力保证。

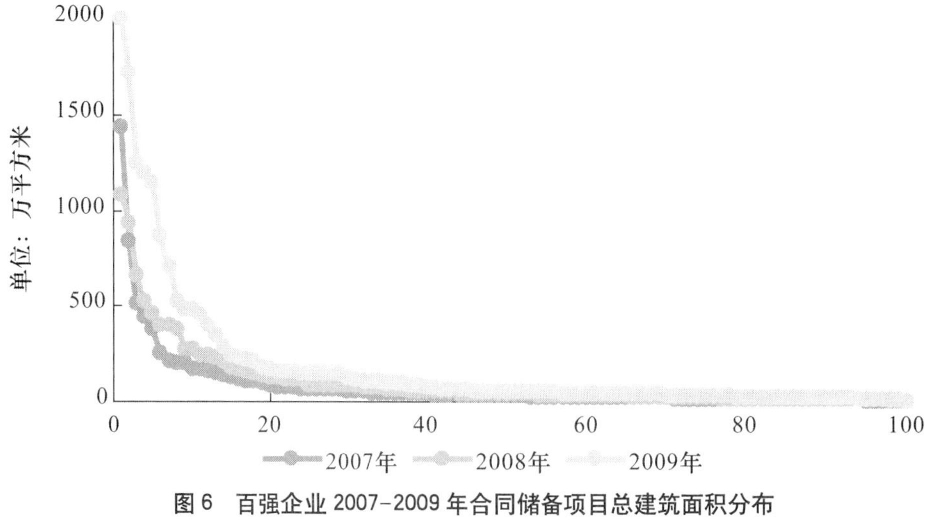

图 6　百强企业 2007-2009 年合同储备项目总建筑面积分布

尽管合同储备项目数量和总建筑面积均保持增长，但百强企业内部合同储备项目分布的不均衡性却越发明显。研究组按照合同储备项目总建筑面积将百强企业划分为三个群体：合同储备项目总建筑面积超过

300 万平方米的企业为第一个群体；介于 100—300 万平方米之间为第二个群体；不足 100 万平方米的企业为第三个群体。分类结果显示，第一群体企业主要为完成全国性布局企业，第二群体企业主要为正在进行区域扩张的企业，第三群体则主要为区域内发展的企业。2007-2009 三年百强企业合同储备项目总建筑面积分布均呈现出“长尾”现象，约 15%的百强企业在合同储备项目总建筑面积方面明显领先于其他企业，显示出企业未来发展的不均衡性。而且从曲线的斜率来看，这种分布的不均衡性还有逐年加剧的趋势，百强企业间的差距将不断扩大。

（2）人员结构持续改善，物业服务专业人员人均管理面积达 1.36 万平方米

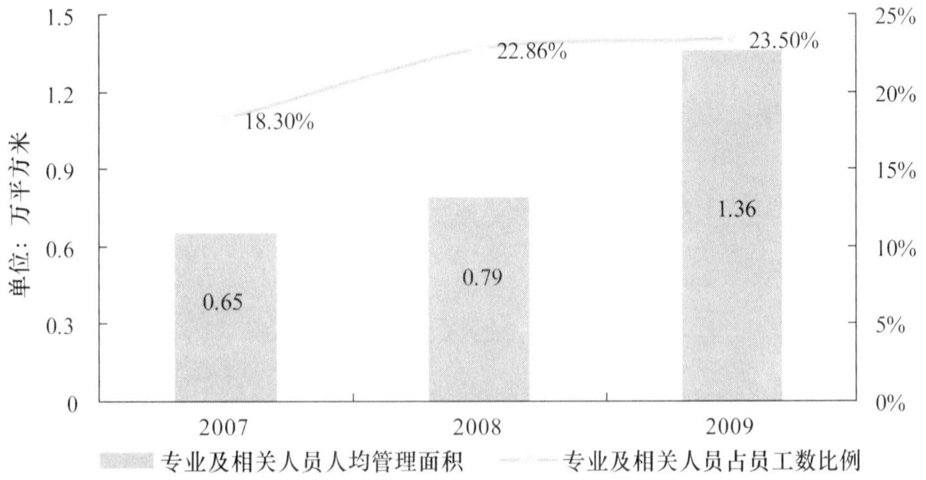

图 7　百强企业人力资源情况

数据显示，2007—2009 年，百强企业物业管理师以及工程、管理、经济等物业管理相关专业人员数量占企业员工总数比例不断提高，由 2007 年的 18.3%上升至 2009 年的 23.5%，提高幅度达到 5.2 个百分点。人才结构的优化极大地提高了百强企业的项目管理能力。2007 年，百强企业物业服务专业及相关人员人均管理面积仅为 0.65 万平方米，2009 年这一指标快速攀升至 1.36 万平方米，同比提高 73%，物业服务专业及相关人员管理能力的提高在有效降低企业经营成本的同时，也为企业的快速发展提供了保证。

3.2.5　服务质量：业主满意度连续三年超过 80%，质量是效益保障

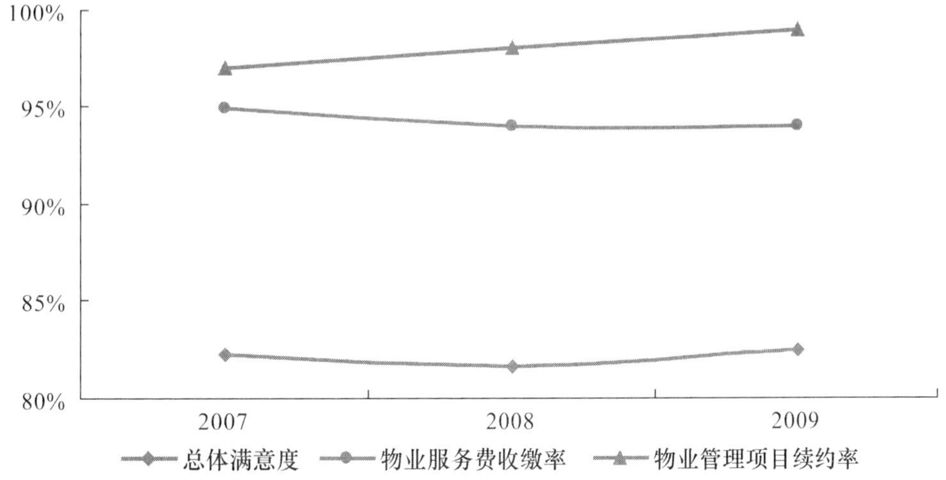

图 8　2007—2009 年百强企业业主满意度、收缴率及续约率

业主满意度是衡量物业服务企业服务质量的重要指标，TOP10 研究组进行的物业服务企业满意度调查结果显示，2009 年物业服务百强企业总体满意度达到 82.5%，继 2007 和 2008 年之后，连续三年超过 80%，

总体呈现小幅提高态势。从各专项服务的满意度来看，安保、环境卫生、绿化服务业主满意度明显高于其他专项服务，接近 90%，有效提高了企业整体满意度水平；相比之下，存车管理服务满意度水平只有 68%，为满意度水平最低的专项服务。

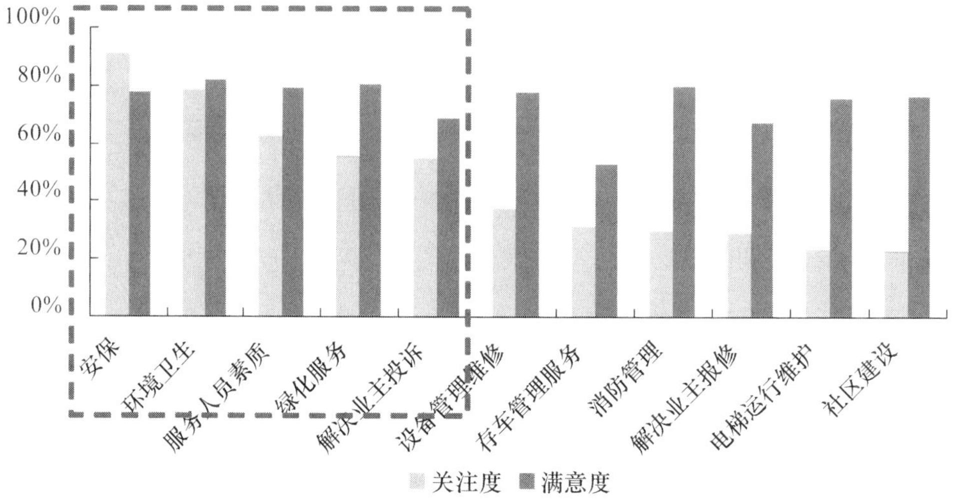

图 9 百强企业业主满意度调查结果

2009 年，百强企业安保、环境卫生、绿化服务、解决业主投诉和服务人员素质是业主关注度最高的五个方面，满意度分别为 90%、86%、85%、78%和 77%，五项服务要素满意度均值达到 83%，高于总体满意度，有效促进了百强企业业主总体满意度的提高。

3.2.6 社会贡献：物业服务对社会及房地产行业贡献显著，服务价值凸显

物业服务百强企业作为行业最优秀的企业群体，在解决社会就业，维护社会稳定；提高业主满意度，实现物业保值增值方面；提升行业价值，促进房地产业健康发展等方面的贡献尤为突出。

（1）百强企业平均累计创造就业机会 1205 名，在促进社会和谐健康发展方面贡献显著

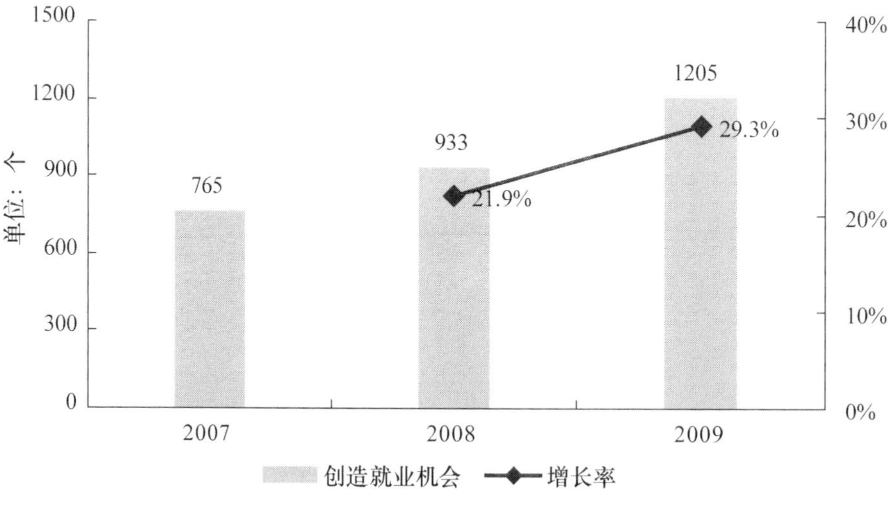

图 10 2007—2009 年百强企业累计创造就业机会情况

物业服务产品的提供依靠大量的人员，由于其对人员能力和素质要求不高，使得物业服务企业在吸收社会剩余劳动力，促进社会就业方面就有不可替代的作用。

2007—2009 年，百强企业平均累计创造就业机会分别为 765、933 和 1205 名，其中 2009 年创造就业机会同比增长 29.3%，为历年来的新高。总体来看，百强企业平均累计创造就业机会呈现加速增长态势。研究组认为，随着我国物业管理覆盖率的不断提高以及百强企业的快速发展，百强企业有能力吸纳更多的社会剩余劳动力，有效促进社会就业。

（2）物业服务成房地产业价值提升重要环节，83.8%的业主将物业服务作为购房重要参考因素

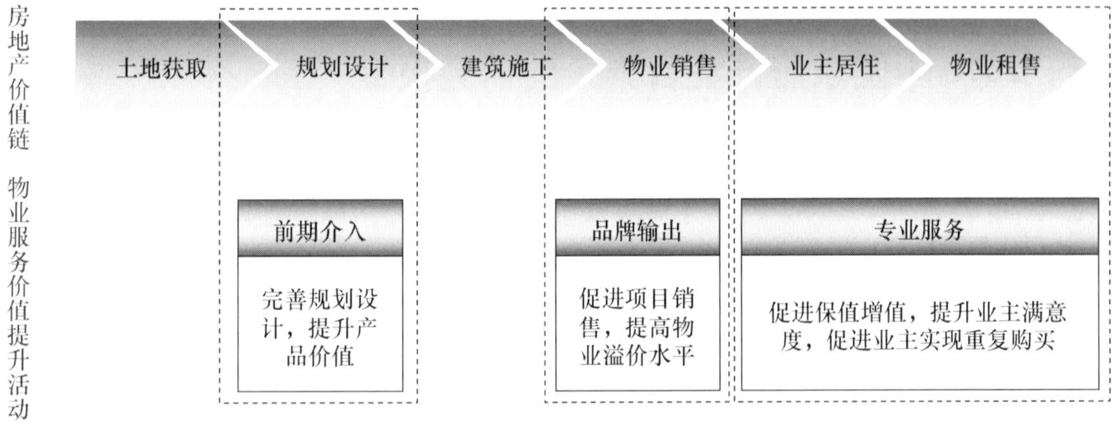

图 11　物业服务企业价值提升活动

物业服务不仅有效促进经济发展，维护社会稳定，在提升房地产业价值方面也发挥了巨大的作用，这种价值提升功能体现在房地产价值链中的各个重要阶段。规划设计阶段：完善规划设计，提升产品价值；物业销售阶段：促进项目销售，提高物业溢价水平；业主居住阶段：实现保值增值，促进业主实现重复购买。

4　结语

法律法规的不断改善，行业社会作用的不断凸显和市场发展的不断成熟，使得国内物业服务企业实现了飞速发展。在企业综合实力和品牌影响力不断提高的同时，市场资源进一步向百强企业集中，百强企业服务规模明显提高，区域布局渐趋完善，特别是全国性龙头企业，规模优势更为明显。

在规模不断扩大的同时，百强企业更应注重服务质量，随着业主消费意识和消费能力的提高，服务质量成为业主衡量百强企业最重要的标准，这不仅关系到企业的经营绩效，同样关系到企业的生存发展。在市场竞争日益激烈的大背景下，“提质增效”将是百强企业实现可持续发展的根本和核心。

附录五　2010 中国家居产业百强企业研究报告

1 研究背景

为了更好地落实"十一五"发展规划纲要，贯彻"扶大、扶优、扶强"的战略方针，引导家居产业持续健康发展，由中国建筑装饰协会、中国指数研究院共同组成"中国家居产业 TOP10 研究组"，自 2008 年起连续三年开展"中国家居产业百强企业"评价研究工作，研究成果已成为行业协会、政府监管机构与房地产开发企业等相关机构了解市场动态、选择合作伙伴的重要依据。

当前在我国经济复苏，家居市场持续增长的形势下，家居产业迎来了历史上前所未有的高速发展期。特别是我国家居消费市场的文化要求和个性化市场需求，为装饰装修公司、家居卖场、家居部品、装饰装修材料等诸多领域提供了巨大的发展空间。但与此同时，家居产业依然处于发展初期阶段，规范化行业标准尚不完善，同业间恶性竞争加剧，诚信缺失问题较突出，制约了企业的发展。

2 2010 中国家居产业百强企业研究主要成果

2.1 2010 中国家居产业百强企业

"2010 中国家居产业百强企业"

装饰装修企业	橱柜
北京龙发装饰集团（龙发）	广州欧派橱柜企业有限公司（欧派）
东易日盛&意德法家家居装饰集团（东易日盛）	博洛尼家居用品（北京）有限公司（科宝·博洛尼）
广东星艺装饰有限公司（星艺）	厦门市建潘卫厨有限公司（金牌）
聆海建筑装饰工程有限公司（聆海）	东莞市佳居乐橱柜材料有限公司（佳居乐）
深圳市居众装饰设计工程有限公司（居众）	深圳市中意厨房设备有限公司（中意）
武汉嘉禾装饰集团有限公司（嘉禾）	中山市新山川实业有限公司（皮阿诺）
北京业之峰装饰有限公司（业之峰）	合肥志邦厨饰有限公司（志邦）
元洲装饰有限责任公司（元洲）	厨卫电器
浙江九鼎建筑装饰工程有限公司（九鼎）	博西家用电器（中国）有限公司（博西）
江苏红蚂蚁装饰设计工程有限公司（红蚂蚁）	广东万家乐燃气具有限公司（万家乐）
上海荣欣家庭装潢有限公司（荣欣）	宁波方太厨具有限公司（方太）
实创家居装饰集团有限公司（实创装饰集团）	帅康集团有限公司（帅康）
浙江中冠建筑装饰工程有限公司（中冠）	中山华帝燃具股份有限公司（华帝）
美颂雅庭集团（美颂雅庭）	杭州老板电器股份有限公司（老板）
全筑建设企业集团（全筑）	德意控股集团有限公司（德意）

续表

家居卖场	地板
红星美凯龙集团（红星美凯龙）	圣象集团有限公司（圣象）
北京居然之家投资控股集团有限公司（居然之家）	广东盈然木业有限公司（大自然）
北京集美家居市场集团有限公司（集美家居）	安信伟光（上海）木材有限公司（安信）
东方家园家居建材商业有限公司（东方家园）	久盛地板有限公司（久盛）
爱家投资管理集团（爱家家居）	德尔国际地板有限公司（德尔）
深圳市好百年家居连锁股份有限公司（好百年）	家具
金海马集团（金海马）	北京天坛股份有限公司（天坛）
宜家集团（宜家家居）	北京曲美家具有限公司（曲美）
欧亚达集团（欧亚达）	香港皇朝家私集团有限公司（皇朝家私）
环渤海金岸（天津）集团股份有限公司（环渤海金岸）	天津美克美家国际家私（美克美家）
卫浴洁具	电气照明
科勒（中国）投资有限公司（科勒）	施耐德电气（中国）投资有限公司（施耐德）
东陶机器（中国）有限公司（TOTO）	惠州雷士光电科技有限公司（雷士）
乐家（中国）有限公司（乐家）	天基电气集团（天基）
和成（中国）有限公司（和成）	广东钜豪照明电器有限公司（钜豪照明）
唐山惠达陶瓷（集团）股份有限公司（惠达）	西蒙电气（中国）有限公司（西蒙）
佛山市顺德区乐华陶瓷洁具有限公司（箭牌）	涂料
佛山市法恩洁具有限公司（法恩莎）	立邦涂料中国公司（立邦）
开平金牌洁具有限公司（金牌）	阿克苏诺贝尔太古漆油（上海）有限公司（多乐士）
佛山益高卫浴有限公司（益高）	广东华润涂料有限公司（华润）
重庆四维卫浴有限公司（四维）	梅菲特（北京）涂料有限公司（德国都芳漆）
瓷砖	广东嘉宝莉化工集团有限公司（嘉宝莉漆）
信益陶瓷（中国）有限公司（冠军）	门
东莞市唯美陶瓷工业园有限公司（马可波罗）	吉林森林工业股份有限公司（霍尔茨）
广东蒙娜丽莎陶瓷有限公司（蒙娜丽莎）	TATA 木门（TATA）
广东东鹏陶瓷股份有限公司（东鹏）	山西孟氏实业有限公司（孟氏）
上海斯米克建材有限公司（斯米克）	壁纸
杭州诺贝尔集团有限公司（诺贝尔）	广东玉兰装饰材料有限公司（玉兰）
佛山市嘉俊陶瓷有限公司（嘉俊）	北京特普丽装饰装帧材料有限公司（特普丽）
广东博德精工建材有限公司（博德）	尚美世家（北京）贸易有限公司（ROEN 柔然）
佛山市简一陶瓷有限公司（简一）	上海欣旺壁纸有限公司（欣旺）
肇庆市法恩陶瓷洁具有限公司（法恩莎）	瑞宝（北京）装饰设计有限公司（瑞宝）
五金	空调
亚萨合莱集团（亚萨合莱）	珠海格力电器股份有限公司（格力）
英格索兰（中国）投资有限公司（英格索兰）	广东美的电器股份有限公司（美的）
摩恩（中国）公司（摩恩）	大金（中国）投资有限公司（大金）
综合	其他
北新集团建材股份有限公司（北新）	森德（中国）暖通设备有限公司（森德）
北京金隅集团有限责任公司（金隅家居）	北京中讯威易科技有限公司（中讯威易）
青岛海尔家居集成股份有限公司（海尔家居）	品格卫厨（浙江）有限公司（品格）
	康利石材集团（康利）
	上海林内有限公司（林内）

2.2 2010中国家居产业百强企业发展特点分析

2.2.1 经营业绩：百强企业规模保持较快增长，盈利能力明显提升

(1) 百强企业总资产保持增长，企业经营规模稳步扩大

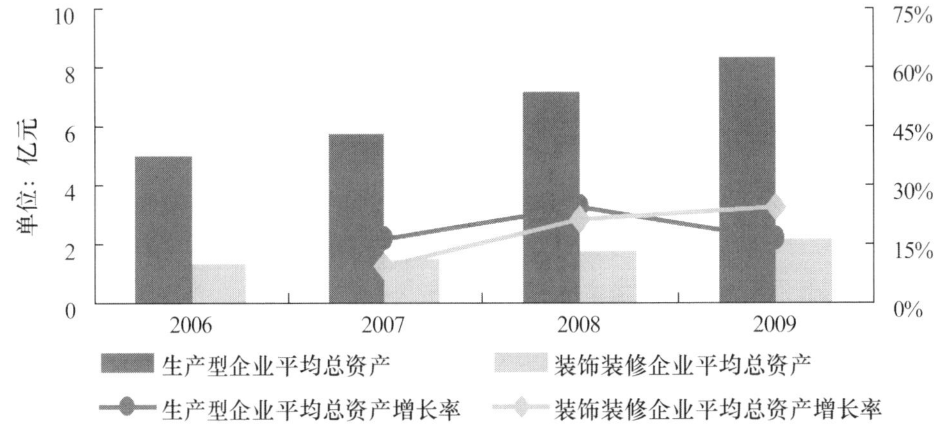

图1 百强企业2006—2009年总资产规模变化

此次研究将样本企业分为家居生产企业、家居卖场企业以及装饰装修企业三大类。从百强企业整体来看，企业规模在2009年保持了较快提升，生产类百强企业平均总资产规模达到8.34亿元，同比增长16.05%；装饰装修类百强企业平均总资产规模达到2.20亿元，同比增长24.56%，增幅比上年提高3.54个百分点。百强企业整体实力不断增强，在各个细分行业的领先优势进一步扩大。

(2) 百强企业净利润率提高两个百分点，盈利能力有明显提升

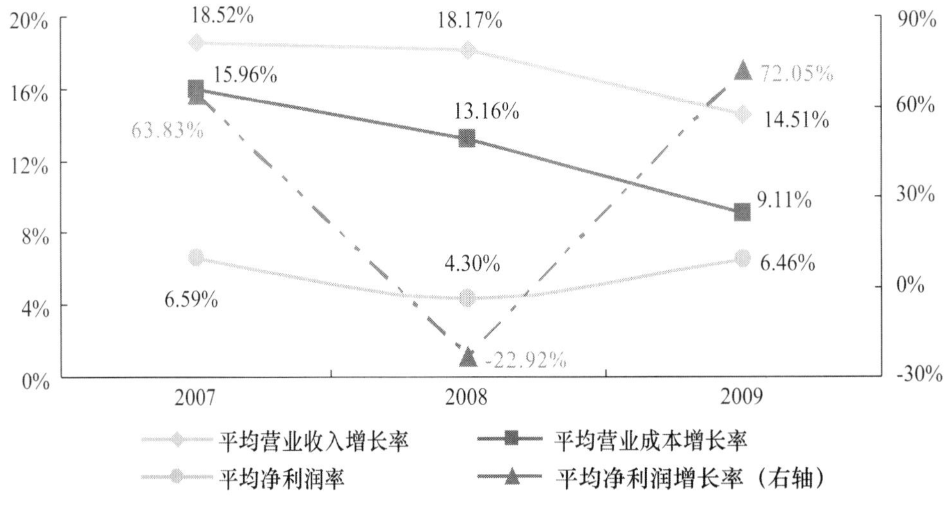

图2 百强企业2007—2009年主要盈利能力指标变化

在加强企业的应收账款管理、提高资金周转速度、促进营业收入保持增长的同时，百强企业继续强化成本及费用控制，通过执行更为严格的预算体系，使得2009年营业成本增长率下降近4个百分点，仅为9.11%，远低于平均营业收入14.51%的增长，促使百强企业的净利润率由2008年的4.30%提高到6.46%，盈利能力有了明显提升。

2.2.2 市场环境：内需市场是百强企业业绩增长最大驱动力

(1) 生产类百强企业销售结算收入均值增长 22.28%，但其中外贸销售收入均值下滑 8.99%

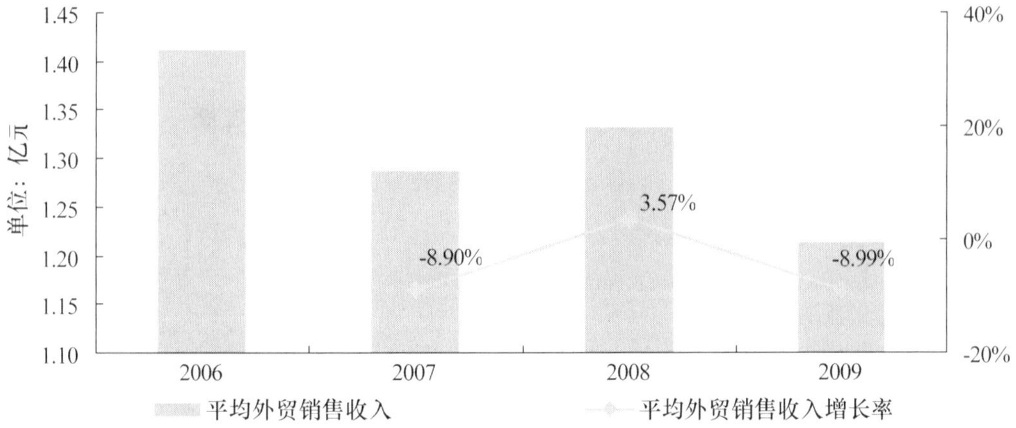

图 3　生产类百强企业 2006—2009 年外贸销售收入变化

2009 年，生产类百强企业外贸出口总体态势依旧疲软，平均外贸出口销售收入仅为 1.21 亿元，自 2007 年后再次出现下滑，同比下降 8.99%，远低于同期生产类百强企业平均销售结算收入 22.28%的增速。

国际市场需求疲软是家居产品外贸出口下滑的主要原因，但在 2009 年下半年，家居产品的外贸出口开始缓慢复苏。此外，生产类百强企业对东盟、中东、非洲以及南美洲等新兴出口市场的积极开发，以及产品竞争力增强因素，也是拉动家居产品出口复苏的重要动力。

家居产品在国际市场竞争力增强主要来源于两个方面，一是生产类百强企业通过引进先进生产线、采用国际领先技术，使得产品质量有了较大幅度提升。如冠军、嘉俊等国内陶瓷企业拥有国际最先进的大吨位压机与全自动化生产线，工艺技术处于国际领先水平。二是国家出口退税政策使得产品价格的直接竞争优势更加突出。2009 年 6 月，为促进相关行业出口发展，国家财政部和税务总局出台提升相关行业出口退税政策，其中家具行业出口退税提升至 15%，部分陶瓷产品出口退税提升至 13%，有效提升了相关企业及产品的国际市场竞争力。

(2) 生产类百强企业的国内市场收入占比达到 86.58%，“内需蛋糕”仍是家居百强企业最重要的业绩来源

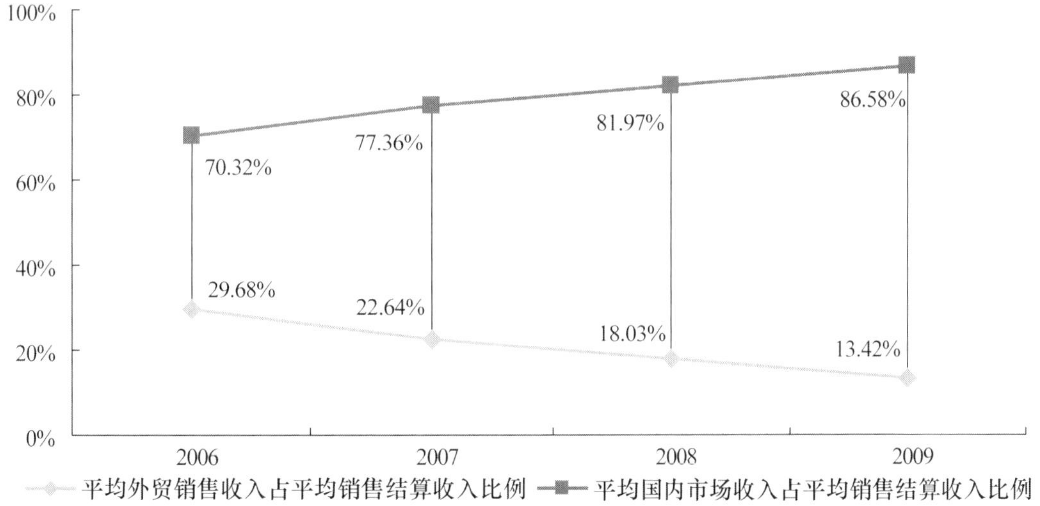

图 4　生产类百强企业 2006—2009 年国内外市场收入变化

内需市场是家居百强企业最重要的业绩来源。2009 年，生产类百强企业的收入构成中，国内外市场收入差距进一步拉大，国内市场的重要性更加突出。从 2007 年开始，生产类百强企业的平均销售结算收入中，平均外贸收入的占比逐年递减，2009 年仅为 13.42%，较之 2006 年的 29.68%已累计下降 16.26 个百分点。在外贸收入增幅放缓甚至出现下降的情况下，生产类百强企业积极调整市场策略，大力开拓国内市场，国

内市场收入占比已从 2006 年的 70.32%提升至 2009 年的 86.58%，国内市场成为生产类百强企业持续快速发展的驱动力。如德尔地板、皮阿诺橱柜凭借稳定的产品品质和品牌力，在全国建立起庞大销售服务网络，促进了其业务的快速增长。

（3）国内家居市场容量接近 2 万亿元，房地产市场冷暖牵动家居产业发展

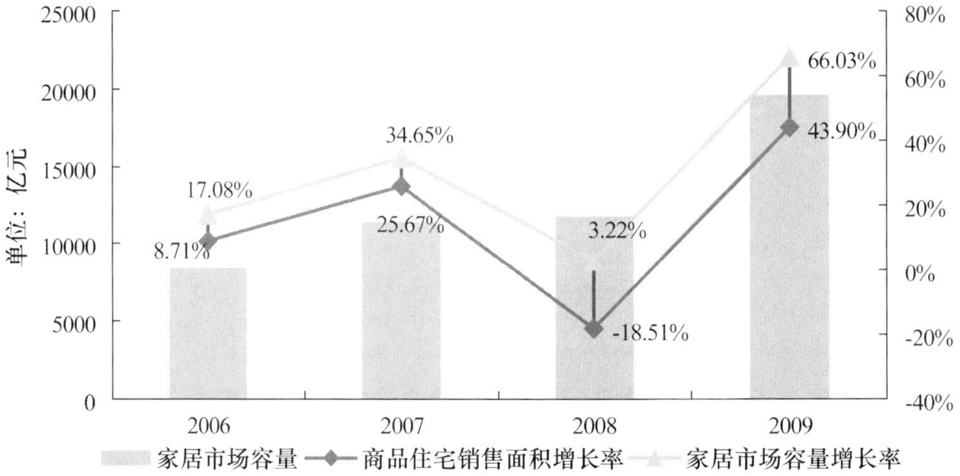

图 5　2006—2009 年家居市场容量变化

2009 年，国内房地产市场经历了"V"型发展，下半年市场迅速回暖，商品房销售面积再创历史新高，达到 9.37 亿平方米，同比增长 42.1%，其中商品住宅销售面积同比增长 43.9%。作为直接受益于房地产市场的下游产业，家居产业也随之迎来了快速发展，市场容量同比增长 66.03%，达到 19586.02 亿元。

此外，在国家产业政策的大力支持下，低碳环保成为房地产业新方向，精装修项目日益成为主流趋势。开发商大体量和持续稳定的装修需求无疑为综合实力突出的家居产业百强企业带来巨大的市场机遇。如圣象地板凭借健全的网络体系与产品体系，与万科、金地、雅居乐地产等房地产百强企业成为战略合作伙伴。

2.2.3 专业能力：装饰装修类百强企业综合专业能力突出，生产类百强企业人才储备与产品创新能力有待继续加强

（1）装饰装修类百强企业专业能力为企业收入实现 19.84%的平均增长提供重要保障

2010 中国家居产业百强企业中的装饰装修类企业，普遍拥有施工二级或设计甲级以上高等级行业资质。其中，40%的企业拥有建筑装修装饰工程一级专业承包资质，46%的企业拥有建筑装饰设计甲级资质。

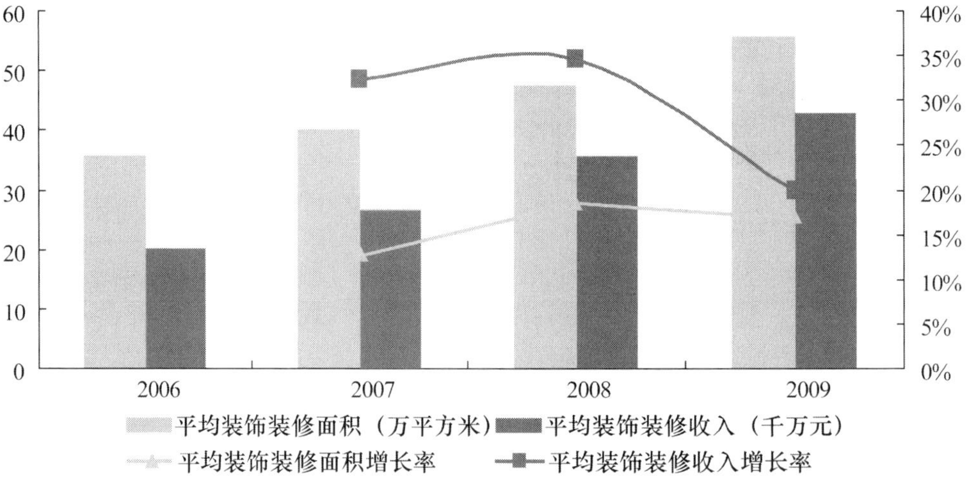

图 6　装饰装修类百强企业 2006—2009 年主营收入变化

高等级行业资质反映了装饰装修类百强企业的综合专业能力，稳步增长的经营业绩则直接体现了消费者对企业专业能力的认可。2009 年下半年，装饰装修类百强企业抓住国内房地产市场回暖的机遇，装饰装修业务总体实现稳定增长：平均装饰装修面积达到 55.58 万平方米，同比增长 16.81%，平均装饰装修收入达到 4.30 亿元，同比增长 19.84%。装饰装修行业规范化程度的提高、企业专业能力的不断提升，增强了终端消费者对装饰装修类百强企业的品牌认可度与忠诚度，如上海全筑在高端装修领域形成业内领先的标准与规则，在精装修市场处于领先位置，为其收入持续稳定增长奠定了基础；美颂雅庭作为世界 500 强旗下企业，专业能力突出，助推企业实现快速发展。

(2)生产类百强企业技术专利与高级设计师数量增速放缓，人才储备与产品创新有待继续加强

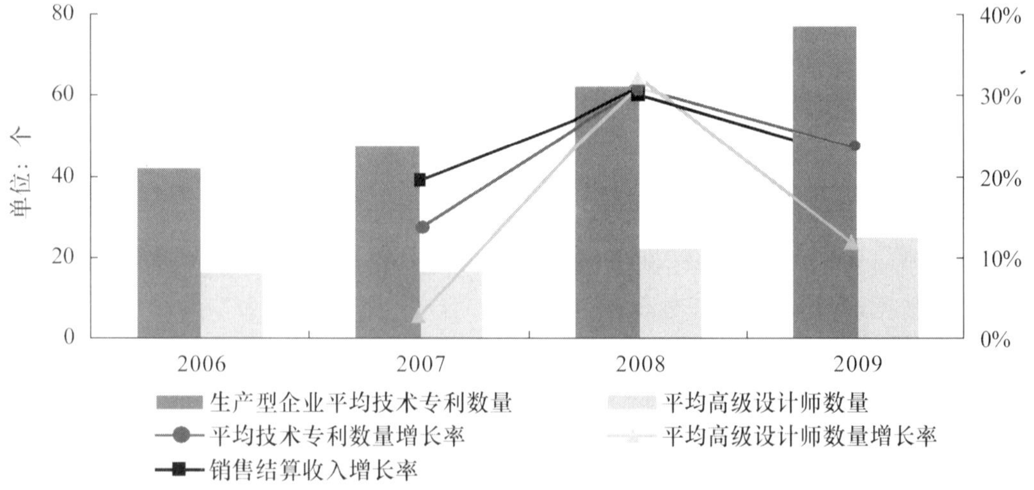

图 7　2006—2009 年生产类百强企业技术专利与设计师数量

2009 年，生产类百强企业所拥有的技术专利与高级设计师数量增速放缓，产品研发创新能力略有不足。平均技术专利数量为 76.92 个，同比增长 23.52%，但增幅下降 6 个百分点；平均高级设计师数量同比增长 11.47%，增幅更是大幅回落了 20 多个百分点。

生产类家居企业的未来竞争将集中于自主知识产权和人才的竞争，那些创新能力不强、后续发展动力不足、缺乏核心竞争优势的企业将被逐步淘汰，行业集中度会进一步提高。如法恩莎、特普丽、瑞宝等企业凭借其拥有的国际领先产品研发体系与生产线，企业发展领先行业平均水平，在各自行业市场占有率不断提高。

2.2.4 扩张模式：百强企业重视已进入市场的深耕细作，扩张模式不同面临的挑战也不同

（1）扩张以已进入区域或城市为重点，家居卖场类百强企业平均商业网点数量增至 16 个，装饰装修类百强企业平均分公司个数达到 40 个

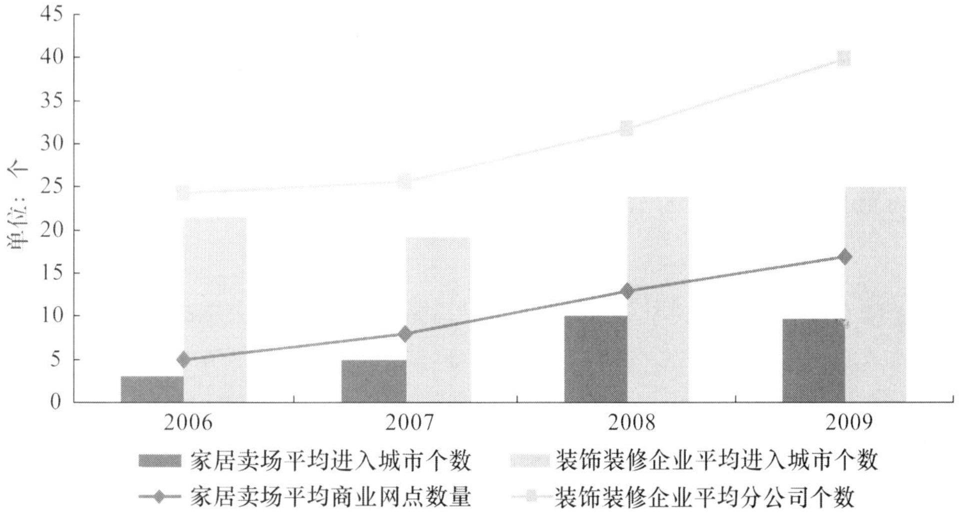

图 8　百强企业 2006—2009 年城市分布变化

2009 年，受惠于内需市场的回暖，家居卖场类百强企业加快扩张步伐，注重已进入市场的深耕细作，增加商业网点布局，平均商业网点数量增至 16 个，区域影响力与市场占有率进一步提升。在家居卖场的扩张方式上，出现了“资本+地产”扩张模式和纯“轻资产”扩张模式两种类型，前者以红星美凯龙为代表，而“轻资产”扩张模式则以居然之家为典型。

装饰装修类百强企业在 2009 年的扩张更加注重挖掘已有市场潜力，表现为在已进入城市增开分公司、增加商业网点布局，从而实现快速扩张。在平均进入城市个数并未发生大幅度增加的情况下，装饰装修类百强企业平均分公司个数达到 40 个，同比增长 25.79%，增长幅度明显。

家居企业在快速开拓新市场的同时，更加注重区域市场的深化，对区域市场的重点挖掘成为全国扩张的重要方面。在区域市场进行深耕细作，有助于家居企业快速构建区域市场强势品牌，从而提升其在区域市场的竞争力，提高市场占有率。

（2）不同类型企业扩张模式不同，面临各自的风险与挑战

对家居产业百强企业来说，无论是生产类企业、家居卖场类企业，还是装饰装修类企业，在发展经营模式有欠成熟、市场竞争不够正规的产业现状下，规模扩张过快的风险不容忽视。

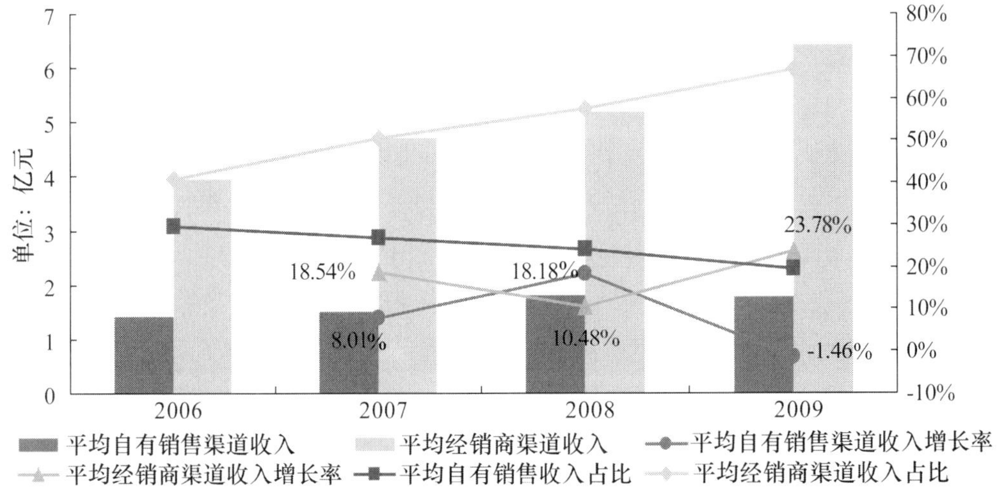

图 9　家居生产类百强企业 2006—2009 年国内销售渠道收入变化

2009 年生产类百强企业平均自有销售渠道收入占其销售结算收入的比例仅为 19.59%，比 2006 年降低了 10 个百分点；而同期，通过经销商渠道获得的收入占比则从 2006 年的 40.74%快速提升至 2009 年的 66.99%，生产类百强企业的收入增长多依赖于经销商渠道。

家居生产类百强企业自有销售渠道，多以专卖店的形式出现在各大家居卖场或城市主要商业中心，进行企业产品的专营，对扩大企业品牌知名度，提升企业品牌影响力具有显著效果，对企业品牌竞争力的提升也起到了有力的推动作用。截至 2009 年 12 月 31 日，雷士照明在全国拥有 2461 家专卖店，通过制定统一的专卖店经营规定、客户服务、门店形象以及产品定价策略，有效提升了雷士产品品牌的市场占有率和品牌影响力。

而装饰装修类百强企业的快速扩张方式则将成为其品牌维护的重大挑战。目前，多数品牌装饰装修类百强企业在全国市场范围内的扩张多采用开设分公司与品牌加盟连锁的方式同步进行。这种扩张模式仅仅通过品牌加盟的模式扩张，进行产品模式和管理模式的推广，而不进行实质性区域公司运作。因为仅仅是品牌与管理的输出，企业对加盟机构的控制力较差，如果无法形成有效的管控体系，则很容易使企业品牌受损，影响企业未来发展。

家居卖场类百强企业的扩张从目前看多仰赖其自身资金积累，或购置土地自建卖场，或采用传统轻资产运作仅仅租赁目标商场。这种扩张对企业的资金实力以及管理模式均有极高要求，而在目前家居卖场运作模式尚未成熟的情况下，快速扩张带来的风险将会成为卖场类百强企业未来发展的隐患。

2.2.5 专题研究：家居产业链的贯通成发展趋势，集成商整合产业资源对接终端消费者

（1）家居企业业务沿产业价值链上下游进行延伸

装饰装修企业进入家居生产领域集中在2003年“整套装修”概念兴起之后，而随着近年“集成家居”或“整体家装”日盛，越来越多的企业开始涉足上游生产领域。以龙发装饰、东易日盛、元洲装饰、嘉禾装饰等企业为例，除龙发装饰较早涉足家具生产外，其他企业基本上都是从2003年后开始建厂进行家具等家居产品的生产，而作为最早介入家居部品材料生产的企业，龙发装饰也从这一阶段开始通过扩大生产规模、引进国外生产技术等加快产业升级，发展独立家居产品品牌，并形成了一定的规模。

除装饰装修企业进入上游家居生产领域外，作为家居部品材料流通的中间枢纽，家居卖场凭借其拥有的材料部品供应商资源优势，也开始进入下游装饰装修领域，通过在卖场内设立家装服务中心为客户直接提供基于卖场内入驻品牌的装饰装修服务，其中尤以北京居然之家和万家灯火装饰城为典型，这也使得家居卖场对消费者的意义从“一站式”购物延伸扩展至“一站式”装修。

在装饰装修企业大举进入家居生产领域、家居卖场开展装饰装修业务的同时，作为产业链上游，部分家居生产企业也尝试提供基于自有家居部品的房屋部分区域家装服务，诸如整体厨房、整体卫浴等，欧派橱柜率先把欧洲“整体厨房”的概念引入中国，开创这一趋势先河。而优秀企业则通过出众的资源整合能力开始进行整体家装服务，最为典型的代表是科宝·博洛尼。但相比前两类企业，家居生产企业进入整体家装领域在资源整合、工程施工等方面将受到更为严峻的考验，受到的限制也更多。

（2）未来家居集成商将整合产业资源，并直接对接终端消费者

在现有家装模式下，个人消费者成为最终的集成者，全面整合装修设计、工程施工以及家居部品材料等各种资源，而各类家居企业基本直接面向终端消费者提供分散型服务。这与家居产业的价值基础并不十分匹配。

家居产业的价值基础是通过家居部品或材料的整合最终为消费者提供完整的居住型产品，而非分散为消费者提供单独的产品或服务。终端消费者应是居住型产品的享有者而非直接参与打造者。基于这种认识，研究组认为，目前的家居产业链应在终端消费者之前出现“家居集成商”这一资源整合者。

家居集成商以为终端消费者提供综合家居服务为最终目的，处于家居产业链最终端，基于房屋装修目标整合上游家居部品、材料生产企业和装修设计、施工等各类资源，最终直接为消费者提供完整的居住产品服务。

在这一家居产业模式下，包括生产企业、经销商、卖场、装饰装修企业作为家居产业链的单个环节专业化分工将更为明确：生产企业负责产品研发与生产、以及产品品牌建设；经销商负责家居材料及部品的流转流通；家居卖场则将成为区域家居产品集散地；装饰装修企业则专门负责提供房屋装修设计和工程施工；专卖店则作为生产企业的自建营销渠道对产品品牌建设将起到重要作用；而家居集成服务商将作为为终端消费者提供家装成品服务的提供者，负责整合家居材料部品、装修设计与工程施工等专业资源，直接为消费者负责。

3 结语

2009 年，家居产业经历了从困境到复苏的艰难发展历程。在危机中，家居百强企业纷纷调整发展策略，改善企业管控模式，执行更为高效的管理体系，实现了经营规模的持续稳定增长，并通过经营成本与费用方面的有效控制提升了企业盈利水平；此外，对内需市场的积极开拓，对已进入区域及城市深耕细作，也进一步增强了家居百强企业应对市场变化的能力。

2010 年 4 月以来，中国的房地产市场在“新国十条”的调控下出现了波动与低迷，作为下游产业，家居百强企业又将面临市场环境新一轮的变化。以内需市场为本，加强各级人才储备，提高产品与服务的创新能力，改善生产技术以符合低碳环保技术标准，将成为家居百强企业不断深化市场空间，应对市场周期变化，实现持续快速健康发展的根本之道。

附录六　2010 中国重要城市部分典型地产指数系统样本楼盘

城市	典型楼盘	LOGO	项目简介
武汉	保利·华都		保利华都坐落于武汉市两大主干道珞瑜路和雄楚大街之间，处于光谷核心位置，紧邻地铁 2 号线起始站点，背倚营盘山麓，远眺东湖秀美，与高校毗邻，浸染着浓郁的文化氛围，将文化保利的特色发扬传承。项目占地 300 亩，规划建筑面积约 56 万平方米，共分三期开发，集交通便利、配套完善、品牌经营等各种优势于一身。
	泰合·四千院		泰合•四千院地处武汉黄陂区木兰湖旅游度假区，距市中心城区七十六公里，距武汉天河机场五十五公里。项目由日本 M.A.O 一级建造师事务所全程设计，30 亩地仅建 4 栋独体别墅，平均每栋占地 7.5 亩，每栋面积在 1100～1500 平米之间，0.29 的超低容积率，70％的绿化率，每一栋别墅背山面水，以栋为单位精心设计，配有私家泳池、游艇码头、高尔夫推杆练习场等，实为武汉乃至华中地区顶级别墅。项目于 2010 年荣获“中国十大别墅（豪宅）典范”称号。
	宝安·中国院子		宝安•中国院子，中国十大高端别墅，位于武汉市盘龙城空港经济区，是距汉口最近的山水生态别墅，紧邻中环线、武汉大道、地铁沿线，快车道通达武汉三镇与天河机场。项目占地 3500 亩，蕴含 2000 亩甲宝山、露甲山，内镶 1500 亩的汤仁海。宝安地产秉承“传承中国文化、缔造诗意人居”的开发理念在自然天成的山水大境中构筑饱含民族神韵的院落生活，为世人呈现出华中独一无二的山水院落式别墅，成为珍藏“中国建筑、园林文化美丽精神”的高贵载体。
	航天双城		航天双城位于武汉市，由中国三江航天地产鼎力打造的高端城市综合体项目，占地面积约 13 万方，总建筑面积约 40 万方，规划 15 万方大型独立商业与 25 万方高品质住宅。项目整体采用新古典主义建筑风格打造，小区内部营造独具特色的东南亚风情园林；综合商业引入国际连锁超市、影院、高端餐饮等。项目目前已荣获“中国住宅创新示范奖”、“武汉项目金额销售十强”、“武汉十大低碳楼盘”等殊荣，成为武汉市内环附近大型综合体项目的代表作。
	航天首府		航天首府位于孝感市东城区天仙路与孝天路交汇处，毗邻孝感市新政府及城际铁路槐荫站，紧邻 160 万方槐荫公园，为孝感城区城市建设的重点和重心。项目规划占地面积 117 亩，容积率 2.0，绿地率 46%，总建面近 16 万方。项目采用新古典主义建筑风格，拥有 56 米超宽楼间距，产品设计理念超前。项目拥有星级社区大堂、国际标准泳道景观泳池、社区休闲广场等国际标准配套设施；同时，在建筑设计中运用环保节能科技，在孝感住宅设计中创领先河。

续表 1

城市	典型楼盘	LOGO	项目简介
武汉	航天彩虹镇		项目位于武汉市东西湖区金山大道与东吴大道的交汇处，由武汉三江航天房地产开发有限公司开发。项目总占地约 1100 多亩，总建筑面积约 84 万平方米，属武汉市轻轨首站千亩大盘。项目规划退台洋房、多层、小高层、高层等多种物业形态，社区规划特色商业步行街、大型运动会所、露天泳池、幼儿园、中学等众多社区配套，营造出优越的生活氛围。项目依托国家级吴家山经济技术开发区，致力于打造城市近郊人居典范。
	美联·奥林匹克花园		美联•奥林匹克花园位于马池路北、机场路东，交通便捷，通达三镇。项目总建筑面积 110 万平方米，目前已建成 1.2 万方大型室内运动城，此外，项目规划有近十万方的高尚商业配套，包括星级酒店、甲级写字楼、大型购物中心、精品购物街等，充分满足购物、休闲、居住的需求。美联地产通过与中体产业的紧密合作，以连锁经营的模式实现房地产业与体育产业的有效嫁接，创造一种“科学运动，健康生活”的全新生活方式。
	武汉万达中心		武汉万达中心，位于武汉滨江商务区，总建筑面积 62 万平方米。项目所在位置为城市内环中心，城市多条主干线环绕分布，畅行三镇。项目由六星级万达威汀斯酒店、180 米高的 5A 甲级商务写字楼、24 万平方米全江景殿堂级精装纯大户豪宅——万达公馆、千万级滨江传世大铺、SOHO 公寓、室外步行街等业态组成。其中的万达公馆，凝聚了世界一流精装品牌、管家式至尊服务，成为城市豪宅典范，充分彰显出国际标杆豪宅的产品经典性与价值稀缺性，赢得巅峰居者的一致首肯。
黄石	中冶·黄石公园		中冶•黄石公园项目坐落于黄石市黄石港区磁湖路，项目一线临磁湖北 2000 米湖岸线，背靠大众山风景区，市中心美地，团城山、老城区双中心环绕。半山别墅、山地豪门、水岸洋房、湖景公馆、都市公寓，多业态并存。50 万平米皇家园林，ArtDeco 新古典主义建筑群，近 7000 平米体验式邻里型商业街，幼儿园、小学、中学齐备的九年义务教育配套，国际全生活会所……以生活为半径，合力打造一个圈层。
北京	永定河孔雀城		永定河孔雀城是一个凝聚亲情、挥洒梦想、幸福生活的风情小镇，以原生自然手法营造生态空间，原生杨树林、灌木绿植、大面积绿地错落有致，打造纯粹天然氧吧。项目整体采用托斯卡纳建筑风格，产品线丰富，有大堡、联排、叠拼、洋房等多种产品，多样化的产品线给“孔雀族”营造办公、休憩、修身、待客、敬老爱幼等多重幸福生活空间，将爱与亲情快乐演绎，与家人共度幸福快乐时光。
	公园城		公园城|潮白河孔雀城傍水而建，尽享潮白河绵延水景。真正把公园和城市融为一体，城中处处是公园。小区整体采用了南加州风格建筑，多种城市业态搭配，商务、居住、休闲、自然等多种城市功能合理。在城中采用多层次园林景观布局，一年四季景观丰富。在原生态公园里建城，让湿地、繁花、茂林、小岛簇拥在家的周围。稀缺的景观价值和优质的生态环境，让居住者每一次轻微的呼吸都能感受到鲜氧的滋养。

续表 2

城市	典型楼盘	LOGO	项目简介
北京	八达岭孔雀城	八达岭 孔雀城 八达岭下葡萄湖岸	一个北京城，四个孔雀城，八达岭孔雀城是孔雀城品牌山系列产品的开山力作，项目全方位借鉴山地建筑的居住特色，依托八达岭长城龙脉，汲取国际先进居住理念，倾力打造的国际示范生活小镇，以百万的价格，铸就千万的品质，享受私密生活，远离都市繁华。项目拥有山地高尔夫、官厅湖水库、葡萄园等特色景观资源，周边景观资源丰富，是旅游度假的好去处。
	大运河孔雀城	大运河 孔雀城 国际公民五星配套	项目对面即“中信国安天下第一城”,拥有 30 亿打造的五星配套，六个星级酒店群、27 洞标准高尔夫球场、戏水乐园、餐饮配套等近在咫尺。大运河•孔雀城是南加州风格的低密小镇，目前一二期已经售罄，一期已入住，二期将于 2011 年 5 月入住，目前在售三期，后续还有四期五期。三期产品以地上三层、地下一层的台地臻品为主，207 万/套起，产品附加值极高，140%使用率。社区内有 2000 平米全生态会所、汇佳双语幼儿园、商业街等成熟配套。
	一渡新新小镇	一渡新新小镇 YIDU LEGACY TOWN	一渡新新小镇，位处北京房山世界地质公园、国家 4A 级风景旅游区“十渡”，俯瞰拒马河，靠山而居。坐拥自然与居住双重资源：世界地质公园稀世风景，原山天然氧吧；量身定制的 27 洞国际标准高尔夫球场；四星级一渡假日酒店、温泉 SPA 会所奢华配套；京石第二高速开通在即，小镇“近”待受益。小镇定位于中国原山情境别墅，倾力塑造山居果岭系列产品的精品典范。
天津	保利•上河雅颂	POLY CANAL CITY 保利·上河雅颂	保利•上河雅颂，75 万平方米国际精品社区，以恢宏地标，开卷京津生活时代。项目以“新古典主义”为设计理念，在建筑立面运用了经典的三段式构图，整体端庄大方。首度引南派园林入区，将建筑融于园林的独到手笔，沟通醇美心灵。温泉入户、地板采暖，每一处产品细节都体现着项目的高品质。区域内教育资源丰富，为孩子打造一站式教育机会。从硬件到服务，保利都致力打造京津时代首席人居品质标杆。
唐山	唐山万达广场	唐山万达广场 TANGSHAN WANDA PLAZA	唐山万达广场位于唐山市核心区，抗震纪念碑东侧，紧邻城市主干道——新华道，融商业、商务、生活、居住、休闲、娱乐、文化于一体，百万平米规模。迄今为止，其投资额、同期开发规模、业态、配套等都远远大于或多于市场同类项目。项目集万达集团二十余年经验大成，荣耀钜献百万平米大型城市综合体，融汇 5 大城市机能，12 大都市业态，汇聚国际国内众多强势一线品牌，引领国际品质消费模式，树立唐山城市新地标，全面提升唐山都市生活新高度。
	新天地•鹭港	鹭港 Dream land 容纳多元生活·领航城市未来	新天地•鹭港，龙踞凤凰新城核心腹地，擎控多层次立体交通体系，130 多万平米高端城市综合社区，涵括精装公寓、舒适爱居、奢装大宅、空中叠墅、城市别墅等多样化产品构成。生活在此，坐拥全方位丰盛配套，富拥三级商业体系，5 分钟畅享都市生活圈。世界 500 强即将强势入驻，5000 平米顶级会所咫尺比邻；一站式教育品牌名校环侍左右；第一太平洋戴维斯物业贴身照料；节能环保智能管理，领先科技人居时代；五重精装园林，缔造城市诗意栖居。

续表 3

城市	典型楼盘	LOGO	项目简介
中山	远洋城		中山远洋城位于中山主城区东南侧，紫马岭公园南门段南侧，北侧为城市主干道博爱路。项目规划建设用地千余亩，建筑面积 150 万平方米，社区内设有 17 万平方米的商业配套，其中包括 10 万平米大型综合购物中心和 7 万平米的写字楼，另外还将建有五星级酒店和学校。其余土地将开发高端住宅项目，以高层和小高层为主。远洋城项目所属的东区是中山传统意义上的富贵之地，中山城市规划发展的主要方向，也是中山市房地产的主战场。
深圳	NEO		NEO 都市商务综合体位于深南大道沿线，踞守中心西区门户，由 TOWER A/B/C 三栋塔楼组成，集甲级写字楼、高端商务公寓、商业、星级酒店于一体，配备国际化智能设备与高端的商务服务项目，总建筑面积逾 25 万平方米。NEO-TOWER A 以 273 米的崭新高度、360 度开阔视野创立片区全新焦点。全球顶级物业管理服务商世邦魏理仕为 NEO 量身打造国际标准的专属“翡翠服务”体系，提供全面资产管理服务，全方位提升 NEO 的物业价值。
东莞	花样年•君山		花样年•君山位于东莞东城区，五环路与石井支路交汇处，紧邻玉兰中学，西侧和南侧为东莞城区唯一的高尔夫球场——峰景高尔夫。项目总占地 5.3 万㎡，总建筑面积 14.3 万㎡，容积率 2.0。君山花园充分利用原有地势高差以及景观资源，建筑随地形的高差变化跌落布置。中心园林及水系围绕景观轴线展开，烘托山水居住区的氛围。建筑立面采用“新古典主义”，在色彩上以温馨的暖色调为主，独有的局部八角造型和坡屋顶设计，丰富建筑风格空间。
深圳	大南山•紫园		大南山•紫园位处深圳市南山区前海湾青青世界旁，毗邻月亮湾公园，占地逾 2.6 万平米，计容积率建筑面积约 2.6 万平米，包含独栋、联排、双拼、空中别墅、错层等物业类型，是一个高端生态别墅群。项目周边被 28 万平米百年荔林环绕，富氧离子含量极高，青青世界、大南山郊野公园、荔林公园、月亮湾公园四大生态公园近在咫尺，生态资源优越。
鄂尔多斯	维邦•金融广场		维邦•金融广场位于鄂尔多斯市鄂托克西街与中央路交汇处，紧邻金融公园，是东胜区第一个大型 CBD 项目，地处铁西新区中心位置，坐拥最具人气的黄金商圈，不可复制的区位优势，浓厚的商业气氛、得天独厚的人文积淀加上周边完善的居住环境，奠定了维邦•金融广场的上流商务生活圈的王者地位。作为东胜区政府主导的重点工程，维邦地产正携手区政府共同打造集现代办公、生态商务、休闲娱乐于一体的现代化金融商务中心。

续表 4

城市	典型楼盘	LOGO	项目简介
启东	中邦上海城		中邦上海城位于启东城市核心区，占地约 1000 亩，总建筑面积超过百万平米，规划定位汲取了上海古北及联洋二大社区的成功经验、充分体现了现代城市功能及生态人文气息，是一个由主题商业街区、现代商务办公、五星级艺术酒店、低密度生态住宅以及高档情景公寓等构筑而成的百万生态人文生活特区。 项目周边拥有完善的生活配套、齐全的教育设施。随着 2011 年即将建成通车崇启大桥的贯通，项目将全面融入上海一小时都市经济圈，与上海的同城效应。
上海	卓越•塔兰朵		卓越•塔兰朵位于赵巷国际别墅区，该区域紧邻佘山国家旅游度假区，又是佘山板块连接虹桥交通枢纽的第一站，可共享大虹桥与佘山两大区域优势，随着 9 号线、欢乐谷、区域商业规划等大量城市资金的投入，区域配套也逐步完善。项目以“独一无二”的定制独栋，成为高端别墅的稀缺之作。与顶级产品相匹配，卓越塔兰朵更引入全球高端生活管家——国际金钥匙组织，为业主提供多种贴身式、个性化定制物业服务。
	绿地诺丁山		绿地诺丁山位于松江新城，紧邻松江大学城，位于以泰晤士小镇英伦风情为主要生态特色的高档居住区内。区域环境宁静、祥和，是上海市郊不可多得的自然宝地。项目整体建筑风格为英式新古典主义，并在建筑中有效融合了“绿色节能环保”的设计理念，使产品具备较高的舒适度和较低的能耗度。建设以来，项目已通过 “建设部 A 级住宅”预审，其中公寓部分更是达到了 3A 级标准、同时荣获“上海市四高小区”的称号，并取得了国家建筑节能项目专项扶持资金的支持。
	印象春城		印象春城位于浦东新区周浦镇年家浜东路，占地面积 25.8 万平方米，总建筑面积约 46 万平方米。整个小区由天然河道分成高层公寓、环岛别墅和综合性商业广场三部分。项目距离建造中的地铁 11 号线周浦东站仅需步行 15 分钟，距离迪斯尼乐园约 10 公里。2010 年印象春城满誉而归，先后荣获 “上海市优秀住宅金奖”、上海市“园林杯”优质工程、上海市用户满意工程等奖项。三、四街区创热销奇迹，荣获 2010 年上半年上海市商品房销售冠军。
天津	红磡领世郡		红磡领世郡是天津市规模最大的低密度城市复合型高尔夫大盘。项目吸收北美住宅的前沿文化，总建筑面积 140 万平米，27 洞国际标准高尔夫球场尽显尊贵，世界顶尖的设计，原汁原味的北美风格，产品典雅时尚，配合国际化教育体系，红磡领世郡以卓越的品质引领了区域的潮流。

续表 5

城市	典型楼盘	LOGO	项目简介
天津	景瑞•阳光尚城		景瑞•阳光尚城坐落于北辰区津榆公路南侧，地铁 3 号和 8 号线未来将在项目周边设站；项目建筑面积 22 万平方米，容积率 1.60，绿化率 40%，项目规划有花园洋房和电梯洋房两类产品。类别墅的 5 层花园洋房，首层赠 40 ㎡庭院，层层退台，户户赠送，面积区间在 98-145 ㎡；目前正在热销的 88-133 平米电梯洋房，84%超高出房率，性价比较高。
	星耀五洲		星耀五洲位于天津市津南区，依托 7.3 平方公里天嘉湖淡水资源，以极富创意的城市运营模式打造融五大洲于一体的 11000 亩水上浮城。项目由十余位世界顶级建筑泰斗参与设计，是集居住、商务、休闲、娱乐、教育、医疗等为一体的微缩版“世界版图”，以比肩迪拜的气势，刷新中国城市人居发展模式。项目一期主要开发的是北美板块、欧亚板块，产品主要分为高层、别墅以及超百亿的商业配套。
	金隅•悦城		金隅•悦城位处津滨大道城市新中心，50 万平米的大盘规划，以【悦•公馆】9—12 层悦心洋房、【悦•美苑】7 层电梯花园洋房、【悦•逸墅】环内罕有都市联排三种产品，1.58 的低容积率堪比别墅，以 90-95 平米左右舒适两居，120-150 平米奢适三居，230 平米左右奢华美墅，将成为天津东部低密住区的典范作品，悦享全新高品质生活。
	融创奥城		融创奥城北依天津最大城市公园——水上公园，西靠南翠屏公园，空气清新，自然环境优越；东侧与天津奥林匹克体育中心、天津体育馆为邻，大型市政及文化设施配套完善成熟；周边天津大学、南开大学等高等学府云集，人文素质优越，是传统的高端居住区。融创奥城占地面积约 46 万平方米，总建筑面积约 124 万平方米。项目是由高端涉外住宅、高端精品商业、生态国际商务写字楼、酒店式公寓等多种业态组成的城市综合体。

附录七 主要统计指标解释

一、房地产开发企业财务指标

1.资产总计：指企业拥有或控制的能以货币计量的经济资源，包括各种财产、债权和其他权利。资产按其流动性(即资产的变现能力和支付能力)划分为：流动资产、长期投资、固定资产、无形资产、递延资产和其他资产。

2.负债合计：指企业所承担的能以货币计量，将以资产或劳务偿付的债务，偿还形式包括货币、资产或提供劳务。负债一般按偿还期长短分为流动负债和长期负债。

3.所有者权益合计：指企业投资人对企业净资产的所有权。企业净资产为企业全部资产与企业全部负债的差额，包括实收资本、资本公积、盈余公积、未分配利润等。

4.主营业务收入：是企业对外转让、销售、结算和出租开发产品取得的经营收入。具体包括：

（1）土地转让收入：指房地产开发企业(单位)按国家规定转让经开发的土地和未经开发的土地所得到的收入。

（2）商品房屋销售收入：指房地产开发企业(单位)在报告期售出商品房屋的收入，一次收清的，一次全部计入销售收入，按合同规定分期收款的，可按合同规定的时间分次计入收入。

（3）房屋出租收入：指房地产开发企业(单位)在报告期内，在不改变现有财产所有权关系的条件下，将企业的全部或部分房屋出租给其他单位或个人使用所得到的租金收入。

（4）其他收入：指房地产开发企业(单位)在报告期内从事除以上收入外的收入，包括配套设施销售收入、代建工程结算收入、出租产品租金收入等。

5.主营业务成本：指企业从事主要业务活动而发生的成本。房地产企业成本包括：土地转让成本、商品房销售成本、配套设施销售成本、代建工程结算成本、出租产品经营成本等。根据会计“利润表”中对应指标计算填列。未执行 2001 年《企业会计制度》的企业，用“产品销售成本”年末数代替。

6.销售费用：指企业在从事主要经营业务过程中所发生的各项销售费用，包括转让、销售、结算和出租开发产品等。根据会计“利润表”中对应指标年末数填列。未执行 2001 年《企业会计制度》的企业，用“产品销售费用”年末数代替。

7.主营业务税金及附加：指企业因从事生产经营活动按税法规定交纳的应从经营收入中抵扣的税金和附加，包括营业税、城市维护建设税和教育附加等。未执行 2001 年《企业会计制度》的企业，用“产品销售税金及附加”年末数代替。

8.主营业务利润：房地产企业主营业务利润主要是指主营业务收入扣除主营业务成本、费用、税金后的净收入。

9.其他业务收入：是指企业主营业务以外的收入。

10.其他业务利润：指企业除主营业务以外的其他业务收入扣除其他业务成本、费用、税金后的净收入。

11.管理费用：指企业行政管理部门为组织和管理生产经营活动而发生的各项费用。

12.财务费用：指企业为筹集生产经营所需资金等而发生的费用，包括利息支出、汇兑损失以及相关的金融机构手续费等。

13.营业利润：指企业从事生产经营活动所产生的利润，即主营业务利润加其他业务利润扣除管理费用、财务费用后的净额。

14.营业外收入：指企业经营业务外的收入。

15.营业外支出：指企业经营业务外的支出。

16.利润总额：指企业在生产经营过程中各种收入扣除各种耗费后的盈余，反映企业在报告期内实现的亏盈总额，包括营业利润、补贴收入、投资净收益和营业外收支净额。

17.应交所得税：指企业按税法规定，应从生产经营等活动的所得中交纳的税金。

18.劳动、失业保险费：指企业向保险公司投保所支付的劳动保险、待业保险的费用。

19.住房公积金和住房补贴：根据会计"营业费用"、"管理费用"科目中的相关项目归纳计算填列。

20.本年应付工资总额：指企业在报告期内实际支付给职工的全部劳动报酬，它反映企业本期累计提取的应付工资总额，而不是会计"应付工资"科目的余额。

21.本年应付福利费总额：指企业在报告期内累计提取的职工福利费总额，它反映本期应付福利费的全部发生额，而不是会计"应付福利费"科目的余额。

二、房地产开发投资指标

1.计划总投资：指房地产开发企业(单位)在建的房屋建设工程或正在开发的土地开发工程，按照总体设计规定的内容全部建成计划(或按设计概算或预算)需要的总投资。

没有总体设计的房地产开发企业(单位)，按报告期施工工程的计划总投资合计数填报。

2.自开始建设累计完成投资：指房地产开发企业(单位)在建的房屋建设工程或正在开发的土地开发工程从开始建设到本期止累计完成的全部投资。其计算范围原则上应与"计划总投资"指标包括的工程内容相一致。

报告期以前已建成投产或停、缓建工程完成的投资以及拆除、报废工程的投资，仍应包括在内。但转出的"在建工程"累计投资应予以扣除，转入的"在建工程"以前年度完成的投资应当包括。

3.本年完成投资：指从本年1月1日起至本年最后一天止完成的全部用于房屋建设工程、土地开发工程的投资额以及公益性建筑和土地购置费等的投资。

4.土地开发投资额：指房地产开发企业完成的前期工程投资，即路通、水通、电通、场地平整等(也称七通一平)所完成的投资。一般指生地开发成熟地的投资。在旧城区(老区拆迁)的开发中，如果有统一的规划，如政府有关部门批准的小区建设的前期工程中，有场地平整，原有建筑物、构筑物拆除，供水供电工程等工作量也可计算。未进行开发工程、只进行单纯的土地交易活动不作为土地开发投资统计。土地开发投资额在房屋用途分组中能分摊的部分就分摊，不能分摊的全部计入其他。

5.建筑工程：指各种房屋、建筑物的建造工程，又称建筑工作量。这部分投资额必须兴工动料，通过施工活动才能实现。

6.**安装工程**：指各种设备、装置的安装工程，又称安装工作量。

7.**设备、工器具购置**：指工业企业生产的产品转化为固定资产的购置活动，包括建设单位或企、事业单位购置或自制的，达到固定资产标准的设备、工具、器具的价值。

8.**其他费用**：指在固定资产建造和购置过程中发生的，除建筑安装工程和设备、工器具购置投资完成额以外的费用，不指经营中财务上的其他费用。包括土地出让金、大市政费、四源费（煤、热、自来水、污水）、不可预见费、旧房屋购置，基本畜禽支出，林木支出，退耕退牧还林还草、土壤改良、城市绿化，办公生活用家具、器具购置，建设单位管理费，土地征用、购置及迁移补偿费，政府收费，勘察设计费，研究实验费，可行性研究费，临时设施费，施工机械转移费，设备检验费，负荷联合试车费，土地占用、使用费，建设期应付利息，包干结余，企业债券发行费，合同公证费及工程质量监测费，国外借款手续费及承诺费，汇兑损益，调整器材调拨价格折价，坏帐损失，固定资产亏损及损失等。

9.**土地购置费**：指房地产开发企业通过各种方式取得土地使用权而支付的费用。土地购置费包括：（1）通过划拨方式取得的土地使用权所支付的土地补偿费、附着物和青苗补偿费、安置补偿费及土地征收管理费等；（2）通过出让方式取得土地使用权所支付的出让金；（3）通过“招、拍、挂”方式取得土地使用权所支付的资金。以划拨和“招拍挂”方式取得土地所支付的资金在房地产项目竣工后计入新增固定资产，以出让方式取得土地所有权所支付的出让金不计入新增固定资产。土地购置费按当期实际发生额计入投资。土地购置费为分期付款的，应分期计入房地产开发投资。

10.**投资额按工程用途分组**：

（1）**住宅**：指专供居住的房屋，包括别墅、公寓、职工家属宿舍和集体宿舍(包括职工单身宿舍和学生宿舍)等。但不包括住宅楼中作为人防用、不住人的地下室等。住宅按照用途可以划分为普通商品住房、经济适用住房和别墅、高档公寓等。按照户型结构可以划分为 90 平方米以下住房，140 平方米以上住房等。

①**经济适用房**：指根据地方经济适用房计划安排建设的政策性住宅。经济是指房屋建筑造价和销售价格低于一般商品住宅；适用是指适合中低收入家庭购买使用。经济适用房主要是由地方政府统一下达投资计划，房地产公司开发，对外销售；用地一般采用行政划拨或招标投标方式，免收土地出让金；对各种经批准的收费减半征收，开发利润不超过 3%；销售价格实行政府指导价。该指标可以分析房地产投资结构，反映中低收入家庭商品住宅的供求平衡情况。

②**别墅、高档公寓**：指建筑造价和销售价格明显高于一般商品住宅的商品住宅。别墅一般指地处郊区，独立成栋的商品住宅；高档公寓一般指地处市内高尚社区，高层或多层的商品住宅。别墅、高档公寓的确定标准：一是经有房地产投资计划审批权的主管部门审批建设的别墅、高档公寓开发项目；二是销售价格高于当地同等地段商品住宅平均销售价格一倍以上的别墅、公寓开发项目。该指标可以分析房地产投资结构，反映高收入家庭商品住宅的供求平衡情况。

③**90 平方米以下住房**：是指在房地产开发企业（单位）投资建设的商品住宅中，套型建筑面积不超过 90 平方米（包括 90 平方米）的住房。套型建筑面积是指单套住房的建筑面积，由套内建筑面积和分摊的共有建筑面积组成。现房应以商品房销售合同中实际测绘的建筑面积为统计标准，期房根据商品房预售合同中规划设计面积进行统计，待住宅竣工交付使用后，应根据实际测绘面积进行相应调整。

（2）**办公楼**：指企业、事业、机关、团体、学校、医院等单位使用的各类办公用房(又称写字楼)。

（3）**商业营业用房**：指商业、粮食、供销、饮食服务业等部门对外营业的用房，如度假村、饭店、商店、门市部、粮店、书店、供销店、饮食店、菜店、加油站、日杂等房屋。

（4）**其他**：凡不属于上述各项用途的房屋建筑物，如中小学教学用房、托儿所、幼儿园、图书馆、体育馆等。

11.本年新增固定资产：指在报告期已经完成建造和开发过程并交付使用的房屋和土地开发面积的价值。指房地产开发公司进行开发经营活动的最终成果，即为社会提供的固定资产，而且是在报告期内新增加的。不是反映房地产开发企业本身固定资产的增加。

12.本年完成开发土地面积：指报告期内对土地进行开发并已完成“七通一平”等前期开发工程，具备进行房屋建筑物施工或出让条件的土地面积。

13.待开发土地面积：指经有关部门批准，通过各种方式获得土地使用权，但尚未进行开发的土地面积。

14.本年购置土地面积：指在本年内通过各种方式（划拨方式除外）获得土地使用权的土地面积。

15.本年土地成交价款：指进行土地使用权交易活动的最终金额。在土地一级市场，是指土地最后的“招拍挂”价格和出让价；在土地二级市场是指土地转让、出租、抵押等最后确定的合同价格。土地成交价款与土地购置面积同口径，可以计算土地的平均购置价格。

16.资金来源

（1）本年资金来源合计：指房地产开发企业(单位)在本年内收到的可用于房地产开发和经营的各种资金来源数之和，包括上年末结余资金、本年度内拨入、借入或以各种方式筹集的资金。

（2）上年末结余资金：指上年资金来源中没有形成投资额而结余的资金。包括尚未用到工程上去的材料价值、未开始安装的需要安装设备价值及结存的现金和银行存款等。可根据有关财务数字填报。上年末结余资金不能出现负数，即不能把上年应付工程、材料款作为上年末结余资金的负数来处理。

（3）本年资金来源小计：指房地产开发企业(单位)实际拨入的，用于房地产开发的各种货币资金。包括国内贷款、利用外资、自筹资金和其他资金。

①国内贷款：指报告期房地产开发企业(单位)向银行及非银行金融机构借入的用于房地产开发与经营的各种国内借款，包括银行利用自有资金及吸收的存款发放的贷款、上级主管部门拨入的国内贷款、国家专项贷款(包括煤代油贷款、劳改煤矿专项贷款等)，地方财政专项资金安排的贷款、国内储备贷款、周转贷款等。

银行贷款：指向各商业银行、政策性银行借入的用于房地产开发与经营的各项贷款。

非银行金融机构贷款：指向除上述银行之外从事金融业务的机构借入的用于房地产开发与经营的各项贷款。非银行金融机构包括城市信用社、农村信用社、保险公司、金融信托投资公司、证券公司、财务公司、金融租赁公司、融资公司(中心)等。

②利用外资：指报告期收到的用于房地产开发与经营的境外资金(包括外国及港澳台地区)，包括外商直接投资、对外借款(外国政府贷款、国际金融组织贷款、出口信贷、外国银行商业贷款、对外发行债券和股票)及外商其他投资(包括补偿贸易和加工装配由外商提供的设备价款、国际租赁)。不包括我国自有外汇资金(包括国家外汇、地方外汇、留成外汇、调剂外汇和中国银行自有资金发行的外汇贷款等)。各类外资按报告期的外汇牌价(中间价)折成人民币“万元”计算。

外商直接投资：指外国投资商在与中国企业(政府)合资、合作或独资中以外汇现金、设备(或实物)、技术、专利或其他方式投入的资金总量。

③自筹资金：指各地区、各部门及企事业单位筹集用于房地产开发与经营的预算外资金。

自有资金：指凡属于房地产企业(单位)所有者权益范围内所包括的资金，是按财务制度规定归企业支配的各种自有资金。包括企业折旧资金、资本金、资本公积金、企业盈余公积金及其他自有资金，也包括通过发行股票筹集的资金。

④其他资金来源：指在报告期收到的除以上各种资金之外其他用于房地产开发与经营的资金。包括国家预算内资金、债券、社会集资、个人资金、无偿捐赠的资金及用征地迁移补偿费、移民费等进行房地产开发的资金。

定金及预收款：指房地产开发企业(单位)预收的购买者用于买房的定金及预收款。定金是为了使签订合同的甲乙双方履行经济合同，根据有关规定由购房者或单位在报告期交纳的押金。预收款是甲乙双方签订购销房屋合同后，由于经营活动的需要，在报告期由购房者或单位提前交付的购房款(包括预收购房款中的外汇)。

个人按揭贷款：又称“个人住房商业性贷款”。是指按照中国人民银行（《个人住房贷款管理办法》，银发[1998]190 号）中规定，贷款人（商业银行）向借款人发放的采用分期偿还方式用于购买自用普通住房的贷款。它是银行用其信贷资金所发放的自营性贷款。具体指具有完全民事行为能力的自然人，购买商品房时以其购买的产权住房（或银行认可的其他担保方式）为抵押，作为偿还贷款的保证而向银行申请的住房商业性贷款。从 1999 年 2 月开始，个人住房贷款可扩大到借款人自用的各类型住房贷款(《关于开展个人消费信贷的指导意见》，银发[1999]73 号)。

17.本年各项应付款合计：指在房地产开发过程中应付未付的投资款。包括应付工程款、应付器材款、应付工资、应付有偿调入器材及工程款、其他应付款、应交税金、应交基建收入、应交投资包干结余、应交能源交通建设基金、应交预算调节基金及其他应交款。各项应付款填报本报告期实际增加数(或发生数)，不是填报开始建设以来的累计数。

三、房地产开发企业施工、销售和空置面积指标

1.房屋施工面积：指报告期内施工的全部房屋（包括地下室、半地下室以及配套房屋）建筑面积。包括本期新开工的面积和上年开工跨入本期继续施工的房屋面积，以及上期已停建在本期恢复施工的房屋面积。本期竣工和本期施工后又停建缓建的房屋面积仍包括在施工面积中，多层建筑应填各层建筑面积之和。

2.房屋新开工面积：指在报告期内新开工建设的房屋面积。不包括上期跨入报告期继续施工的房屋面积和上期停缓建而在本期恢复施工的房屋面积。房屋的开工应以房屋正式开始破土刨槽(地基处理或打永久桩)的日期为准。

3.房屋竣工面积：指报告期内房屋建筑按照设计要求已全部完工，达到住人和使用条件，经验收鉴定合格或达到竣工验收标准，可正式移交使用的各栋房屋建筑面积的总和。

4.不可销售面积：指报告期房地产公司竣工的用于拆迁还建的房屋面积；接受委托、定向开发建设，并收取一定的管理费所建设的统建代建房屋竣工面积；竣工的学校、幼儿园、派出所、居委会、商店等公益设施建筑面积。

5.商品住宅竣工套数：指报告期内按照设计要求已全部完工，经验收合格，达到住人或使用条件的正式交给开发公司的成套住宅数量(以设计图纸为准)。

6.竣工房屋价值：指在报告期内竣工房屋本身的建造价值。竣工房屋的价值一般按房屋设计和预算规定的内容计算。包括竣工房屋本身的基础、结构、屋面、装修以及水、电、卫等附属工程的建筑价值，也包括作为房屋建筑组成部分而列入房屋建筑工程预算内的设备(如电梯、通风设备等)的购置和安装费用；不包括厂房内的工艺设备、工艺管线的购置和安装，工艺设备基础的建造；办公和生活用家具的购置等费用；购置土地的费用；迁移补偿费和场地平整的费用及城市建设配套投资。竣工房屋价值一般按结算价格计算。

7.**出租房屋面积**：指在报告期期末房屋开发单位出租的商品房屋的全部面积。

8.**商品房销售面积**：指报告期内出售商品房屋的合同总面积(即双方签署的正式买卖合同中所确定的建筑面积)。由现房销售建筑面积和期房销售建筑面积两部分组成。

（1）**现房销售面积**：是指在报告期内正式签订买卖合同、已经竣工达到入住条件的商品房屋建筑面积。包括以一次性付款方式和分期付款方式销售的现房建筑面积。

（2）**期房销售面积**：是指在报告期内正式签订买卖合同、正在建设尚未竣工交付使用的商品房屋建筑面积。包括以一次性付款方式和分期付款方式销售的商品房屋建筑面积。期房销售建筑面积竣工后不再结转为现房销售建筑面积。

9.**商品房销售额**：指报告期内出售商品房屋的合同总价款(即双方签署的正式买卖合同中所确定的合同总价)。该指标与商品房销售面积同口径，由现房销售额和期房销售额两部分组成。

（1）**现房销售额**：指报告期内销售的已竣工商品房屋的合同总价款。包括现房销售前期预收的定金、预收款、首付款及全部按揭贷款的本金等款项。该指标与现房销售面积同口径。

（2）**期房销售额**：指报告期内销售的正在建设尚未竣工的商品房屋的合同总价款。包括预售房屋前期预收的定金、预收款、首付款及全部按揭贷款的本金等项。该指标与期房销售面积同口径。

10.**商品住宅销售套数**：指报告期内出售商品房屋合同中总的成套住宅数量(即双方签署的正式买卖合同中所确定的成套住宅数量)。由现房销售套数和期房销售套数两部分组成。

（1）**现房销售套数**：指报告期内销售的已竣工商品房屋合同中总的成套住宅数量。

（2）**期房销售套数**：指报告期内销售的正在建设尚未竣工的商品房屋合同中总的成套住宅数量。

11.**待售面积**：指报告期末已竣工的可供销售或出租的商品房屋建筑面积中，尚未销售或出租的商品房屋建筑面积，包括以前年度竣工和本期竣工的房屋面积，但不包括报告期已竣工的拆迁还建、统建代建、公共配套建筑、房地产公司自用及周转房等不可销售或出租的房屋面积。按照商品房待售时间的长短可以划分为待售一年以下、待售一到三年（含一年）和待售三年以上（含三年）。

四、主要分组指标

1.**登记注册类型**：企业或生产经营性活动单位的登记注册类型，按其在工商行政管理机关登记注册的类型填写。工商行政管理部门对企业(单位)登记注册的类型分为以下各种：

（1）**国有企业**：指企业全部资产归国家所有，并按《中华人民共和国企业法人登记管理条例》规定登记注册的非公司制的经济组织。不包括有限责任公司中的国有独资公司。

（2）**集体企业**：指企业资产归集体所有，并按《中华人民共和国企业法人登记管理条例》规定登记注册的经济组织。

（3）**股份合作企业**：指以合作制为基础，由企业职工共同出资入股，吸收一定比例的社会资产投资组建，实行自主经营，自负盈亏，共同劳动，民主管理，按劳分配与按股分红相结合的一种集体经济组织。

两个及两个以上相同或不同所有制性质的企业法人或事业单位法人，按自愿、平等、互利的原则，共同投资组成的经济组织称为联营企业。联营企业包括国有联营企业、集体联营企业、国有与集体联营企业和其他联营企业。

（4）**国有联营企业**：指所有联营单位均为国有。

（5）**集体联营企业**：指所有联营单位均为集体。

（6）**国有与集体联营企业**：指联营单位既有国有也有集体。

（7）**其他联营企业**：指上述三种联营企业之外的其他联营形式的企业。

根据《中华人民共和国公司登记管理条例》规定登记注册，由两个以上，五十个以下的股东共同出资，每个股东以其所认缴的出资额对公司承担有限责任，公司以其全部资产对其债务承担责任的经济组织称为有限责任公司。有限责任公司分为国有独资公司以及其他有限责任公司。

（8）**国有独资公司**：指国家授权的投资机构或者国家授权的部门单独投资设立的有限责任公司。

（9）**其他有限责任公司**：是国有独资公司以外的其他有限责任公司。

（10）**股份有限公司**：指根据《中华人民共和国公司登记管理条例》规定登记注册，其全部注册资本由等额股份构成并通过发行股票筹集资本，股东以其认购的股份对公司承担有限责任，公司以其全部资产对其债务承担责任的经济组织。

由自然人投资设立或由自然人控股，以雇佣劳动为基础的营利性经济组织称为私营企业。包括按照《公司法》、《合伙企业法》、《私营企业暂行条例》以及《个人独资企业法》规定登记注册的私营独资企业、私营有限责任公司、私营股份有限公司、私营合伙企业和个人独资企业。

（11）**私营独资企业**：指按《私营企业暂行条例》的规定，由一名自然人投资经营，以雇佣劳动为基础，投资者对企业债务承担无限责任的企业。

个人独资企业指按《个人独资企业法》、《个人独资企业登记管理办法》的规定，由一个自然人投资，财产为投资人个人所有，投资人以其个人财产对企业债务承担无限责任的经营实体。个人独资企业填表时归入私营独资企业。

（12）**私营合伙企业**：指按《合伙企业法》或《私营企业暂行条例》的规定，由两个以上自然人按照协议共同投资、共同经营、共负盈亏，以雇佣劳动为基础，对债务承担无限责任的企业。

（13）**私营有限责任公司**：指按《公司法》、《私营企业暂行条例》的规定，由两个以上自然人投资或由单个自然人控股的有限责任公司。

（14）**私营股份有限公司**：指按《公司法》的规定，由五个以上自然人投资，或由单个自然人控股的股份有限公司。

（15）**其他内资企业**：指上述第⑴条至第⒁条之外的其他内资经济组织。

（16）**与港澳台商合资经营企业**：指港澳台地区投资者与内地的企业依照《中华人民共和国中外合资经营企业法》及有关法律的规定，按合同规定的比例投资设立，分享利润和分担风险的企业。

（17）**与港澳台商合作经营企业**：指港澳台地区投资者与内地企业依照《中华人民共和国中外合作经营企业法》及有关法律的规定，依照合作合同的约定进行投资或提供条件设立，分配利润、分担风险和亏损的企业。

（18）**港澳台商独资经营企业**：指依照《中华人民共和国外资企业法》及有关法律的规定，在内地设立的由港澳台地区投资者在内地全额投资设立的企业。

（19）**港澳台商投资股份有限公司**：指根据国家有关规定，经商务部（原外经贸部）批准设立，并且其中港、澳、台商的股本占公司注册资本的比例达25%以上的股份有限公司。凡其中港、澳、台商的股本占公司注册资本的比例小于25%的，属于内资中的股份有限公司。

（20）**中外合资经营企业**：指外国企业或外国人与中国内地企业依照《中华人民共和国中外合资经营企业法》及有关法律的规定，按合同规定的比例投资设立，分享利润和分担风险的企业。

（21）**中外合作经营企业**：指外国企业或外国人与中国内地企业依照《中华人民共和国中外合作经营

企业法》及有关法律的规定，依照合作合同的约定进行投资或提供条件设立，分配利润、分担风险和亏损的企业。

（22）外资企业：指依照《中华人民共和国外资企业法》及有关法律的规定，在中国内地设立的由外国投资者全额投资设立的企业。

（23）外商投资股份有限公司：指根据国家有关规定，经商务部（原外经贸部）批准设立，并且其中外资的股本占公司注册资本的比例达 25%以上的股份有限公司。凡其中外资股本占公司注册资本的比例小于25%的，属于内资中的股份有限公司。

2. 控股情况：控股情况以企业法人为分类对象，根据企业实收资本中某种经济成分的出资人的实际投资情况，或出资人对企业资产的实际控制、支配程度进行分类。具体分为国有控股、集体控股、私人控股、港澳台商控股、外商控股五类。

（1）国有控股

是指在企业的全部实收资本中，国有经济成分的出资人拥有的实收资本(股本)所占企业全部实收资本(股本)的比例大于 50%的国有绝对控股。

在企业的全部实收资本中，国有经济成分的出资人拥有的实收资本(股本)所占比例虽未大于 50%，但相对大于其他任何一方经济成分的出资人所占比例的国有相对控股；或者虽不大于其他经济成分，但根据协议规定拥有企业实际控制权的国有协议控股。

投资双方各占 50%，且未明确由谁绝对控股的企业，若其中一方为国有经济成分的，一律按国有控股处理。

（2）集体控股

是指在企业的全部实收资本中，集体经济成分的出资人拥有的实收资本(股本)所占企业全部实收资本(股本)的比例大于 50%的集体绝对控股。

在企业的全部实收资本中，集体经济成分的出资人拥有的实收资本(股本)所占比例虽未大于 50%，但相对大于其他任何一方经济成分的出资人所占比例的集体相对控股；或者虽不大于其他经济成分，但根据协议规定拥有企业实际控制权的集体协议控股。

（3）私人控股

是指在企业的全部实收资本中，私人经济成分的出资人拥有的实收资本(股本)所占企业全部实收资本(股本)的比例大于 50%的私人绝对控股。

在企业的全部实收资本中，私人经济成分的出资人拥有的实收资本(股本)所占比例虽未大于 50%，但相对大于其他任何一方经济成分的出资人所占比例的私人相对控股；或者虽不大于其他经济成分，但根据协议规定拥有企业实际控制权的私人协议控股。

（4）港澳台商控股

是指在企业的全部实收资本中，港澳台商经济成分的出资人拥有的实收资本(股本)所占企业全部实收资本(股本)的比例大于 50%的港澳台商绝对控股。

在企业的全部实收资本中，港澳台商经济成分的出资人拥有的实收资本(股本)所占比例虽未大于 50%，但相对大于其他任何一方经济成分的出资人所占比例的港澳台商相对控股；或者虽不大于其他经济成分，但根据协议规定拥有企业实际控制权的港澳台商协议控股。

（5）外商控股

是指在企业的全部实收资本中，外商经济成分的出资人拥有的实收资本(股本)所占企业全部实收资本(股本)的比例大于 50%的外商绝对控股。

在企业的全部实收资本中，外商经济成分的出资人拥有的实收资本(股本)所占比例虽未大于 50%，但相对大于其他任何一方经济成分的出资人所占比例的外商相对控股；或者虽不大于其他经济成分，但根据协议规定拥有企业实际控制权的外商协议控股。

3.隶属关系：指本单位隶属于哪一级行政管理单位，按照国家标准《单位隶属关系代码》(GB/T12404-1997)分为：中央、省、市(地区)、县、街道、镇、乡、社区(居委会)、村民委员会和其他。

（1）中央与地方双重领导的单位，以领导为主的一方来划分中央属或地方属。

（2）各级政府(中央、省、地、县、乡、镇)、党委、人大、政协等机关的隶属关系填写本级。如：省政府的隶属关系填“省”。

（3）隶属于“中央”的单位兴办的集体企业，隶属关系填“其他”；省属以下的企业(单位)办的企业(单位)，其隶属关系与企业(单位)本身的隶属关系一致。

（4）无主管部门的单位、本省(自治区、直辖市)在外省(自治区、直辖市)的办事机构所开办的第三产业等单位填“其他”。